文汇原创丛书

肖关鸿主编

文化人的经济生活

陈明远＝著

文匯出版社

图书在版编目(CIP)数据

文化人的经济生活/陈明远著. —上海:文汇出版社,2005.2

ISBN 978-7-80676-730-6

Ⅰ.文... Ⅱ.陈... Ⅲ.知识分子-生活-研究-中国-近代~现代 Ⅳ.D691.71

中国版本图书馆 CIP 数据核字(2004)第 142458 号

·文汇原创丛书·

文化人的经济生活

作者/陈明远　　丛书主编/肖关鸿

责任编辑/杨建英　封面装帧/周夏萍

出版发行/文匯出版社(上海市威海路 755 号　邮政编码 200041)

经销/全国新华书店

照排/南京理工排版校对有限公司

印刷/装订/上海长阳印刷厂

版次/2005 年 2 月第 1 版　印次/2007 年 6 月第 2 次印刷

开本/640×940 毫米　1/16　字数/345 千

印张/23.75　印数/10001—12000

ISBN 978-7-80676-730-6　　定价:33.00 元

关于文汇原创丛书

在科学创造中，个人的灵性最终淹没在对共性和规律的探求中。而艺术的创造，则是一种无可替代的个人的灵性。

如果没有牛顿，一定会有马顿或羊顿取而代之，因为苹果总要从树上掉下来，万有引力总要被发现。

然而如果没有达·芬奇、莎士比亚和曹雪芹，也许我们永远不会知道人类还能创造《蒙娜丽莎》、《哈姆雷特》和《红楼梦》这样的不朽之作。

人类文化史是由不可替代的个人灵性构成的。新的天才出现并不会使过去的大师黯然失色。就如李白的光辉不会掩盖曹雪芹的不朽，毕加索的出现不会使达·芬奇失去价值。

真正的作家艺术家的价值在于他们作品的原创性。他们的个性越是伸展自如，生命力越是自由洋溢，艺术的原创力也越是精彩飞扬。

科学技术的突飞猛进给人类带来巨大财富的同时，也潜藏着巨大的隐患。小小鼠标把一切变得轻而易举，按按电钮使一切变得舒舒服服，趋同与一律化正在扼杀文化的生机，如马尔库塞指出的技术统治社会的“单面人”的危险不再是杞人忧天。人正在逐渐丧失最宝贵的创造力。

当我们在为建设先进文化努力的时候,文化创新自然成为我们最为关注的课题。文化原创力是文化创新的核心所在,如何发掘、发扬和保护文化原创力,如何造成一种能使文化原创力蓬勃发展的文化生态,必须提上我们的议事日程了。

我们把这套丛书命名为原创丛书,只是表明我们的一种态度,一种呼吁,一种要求和一种愿望。

我们希望文化界、出版界和读书界共同来呼唤原创作品,推动原创作品,关注原创作品。

一套丛书只是一块小小的铺路石,我们期待着从我们的背上走来新一代的大作家、大作品。

主编

目录

文化人的经济生活:缘起

“文化人的经济生活”,这是广大读者很感兴趣却很少有人深入研究的一个题目。自从各报刊连续发表了我在这方面的一些文章以后,反响强烈,都认为这个课题具有重大价值。

马克思主义唯物史观认为:人的社会存在决定了人的意识。这样看来,不同时期、不同阶层的文化人的经济生活地位,是他们创造性精神生产赖以实现的必要社会条件,也是影响人物性格、历史命运的要素(当然不是惟一因素)。

但很奇怪,现代中国文化史和传记文学的许多著作,却往往忽视了这个重要方面。

19世纪末以来的中国文化人,或是出于清高“耻言钱”,或是出于隐私“讳言钱”,在日常经济生活上的记载很少见,能够找到的资料也很零碎,几乎没有人整理过。60—90年前的当事人大多去世,少数现存者也已年迈。所以要进行准确的调查、考证都有很大难度,但也显出这种探讨的紧迫性。

我在本书中用了“文化人”这个概念,而不用“知识分子”的术语,这是经过考虑的。20世纪在我国,“知识分子”的概念被搅得稀里糊涂;兹不赘述。生活里常用的说法又往往是模糊混乱的,这在严格的学术研究中是不许可的,会带来许多弊端。本书所说的“文化人”是知识阶层的一部分,就是指在社会生活中从事文化工作的脑力劳动者。

“文化人”概念的出现与界定

“文化人”是一个现代概念。

自古以来，我国封建宗法社会只有“文人”（或“文士”）的称呼。但在20世纪的中国，新生的“文化人”与旧式“文人”明显不同。人们要问：“文化人”这一概念从何而起？它跟过去的“文人”有什么本质的差别呢？“文化人”所指的特定群体，又是如何发展变化的呢？

在我国的传统经典里面，“文人”这个词出现得很早——至少是在3000年前西周时代的《诗》和《尚书》之中，已经有了特指的用法。《诗·大雅·江汉》云：“告于文人”，按照学术界的研究认为，《大雅·江汉》为公元前9世纪周宣王时期的作品；据《诗经·毛传》的解释：“文人，文德之人也。”朱熹《诗集传·卷十八》说：“文人，先祖之有文德者，谓文王。”文德与武功相对，说的是礼仪仁义。此处“文人”特指周文王这个人；逐渐意义延伸。在这一历史早期，“文人”的最初形态乃是先王、君主，尚非平民。《尚书·文侯之命》云：“追孝于前文人”，《尚书·孔传·疏》解释道：“追行孝道于前世文德之人”。由此可知，大约3000年前，无论《诗经》或《尚书》里面提到的“文人”，专指“有文教功德之人”。而这里的“文教”，还是指比较原始的“礼乐教化”，跟“武力（暴力）征战”相对。特指礼仪道德方面即政治上“立功立德”的非暴力措施，也就是“文治”；而非专门著书立说、传播知识等以文字工作为主的文化职业。

后来“文人”又指君王在文化方面的专职助手。那么，到什么历史时期，“文人”才成为“读书能文之士、擅长文章之人”的通称呢？我认为是在2000年前的汉代。也就是“文人”“文士”具有了一定的社会地位，构成了一种社会阶层之后。王充《论衡·超奇》篇曰：“采掇传书以上书奏记者为文人。”曹丕《与吴质书》曰：“观古今文人，类不护细行。”又《典论·论文》曰：“文人相轻，自古而然。”

古代“文人”作为“士大夫”的一个部分，与“武士”“武人”相对。“文人”也就是“文士”。《韩诗外传》曰：“君子避三端：避文士之笔端，避武士之锋端，避辩士之舌端。”可见，文人的笔杆子，武人的刀把子（近代则进化为枪杆子），辩士的舆论巷议都是能令“君子”畏惧的厉害家伙。而这三者，历史上则都属于“士”阶层所掌握。

“文人”这词条早已载入《辞海》和《辞源》之中。但是，查阅这两大部权威性的词典，都找不到“文化人”这一条目。可见近代“文化人”概念的具体来源（词源）尚待考证。

许多先辈回忆，“文化人”这个称呼在20世纪30年代抗日战争爆发之前就已出现，此后越来越通行。据我考证，最初正式公开使用“文化人”这一概念的，是在1936年9月上海轰动一时的《中国文化界为争取演剧自由宣言》。

这个宣言用中、英、法、俄、日、世界语六种文字同时发出，有许多中外报刊登载或报道，当时成为震惊国际的重大新闻。签名者176人，包括田汉、欧阳予倩、洪深、阳翰笙、余上沅、阿英、袁牧之、蔡楚生、史东山、冼星海、任光、章乃器、沙千里、沈西苓、蔡若虹、赵丹、白杨、金山、章泯、陈白尘、郑君里、钱俊瑞、陈荒煤、于伶、钟敬之等。这176人都是以“文化人”的身份自居的。他们中间有作家、学者、诗人、音乐家、画家、记者、大学教授、教育家、话剧和电影的编剧、导演、演员等等。

这是中国“文化人”第一次以群体阵容出现在历史舞台上，团结一致要求自由艺术创作的权利。这个宣言，也就是中国文化人的精神独立的自白。

此后，1936年11月上海《电影·戏剧》1卷2期刊登的署名韦彧（沈端先，即夏衍）的《鲁迅与电影》一文，以及郑振铎在1937年10月26日所写《失书记》一文等等，也较早地使用了“文化人”这个概念。

[附记]我手边常用的《汉英词典》（商务印书馆1978年版）里面，却是同时收入“文人”和“文化人”这两个条目，然而英译文很不相同：“文人”的英译是Man of letters（写文章的人），而“文化人”的英译是Cultural worker（文化工作者）。我认为这两个不同的英译名是比较贴切的。

“文化人”的褒贬和价值观

“文化人”即“文化工作者”这一概念的出现，标志着我国20世纪30年代以来许多人文知识分子以“普通人”、“人民一分子”、“工作者”的身份，独立自主地走向社会实践，跟劳动群众相结合。从抗日战争前夕以来，许多年间，大量文章纷纷使用了“文化人”这一带有褒义的概念，表明它得到了社会的普遍认同。直到今天，“文化人”一直是褒义词。

与之相较，我国社会舆论自30年代以来，经常把“文人”作为贬义词来使用，跟“迂腐”、“懦弱”、“缺德”、“动摇”、“自私”、“寒酸”联系在一起。鲁迅晚年写的《文人无文》乃至《论“文人相轻”》一论、再论……竟然达七论之多！有关“文人”的成语几乎没有什么好话：“文人无行”、“文人相轻”、“御用文人”、“无耻文人”、“反动文人”、“一为文人便无足观”等等。

所以许多人文知识分子耻于“文人”的徽号，而自称为“文化人”则好听得多了！从抗战时期以来，“文化人”成为社会上常用的话语。这个称呼显得亲切、大众化，在老百姓眼里，它不像“知识分子”那么清高甚至“脱离群众”。从抗战时期以来，“文化人”成为社会上常用的话语。许多前辈常以“文化人”为题著述、讲演，陶行知、邹韬奋都说过：“文化人依靠自己的劳动吃饭！”老舍宣告：“我是一个文化人、一个自食其力的文化工作者！”新凤霞大胆地公开向吴祖光求婚说：“我爱你是一个文化人”……

老前辈们回忆，许多人曾以“文化人”为主题进行过讨论。盛家伦早在40年代就指出：

> 文化人追求真善美，是通过学问的实践追求真、通过道德的实践追求善、通过艺术的实践追求美。真善美又是随时、随地、不断发展的。今天，“真”的现代基础是自由的科学研究；“善”的现代基础是自由的社会民主；“美”的现代基础是自由的个性创造。那么自由、平等、博爱的共同必须的基础又是什么呢？两个字：权和钱。通过社会民主、达到经济繁荣富足。……专制暴力和奸商交易是残害、毒杀文化的刽子手。文化人只有得到“权”和“钱”的保障，才能充分发展个性，自由地创造真善美。（引自《口述历史》，吴祖光先生的回忆谈话）

“文化人”称呼的回溯与扩充

虽然“文化人”这个称呼正式出现于1936年即抗日战争前夕，但一经出现，马上就得到全国文化界广泛的认同。并且新文化界把“文化人”这个概念作历史上的回溯，延伸到五四新文化运动时期。有文章谈起胡适之教授说："他家那时在米粮库。(北京城区的)米粮库不失为一个文化人的区域。短短的一节胡同，一号住着陈垣、傅斯年，三号住着梁思成、林徽音，四号住着适之先生。"也即公认陈垣、傅斯年、梁思成、林徽音、胡适之这些五四时期的教授、学者都属于"文化人"之列。

后来还有文章提到"文化人"韦君宜(生于1917年)时说道："以她这一层次的文化人，不会不读到鲁迅早在30年代上海左翼作家联盟成立会上讲的一席话。"

但是这个历史上的回溯，不曾跨越到满清封建社会以前，而限于民国以来、五四以来。这就表明：从事新文化运动的"文化人"，根本不同于旧时代的"封建文人"。

"文化人"这个称呼不仅有历史上的回溯延伸，而且有范围上的扩大。

抗战第二年，沈从文在《一般或特殊》中写道：

> 许多地方"文化人"忽然加多……另外给人一种意义是凡拿笔的通可称为"文化人"，社会进步、战争支持，全少不了他们。在目前，重庆或桂林、长沙或昆明，忽然有许多读书人都被称为或自称为"文化人"。……文化人一多，事情就热闹起来了。"文化人"是在目前唯一有多量时间使用文字的人。(原载1939年1月22日《今日评论》第1卷第4期)

抗战中期，《解放日报》刊登田家英《沙漠化的愿望》一文说："今天……不少必读的刊物，还出现了一大批新文化人的名字。"(原载《解放日报》1942年4月23日)

白杨说：过去历史上所谓"文人"，民国以前必须熟读"四书五经"，通过科举考试，具备秀才、举人、进士、翰林等等资格，方能进入"士大夫"阶层。民国初期的"文人"，一般是指有学问有地位的人、文史专家学者、作家教员等等。当时"从艺"或"卖艺"是被人瞧不起的。在30年代许多投身于戏剧、电影的演员、导演、美工师、词曲作者们，自己觉得学问并不高，甚至大多没有大学文凭(学位)，只是从事戏剧电影美工歌曲等文化工作。所以乐意自称为"文化人"也就是"文化工作者"，而不愿叫什么"文人"。她还说：五四以来的“文化人”普遍认为，自己是有独立人格的，是要求个性解放的。“文化人”不是主上所戏弄的“倡优”。所以，必须抓紧一切时间努力学习文化，不断提高文化修养，做一个合格的“文化人”。

现代中国文化人的发展

中国现代文化人，其源盖出自清末民初“文士”阶层，但必须脱胎换骨、面目一新。脱“官场、商场”功利之胎，换自由平等独立之骨，从而获得现代化的新面目，以文化创造与传播为自己的历史使命(而不是像封建时代士大夫那样清谈“以天下为任”的高调)。

文化创造与传播的主要阵地有三：

一为以现代出版社为中心的报纸、杂志、图书等，主角是作者、编者、译者等也就是“爬格子”的文化人，对象是广大读者；

二为以现代校园为中心的课堂、讲座、研究会(院所)等，主角是教授、讲师、研究员、学者等也就是从事教学、科研的文化人，对象是青少年学生(知识青年)和同行们；

三为以剧场、电影银幕(近来再加上电视屏幕)为中心的表演艺术场地，主角是编剧、导演、演员等文化人，也就是从事节目创作和演出的文化人，对象是广大观众。

20世纪上半叶，是我国现代教育事业、现代出版事业、现代表演事业逐步形成并获得发展的重要历史时期。

总的说来，从民国成立到抗战前夕，中国的高等学府主要集中在华北的京津地区(北大、清华、师大、燕京、北洋、南开等)，其次在江南沪宁地区(震旦、复旦、圣约翰、光华等)；京津的文化人大多在学校任职，也有一部分从事戏剧活动。而出版机构的大本营主要在上海(商务印书馆、中华书局、世界书局、开明书店等)，其次在北京；上海的文化人大多专职或兼职写作、翻译、办报、编剧甚至“下海”粉墨登场，所以写作、教研、演出这三大方面是互相交叉融汇的。这是中国现代文化人的形成期。

中华民国成立的最初十几年间，北京是全国政治和文化的中心。但是在1920年以来，南北分裂、政局动荡、战乱不已，文教部门薪俸积欠多年，北京的教授们“开始逃荒”（梁实秋语）；特别是1926年“三·一八”惨案之后，北洋军阀对于文化人的镇压加剧。奉军入关更走极端，取消北大，将北京九所高校合并为“京师大学堂”强迫读经，还凶残地屠杀了李大钊、邵飘萍等进步人士。北京陷入恐怖时期，学者、教授、记者、编导、演员等多离京南下，转到厦门、广州、武汉、上海、南京等城市。1928年国民党政权定都南京，将北京改称“北平”；进步文化重心向南部倾斜。这是中国现代文化人的第一次大迁移。

1937年7月抗战爆发，国共合作抗击日本侵略者。北平、天津、上海、南京、杭州、武汉等城市相继沦陷，华北、华东等文化中心的学校、报刊社、出版社、研究所、剧团、制片厂，纷纷转入华西，主要是西南大后方的重庆、成都、昆明、桂林、贵州等地；也有一部分（西北联合大学）转入陕西、兰州等地。这加强了现代文化向西部的开发，是中国现代文化人的第二次大迁移。

八年抗战期间，以西南联大（北大、清华、南开三校联办）、中大、复旦、浙大等为代表的教育学术界，和以歌咏、话剧等演出活动为代表的文学艺术界等等，带动了中国文化人走向新的发展道路。而蒋介石一党专政导致的腐化堕落和通货膨胀、物价飞涨、民不聊生，迫使文化人丢弃了对于国民党政权的幻想。

1945年8月抗战胜利后掀起的争民主、争自由，要求通过政治协商建立联合政府的群众运动里，中国现代文化人成为表达人民意愿、反对独裁暴行的强大社会力量，虽然人数少，但是能量大，影响深远，举世瞩目。这是中国现代文化人的普及和成熟期。

文化人经济状况的重大意义

自由独立的经济生活构成了自由思想与独立人格之坚强后盾和实际保障。于是，文化人方能成为启蒙运动中传播和创新现代化知识的社会中坚。

我注意到，在五四运动以前，中国第一个把文化人看作劳动者——脑力劳动者——的自由民主先驱，第一个高呼包括文化人在内的“劳工神圣”的精神领袖，是北京大学校长蔡元培。1918年11月16日，他在北京各界在天安门举行的“庆祝协约国胜利大会”上的演说词就是《劳工神圣》——

此后的世界，全是劳工的世界呵！……凡用自己的劳力作成有益他人的事业，不管他用的是体力、是脑力，都是劳工。所以农是种植的工，商是转运的工，学校职员、著述家、发明家，是教育的工，我们都是劳工。我们要自己认识劳工的价值。劳工神圣！（据《北京大学日刊》第260号，1918年11月27日出版）

蔡元培倡导的“北大精神”从环境气候方面说来是实行宽容和学术民主，提倡言论集会结社信仰自由；从个性人格方面说来是独立思考和自行其是，追求科学真理。而文化人的经济后盾、生活保障，主要来自三大方面：

（一）教研收入，包括讲课、学术研究和在学校任职的薪金；

（二）写作收入，包括版税、著译稿酬和编辑费；

（三）演出收入，包括编剧费、导演费、表演费等。

在五四新文化运动的领袖人物中间，李大钊是第一个关注社会生活状况和经济权（生存权）的学者。1919年12月他在《新生活》杂志发表《物质和精神》一文指出——

物质上不受牵制，精神上才能独立。教育家为社会传播光明的种子，当然要有相当的物质，维持他们的生存。不然，饥寒所驱，必至于改业或兼业他务。久而久之，将丧失独立的人格。

笔者认为，所谓“革命”并不仅限于“权力与财产的再分配”，而应强调思想的解放、经济的自主、社会的平等自由。只有努力超越“权本位”的羁绊和“钱本位”的腐蚀，只有争得经济自主权，才能积极有效地实现文化的复兴，并在这奋斗过程中，实现“人本位”的真价值，逐步成长为真正自由的文化人。

20世纪是全世界经济生产飞跃发展、物质财富空前丰富的时代，同时精神文明的文化市场愈来愈扩展壮大，文化人已成为推动历史发展的坚强的生力军；另一方面，在20世纪四大思潮：民主社会主义、共产主义、纳粹法西斯主义、自由主义的消长存亡过程中，文化人愈来愈成为举足轻重的要素。

从这两方面看来,对于中国现代文化人状况的研讨,必然是当务之急的课题。

本书作为研讨中国现代文化人经济生活状况的第一部专著,尝试走出一条没有人走过的路子。一得之见,权当引玉之砖。敬请斧正,尚祈来者。

陈明远

1999 年 11 月

于北京丝竹园

启蒙的起点:清末洋务学堂

文化人的历史使命就是启蒙。这是我国文化人不同于封建文人的基本特点之一。

启蒙(enlightenment)是开创于西方的资产阶级思想解放和社会改革运动。康德在《什么是启蒙?》一文中说:“启蒙就是使人们脱离幼稚状态。”

我国启蒙的真正起点是清末的洋务运动,开始引进西方文化和现代技术。

19 世纪 60 年代以后,清朝晚期少数新派人士办洋务、兴“西学”。将近 40 年间的所谓西学包含两方面,即为政治外交服务的“西文”,和为富国强兵服务的“西艺”。

从同治元年(1862 年)起,洋务派先后设立 20 多所“西学”学堂。根据我收集的历史档案资料考证,可归纳为两类:第一类是主要传授“西文”的方言学堂,也即外国语院校(把西方语言称作“方言”,还是以“天朝”中央帝国自居)。第二类是主要传授“西艺”的实业学堂,也即技术院校,包括水陆师和武备学堂,也即军事技术和军工院校。后来也有一些新式学堂兼顾“西文”和“西艺”,但总有所侧重。

设立“洋务学堂”同文馆等,是中国近代新式教育的发端。京师同文馆总教习、美国人丁韪良说:“有希望革新这古老的帝国的是新教育,新教育的肇端是同文馆。"同文馆是新教育潮流的"最初的源泉"。(参见丁韪良《同文馆记》上篇，写于1907年6月19日，载《教育杂志》第27卷第4号。)

这些"西文学堂"和"西艺学堂"规模都不大，生员通常仅有百名左右。例如——京师同文馆最初的英文馆学生只有10名；后来增添法文馆和俄文馆，各馆也只有10名学生，共30名；到光绪十三年(1887年)学生共120名。上海广方言馆初办时，额定学生40名，以后陆续增加，最多时每届80名。1896年，湖北自强学堂开设英文、法文、俄文、德文四门，每门30名，学生共120名。北洋水师学堂分为三班，学生最多时为120名。江南水师学堂驾驶科和管轮科各60名，共计120名学生。

洋务学堂所有的学生，每月都能得到"膏火银"的优待。所谓"膏火"是书院时代的名称，意为灯油费，就是每月发给几两银子，作为奖学津贴，以此鼓励"西学"。

"西文学堂"即外国语院校性质的方言学堂

西文学堂以传授外国语和西方文化常识为主，主要培养外交翻译人员。计有：1862年创办的京师同文馆(1866年后转为综合性学院)；1863年创办的上海广方言馆；1864年创办的广州同文馆；1893年创办的湖北自强学堂等。西文学堂是我国20世纪文理学院和现代语言文化专科教育的先驱。

京师同文馆规定：洋人总教习领取高额俸银，每月1000两；汉教习每月仅给薪水银12两，合每年144银两。学生里面有七品官衔的，按照旧例每年给俸银45两，八品官衔的40两，九品官衔的32两5钱。并根据学生成绩的不同，每月酌给膏火银3两至15两不等。(参见《筹办夷务始末》同治朝卷37)清末(1872年)一两白银的购买力，约合今人民币140元左右。

上海广方言馆，入学保送与考试相结合，开始年龄限为14岁以下，后来改为15岁以上、20岁以下。学制起初为3年，一开始学生均为免费住馆就读，并由馆方发给伙食费每日一钱(约合今人民币14元)，即每月3两。广州同文馆学制3年，待遇跟上海广方言馆类似，诸生每日享受生活费银一钱，也就是每月白银3两，合今人民币420元。

湖北自强学堂在起初几年里，除免费供应学生饮食、书籍、纸笔外，还发给学生每人每月膏火银 5 圆(1 银圆为 0.72 两银子,当时购买力约合今人民币 100 元)。1897 年后,张之洞仿效西方,实行按考试成绩给予鼓励的办法。虽不像西方高校那样要收取学费,但停止了膏火供应,规定“按月比较华洋文字进境分数,分别甲乙,给予奖励,以资鼓励”(引自《自强学堂不给膏火示》,见《张文襄公全集·公牍》卷 28)。一方面节约财政开支,另一方面也杜绝了专图膏火的不学无术之辈,从而选拔一批有志于“西学”的后起之秀来学堂受教。这一新规定,可说是中国近代教育史上“奖学金制度”的发端。

“西艺学堂”即技术和军工性质的实业学堂

西艺学堂的主要目的,是培养使用和维修西洋机械、船舶、火器的人员,其中包括军事技术院校性质的水陆师和武备学堂等。主要有:1865 年创办于上海的江南制造局附设机械学堂,1866 年创办于福州的船政学堂,1881 年创办于天津的北洋水师学堂,1890 年创办于南京的江南水师学堂,1895 年创办于武汉的湖北武备学堂等。西艺学堂是我国 20 世纪工程学院和实业技术专科教育的先驱。

福建船政学堂除了食宿免费外,学生每人每月可得白银 4 两(约合今人民币 560 元),以便赡养家属。学制 5 年。入学时需由各学生的父兄及本人具结担保。学习期间不得请长假或转学。每三月考试一次,由教员分别等第。获一等者赏洋银 10 圆(约合今人民币 1000 元),二等者无赏无罚,三等者记过一次。两次连考三等者给以警告,三次连考三等者,则勒令退学。反之,如三次连考一等者,则除照章奖励外,还另加赏衣料以示鼓舞。福建船政学堂培养了一位杰出人才——严复。

北洋水师学堂完全公费,不仅全免食宿费用,每个季度发给制服,还每月发给赡银 4 两(约合今人民币 560 元),“俾一经入选,八口有资,贫寒之家,咸知感奋”(据张焘《津门杂记》中卷)。也就是说,当时每月赡银 4 两可供一个大家庭——老少八口之家的基本生活费,由此招募优秀人才入学。这些学生就成为大清水师(海军)的后备队。

江南水师学堂的驾驶科和管轮科各招 60 人,以 20 人为一班,四个月的试习后,再根据英语程序分为三班。列入第一班的,除食宿外每月每人发给赡银 4 两,第二班发 3 两,第三班发 2 两。在堂试习未满四月的,只免食宿费,不给赡银。(20 世纪初物价略涨,一两白银的购买力约合今人民币 100 元,1 块银圆约合今 70 元。)

洋务学堂并不景气

科举制度的千年传统"学而优则仕",凡有财力可供读书的人家,无不盼望子弟由科举中试做官,由童生到秀才到举人到进士,才叫做"正途"。而洋务学堂则被认为是"旁门左道",受到耻笑和非议。再有,从达官贵裔到士农工商,一般出于对西学的隔膜无知,对西方的怀疑、忌讳和仇视,普遍不愿"师事夷人"。如鲁迅《阿 Q 正传》所描写的,念洋文读洋书者被称为"假洋鬼子",甚至遭人辱骂。这种鄙视西学的风气,全国皆然。李鸿章曾就北洋水师学堂招生的困难感叹道:

> 今入学堂者等于术艺(陈注:不是正经读书而是技艺),即一二拔出,亦不过兵官右职,不得比于正途。……中国士大夫由来囿于积习,清门旧族,目矜地望,未必肯以子弟充当学生。(引自张侠等《清末海军史料》,海洋出版社,第 603 页。)

洋务学堂的开办章程中也表示担心:"初次挑选,恐读书世家子弟尚多观望迟疑不肯应试者。"因此,便以优厚待遇来招揽学生,不仅全免食宿费,还给以赡养家庭的"赡银"资助。天津北洋水师学堂初定"月给赡银一两",购买力相当于今人民币 140 元,这在城乡百姓贫民的心目中,可不是一笔小数目。洋务学堂的"招生章程"四处张贴、散发,还刊登在《申报》、《万国公报》等报刊上,以广招徕;主办者并亲赴上海去挑选学生。即使如此,仍是投考者寥寥,且素质不佳,以致原定招收的 60 名尚不能满额。不得不在第二年再度公告招生,以增加赡银到"月给四两"(合今人民币 640 元)来吸引考生。这四两银子的购买力,相当于当时一个"八口之家"每月的最低生活费。李鸿章署名发出的招生告示中称:

兹距开馆一年有奇，学生造诣，渐有端倪，惟额数未满，投考者或资质平庸，或年纪过大，终少出色之材。细揣情由，似由赡银少薄，未足招徕。今本大臣将该堂原定章程，学生“月给赡银一两”改为“月给四两”，俾一经入选，八口有资，庶寒峻之家咸知感奋。……学生若果卓有成就，本大臣定当从优奏奖，破格录用。（引自张焘《津门杂记》卷中，《水师学堂》第67页。）

上海《申报》曾于1883年3月16日《津门近信》栏刊登关于北洋水师学堂的一则消息，内云：“兹悉水师学堂原定章程似嫌太密，刻已通融办理，但使年岁合例，能作一‘起讲’者即便收录，试学三月再定去留。水师、管轮各堂均收有六十人矣。”然而，依靠“增加赡银”的物质刺激招徕的学生，大多是下层贫苦子弟，其中为谋衣食而来者不少，素质较差，以致有人讽刺洋务学堂是“济贫之院”。李鸿章也承认，北洋水师学堂创办之始：“其时北方风气未开，学生入堂之初，非惟于西语、西学咸所未闻，即中国文字亦仅粗通。”（引自马建忠《上李伯相复议何学士如璋奏设水师书》，载《适可斋记言》卷三。）以这样粗浅的文化基础，新生在3至5年内，要学会外国语、数学及各项专门技术知识，还要兼习中文，课业负担很重。加以学堂的管理缺乏经验，学生良莠不齐。虽如此，仍培养出一些人材，如后来创立南开大学的张伯苓，就是1895年毕业于北洋水师学堂；周树人及二弟周作人曾分别于1898年和1901年进入江南水师学堂。

同文馆的师资薪水

按照原规划，同文馆的“教习”（师资），创建之初暂聘外国人担任，逐渐由本国人代替。后因课程扩充，大部分学科又无中国人能够讲授，只好继续聘请外籍教习，仅中国语文和算学二科，由中国教习担任。而中国教习的出路还是担任行政官职（知县等），所谓“仕途”。据《清会典》第一百卷记载：

凡教习有延订者、选举者、考充者。总教习及洋教习，就各国儒士中延访；其通洋学之汉教习，由各直省选举。其汉文教习，就京师咸安官宗室景山八旗已取未传馆之教习招考充当，额三人。总教习一人。洋教习视各馆学生多寡为定。学生有由沪粤同文馆及直省咨送者、由生监送馆者，准其咨送顺天乡试。总教习、洋教习则优其薪俸；汉教习则视其成效，二年一保，又二年奏请优叙焉。教习满二年者，无论举贡，皆奏请以知县用。又二年，则奏请分省，遇缺即补，并加衔。

同文馆规定：洋人总教习领取高额俸银，每月 1000 两；年俸 12000 两。而洋人教习的月薪每月几百或几十两不等，明显高于中国教习很多倍。华人中文教习每月仅给薪水 12 两银子，合每年 144 两。

同治八年(1869 年)美国传教士丁韪良被任命为总教习(教务长)直到 1894 年，教龄(职龄)长达 25 年。京师大学堂建立后，丁韪良又担任大学堂总教习。1916 年丁氏逝世于北京。

同文馆的经济生活

京师同文馆规定：所有学生都有银两津贴。学生七品官者，每年给俸银 45 两，八品官者 40 两，九品官者 32 两 5 钱。并根据学生造就的不同，每月酌给膏火银 3 两至 15 两不等。

清宣统二年(1910 年，即辛亥革命前一年)颁布了《币制则例》，规定银圆为本位币，每枚重 7 钱 2 分，含纯银九成。也就是 1 两白银折合 1.4 银圆。所以，膏火银 3 两折合银圆 4 圆 2 角，15 两折合银圆 21 圆整。

那么，当时银圆的购买力如何呢？参考历史上生活必需品及日常饮食的物价计算，得到如下参照值——

1872 年 1 两白银的购买力，约合今人民币 140 元；1 银圆约合今人民币 100 元；1 枚铜元约合今人民币 1 元。

1901 年 1 两白银约合今人民币 100 元；1 银圆约合今 70 元；1 枚铜元合今 7 角。

1911 年 1 两白银约合今人民币 70 元；1 银圆约合今 50 元；1 枚铜元合今 5 角。

由此，我们对于清末民初银两、银圆、铜元的价值可得到具体的概念。

在1900年前后，京师同文馆学生的银两津贴，其购买力如下——

每年固定的生活津贴：学生七品官者，每年给俸银45两，折合今人民币4500元；八品官者40两，折合今人民币4000元；九品官者32两5钱，折合今人民币3250元。

每月增发的助学津贴：根据学生成绩的不同，每月酌给膏火银3两（折合今人民币300元）至15两（折合今人民币1500元）。

当时同文馆的学生，除了学宿费全免、衣食住行全部包干以外，每年、每月还有相当多的生活津贴作为日常零用，那待遇确实不算低了。

在戊戌变法前后的同文馆学生里面，有一位齐如山（1877—1962）是河北高阳人。他和弟弟齐寿山（1881—1965）到了民国初年都成了鲁迅的好朋友。齐如山20岁左右时曾在京师同文馆学习。他后来在《故都三百六十行——物价变迁》一文中，回忆19世纪末年京师（首都，即今北京）城里的物价，留下了一段可贵的历史记录——

> 约在光绪二十三、四年（1897—1898年间）彼时余正肄业同文馆，每于星期日恒往同学家吃便饭，如有四个客，四个碟，饮酒吃打卤面，所费不过当十钱两吊，即九十八枚。四碟之菜，一为松花两个，约合不到八枚，一为盒子菜两包，约合不到八枚，一为炒鸡蛋三个约合不到六枚，一为咸落花生约合不到四枚，切面条二斤约合不到四十枚，猪肉约合十五枚，酒约合十五枚，连打卤用的黄花、木耳等佐料共九十余枚。以上之数还打的很宽，然尚用不到两吊。约合现在铜元不过二十枚。

齐如山回忆中所说的"当十钱"也就是光绪二十三年间"当十"铜币，每枚贬值为相当于"制钱"两文（两钱重）。也就是说，"当十钱"98枚相当于"制钱"200枚，即两吊。又据《中国货币史》第843页，光绪二十三年（1897年）白银一两合制钱1364文，合银洋约1.4圆，这就是说，当时银洋一圆折合制钱大约1000文，又可兑换新式的"当十铜元"100枚。"当十钱两吊"，合铜元20枚，相当于今人民币14元。（后来，银价上涨，铜钱又逐年贬值。）根据齐如山先生的回忆，同文馆学生四个人聚餐小酌，一桌子简单的打卤面酒水总共只花了铜元20枚，即银圆2角，折合今人民币14元。而齐先生每月的生活津贴可达10块银圆(7两)，折合今人民币700元左右，由此可见当时同文馆学生的经济生活水平还是较高的。

周树人、周作人兄弟在洋务学堂的生活

关于19世纪末年的情况，周作人在回忆录中写道——

> 先君虽未曾研究所谓西学，而意见甚为通达，尝谓先母曰，“我们有四个儿子，我想将来可以将一个往西洋去，一个往东洋去留学。”这个说话，总之是在癸巳至丙申(1893—1896)之间，可以说是很有远见了。那时人家子弟第一总是读书赶考，希望做官；看看这个做不到，不得已而思其次，也是学幕做师爷；又其次是进钱店与当铺，而普通的工商业不与焉，至于到外国去进学堂，更是没有想到的事了。先君去世以后，儿子们要谋职业，先母便陆续让他们出去，不但去进洋学堂，简直搞那当兵的勾当，无怪族人们要冷笑。……

鲁迅原名周樟寿，字豫才。戊戌(1898年)年周豫才18岁，要往南京去进学堂，不便使用原名，故改名为周树人。那时全国实行科举制度，读书人从小在私塾、“家馆”熟读《四书》《五经》，练习八股文和试帖诗，辛苦应试，为取得秀才、举人的头衔，以提高社会地位。所谓“出路”就是读书做官。传统教育主要是“州学”“府学”“县学”以及“书院”；新式的洋务学堂寥寥无几，只有天津的北洋水师学堂、武昌的自强学堂、南京的江南水师学堂和陆师学堂、福州的福建船政学堂等处，都是官费供给。

周豫才想出外求学，家里却出不起钱，只能进公费的洋务学堂。正好来了个机会，南京水师学堂有一位本家叔祖，在那里当“管轮堂”监督(即轮机科舍监)。周豫才到南京去投奔他，暂住在他的后房。可是这位监督有点顽固，他虽然以举人资格担任了这个差使，但总觉得子弟进学堂“当兵”不大好，至少不宜拿出家谱上的本名来，因此就给他改了名字“树人”，出于“百年树人”的典故。后来他从水师学堂退学，改入陆师学堂附设的路矿学堂，仍用“周树人”这个名字。

周树人于戊戌年闰三月经过杭州往南京，十七日到达，目的是进江南水师学堂。四月中考取了试读生，三个月后正式补了三班。据《朝花夕拾》上所说，每月可得津贴银二两，叫做“赡银”。水师学堂系用英文教授，需要九年才得毕业，前后分作三段，称为三班，每三年升一级，由二班以至头班。周树人在那里总觉得不大合适，可是无法形容出来，“现在是发现了大致相近的字眼了，乌烟瘴气，庶几乎其可也。”

这就是说，周树人 18 岁时，即戊戌变法的那年，往南京进了江南水师学堂。除了学宿费全免以外，每月可得津贴“赡银”二两，约合今人民币 200 元。这比首都的京师大学堂或同文馆待遇要低一些。

1901 年，周作人也步大哥的后尘，经杭州往南京，进了江南水师学堂。他晚年在《知堂回想录》中是这样叙述的——

各班学生除膳宿、衣靴、书籍仪器，悉由公家供给外，每月各给津贴，称为赡银。副额是起码的一级，月给银一两，照例折发银洋一圆加制钱三百六十一文。我自(阴历)九月初一日进堂上课，至十二月十三挂牌准补副额，凡十二人，逐成为正式学生。洋汉功课照常进行，兵操打靶等，则等到了次年壬寅(1902)年三月，发下操衣马靴来，这才开始我这里说“洋汉功课”，用的系是原来的术语。因为那里的学科，总分为洋文汉文两大类，一星期中五天上洋文课，一天上汉文课。洋文中间包括英语，数学，物理，化学等中学课程，以至驾驶管轮各该专门知识，因为都用的是英文，所以总名如此。各班由一个教习专任，从早上八时到午后四时，接连五天。汉文则另行分班，也由各教习专教一班，不过每周只有一天，就要省力得多了。就那里计算，校内教习计洋文六人，汉文四人，兵操体操各一人，学生总数说不清，大概是在一百至一百二十人之间吧。

周作人 15 岁进江南水师学堂的时候，除学宿费全免以外，起初每月只得最低的津贴“赡银”一两，约合今人民币 100 元。这比他长兄当年的待遇又低一半。

洋务派学堂的规模和局限

西文、西艺两类新式学堂，是为洋务运动的政治服务的，专业设置狭窄，思想没有解放。仅仅为了大清帝国外交的实用目的，而学习外国语；为了维护专制统治“富国强兵”的实用目的，而进行军事和技术的职业教育。这就是所谓“中学为体，西学为用”。

即使规模较大的由总理各国事务衙门（相当于今外交部）于 1862 年创设的京师同文馆，在 1866 年以前也只限于学习英、法、俄等外国语课程，1866 年后才附加天文、算学等自然科学的基础课程，然而水平不高，学员的兴趣也不大，成就与影响甚微。

这些都属于洋务派的实用专科学堂，尚缺乏现代化的文、史、哲、政、法等社会人文科学的先进观念，也缺乏现代化的数、理、化、生物、地学等自然科学和技术科学的系统方法。但它们毕竟成了“教育救国、实业救国”的启蒙运动的起点，揭开了我国现代化的扉页，尽管还仅是脆弱的一页。

梁启超对于官立洋务学堂的洋教习，曾指出：“半属无赖之工匠，不学之教士”，训练出来的学生“未尝有非常之才，以效用于天下”，至多“仅为洋人广蓄买办之才”而已。

梁启超认为：“国家岁费巨万之帑，而养无量数至粗极陋之西人”乃是“数十年来变法之所以无效”的原因之一。（引自梁启超《学校余论》及《论师范》，《饮冰室合集》第一册。）

当时担任京师同文馆总教习的美国人丁韪良说，京师同文馆的名气很大，总教习的官衔也不小，但初期学生只有 10 个人，都是满族大臣的子弟，好像几只调皮贪玩的小猫，外国教习真有点儿不想教下去，不过是混混日子，捞一笔可观的俸银。

当然，同文馆并非一事无成，它曾为洋务派所办的机构，输送了一批外文翻译和官吏。而洋务派后来的要员，如户部尚书董恂、刑部尚书谭廷襄等，均是同文馆毕业生。此外，同文馆的“译员班”在 30 年间陆续地翻译出版了二十余种书籍，介绍了一些西学知识。

但是“西学”的历程，进步极其迟缓。据统计，江南制造局翻译馆从 1868

年创立到1897年,30年间仅售出各类译著13000部(参见梁启超《戊戌政变记》,载《饮冰室合集·专集》第一册,卷一,第22页),平均每年不过400部,分到全国,大约每五县才有一本“西书”。对照日本,在明治维新之前的1866年,仅福泽谕吉译著的《西洋事情》一书,刚出版就销售达25万册。老大中华帝国对于西学的引进,比之日本,相差何止百倍?

1895年甲午战败后,清朝廷丧权辱国被迫签约,向日本帝国的赔款和赎金计白银2.3万万两,年利5厘,规定3年还清。1900年八国联军攻陷北京后,更蒙受奇耻大辱,清朝廷又欠八国“庚子赔款”连本带息9万万多两白银,预期限39年还清;而当时的清政府每年财政总收入为0.8万万两白银。也就是说:甲午战争的赔款赎金为清朝每年财政总收入的3倍,而“庚子赔款”为清朝每年财政总收入的11倍!从此,大清国丧了元气,洋务派也一蹶不振。维新派奋起,严复呼吁救亡,而救亡必须启蒙。从救亡启蒙运动中,一些觉悟的文人成长为我国第一批文化人。

清末四所大学的状况

甲午战争的惨败,证实了洋务派的无能和腐朽;也促成了维新派的崛起。我国文化人应运而生,登上社会舞台,并在教育事业方面打开了新的局面,带来了启蒙的生机。

鲁迅在《重三感旧——1933年忆光绪朝末》一文中说——

我想赞美几句一些过去的人,这恐怕并不是"骸骨的迷恋"。……光绪末年的所谓"新党",民国初年,就叫他们"老新党"。甲午战败,他们自以为觉悟了,于是要"维新",但是三四十岁的中年人,也看《学算笔谈》,看《化学鉴原》;还要学英文,学日文,硬着舌头,怪声怪气的朗诵着,对人毫无愧色,那目的是要看"洋书",看洋书的缘故是要给中国图"富强",现在旧书摊上,还偶有"富强丛书"出现,就如目下的《描写字典》《基本英语》一样,正是那时应运而生的东西。连八股出身的张之洞,他托缪荃孙代做的《书目答问》也竭力添进各种译本去,可见这"维新"风潮之烈了。……

"老新党"们的见识虽然浅陋,但是有一个目的:图富强。所以他们坚决,切实;学洋话虽然怪声怪气,但是有一个目的;求富强之术。所以他们认真,热心。待到排满学说播布开来,许多人就成为革命党了,还是因为要给中国图富强，而以为此事必自排满始。

鲁迅所赞美的清末变法维新的“老新党”们，也就是中华民族现代化进程中的第一代文化人。他们的出现，一方面是由于爱国思想的激发，另一方面也是由于实际利益的需要。

19世纪末，在我国创办的最早的大学有：圣约翰书院大学部、天津北洋大学堂、上海南洋公学上院、京师大学堂。

甲午战后中国的“西文热”

接受西学必须以外语为先导。梁启超在《时务报》第42册上发表《大同译书局叙例》说：

> 译书真今日之急图哉。天下识时之士，日日论变法……今不速译书，则所谓变法者，尽成空言。

维新派和有识之士创办了大同译书局、中东翻译局等机构，译述、介绍西方书籍以推进维新运动，或代人翻译中外往来函件以适应社会需要。

此外，当时中国已有几十家报社，其中规模较大者如《申报》(1872年创办)，《字林西报》(1882年创办)，《新闻报》(1893年创办)；特别是以梁启超为主笔的上海《时务报》(1896年创办)和以严复为主笔的天津《国闻报》(1897年创办)，成了维新派的南北两大舆论阵地。它们通常需要聘请英文、法文、日文三种翻译人员，以摘译外文报纸上的文章和时新消息。西学的兴起，开风气之先，促进了国人学习外语的热潮。

1895年后，由于深受甲午战争刺激，京师和各大通商口岸，创办了一批仿照外国学制的新式学校，同时，各地对旧书院加以改造，增添“西学”内容。这些新式学校和被改造的书院，中西并重，一些规格较高的学校，如南洋公学，规定招生条件是：

> 学以中学成才，兼通西学、西文为上；以中学成才略通西学、不通西

文，或略通西文、不通西学为次，中学未成者虽通西学、西文不录。（引自《申报》1897 年 3 月 2 日《太常寺少堂盛招考师范学生示》一文。）

另一方面，从中外贸易经商和实业的角度看来，通洋文“始能为洋行买办，始能赴洋行写货。与西人交易，每岁所入，或数万、或数千数百，以视中国为商则奚啻天壤，此人之所以欲习西国之语言文字也。”从功名利禄的角度看来，过去“十年寒窗、白首穷经”的士大夫阶级发出感叹：“若中学则须老成宿儒、品学兼优之辈，而每月修金不过十余圆”，但是一些懂西文的学生，刚刚毕业，其薪金待遇就“少则十余圆，多则数十圆。当世之鲜衣华服、乘舆策马者，无不从洋务中来，其在官场，则翻译焉、随员焉。”（以上引自《申报》1896 年 12 月 29 日《论习西学当以工艺为急务》一文。）

甲午战后，外国在华企业骤然增加，急需大量翻译、买办。同时来华游历的外国人士较多，也需要华人翻译作向导。因此，在中国的洋人通过各种渠道，招聘懂外语的华人为他们服务。甚至有些驻华外国使馆直接出面，代本国旅华人士招聘华人翻译。例如，1898 年 11 月 10 日，英国驻上海总领事馆在《中外日报》上登载《聘请上等英文翻译》的广告：“今有英人三位，由上海至云南，计应行半年有余，取道四川成都，仍回上海，愿请能说官话之翻译一位，偕同前往。诸君乐偕行者，乞于日内移至上海大英国总领事署面商一切。”

当时在上海、天津、广州、香港和各通商口岸，特别是外国租界地区，除了进入官场和个人经商外，当洋行买办或以其他方式替外人服务，是致富的重要途径。

这种形势，也促进了西学的引进和传播。

“圣约翰”——从书院到大学

从 19 世纪后半期以来，欧美各类教会团体在中国设立了许多教育机构，包括小学、中学、大学和专科学校等等，统称为“教会学校”。圣约翰大学是美国圣公会一个差会独家经营的，东吴大学是美国监理会独办的。所谓差会(Mission)是西方国家负责集资、派遣人员到国外传教布道的机构。由差会派遣的人员，无论从事何种工作，如传教的牧师，医院的医生、护士，学校的教师、职员等，都称之为传教士(Missionary)。

1879 年 9 月，美国圣公会主教施若瑟(Joseph Scherschewsky)将上海的三个教会学校神道学校、培雅书院、度恩书院合并成“圣约翰书院”。但规模仍然很小，圣约翰书院的第一届学生仅有 39 名，其中 90%来自基督徒家庭。学校纪律很严，规定必须参加一切宗教活动，如有违犯，要受到体罚。全体学生都是免费上学的，连书籍、文具、饮食、衣服等皆由这个教会学校供给。校址在沪西梵王渡路，初设课程仅有西学、国学、神学三门。

圣约翰书院在 19 世纪末对中国教育的一个重大贡献，是正式设置了英文课。由于上海是通商口岸，外国商行较多，英语知识可以有商业价值，故社会对英语的需求量很大，开办英文课也成为当时之急需。

1881 年 10 月，圣约翰书院正式设置英文部，学生入学要收费，每月付墨银(墨西哥银洋)8 圆。许多富家子弟纷纷前来求学。然而由于各方面的急需，单靠英文部还远远不能满足社会的需要，于是从 1884 年起圣约翰书院把预科改为半天学英文、半天学中文，并扩大招生名额。美国圣公会还派遣 22 岁的卜舫济到上海负责该校的英语教学工作。那时，中国人颜永京牧师一度担任院长(后来圣约翰大学男生宿舍命名“思颜堂”就是为了纪念他)。

1888 年卜舫济继任圣约翰书院的院长，逐步进行课程教学改革，除中文课外，其他课程一律开始使用英文教材，学生课内课外须讲英语。所以圣约翰书院的英文水平在当时中国的大学中首屈一指。

卜舫济任院长后，着手把圣约翰书院升格为大学。1890 年书院增设了大学课程，仅有大学生两名；1895 年有大学生 6 名。1896 年 1 月卜舫济写信给圣公会差会部，建议在圣约翰书院增设大学部，开设文理、医学和神学三科；文理科学制 3 年，医科收医预科毕业生，学制 4 年，神学科收文理科毕业生，学制 3 年。圣公会差会部批准了卜舫济的建议。

1899 年，圣约翰书院共有大学生 27 名，全部为男生。其中教徒学生和非教徒学生的比例为 1 比 3，非教徒学生多为富家子弟，要缴学费 120 圆墨银，教徒学生可享受减免费待遇。

进入 20 世纪，上海作为工商都市对西方教育的需求持续上升，远远超过了圣约翰大学的供应能力。1900 年圣约翰只能接受 1/3 的入学申请者，

1904 年学生 187 人，大部分来自商人家庭；基督徒 57 名，其中 4 人在大学部学习。1905 年美国哥伦比亚特区颁发给圣约翰学院授予学位的许可证，从这一年起正式改名为圣约翰大学。校长仍为卜舫济。

1906 年圣约翰大学设置文、理、医、神 4 个学院。1907 年圣约翰大学首批毕业生 6 名，其中 4 人获文学士学位。有人认为：这是中国教育史上第一次在中国本土获得现代意义上的学士学位。（陈注：1899 年，北洋大学堂有了第一批大学毕业生。参看本书第三章。）

由于圣约翰大学在美国注册，该校获得学士学位的毕业生很容易进入美国大学深造。耶鲁大学不要求考试就可接收圣约翰的学生攻读研究生，哈佛、哥伦比亚、康乃尔、芝加哥、宾州等大学也愿意接收圣约翰的学生进入他们学校读本科高年级。1907 年至 1908 年，有 30 多名圣约翰的毕业生在美国留学，10 多名在英国留学。

后来圣约翰大学又设工学院，并附设研究院和附属高中。到 1913 年时，全校学生人数达到 500 人，其中 1/4 的学生在大学部学习。教师人数也增加到 40 名。1918 年圣约翰大学把中学部分出去，成为独立的教会大学。1920 年学生达到 250 多人。

三所国立大学堂的创办

清末我国诞生了三所正规的国立大学：(1)北洋大学堂 1895 年创办，大学部（工科、法科）同年设立，后来改称天津大学；(2)上海南洋公学 1896 年创办，上院（即本科大学）到 1909 年粗具规模，即交通大学的前身；(3)京师大学堂 1898 年创办，分科大学 1910 年正式招生，民国后更名北京大学。

过去认为京师大学堂（北京大学）是我国最早的大学，这一说法并不正确。天津北洋大学堂、上海南洋公学都比它早，而且比它更接近现代化。三所大学堂都创办于中日甲午战争失败后，是维新运动的组成部分之一。

梁启超在《戊戌政变记》一文中痛心疾首地指出：“唤起吾国四千年之大梦，实自甲午一役始也。”（引自《饮冰室合集·专集》第一册，卷一。）

1895 年 4 月 17 日《马关条约》的签订，刺激了中华民族的觉醒，促进了学制改革的步伐。沿海通商口岸天津和上海两地首先行动起来。半年后，主管天津海关道的盛宣怀奏准在天津创办北洋大学堂，成立于1895年11月，初名“北洋西学学堂”，英文名称为 Tientsin University，即“天津大学”。学堂仿照西方学制，分设头等学堂（大学本科）与二等学堂（大学预科），采用了美国耶鲁、哈佛大学的模式。这是中国最早的大学，比京师大学堂早成立三年。

盛宣怀（1844—1916）生于江苏武进，他属于我国第一代实业家。6岁入私塾，23岁考中秀才，次年襄办陕西甘肃后路粱台。1870年他26岁时，成为洋务派大臣李鸿章的幕僚，颇受器重。但是他三次乡试都没有考上举人，于是对科举功名绝望，全心投入洋务。1873年以后历任轮船招商局会办、上海电报局总办、华盛纺织总厂督办等。盛宣怀经营实业多年，每当看到各项实业的兴办、新政的实施，甚至外交、海关等要害部门，都要聘用外人经管洋务，他总是于心不安。盛宣怀深感中国科学技术的落后、科技人才的匮乏，认识到“兴学树人，为当务之急”，于是致力于创办新式教育。西学学堂（后来正式改名为北洋大学堂）的诞生，是中国人自行创办高等教育的开始。

北洋大学堂的学习条件

北洋大学堂创办后，学生一切费用全免，书籍、纸张、笔墨，以及食宿费都由国家供给。此外，每月还发给学生膏火费白银一至七两不等，随年级的升高而增长（每两白银合1.4—1.5银圆）。主要原因是当时社会大多数读书人仍视科举为正途，对所谓西学不大承认。所以盛宣怀在创办学堂时即规定对学生一定要给予较高的待遇，才能吸引更多的优秀人才报考，以保证教学质量。十年后（1905）随着科举制度的废除，学习西学风气的逐渐推广，发给学生的膏火费也就越来越少了。

初创时期，所招收的学生，以江浙、两广、河北及天津市为多。学生家庭经济情况多为中产或下层，多数学生经济并不富裕，取自家庭费用常较其他学校少。北洋大学堂因系官办，经费充裕，一切学习费用、食宿均由学校供给。为鼓励学生读书，学堂还举行月考、季考，成绩优良的前几名给予奖赏。

据老校友回忆，当时学生平均年龄较大，功课特紧。此外，北洋大学堂的学生生活还有两个特点：一是统舱式的宿舍；二是自己组织“膳团”。

别的学校，住宿条件都是几个学生共一间，而北洋大学堂是几十人共一大间，里面又分割成一人一小间。原来那时北洋大学堂的宿舍，是就武库（军械库）改建的，类似大轮船的“统舱”。两排长方形平房，均四面有窗，各向南中间开一大门。平房内部，用六尺多高的木板或板墙，分隔成若干约六尺宽、五尺深的小房间，用蓝布帘隔开，中置一走廊。每间向着布帘置一木床，床前成直角置一书桌。在两间之壁上，开洞置一电灯（再早为一盏油灯）作照明之用。除靠在窗前走廊的一排外，白天非用电灯不可。一大间的中间是起坐处，中置一大火炉，因为板壁并不到顶，此炉使全宿舍温暖有余。另外有空屋子作为盥洗间。初进学校的一定得住“黑间”，年级渐高，就可迁住较好的临窗房间。在自修或就睡时，把布帘拉上，就没人扰乱；围聚在起坐处又如一家人。

北洋学生的膳食，最早由学校统一办理，后来交学生自己组织“膳团”经营。当时学生主要来自江苏、浙江、湖南、湖北、两广、河北各县及天津市，他们可根据自己的口味和经济条件自行组合。每设一膳团，其房屋、桌凳、锅灶、水电，以及司厨、采购等，均由学校供给。

北洋学生勤奋好学，刻苦读书。每日上下午有八小时在课堂，晚间三小时自修。课程紧，作业多，星期日学生多半还要读书。校址远离闹市，学生几乎不进市区游逛，都是专心求学，对每门功课认真钻研。有些学生家在天津，离校不远，但因潜心苦读，往往一个学期也只回家两三次。因此，培养出来的学生素质高，受重视。1899 年，北洋大学堂有了第一批大学毕业生。中国第一张大学文凭（钦字第壹号）的获得者，就是毕业于北洋大学堂法律学门的王宠惠，后来担任中华民国第一任外交总长。他的哥哥王宠佑，也于同期从北洋采矿冶金学门毕业。

宣统二年（1910 年）清廷委派大臣张亨嘉、陈宝琛会考北洋大学堂毕业学生，列出最优等 3 名，优等 8 名，中等 4 名。北洋大学堂始终以重质不重量的作风，蜚声于世。

成批的北洋大学优等生，直接进入美国大学深造。

北洋大学堂教师的待遇

北洋大学堂是中国第一所国立大学，全部经费由国家拨款。仅头等学堂(大学本科)每年所需经费就达白银4万两左右。

教师待遇也是相当优厚的。1898年头等学堂教师的薪金共计白银2.16万两,占学堂全年经费3.9万余两的一半多。

学堂当时为了强调西学,保证教师质量,所聘请的外籍教师的收入和生活待遇,都超过他们在本国的水平。比如担任专业课的外籍教师月薪可达白银200两,约合280银圆(合今人民币2万元);教授外文的华人教师月薪100两左右,约合140银圆(合今人民币1万元)。管理人员待遇:华人总办,月薪银200两;而普通办事员"司事"月薪银30两(合今人民币3000元)。

北洋大学堂在开办后的头三年间,聘用洋人分门教习3—5名,汉文教习两名,华人外文教习3—6名。以后随着学门功课门类增多,教习人数有所增加。1897年吴稚晖即担任汉文教习。教习的待遇比较优厚,但是洋人教习与华人教习的薪水银差距很大。洋人分门教习月薪银200两;相当于华人外文教习月薪的两倍。

二等学堂(附属高中和预科)教习待遇低。华人外文教习月薪银50两,约合75银圆(合今人民币5000元);华人汉文教习月薪银20两,约合30银圆(合今人民币2000元)。

南洋公学的学习条件

1896年春,盛宣怀又奏准在上海创办南洋公学。"公学"这个名称,是由盛宣怀参照国外惯例而定的。经费由盛宣怀主管的轮船招商局、上海电报局两家捐助,每年10万两银子,这也是向外国学来的。当时西欧一些国家学校的经费就是半由商人资助(公助)、半由官方付给(官捐),统称"公学"。当时我国海岸线的划分,黄海、渤海称为"北洋",而长江口以南(东海在内)直到福建、广东、台湾称为"南洋",所以盛宣怀在上海新办的学堂称为"南洋公学"。

学生食宿一律公费,所以清寒子弟很多愿来报考。

南洋公学计划中设置四院,创办之初,仅开师范院一班。第一批新生于国学素具根底,有些人已是秀才、举人,所以他们入学后一般不再修国学课。

师范院新生的中文程度很好，但对于西文、西艺几乎一窍不通，录取入学后仍不断考核，评定等第，实行淘汰制，不合格者除名。南洋公学师范院，开创了中国现代师范教育之先河。

学生不仅不交学费、伙食费，且享受数量不等的津贴和奖学金。兼课的师范生还另外加薪水。住宿条件是几个学生共一间——中学六人、预科四人、本科二三人共一间。

师范生课程有外语、数学、物理、化学、生物、地理等。学生毕业后或留校任教，或出洋留学，或从事其他职业。师范院学生日后有成就者颇不乏人，著名的有章宗祥、钮永建、孟森、雷奋等。

1898 年春又设立"中院"，相当于中学，也分 4 班，毕业后可升入上院。中院课程有国文、外文、数学、史地、博物、理化、法制、经济等。

南洋公学的"上院"相当于大学，其课程从 1901 年才开始。

师范院、外院、中院的学生都在学校寄宿。由于外院学生年幼，学校特聘美国人福开森博士为"监院"，另选若干名师范生协助。在这位洋监院的管理下，学校纪律极严。学生遇到师长，必垂手站立，鞠躬行礼。早晚均有人巡查，随时随地有师范生手执两尺多长的竹爿监视其旁；上课时亦有人在窗外查看，见有不认真者，一一记下，课后罚以面壁，或打手心以表示儆戒。学生就寝，有两名师范生值宿，半夜还要查铺。

学校很重视学生体魄的锻炼，有体育课和军训。1899 年举行了第一次运动会，这在上海轰动一时，不仅市区，就是远郊乃至苏州都有人专程前来一睹盛况。

此外，南洋公学还在 1899 年秋开设了译书院，聘请张元济为主任。严复翻译的《原富》，就是首先由这里出版的。译书院又附设"东文学堂"，就是日文进修班，招生 40 人，专学日文翻译。

1900 年庚子义和团事变，北洋大学堂的一些学生因避战乱，从天津乘船来上海，转入南洋公学就读。于是又添设铁路班，这是南洋公学开始设立工程科系，也是多年后改组为"交通大学"的滥觞。

1901 年南洋公学又创办"特班"，相当于现在的研究生班，目的是培养高级人才。聘请翰林院编修蔡元培为总教习。黄炎培、李叔同、邵力子等，均为"特班"学生。

南洋公学教职员的待遇

到1902年，南洋公学教职员薪水总额达到每月2368两白银，待遇是很丰厚的。其中，外国教员（洋员）的薪水明显地高于中国教员。

例如公学总理（教务长）何嗣焜月薪100两白银（合今人民币1万元），而洋监院美国人福开森月薪为350两（合今人民币35000元）。教员的待遇比较优厚，但是洋人教员与华人教员的薪水银差距很大。一般洋人教员月薪为100—200两白银（合今人民币1万—2万元），相当于华人教员月薪的两倍。

师范生做兼职教员者，除免费食宿以外，每月另给津贴40两白银（合今人民币4000元）。

两度浩劫下的京师大学堂

19世纪末年西方出版了一本英文的《世界各大学概况》，书中介绍远东的大学只有两所，就是日本的东京帝国大学（Tokyo Imperial University）和大清国的京师大学堂（Peking Imperial University），书中还刊登了京师大学堂的校舍马神庙的外景照片。

京师大学堂是维新变法的产物，但是命运曲折坎坷。1898年11月至1900年6月这一年半期间称为"戊戌大学堂"。这两届只有一、二年级大学生。大学堂设仕学馆（相当于今干部进修学院），让举人、进士出身的京曹入馆学习。然而"京曹守旧，耻入学，赴者绝少"。原定招收500名大学生，然而最后总共不到200人，没有培养出一个毕业生。这是一场流产的办学。所谓戊戌大学堂实际上仍然是一座封建官僚式的"书院"罢了。担任经史课程的教习大多是翰林院的腐儒，官气十足，教学水平低下。

史载：1900年义和团兴起，对于"华人之与洋人往还，通洋学、谙洋语者、用洋货者，其间分别差等，共有十毛之目"，凡是义和团认为是"二毛子"的华人就都成了"刀下鬼"，杀无赦。京师大学堂作为假洋鬼子兴办的"洋学堂"，被义和团视同"洋教堂"一样对待。义和团"痛恨洋物，犯者必杀无赦。若纸烟、若小眼镜，甚至洋伞、洋袜子，用者辄置于极刑。曾有学生六人仓皇避乱，因身边随带铅笔一枚、洋纸一张，途遇团民搜出，乱刀并下，皆死于非命。”（引自《拳事杂记》，载《义和团史料》一书。）京师大学堂校舍被义和团横扫后，设为“神坛”；学堂关闭，师生流离，部分未及逃脱的中国教习，被当作“二毛子”遭到义和拳民杀害。

1900 年 8 月，八国联军攻占北京。京师大学堂校舍又被视为义和团的据点，受到外国征服者的占领和摧残。经此两度浩劫，以至于建筑残破，图书、仪器设备荡然无存。

八国联军入侵，迫使清朝政府签订了丧权辱国的《辛丑条约》，国人愤慨至极。因而 1901 年冬“迫于时变，维新之论复起”。

1902 年 10 月和 11 月，京师大学堂恢复教学，从全国各省选送学生，分两批招生。先招速成科——仕学馆和师范馆，共录取新生 182 名。凡被选送的考生，由所在省府发给去北京的川资和治装费。例如，湖北省选送京师大学堂师范馆考生 4 人，共发给川资白银 400 两，每人另发给治装费白银 50 两。

1902 年 12 月 17 日（光绪二十八年十一月十八日），大学堂举行入学典礼，宣布正式开学。此后，京师大学堂以及后来的北京大学、北京师范大学，每年都以这一天作为校庆纪念日（1949 年新中国成立后，北京大学的校庆日改为每年的 5 月 4 日）。

京师大学堂的教员薪俸

京师大学堂基本上沿袭了同文馆的规矩，洋人教职员的待遇明显高于华人。但华人教员的薪水比同文馆时期有所提高。我在中国历史档案馆查到有关资料，举例如下——

20 世纪初年，洋总办兼洋教习邓罗，月薪 1013 两 5 钱 4 分；税科专门洋教员阿得利，月薪 285 两 8 钱 8 分；白浦月薪 258 两 5 钱；税科华员助教黄厚诚，月薪 147 两 9 钱 4 分。

又，华人总办（教务长）陈銮，月薪 180 两；提调（管理员）关景忠，月薪 13 两 5 钱；国文正教员高超，月薪 80 两；国文副教员蒋用嘉，月薪 60 两。（见中

国第一历史档案馆藏《学部·财经·卷216·大学堂全堂员司薪水》等清册）

当时白银1两折合1.4银圆，购买力约合今人民币100元。

京师大学堂学生的优惠待遇

京师大学堂待遇很高。据师范馆大学生俞同奎、王道元等回忆：清朝廷对于京师大学堂的学生，是当作候补官员培养的，所以养尊处优。学生一概公费，供给食宿。标准是：每人一间房，自修室二人共用一间。伙食丰盛，早餐是面食和粥；中晚两餐，每桌八人，六菜一汤；冬季四菜一火锅，荤腥俱全。冬夏二季，各有公家发给的一套操衣；其他服装可自备。每月有月考，前几名给以10银圆左右的奖金。学生中不少纨绔子弟，吃喝嫖赌无所不为。

初入学堂时，据传毕业后分别等级，给以"进士"和"举人"出身，并以六、七品官阶。到张之洞继任管学大臣，乃确定毕业生一律给予举人出身；其考列"最优等"者，以内阁中书尽先补用，并加五品衔；"优等"者以中书科、中书郎补用。但毕业生必须在教育界服务五年，方能回原衙门候补。于是，"学问"成了"仕途"的敲门砖，学堂成了官府的附庸。

1903年5月京师大学堂又把同文馆归并进来，成为译学馆。据京师大学堂译学馆毕业生陈诒先回忆：京师译学馆仅办五级，每级分为英文、法文、德文、俄文四系，于宣统三年（1911）结束，归并北京大学。译学馆授课情形，为每晨6点兵式体操，一小时操毕。吃粥以后，为外国语言三小时，午前授毕。12点午饭，下午为普通课程，5点钟完毕。晚饭后自修二小时，9时后入寝。寝室分为五斋。甲、乙两级学生住校，为免费生。丙级半住校半走读，入学时交费一学期；第二学期丙级同学100人，学期考试在前25名者免费。

学校伙食颇为丰盛，每桌坐七人，四盘四碗，有鸡有鸭，也有鱼肉。饭厅之中间，置数方桌，上为酱萝卜一大盆，红大椒一大盆，小磨香油一大盆，多数同学自取酱菜大椒食之。

在译学馆读书五年中，为皮黄戏全盛时代。前门外粮食店之中和园，有谭鑫培、杨小楼、王瑶卿诸名角，戏资1600文，合1角6分钱。怀有2角钱即可听最好之戏，以4分钱赏看座（即上海之案目），即为大出手了。同学每于星期六下课看戏，散场后数人吃小馆子，也仅仅两圆就够了。（引自《宇宙风乙刊》27 期,1940 年 8 月。)

京师大学堂的腐败风气

对于清末遗留到民国初年的大学堂腐败的状况,顾颉刚回忆说:那时"学校像个衙门,没有多少学术气氛。"有的教师不学无术,一心只想当官;有的教师本身就是官僚,学问不大,架子却不小;有的教师死守本分,不允许有新思想;当然也有好的,但不多见。学生们则多是官僚和大地主子弟。

1909 年,预备科第一批 132 名学生毕业,之后预备科改为高等学堂,仍属大学堂管辖。同年师范馆 206 名学生毕业后,师范馆与大学堂脱离改为京师优级师范学堂,此为后来北京师范大学的前身。这是我国近代高等师范学校独立设置的开始。大学堂的第一批本科生到 1913 年底才毕业。

1905 年科举虽废,但这时期京师大学堂的学生仍多为举、贡、生、监等旧式学生或官员,科举出身在他们心目中仍有很大影响,加上 1903 年的癸卯学制规定大学堂毕业生可以授予进士头衔并奖励翰林院编修检讨等官职,因此,大学堂便在当时成了各种失意官员、举贡生监等寻求出身的好地方。于是便生出许多趣事来。如仕学馆、进士馆的学生,均带有听差。每到上课时间,各房中便响起一片听差"请大人上课"的声音,然后由听差把纸墨笔碗及茶水、烟具送到讲堂。下课了,听差又来"请大人回寓","学生大人"拍拍屁股便走,听差收拾杂物在后。上起体育课来就更热闹了,操场上时不时传来"大人,向左转"、"大人,向右转"的喊声,学堂如官场,教师可一点不能嫌累。

大学堂的课程多陈腐无聊之论,引起学生不满。清末进入大学堂的孙炳文就曾站出来抵制过。当时,有个姓叶的教习给预科学生讲"人伦道德"课,学生对他的空谈不满,他仍赖着不走。当此课考试时,孙炳文就在考卷上大书"叶公好龙,尸位素餐"八字,结果孙炳文被学校挂牌开除。孙炳文后来加入同盟会,辛亥革命后又回到北京大学,1912 年毕业于预科第一类。

民国初年北京大学臭名昭彰

清朝覆灭前夕(1911 年),三所国立大学共有学生不到 500 名。

(1) 京师大学堂的分科大学1910年才正式招生上课,但没有大学毕业生;

(2) 北洋大学堂大学部仅有工科毕业生35名,法科毕业生9名;

(3) 上海南洋公学上院(即本科大学)到1909年才粗具规模,没有大学毕业生。

可见清末我国大学教育尚在幼稚阶段,而且发展缓慢,举步维艰。

中华民国成立后,京师大学堂改称"北京大学",但离现代化的大学标准,差得很远。据蔡元培先生晚年回顾:

> 北京大学的名称,是从民国元年起的;民元以前,名为京师大学堂,包有师范馆、仕学馆等。尤其北京大学的学生,是从京师大学堂"老爷式"学生嬗继下来。初办时学生称为老爷,而监督及教员都被称为中堂或大人。他们的目的,不但在毕业,而尤注重在毕业以后的出路。所以专门研究学术的教员,他们不见得欢迎,要是点名时认真一点,考试时严格一点,他们就借个话头反对他,虽罢课也在所不惜。若是一位在政府里有地位的人来兼课,虽时时请假,他们还是欢迎得很,因为毕业后有阔教师作靠山。这种科举时代遗留下来的劣根性,是于学习上很有妨碍的。

辛亥革命前,京师大学堂办了十余年,几经周折,并没有培养出多少人才。外国人视之为"蒙养学堂",连清朝廷都自认其水平太低。辛亥革命后,学校的名称改了,但本质尚未变化,再由于北洋军阀统治时期不良风气的影响,北京大学的名声臭到了极点,几乎不可救药。

首先是封建衙门习气仍重。京师大学堂时期,北大主旨就是为了培养封建官僚,因而官场习气在学生和教师中漫延,学堂像衙门。民国初年的北京大学,仍然是衙门气十足,没有多少学术气氛,有的教师不学无术,进大学教书只不过为做官而准备;有的教师干脆就是清末旧官僚或北洋政府的官僚,学问不大,派头却不小。如沈尹默记述的,他初入北大任教时,有一预科教地理的桂蔚丞老先生,每上课时,均有一听差挟一地图、捧一壶茶和一只水烟袋跟随上讲堂,置之于讲台上,然后退出,下课照送如仪。这位老先生还经常在上课时对学生留一手,教科书、参考书和讲义对学生是保密的,丝毫不允许被借阅。课堂教学内容陈旧,因循守旧,沿袭了清末大学堂的风气。

学生也以读书求功名利禄为目的,仍然是“书中自有颜如玉,书中自有黄金屋”的思想。虽然取消了科举,但一般学生认为从学校毕业相当于科举的举人、进士资格,仍以毕业后做官为目标。由于学生有做官发财思想,学生从预科毕业后,多入法科,入文科者甚少,入理科者更少。因为最终目的总是做官,不如入法科,学一点政治、法律,比较吃香。据统计,1917 年底,北大法科的本科和预科在校学生 841 人,文科学生 418 人,理科学生 422 人,工科学生只有 80 人。读法科的学生是文、理科的总和,是工科的十倍半。以至于北京大学为招收文科学生,不得不降格以求,报考文科可以不要预科毕业文凭,只要有同等学历即可。

其次,学风不正。师生满脑子当官发财思想。学生中官僚、富豪子弟不少,很多学生花钱一年在上千银圆,有的甚至一年要花 5000 银圆。一些有钱的学生,在学校里带听差、吃花酒、打麻将、捧名角,对读书毫无兴趣。当时北京大学还流行一种坏风气:无聊师生,吃过晚饭后就坐洋车直奔“八大胡同”和平门外韩家潭一带妓院集中的地方。当时民间曾流传说:“两院一堂”是八大胡同最好的主顾——“两院”指当时国会参议院和众议院,“一堂”指京师大学堂,北大此时虽已改名,社会上仍有许多人习惯称之为“大学堂”。此语指去逛八大胡同的,以国会议员和北大师生为多。

为毕业以后做官,许多学生在校期间拉帮结伙,往来应酬。当时在北大还流行“结十兄弟”,即十个气味相投的学生结拜做兄弟,毕业后大家钻营做官,谁的官大,其他九人就到他手下当科长、当秘书,捞个一官半职,“有福同享”。如果是向军阀或大官僚买官,那么花的钻营费由十人分摊。如此乌烟瘴气,哪里像什么“最高学府”?

商务印书馆和文化人

清光绪二十三年(1897 年),也就是京师大学堂在北京成立前一年,中国现代文化史上影响深远的商务印书馆在上海成立。它的创办者本是几个印刷工人,戊戌维新后由于张元济、蔡元培等文化人的加入,在清末民初迅速发展为我国文化人的出版阵地,成为现代中国最大的出版企业。

商务印书馆——文化人的出版阵地

京师大学堂带有浓厚的封建王朝官场习气的烙印,而商务印书馆则带有新进的资本主义民间商业的色彩。它本来只是一个小小的手工业印刷工场,创办人是夏瑞芳、鲍氏兄弟和高凤池等,原为西文报馆的排字工人。他们集资银圆 3750 圆办厂,以 500 银圆为一股,起初只能印刷一些简单的印刷品。

1901 年他们预见到科举制度必将废除,及早编印了新式学堂的各种教材,得到了新教材的印制和发行权,利润大增。为了迎合新潮流,也开始编译《华英初阶》、《华英进阶》等一类英文读本,同时还翻译了一些日文书,由于译笔粗糙,出版后无人问津。为提高译述水平,经多方联络商讨之后,由南洋公学译书院张元济推荐蔡元培担任商务编译所所长。

不久《苏报》案发生，革命党人章太炎、邹容被捕；蔡因有牵连，被迫逃亡青岛。夏瑞芳就聘请张元济担任编译所所长，时在1903年。此后张元济主持编辑了我国第一部小学教科书，并大力提倡汉译科学技术和哲学社会科学名著，又创办东方图书馆等等。

1902—1916年间，中国新创文学报刊57种，其中29种以“小说”命名的报刊中，上海占22种。商务印书馆1902—1920年间，出版图书3522种，其中文学类(以小说为主)846种，占四分之一。

1903年商务印书馆聘请李伯元主编《绣像小说》，并开始出版“林译小说丛书”、“说部丛书”等。当时许多文化名人，如林纾、梁启超、蔡元培……都与商务印书馆建立了长期合作关系。

林纾的《巴黎茶花女遗事》在文坛走俏一时，此后他又译述并出版西方小说181部，每部约为20万字左右。其中一些小说，既发表又出版，发表时也有稿费。郑逸梅等回忆说，林译小说“在清末民初很受读者欢迎。他的译稿，交商务印书馆出版，十几年间，共达一百四十种。……稿费也特别优厚。当时一般的稿费每千字二至三圆，林译小说的稿酬，则以千字六圆计算，而且是译出一部便收购一部的。”(据《藏晖室札记》，载《新青年》第3卷第5号；转引自《中国近代文学史论文集·小说卷》第688页。)每部书稿酬1200银圆左右(合今人民币6万元)，这样，林纾十几年间的稿酬收入高达20万银圆以上(合今人民币1000万元以上)。

商务印书馆1910年出版《小说月报》，闻名全国。

南洋公学与商务印书馆的亲缘

1898年，南洋公学筹建译书院，选译东洋、西洋的名著印行，供学生和国内人士阅读。出版西学书籍是“成才之助”，强调“兴学之要在译书”。9月，戊戌政变失败，以康有为、梁启超等为首的新党，有些被西太后逮捕杀害了，有些逃往日本，有的新党则逃往上海租界，其中一位张元济(菊生)，于1898年10月逃难来到了上海南洋公学。

1899年南洋公学在上海虹口正式成立译书院，由张元济担任译书院院长，负责编辑近代中国最早的教科书。当时一批逃亡到上海的新党，通过张元济的介绍借住在商务印书馆楼上,其中有吴稚晖等。当时社会上学习科学和英文的要求迫切,加上张元济编辑经验丰富,这就促进了商务印书馆编译工作的进展。例如英汉对照的四卷本《华英国学文编》,是我国最早的英汉对照读物。在1899年至1900年间商务出版物迎合了社会的需要,好多书销路很广。同时新党也借此宣传"变法维新"。

张元济先生受聘主持译书院工作不久,南洋公学总理(教务长)何嗣焜去世,张元济接任了南洋公学第二任总理,兼管译书院,月薪为银洋350圆(合今人民币约2万元)。译书院逐步扩大,还聘请了外国人做译员,开办了"东文学堂",同时组织翻译出版了一些西方民主思想的书籍,如亚当·斯密的《原富》等。严复的译述,全套几十本都是由译书院首先刻印发行的。南洋公学译书院也由此闻名全国。

1901年商务印书馆原发起人邀请张元济、印锡璋等合资,成立有限公司,议定原发起人每股照原数升为7倍,折合银洋26250圆,加上新股23750圆,共计资本5万银圆(约合今人民币350万元)。

张元济加入商务印书馆后,先在长康里设立编译所,请几位先生翻译西洋东洋的科学书籍,由蔡元培兼任编译所所长。不久高梦旦亦由张元济约来帮忙。

因出版经营有方,盈利不少,逐步添置了机器。

张元济在商务印书馆工作了几十年,由编译所长,而经理、监理、董事长,同夏瑞芳、鲍咸昌、高翰卿、高梦旦等一起惨淡经营,逐步将一个小小的印刷工场发展成为现代中国最大的出版企业。

清朝末年,全国图书的营业额每年约为400多万银圆,其中商务印书馆约为150万银圆,占三分之一。

民国初年,全国书籍营业额约为1000万元,而商务印书馆约为400万银圆,占五分之二。

1902年商务出版的书籍仅为15种27册,到1914年增加到293种634册,在13年间增加了大约20倍。

1902年1月4日(辛丑年十一月二十五日),商务印书馆出版第一本杂志《外交报》,主编是张元济。1904年出版《东方杂志》,创刊时主持编辑的是日本人,其中有好多文章是由日本人写的。

商务与作者的经济关系

商务印书馆与中国现代文学渊源长久。1903 年，商务聘请李伯元主编《绣像小说》半月刊，共出三年 72 期，该刊成为晚清的四大文学刊物之一。也是从 1903 年起，商务开始出版“说部丛书”，1904 年创办《东方杂志》，1909 年创办《教育杂志》，1910 年出版《小说月报》，名噪一时。1921 年《小说月报》改版成为新文学运动刊物之后，续出《小说世界》，将原《小说月报》的通俗文学作家继续网罗在商务的招牌下。商务印书馆大力推出这些文学书刊，繁荣文学市场，对晚清和五四文学的发展作出了巨大贡献。反过来，文学市场也给了商务印书馆巨大的名声和经济利益的回报。

在书籍的稿酬方面，商务印书馆有着比较灵活的规定，其标准视著者的知名度、学识水平、书稿质量和发行量等各方面情况而定。如：梁启超的《中国历史研究法》等书的版税为 40%，是最高的。

一些教科书和工具书的编译费，常是一次性付酬，不采取版税制。

1912 年丁文江编著的《动物学》一书，酬金为 400 圆，秦蘅茳编的《代数》、《几何》，稿酬共 700 圆，景阳编的《三角》，稿酬 400 圆。

1913 年 1 月，郁少华修订《英华新字典》，连校对在内一年完成，酬金 750 圆，分五期支付，先付 150 圆，然后每次校对交字付 150 圆，再三次排校毕付清。

1916 年 3 月，范云麓编《春季单级国文》十二册教科书，并编《学生自习字典》一本，酬金合 2400 圆。

鲁迅发表的第一篇小说

1913 年 4 月商务印书馆出版的《小说月报》第 4 期第 1 号首版第一篇，发表了署名“周倬”的一篇文言小说《怀旧》，文中有十来处圈点，文末加了评语：“实处可致力，空处不能致力，然初步不误，机灵人所固有，非难事也。曾见青年才解握管，便讲词章，卒致满纸短汀，无有是处，极宜以此等文字药之。——焦木附志。”焦木即编者恽铁樵，“周倬”是谁呢？当时社会上谁都不知道。

整整21年以后，鲁迅本人才在通信中表明，这是他的第一篇小说。1934年5月6日，鲁迅致杨霁云的信中写道：

> 现在都说我的第一篇小说是《狂人日记》，其实我的最初排了活字的东西，是一篇文言的短篇小说，登在了《小说林》(?)上……内容是讲私塾里的事情的，后有恽铁樵的评语，还得了几本小说，算是奖品。

时过境迁，这么长久，鲁迅难免对细节记不清楚的，因为当时并不是他经手把稿件投到《小说月报》去的。鲁迅逝世以后，周作人对这件事作了具体的说明：鲁迅"辛亥(按即1911年)冬天在家里的时候，曾经写过一篇(小说)，以东邻的富翁为模特儿，写革命前夜的事情，颇富于讽刺的色彩"，"未有题名……由我加了一个题目与署名，寄给《小说月报》，那时还是小册，系恽铁樵编辑，承其复信，大加称赏，登在卷首。"(引自知堂《关于鲁迅》一文)

这篇经周作人加了"题目与署名"的鲁迅的第一篇小说，在1912年12月6日寄《小说月报》，12日就收到复信，28日收到稿费5块银圆，并于1913年4月出版的《小说月报》第4卷第1号上登载。

商务印书馆付给梁启超的优厚稿酬

民国初立，北洋政府便通过法令，发还梁启超、康有为被查抄的家产。之后，梁启超以共和党党首身份加入北洋政府，任财政总长和制币署署长。

1912年12月，梁启超在天津创办半月刊《庸言报》。12月18日，他在家信中说，"《庸言报》第一号印一万份，顷已罄，而续定者尚数千，大约明年二三月间，可望至二万份，果尔则家计粗足自给矣。若至二万份，年亦仅余五六万金耳，一万份则仅不亏本，盖开销总在五六万金内外也。"(见《梁启超年谱长编》第661页)不仅有很大的社会效益，而且经济收入达5万多银圆。

后来，梁启超到欧洲考察，其间决心退出政界，宣称以教育文化为业，走教育救国之路，因而把主要精力放在著述上。

梁启超跟商务印书馆的来往也很密切。根据1922年10月他和商务印书馆经理张元济的通信，梁著《中国历史研究法》等书版税为40%；而梁启超在《东方杂志》上发表文章的稿酬为千字20圆。8日梁启超致函张元济说，他遵照约定将他关于佛学的稿件寄上，请按信上的要求在《东方杂志》刊登。信又说：

> 一、《历史研究法》请即照梦兄（陈注：指高梦旦）来书，再版印三千部（此书此间尚存千数百册，拟日内移交津馆代销何如?）其办法仍照从前“自印包售”、“六折算帐”，印费请先垫付，在售价内扣除，书价三节结算。（陈注：三节指端午、中秋、春节）
>
> 二、《历史研究法》第三期书价（第一次之六千册）定本年秋节交清，前此除一次由律馆交来若干，二次由菊兄代付君劢千圆，余数若干，希饬算拨付。（陈注：菊兄指张元济，君劢指张君劢）

张元济回信说，他将遵照梁启超的要求，将文章“先登杂志，既印单行，已示梦旦，一切当遵办”；同时说，“前订撰文之约，即自本月为始。……千字二十圆乞勿为人道及，播扬于外，人人援例要求甚难应付”（见《梁启超年谱长编》第965页）。

北京大学和商务印书馆的出版合同

在蔡元培主持北大的几年中，北京大学与商务印书馆进行了广泛的合作：由商务印刷、发行《北京大学月刊》，出版北大教授的专著及通俗教育丛书，由华法教育会人员修订商务教科书，代北大订购外文书籍，以及请北大教授兼为商务采集标本等等。

通过这些合作，北大的科研工作取得了出版的便利，而商务印书馆则获得了最高学府权威学者的支持，提高了出版物的水平，进一步提高了它在国内外出版界的地位与声望。

1919年初，蔡元培代表著作人（北京大学）、张元济代表发行人（商务印书馆）正式签订《北京大学月刊》出版合同，规定：

(一) 编辑事务,由著作人任之,印刷、发行事务,由发行人任之。

(二) 用三开本。每年十册,每册以十万字为率,约一百页,每册定价三角。所有制版、印刷、工料及广告等费,由发行人代垫。

(三) 销数不满二千部时,所有损耗,由发行人担任。如满一年后,尚销不足数,发行人得将杂志中可以单行者,另印单行本,以冀抵补。销数满二千部以后,如有余利者,著作人得十分之六,发行人得十分之四。

(四) 外间广告,由著作人经手者,照广告定价,以十分之五付给发行人。其由发行人招致者,概为发行人所有。

(五) 稿本用纸,每行字数,须与版式一律。如用夹注、或说明、或另行、或括弧、或插图、或附表、及所用圈点符号,均照排印之式,一律缮成正稿。图稿务须按照适定尺寸,绘成正稿,以便即用原稿雕刻、影照。如果有排印为难之处,发行人得酌量更改。著作人稿本,须于两个月以前,寄交发行人。

(六) 纸价涨落无常,估计成本,照市价计算。出版时,发行人应寄五十册交著作人。

北京大学教授撰写的讲义和专著,大多由商务印书馆出版,如胡适的《中国古代哲学史大纲》,陈大齐的《心理学大纲》,徐宝璜的《新闻学大意》,陶孟和的《社会与教育》,胡钧的《中国财政史讲义》,陈映璜的《人类学》等等,有的列为"北京大学丛书",有的由蔡元培具函介绍。如 1919 年 12 月,经蔡元培介绍,商务印书馆曾以 200 银圆代价购印了刘半农的《中国文法通论》。

商务印书馆职员的经济状况

商务印书馆职员的薪金逐步提高。民国初期,国内大学毕业生极少,一般相当于高中文化者入馆,通常试用半年,合格后才正式录用,起点月薪 30 银圆;此后惯例每年增加 10 圆(此时 1 银圆约合今人民币 50 元)。

民国初年的薪金标准

1912 年 12 月,张于贞、周衡甫、李心莲初来商务印书馆时,试用期月薪 24 圆,"半年后得力再增加"。考核转正后,月薪 30 银圆;第二年 40 圆,等等。

据包天笑回忆,1912 年他在宝山路商务编译所半天工作(每日下午 1—5 点,星期日休息),担任小学图文教科书的编辑,月薪 40 银圆。当时编辑共约 40 名。

就连沈雁冰(茅盾)由北京大学预科初到商务印书馆时,也是一样的待遇。1916 年 8 月沈雁冰进入商务印书馆担任编辑,起初月薪只有 24 银圆,1917 年定为 30 银圆。以后每年晋升 10 圆或 20 圆。1921 年为 100 圆。

其他资历稍高者,待遇也高些。1912 年 6 月,许志毅、凌文之初到商务印书馆,月薪各 60 圆。10 月凌文之向馆方说,有人邀请他任教员,月薪 80 圆,"为家累计,不能不弃少就多。"馆方同意明年(两个月后)增加薪水,"论其能力亦尚值得"。

1916 年 2 月邵长光愿离政界到商务印书馆服务,商订月薪由 160 圆至 200 圆。3 月邵培芝到馆,月薪 180 圆。8 月平海澜到英文部任编译,月薪 100 圆。杨仲达来馆,起点月薪 160 圆。1916 年 9 月留美博士蒋梦麟(即后来继蔡元培任北京大学校长者)尚未归国,经介绍到商务印书馆,一开始就定月薪 200 圆。1919 年 2 月周越然来馆,月薪 180 圆。10 月谢福生定月薪 200 圆。

20 世纪 20 年代的薪金标准

1921 年周建人由胡适推荐到商务印书馆,月薪 60 圆。

据唐鸣时回忆,1921 年国内大学毕业生到商务印书馆工作,起点月薪为 60 银圆,以后一般每年增加 10 圆或 20 圆。资深编辑的月薪可达 100—200 银圆(此时 1 银圆约合今人民币 40 元)。

商务印书馆曾慕名希望胡适到馆服务(或兼职)。商务监理张元济的日记 1919 年 4 月 8 日载:"托伯恒转托陈筱庄约胡适之,月薪 300 圆。"胡适婉言谢绝商务印书馆的好意,表示要继续为北京大学效力。

1921 年 9 月,陈独秀回到上海后,商务印书馆想要聘请他担任"馆外名誉编辑",由沈雁冰出面,商议月薪为 300 圆。

据陶希圣文章说,他进入商务编译所是在 1923 年:"各人的薪水互不相知,各人的进退听之当局。我初进所,月薪银圆八十圆(当时米一石只得五圆)。满一年之年终,当局给予书面通知'台端月薪加为一百圆';再过一年加为一百二十圆。一九二五年五卅运动起来了,商务印书馆三所一处职工大罢工,向当局提出十九条要求。自此以后当局不得任意开除职工,而待遇公开。一九二五年八月,商务印书馆通告同人,普遍加薪。最低工资十圆的工人,加三圆;原工资十至二十圆者,加百分之二十;原工资二十至三十圆者,加百分之十五;原工资三十至五十圆者,加百分之十;学徒练习生满一年加一圆,满二年加二圆,等等。即如编辑人员,年终普遍加薪,按比例至少增加二圆七角五分,或加七圆五角,多的可加十七圆五角等等。"

当时商务编译所的职员共约200人。

20世纪30年代的薪金标准

到30年代,商务印书馆的待遇又有提高。国内的大学毕业生,月薪起点为80圆(此时1银圆约合今人民币30—35元)。

又据高梦旦记录,20—30年代商务编译所校对者月薪50银圆,抄录员月薪30银圆。

商务印书馆的编辑,往往以学历定待遇。第一等是留学欧美的毕业生,月薪高达200—250圆;第二等是留学日本的毕业生,月薪可达120—150圆;这都高于国内的大学毕业生。不过,根据工作的成绩,薪金可以逐年提升。

"经济自立"的觉醒

当时的作家、编辑、学者们跟出版商之间也产生许多复杂的矛盾。

文学研究会的创始人之一郑振铎,20年代在商务印书馆编辑《小说月报》,月薪100银圆(相当于今人民币4000元)。他在上海闸北租赁了一所大房子,一半自己居住,一半作为文学研究会的活动场所,或开会、或谈天、或听留声机。聚会多数在晚上或节假日。

1923年1月初,有次交谈时郑振铎感慨说:"我们替商务印书馆工作,一个月才拿百圆左右,可是出一本书,印书馆里就可以赚几十万圆,何苦来!还不如自己集资办一个书店!"

大家表示同意,又讨论了几次,决定每人每月从薪金里提出10银圆,储存银行生利;集资到一定数目时,便可自己出书。当时约集10个人,有郑振铎、叶圣陶、沈雁冰、周予同、王伯祥、胡愈之、顾颉刚、谢六逸、陈达夫、常燕生，由顾颉刚任会计。

周予同为此社起名为“朴社”，因为他听了钱玄同的课，非常欣赏清代的“朴学”。接着俞平伯、吴维清、潘家洵、郭绍虞、陈乃乾、朱自清、陈万里、耿济之、吴颂皋等入社。

顾颉刚1923年2月20日在通信中说出了他们（以及中国新兴知识阶层）的“一不靠官，二不靠商，自食其力，自行其是”的理想：

> 只希望著述上可以立足的人得终身于著述，不受资本家的压制、社会上的摧残。我们的生活，靠政府也靠不住、靠资本家也靠不住，非得自己打出一个可靠的境遇就终身没有乐趣了！

这代表了当时中国知识阶层在“经济自立”问题上的觉醒。

1924年胡适和陈独秀决定跟商务印书馆合作出版《努力周刊》，由《新青年》同人高一涵任编者。当时在《晨报》上刊登了广告，准备办成系列性的刊物，还要出版《努力月刊》。但是这个广告没有兑现，读者来信询问其中的究竟。

《晨报副刊》1924年8月28日发表了高一涵的答复说：《努力月刊》之所以胎死腹中，是因为跟商务印书馆老板有分歧，生意经没有谈妥：“叫我们出来为三圆钱五圆钱去替那些持商务印书馆股票的人挣红利，老实说心中总有一点痛！所以我……不得不暗地里抱着不合作主义了。”

此答复见报以后，胡适赶紧出面在《晨报副刊》9月2日澄清说：他当初和陈独秀决定让商务印书馆出版《努力》，一方面是商务经理们主动要求，另一方面是他们的条件比较合适。商务不仅给作者们支付稿酬，使得“穷作家”能有些补贴；商务还决定：杂志如有2000份以外的销量，编辑部有版税二成和广告二成的提成，从而帮助辛苦的编辑同人。最后胡适说：“以一个几百万资本的大公司，破例的经营这三个铜子的生意，是谋挣红利吗？”

每年年终的“花红”

除了月薪，商务印书馆职员每年还可分一些花红。不过，花红等级很多，差别很大。

20年代初，商务的一些股东们得到了如下的花红（据张静庐《中国现代出版史料》甲编第456页）：

姓名	职务	1921年	1922年	1923年	1924年
鲍仲言	总经理	8000圆	9000圆	7000圆	6750圆
高翰卿	监理	8000	8000	7000	5950
张元济	监理	8000	8000	7000	5950
李拔可	经理	6000	7000	7500	6370
王显华	经理	6000	7000	8500	7225
高梦旦	所长	6800	7000	6500	5525
王云五	所长	8000	4000	5000	4250

而一般职工所得"花红"大约为一个月的薪金（职员）或工资（工人）。这有时称为"每年的第十三个月的年终分红"。

商务印书馆的劳资纠纷

1920年5月出版的《新青年》7卷6号"劳动节纪念号"发表的廖维民《上海印刷工人的经济生活》一文中列举上海印刷业工资情况说——

有月工与包工之分，月工是按每月所订定的工资发给，都在十五圆以下，包工是休息日和生意清淡时没有工资，他们的工资更少。

综合上海几十家（包括商务印书馆、中华书局等）工钱分三等：头目二十圆至五十圆；下手十圆至三十圆；学徒一圆至十圆。女工只有摺书、订书二种。摺书：洋装（即洋纸）摺一页的，每千页二十文；二页的每千页五十文；三页的每千页七十文；四页的每千页九十文。本装（即本国纸）每千页七文，也有每千页九文的。钉书：本装一本五文，洋装稍高。摺书最快的，每月可得十几圆的工钱，普通每月可得五六圆，初学者，每月只得二三圆。

1925年五卅运动爆发，提高了劳动者的觉悟。8月22日商务印书馆职工会发布了“总罢工宣言”，要求提高经济待遇，举行了第一次大罢工。罢工宣言指出：“馆中亦每年有所谓花红者，在几个当局，确实可以称为花红（例如经理月薪三百圆，而年得花红二三万圆）；在我们薪水小者，却也可叹（月薪十余圆者仅年得花红十余圆，甚有不足薪水一月者）。”

编译所职员沈雁冰（当时为共产党支部书记）、郑振铎、丁晓先等 12 人担任工会谈判代表，馆方由张元济、王云五等 6 人参加谈判。中国学生联合会和上海学生联合会向商务印书馆提出：馆方如不接受职工会的合理条件，将号召全国学生停止使用商务印书馆出版的教科书以示抗议。8 月 27 日开学在即，馆方接受职工会的条件，罢工胜利结束。

1925 年 8 月，商务印书馆总务处公布了《加薪办法》，规定从本年 10 月 1 日起，增加总分支局同人薪工，标准如下：甲、薪工在 10 圆以内者加 30%；乙、薪工过 10 圆至 20 圆者加 20%；丙、薪工过 20 圆至 30 圆者加 15%；丁、薪工过 30 圆至 50 圆者加 10%；戊、学生满 1 年加 1 圆，满两年加两圆。（见《中国现代出版史料》甲编 455 页，中华书局，1954 年）

20世纪上半叶的稿酬版税

——出版社和作者的利益分成

清末民初以来，随着我国文化自由市场的形成，出现了中国现代文学的第一批自由职业者——专以写作（所谓“爬格子”）为谋生方式的作家。他们主要依靠稿费、版税和编辑费收入来保证生活。

据王云五《战时出版界的环境适应》一文所述“平时我国出版业百分之八十六在上海”。20世纪初叶到抗日战争爆发之前，如果说北京是全国高等教育事业的中心，那么上海则无愧是全国书刊出版事业的中心。上海是中国最大的近代工业城市和通商口岸，也是中国现代文学出版事业的发源地。

1872年以后，上海申报馆垄断中国出版行业达四分之一世纪。商务印书馆于1897年、中华书局于1912年在上海创办。新中国成立前上海有321家出版社、200多种报刊，而北京只有三家出版社、24种报刊。五四运动时期影响最大的刊物如《新青年》、《少年中国》等，大多在上海出版。1902—1916年间，中国新创文学报刊57种，其中29种以“小说”命名的报刊中，上海占22种。商务印书馆1902—1920年间，出版图书3522种，其中文学类（以小说为主）846种，占四分之一。

举世闻名的上海文化街——四马路

19 世纪后半叶、20 世纪初，上海的商业中心棋盘街汇聚了多家很有影响的出版单位，成了出版业的中心。曹聚仁在《棋盘街上的沧桑》一文中写道：

> 五十年前(清末民初)，上海的商业中心在棋盘街。直到笔者来到上海(1922 年)时，上海租界向西向东北延伸，南京路上的繁荣，已经代替了棋盘街。在我们记忆中，提到了棋盘街，就等于说是提到了全国出版业的中心。(也好似提起了望平街，即唤起了新闻事业中心的印象。)商务印书馆、中华书局这两家书业重镇，雄踞在福州路(四马路)、河南路的转角上；在从前，我们应该从"商务"、"中华"数起，往南再说到文明书局、群益书社、民智书局、扫叶山房、中华图书公司、神州国光社，作纵的伸展；后来呢，却沿着福州路作横的发展，从黎明书局算起，"开明"、"大东"、"北新"、"世界"、"科学"、"生活"，一直到福州路西头，还有那家大规模的中国文化服务社。其他小型书店，如"光明"、"现代"、上海杂志公司、"春明"，不下五六十家。

这里说的便是上海图书出版业繁荣的状况。如此众多的出版社和报刊，必然有一支庞大的编辑记者队伍，这便形成了上海出版家群体。中国 80%以上的书店集中在上海著名的四马路(即福州路)南北方向的两三个街区，长久以来一直被称为"文化街"。

在 1932 年"一·二八"日本空军突然轰炸上海前，这里有新旧书店 300 余家。其中最大的两家是商务印书馆和中华书局，它们的办公大楼在福州路和河南路交叉路口并峙一地，互相构成了激烈竞争，酷似南京路上的先施和永安两家百货公司。

它们附近有很多书店，有些书店因为跟新文学期刊或作家有关而声名远扬：比如"群艺"率先印行了陈独秀编的《新青年》；北新书店是鲁迅作品的出版社；胡适的著作大多是亚东图书馆出版的；《新月》由新月书店印行；开明书店以编青年读者之教科书而著称;生活书店因了邹韬奋主编的进步刊物《生活》而得名;现代书店则是施蛰存的《现代杂志》和叶灵凤的《现代小说》的后台;精美的《良友》画报属于良友图书公司;迷人的《金屋月刊》属于金屋书屋。这还没有计入那些数量惊人的画报、妇女杂志和电影杂志。光一家上海书店就在30年代中期号称印行了约20份杂志,而且出版速度是每天一种。

福州路周围这一地带还有一些老字号的传统文具店、饭馆、茶室、饭店和妓院,往南一直伸抵老城厢,这里是鸳蝴派文人和报人的"生活世界",像包天笑、陈蝶衣、狄楚青和周瘦鹃这些人就常在书店茶室和妓院消磨闲暇。

总之,四马路是20世纪20—40年代新派作家最常涉足的地方,它的声誉经久不衰。

诗人徐迟在《江南小镇》一书中,激动地回忆1930年代,他从北平的燕京大学南下上海时,作为一个写作新手,由挚友施蛰存带领着到四马路逛书店的情景:先去中华书局和商务印书馆(它有自己的外文图书馆),然后一路浏览许多大大小小的书店,接着去喝下午茶。这几乎也是很多作家的日常行踪。在中文书店里,他们不仅能找到他们的作家朋友新近出版的作品和译作,还能看到书店自己最近发行的期刊。在外文书店,他们可以买到外文书,还能以"货到付款"的方式预订。此外,在一些旧书店和书摊可以轻易地找到西文旧书——主要是小说,其中不少是外国游客在航海时的读物,轮船到上海他们登陆后就贱卖掉了。

清朝末年初订的稿酬标准

1897年,商务印书馆成立的同时,梁启超等在上海创办"大同译书局",梁启超拟订的《叙例》中说:"海内名宿,有自译自著自辑之书,愿托本局代印者,皆可承印,或以金钱奉酬、或印成后以书奉酬,皆可随时商订。"(载《饮冰室文集》之二)这是支付稿酬的声明,但没有公布具体的标准,而只是说:酬劳可以随时商订,或者给金钱,或者赠送印成的书籍若干册作为(抵当)稿酬。也就是说,当时大家的"稿酬、版税"概念并不怎么明确,因为尚未形成规范的文化市场。靠售书赚钱的"书商"是早已有之,然而靠卖稿吃饭的"自由撰稿人"还在孕育或襁褓之中呢。

目前我查阅到的中国最早有关版税的史料，是 1901 年上海《同文沪报》规定的"提每部售价二成相酬"，也就是版税 20%；最早有关字数稿酬的史料是梁启超所记：他主持的《新民丛报》和《新小说》（皆为 1902 年创刊）等刊物"大约评述及批评两门，可额定为每千字三圆。论著门或可略增（斟酌其文之价值），多者至四圆而止，普通者亦三圆为率。记载门则二圆内外，此其大较也"（引自《梁启超年谱长编》第 387 页）。

按照我的研究结果，20 世纪初一块银圆的购买力大致相当于今人民币 70 元。1902 年创刊的《新民丛报》和《新小说》规定的稿酬标准可分三个档次，为千字 2 圆（合今人民币 140 元）到 4 圆（合今人民币 280 元）；通常为千字 3 圆（合今人民币 210 元）。

周作人回忆：1907 年周氏兄弟翻译《红星佚史》得到稿酬 200 圆，10 万字，"平常西文的译稿只能得到两块钱一千字"（见《周作人回忆录》第 196 页）。

《大清著作权律》、《著作权法》及《著作权施行细则》

中国第一部保护著作人利益的著作权（版权）法，是宣统三年（1910 年）清政府颁布的《大清著作权律》，离世界第一部版权法《安妮女王法令》正好 200 年。它共有 5 章 55 条。但是颁布后不久清朝政权就退出历史舞台，这个《著作权律》并没有真正施行。到了民国四年（1915 年）北洋政府颁布了《著作权法》，1928 年南京国民政府又颁布《著作权施行细则》，著作人的权益始受到法律保障。

20 世纪初，我国稿酬制度已经形成并且跟国际接轨。稿酬有三种基本形式：(1) 稿费，又称为"润笔之资"、"润笔费"；(2) 版税，又称为"提成费"、"版费"；(3) 买断版权，又称为"作价购稿"。

我国版税的具体规定，开始于 1901 年 3 月东亚益智译书局在上海《同文沪报》上刊登广告，提出"译出之书……当酌送润笔之资或提每部售价二成相酬"。这"售价二成"意思就是版税 20%；而更早一些，上海《申报》馆在 1878 年 3 月刊登"搜书"启事，提出"以书申酬"和"出价购稿"，也就是买断版权的办法。

还是举鲁迅和柔石的例子来说明：

1928年10月，鲁迅介绍柔石的长篇小说《旧时代之死》由上海北新书局出版，合同约定版税20%，当月25日柔石致兄长信中说："福现已将文章三本，交周先生(鲁迅)转给书局，如福愿意，可即卖得八百圆之数目。惟周先生及诸朋友，多劝我不要卖了版权，云以抽版税为上算。彼辈云，吾们文人生活，永无发财之希望。抽版税，运命好，前途可得平安过活，否则一旦没人要你教书，你就只好挨饿了。抽版税是如此的：就是书局卖了你的一百圆的书，分给你二十圆(陈注：当时上海各出版社所订的版税通常为15%—20%)。如福之三本书，实价共二圆，假如每年每种能卖出二千本，则福每年可得八百圆，这岂非比一时得到八百圆要好？因此，福近来很想将此三部书来抽版税，以为永久之计了。"

鲁迅的出版合同通常约定抽版税20%，他在《为了忘却的记念》中回忆说："明日书店要出一种期刊，请柔石去做编辑，他答应了；书店还想印我的译著，托他来问版税的办法，我便将我和北新书局所订的合同，抄了一份交给他，他向衣袋里一塞，匆匆的走了。其时是一九三一年一月十六日的夜间，而不料这一去，竟就是我和他相见的末一回的，竟就是我的永诀。第二天，他就在一个会场上被捕了，衣袋里还藏着我那印书的合同……"

民国初年的稿酬和版税幅度

民国以后，一般报刊和出版社支付的稿酬标准略有降低——

中华书局创办《中华小说界》月刊，1913年6月21日在《申报》刊登广告："征集小说，备刊行小说界，编译均可。"公布的稿酬标准分为四个档次：甲、千字5圆，乙、千字2圆5角，丙、千字1圆5角，丁、千字1圆。长篇以8万字为限，短篇至少4000字。1914年1月该刊创刊发行。

1915年9月《青年杂志》创刊，由陈独秀主编，一年后改名为《新青年》。编辑费为每期200圆。稿酬标准："或撰或译，每千字二圆至伍圆。"但是一度又成为同人期刊，取消了稿酬，只付编辑费。

在书籍的稿酬方面，商务印书馆有着比较灵活的规定，其标准视著者的知名度、学识水平、书稿质量和发行量等各方面情况而定。如前文所述之例。

张元济日记1918年2月2日载："胡适之寄来《东方》投稿一篇，约不及万字，前寄行严信，允千字六圆。此连空行在内。"胡适刚来北京大学任教不到一年，已是著名文化人，故有如此高的稿酬。而梁启超在《东方杂志》发表的文章，稿酬竟达千字20圆。

这一时期，上海出版界已是人才济济，精英荟萃。

20世纪20年代上海市新闻出版界的薪金标准

关于上海新闻出版界经济收入的状况，戈公振在《中国报学史1912—1927年》第六章《报界之现状·第八节·用人》一文中记述如下：

总理为一馆之领袖，故宜知编辑、营业、印刷三方面之真相，尤贵在知人善任，以全力尽忠于其职务。其月薪约在三百圆左右。

总编辑亦称主笔，为编辑部之领袖……总编辑常兼司社论，其月薪约在一百五十圆至三百圆之间。

次于总编辑，为编辑长，亦可称理事编辑……其月薪在一百五十圆左右。

在编辑长之下者，有要闻编辑，取舍关于全国或国际间之新闻。有地方新闻编辑，取舍关于一省一县或一地方之新闻编辑，其月薪均在八十圆左右；

有特派员，如上海报馆必有专员驻京，或专事发电，或专事通信，每人月薪均在一百圆左右，交际费在外。

有特约通信员，或在国内，或在国外，大率以篇计算，每文一篇，约在十圆左右。

有访员遍驻国内各要埠，专任者每名月薪约四十圆，兼任者仅十余圆。

有缮译，每名月薪约五十圆至八十圆。有校对，有译电人，每名月薪二十圆左右。

本埠编辑亦可称城市编辑，亦为编辑部之要人，……其月薪约在八十圆左右。

属于本埠编辑指挥之下者，有特别访员，月薪在四十圆至六十圆之间。

有体育访员，月薪约在三十圆左右。

有普通访员，每人月薪约在十圆至三十圆之间。

副张（即副刊）均载文艺及滑稽之作，另有一编辑司之，月薪约六十圆左右。

对于1912年至1927年间上海的报社的组织机构及各类人员“按劳取酬”的经济待遇标准，这是一个全面的综述。此外，我还从当时一些具体人物的史料中，考证了实际薪金情况。

20世纪20—30年代的稿酬与版税

《鲁迅全集》载有20世纪20至30年代的稿酬标准。

鲁迅在孙伏园编辑的《晨报副刊》投稿，每千字2—3银圆；另外《晨报》馆有一种“特约撰述”，每月除稿酬外还加酬金30—40银圆（见鲁迅《我和语丝的始终》）。

当时稿酬标准不一。在官办的北京报纸杂志和学术期刊上，稿酬可达每千字4—5圆。而上海的报刊大多是民办的，一般稿酬为每千字1—3圆。因为官办的报刊行政拨款不计成本；上海报刊则多为商业性，必须讲究经济效益。《鲁迅全集》有几处提到当时上海的稿费标准，最低者（陈注：小报消息或“报屁股”文章等）每千字5角钱，高者每千字3圆。鲁迅文章一般稿酬是千字3圆，有时千字5圆（如商务印书馆和中华书局给鲁迅的稿酬标准），《二心集》的稿酬为千字6圆，这在上海就是比较高的了。

商务印书馆所定稿酬：郭沫若千字4圆，胡适千字5—6圆，林纾和章行严（士钊）千字6圆。……

这样的稿酬标准从五四时期到30年代没有很大变化。

至于特别优惠的稿酬当属梁启超，为千字20银圆（约合今人民币1000元）。

但是民国以后，出版的书籍通常计算版税，也有按照字数付稿酬或将版权一次买断的。

从20世纪初期以来，上海出版界拟订的版税标准一般在10%—25%之间。例如，1921年泰东图书局答应郭沫若的版税是10%；胡适在新月社自订的版税标准是初版15%，再版20%；北新书局支付鲁迅著作的版税一般是20%，甚至达到25%；而梁启超的身价最高，达到40%，甚至提出“自印包售，六折算帐”。版税的支付时间，按照惯例为“三节”核对实际销售数结算。

30年代中国的稿酬标准跟20年代相比，并没有明显的增加。

鲁迅在30年代出版的著作几乎也都是拿版税的。查《鲁迅日记》1933年5月15日记有：“《两地书》五百本版税百二十五元。”《两地书》定价1圆，按前面所说的版税公式推算，《两地书》的版税率是25%。又据《鲁迅日记》1932年12月15日记有：“以选集之稿付书店印行，收版税泉支票三百。”这是指《鲁迅自选集》，天马书店出版，初版印1000册，定价1.20圆，鲁迅得300圆，版税率也是25%。这在当时是特高的版税率了。

据赵家璧回忆：“《良友文学丛书》对所有作家都实行版税制，一般都是按售价作者抽版税百分之十五，一年结两次，交稿录用时，都可预支一部分。仅对鲁迅作品按百分之二十计，这是上海各书店为尊重鲁迅而共同执行之惯例。”（见《文坛故旧录》P.44，三联书店出版。）30年代享有版税率20%至25%者，还有胡适等名家。

一个典型的版税合同

下面提供30年代一个典型的“版税合同”原样本——

良友图书印刷公司出版
抽取著作物版税合同条件
一九三七年四月二十七日订

一、著作者允将著作物全部交发行者发行，所有著作权，仍属著作人，而发行权则属诸发行者。

二、所有著作物上之责任，由著作者本人负之。

三、著作物交发行者发行后，著作者不得将该著作物全部或一部另交第三者发行，如有上项事情发生，发行者一切损失，由著作者负担。

四、著作物之装帧印纸及定价等，由发行者全权办理，惟著作者得参加一部分之意见，以供发行者之参考。

五、著作者与发行者双方合意，以著作物售价之百分之拾伍，归诸著作者作为版税。倘遇售特价（照实价打七折以下之折扣，称为特价）时，特价期内售出各书之版税，亦照比例减折计算。每年逢四月底十月底结算一次，届时发行者当有版税结单及领款单，寄至著作者，由著作者盖章签字后，按期向发行者领取。

六、著作者在著作物未出售以前，不得预支版税。

七、著作物出版时，著作者于每册书后，可盖一著作者之印章，作为凭证。作者不盖印章者听便。

八、著作物初版再版之印数及再版与否，由发行者斟酌情形而决定之。

九、发行者为发行上之便利计得将著作物加以订正，其订正处之责任，由发行者负之。有特约者，不在此例。

十、著作物出版后，如有第三者对著作物版权有所争执时，一切责任，由著作者负之，发行者如因而有所损失，由著作者悉数赔偿。

十一、著作物出版时，由发行者赠十本予著作者，自后著作者购买著作物，以现款八折计算，照抽版税，惟不得挂帐。

十二、著作者及发行者如欲将本章程增删，彼此协议后，另纸抄录，粘贴于本合同后，并加盖印章为凭。

抽取著作物版税合同

著作物名称：山村一夜

抽版税成数：百分之拾伍

著作者姓名：叶紫　现在

永久通信处

保证者姓名：　现在

永久通信处

右著作物发行权自本召起归良友图书印刷有限公司所有，至于著作权仍归著作者。关于抽取版税之一切办法,悉照前列条件办理,空口无凭,立此为证。

民国二十六年四月二十七日

著作者:

保证者:

发行者:

20世纪30年代上海新闻出版界的待遇

根据1935—1936年间《上海顾问》、《上海向导》等史料中可得知——

30年代我国大学已有新闻科,但服务报馆的人,都以情面介绍采用专门人才,学识经验并重,还无流弊。现把上海各报馆书局的待遇,汇计如下:

报馆的最高职务为总理(或社长)。馆主自任者,月薪自定;雇佣者自200圆至400圆。

总主笔,总编辑,月薪自150圆至300圆。

编辑主任,月薪自120圆至200圆。

电讯、要闻、地方、本埠,各编辑,月薪自60圆至100圆。

特派记者(驻重要都会、司发电通讯职),除交际费外,月薪在100圆左右。

外埠特约通讯员,以篇计的,2圆起至10圆止。

本埠自雇外勤记者,除车费外,月薪40圆至80圆。

普通访员兼任他报(如经济访员,公堂访员等),月薪自10圆至30圆。

副刊编辑,自40圆至80圆,编译约60圆。

校对和译电人约20圆左右。

其他附刊增刊(如教育,文艺,经济,汽车,妇女诸栏)或延专家主任,或由团体编辑,私人待遇30圆至40圆。团体义务居多。

营业部长为商人性质,月薪自100圆至150圆(薪水之外有佣金可获。)

广告,发行,会计等,月薪17圆起20圆止。

与前文戈公振在《中国报学史1912—1927年》第六章《报界之现状·第八节·用人》一文中的记载相比较,可见上海新闻出版界的待遇在十几年间有明显提高。

又据陶希圣回忆:在20世纪最初的20年间,国内教育界多为留日学生把持,近代的新式教育,也多采取日本制。20年代以后,大批留学欧美的毕业生纷纷返国,逐渐控制了国内教育和出版界,甚至在社会上也存在着西洋一等、东洋二等、本国三等的偏见。

例如,以出版教科书而名噪一时、在当时教育界影响颇大的商务印书馆的编辑即以学历定待遇。第一等是留学欧美的毕业生,月薪高达200至250圆,第二等是留学日本的毕业生,月薪可达120至150圆,而国内的大学毕业生,月薪仅80圆。

由于社会上存在着这种等级观念,"留学生为社会地位及生活上的种种问题,不能不植党以谋生活上之安全,遂致留派与留学西洋归国者相互排挤",加重了文人相轻的习气。(参看陶希圣《潮流与点滴》一文)

报刊稿酬

从30年代《上海生活》、《上海顾问》及《上海向导》等史料中可得知——

上海是全国舆论中心,所以新闻事业十分发达,虽然不能和欧美日本著名报刊销数百万份并驾齐驱,可是像《新闻报》以日销16万份自豪,已执得国内之牛耳了!

报纸是新闻性质,因此文字方面的需要量,虽比其他的刊物来得宏大,可是容纳文艺作品的,只区区一角而已!并且附刊只为余兴性质,报馆当局并不重视,聊备一格,文人也轻薄它为"报屁股"。

上海各大报附刊

现将20世纪30年代上海各大报附刊的名称、性质、主编(编辑人)姓名,取稿方针,以及稿酬标准,列表如下:

报　馆	附刊名称	编辑人	取　稿　方　针	报酬办法
新闻报	新园林	严独鹤	国内外有趣记述短小精干有泼辣性之文字	千字2圆至5圆
新闻报	茶话	严谔声	关于茶的种种文字和可供解颐的文字	千字1圆半至5圆

（续表）

报　馆	附刊名称	编辑人	取　稿　方　针	报酬办法
新闻报	本埠附刊	小记者	本埠的片段纪事欢迎儿童的天真作品	千字2圆至5圆
申报	自由谈	黎烈文	海外印象和富有幽默性的短论和纯文艺作品	千字2圆至5圆
申报	春秋	周瘦鹃	讽刺小品和妇女儿童等文字	千字2圆至5圆
申报	本埠附刊	李公朴	幽默评论社会素描文艺时尚	千字2圆至5圆
申报	电影	凌　鹤	剧本翻译国内外银坛新记观影短评	千字2圆至5圆
时事新报	青光	黄天鹏	唯美文字清灵小品	千字1圆半至5圆
时事新报	新上海		本地风光的杂式文字幽默的小品	千字1圆半至5圆
时事新报	电影歌剧	刘豁公	电影与戏剧学故消息评论等文字	千字1圆半至5圆
时报	电影	邓树谷	国内外银坛消息明星生活最欢迎照片	千字2圆半至5圆
民报	民话	姚苏凤	辣性文字社会作品	千字2圆至5圆
晨报	晨曦	徐则让	文艺创作社会生活素描	千字1圆至5圆
晨报	每日电影	姚苏凤	硬性曲剧评译述著作	千字2圆至5圆
晨报	妇女与家庭		妇女家庭方面的讨论文字和有趣味记载	千字2圆至5圆
晨报	夜谈	汤增扬	同上	千字2圆至5圆
大晚报	辣与橄揽	张若谷	辣性文字婉约小品	千字2圆至5圆

［注］当时读者对附刊兴趣提高，所以各报除上列每日固定的栏目外，又轮流增出特刊，譬如《新闻报》的“医药”、“无线电”，《申报》的“业余”、“汽车”、“国货”、“经济”，《时事新报》的“储蓄”、“卷烟保险”，《晨报》的“科学世界”、“时代文艺”等等。

《申报·自由谈》给鲁迅的优惠稿酬

《申报·自由谈》当年给鲁迅的稿酬是优惠的，千字6圆（合今人民币180元），有《鲁迅日记》为证。查《鲁迅全集》，鲁迅在1933年1月，在《自由谈》上发表《逃的辩护》和《观斗》，都是千字文。再查《鲁迅日记》，鲁迅在

1933 年 2 月 8 日收到《自由谈》稿费 12 圆。《自由谈》是每月结算稿费的，下月初寄给作者。这年 2 月，鲁迅在《自由谈》发表千字文 8 篇，3 月 8 日收稿费 48 圆。3 月发表 11 篇，4 月 7 日收 66 圆。6 月发表 7 篇，7 月 6 日收 42 圆。由此可算出《自由谈》给鲁迅的稿费标准。

不但《自由谈》给鲁迅千字 6 圆，当年《现代》杂志也是这样，或略低。鲁迅的《为了忘却的记念》在 1933 年 4 月的《现代》上发表，全文 5000 字，付稿费 30 圆。鲁迅的《关于翻译》在 9 月的《现代》上发表，1100 字，付稿费 5 圆。

1935、1936 年，鲁迅的稿费大致仍在千字 6 圆左右。如 1935 年 10 月的《文学》第 5 卷第 4 号上发表杂文《六论"文人相轻"——二卖》和《七论"文人相轻"——两伤》两篇，共 2900 字，得稿费 17.50 圆。又如 1936 年 2 月 24 日《申报》发表《记苏联版画展览会》，1550 字，得稿费 10 圆。这都说明每千字仍是 6 圆。

鲁迅生前拿过千字 10 圆的优惠稿酬。鲁迅的《我的第一个师父》发表在《作家》第一期上，4300 字，得稿费 40 圆。该刊第 2 期又发表《〈出关〉的"关"》，3000 字，得稿费 30 圆。可见该刊主编孟十环对鲁迅的特别优惠。(引自倪墨炎《鲁迅的稿酬和当今的稿费》，1996 年。)

新闻出版界具体收入记载

《新闻报》：1922 年《新闻报》总编辑李浩然月薪为 200 银圆，聘徐沧水主持"经济新闻"版，月薪 180 银圆。当时的主任、编辑、记者月薪 100 银圆左右。老报人顾执中在他的回忆录《报人生涯》中说，他在 1923 年进入上海《时报》当记者，月薪 80 银圆。到 1935 年他在《新闻报》任采访科主任时，月薪为 170 银圆，年终还有双薪(也就是每年发给 13 个月的薪金)和分红。

《申报》：1912 年《申报》总主笔陈景韩(冷血)月薪 300 银圆，1927 年增为 600 银圆，其他高级职员在 200 至 300 银圆之间，年底发一个月双薪和奖金。

《大公报》：总编辑张季鸾和总经理胡正之的月薪为 400 至 500 银圆。徐铸成 1927 年进入《大公报》时，还是个学生，试用期月薪起点 30 银圆；到

1938 年他的月薪提高到 170 银圆。据徐铸成回忆，当时一般资深编辑月薪 100 银圆左右。

从这些实例来看，在 20 世纪 20—30 年代，报社的职员收入是“与年俱增”的，以《申报》待遇最高，但大体上差不多：一般的编辑、记者月薪 80 至 100 银圆，像徐铸成和顾执中这样的“名记”170 银圆左右。高级职员的月薪在 200 至 300 银圆之间，年底同样发一个月双薪和奖金。

但是出版家张静庐民国初年在上海泰东图书局做编辑时，每月只有 20 圆的薪水，且还要分几次在柜上领取。

1919 年 10 月，谢福生在商务印书馆定月薪 200 圆。1921 年周建人由胡适推荐到商务印书馆，月薪 60 圆。商务印书馆的薪金参见前文《商务印书馆职员的经济状况》。

1922 年中华书局给田汉的月薪一开始就是 100 圆(因为田汉有日本留学资历)，后来约请徐志摩主编《文学月刊》的编辑费为每月 200 圆(因为徐志摩有英国留学资历)。

可以看出，出版社的职员经济待遇差别比较大，那些有着高学历(尤其是从海外留学归来且有博士学位者)、办事能力强、资历深的职员，薪金较高，一般职员较低。年终有“花红”分配。最重要的是：基本上每年调整薪金，通常加薪幅度为 10 至 20 银圆。

新闻出版业的工人工资

清末民初，新闻出版业的工人待遇微薄。例如商务印书馆的几个发起人中，夏端芳和鲍咸恩、鲍咸昌兄弟都是印刷工人出身。

1925 年商务印书馆职工发生了一次经济斗争的罢工，取得胜利，商务印书馆总务处公布了《加薪办法》(参看本书第三章)。同时，整个出版印刷业普遍提高了工资待遇。

1927 年《申报》第一次成立工会。工会出面跟《申报》老板史量才商定：工人的最低工资为每月 29 银圆，春节前发一个月双薪，还有一定奖金。

1927 年上海出版界工人的经济收入有所提高，戈公振在《中国报学史》第六章记述如下：

营业部有部长，纯粹为商人性质，须干练而长于会计，月薪约在一百圆左右。

属于其下，有专司广告者，有专司代派者，有专司订报者，有专司零售者，有专司出纳者，有专司中外书牍者，有兜揽广告者，有承接制版印件者，其月薪每人均在三十圆左右。

印刷部由娴熟于机械者管理之，或由营业部长兼任。属于其下者，有排字之工人，有铸字之工人，有打纸版浇铅版之工人，有印刷之工人。其制版有直接雇佣者，每名月薪均在十圆至二十圆之间，但仍须择一人为领袖。便监察一部分之事务，月薪约四十圆。

制铜锌版者，另为一部分，有时兼外出照相，月薪均约在三四十圆之间。

作为一个参照，兹列出当时脑力劳动者的最低收入水平：

根据《近代上海城市研究》所载，1927 年上海市中小学教师月薪平均 41.9 圆（约合今人民币 1400 元），中英文打字员月薪 30 圆以上，办公室秘书月薪最低 50 圆（约合今人民币 1600 元）左右。

戏剧、电影业的兴起

文化人进入娱乐剧影圈

19世纪90年代是中国现代文化史的真正的开端。作为这个开端的路碑，有如下一系列事件发生——

1895年天津北洋大学堂创办，1896年上海南洋公学创办，1898年京师大学堂创办。

1897年商务印书馆在上海成立。

1896年上海徐园“又一村”放映了“西洋影戏”，这是电影第一次在中国上映。

1899—1900年上海圣约翰书院、徐汇公学的同学演出欧洲戏剧。

我国第一代文化人，这时从学校教育、新闻出版、娱乐演出三个方面，登上了历史舞台。

然而文化人进入娱乐剧影圈的情况，还要从我国传统的老戏园子——茶楼说起。

北京最老的戏园子广和楼

广和楼坐落在北京市区前门大街(旧称正阳门大街)肉市街路东,是北京现存的最古老的著名剧场,旧社会叫做“戏园子”。距今已有三百多年的历史。清朝吴长元《宸垣识略》(1788 年初刊本)提到:“查楼在肉市,明巨室查氏所建戏楼,本朝为广和戏园。”清朝戴璐《藤阴杂记》(1796 年成书)载:“《亚谷丛书》云,京师戏馆,惟太平园、四宜园最久,其次则查家楼、月明楼,此康熙末年酒园也。查楼木榜尚存,改名广和。”所说的太平园、四宜园早已无踪影,仅存查家楼,就是广和楼的前身。

清雍正五年(1727)因查嗣庭文字狱案,查楼被朝廷没收后,归于清廷内务府掌管,并向民间出租。几易其手,均以合股方式经营。改名“广和楼”当在此后。

戏园子在清朝初年是以茶座为主的,戏剧只是作为茶客品茗聊天之余附送的一种娱乐。那时茶园子老板只卖茶座钱,没有“戏票”一说。戏园子里面的坐席也是双排对放,舞台置于茶座一侧,茶客赏剧,要侧着身子扭转头才能看见舞台。在茶园里主要是喝茶,附带着听听戏。所谓“看”戏就摆在更次要的地位了。剧场里常能看见白发苍苍的老年人闭着眼睛叫好,那就是多年以前逛戏园子喝茶“听”戏养成的习惯。

从这坐席的设置,也说明茶客消遣本来是品茗闲谈为主、赏剧为辅;而当时赏剧则是以听为主、以看为辅。到同治、光绪年间,京剧(当时叫做大戏)逐渐普及深入人心,人们进入戏园子慢慢地转成以赏剧为主、以饮茶为辅了。于是,茶楼——戏园子开始出售戏票。

“喜连成”科班

京剧在清末民初称为“大戏”,正统“京朝派”的摇篮是“喜连成”科班,从清光绪三十二年(1906)就在广和楼唱戏,大约在 1909 年离开。辛亥革命后,民国二年(1913)广和楼跟“富连成社”(原“喜连成”改名)签订长期合同,双方又合作大约 20 年。

在广和楼唱戏的“富连成”科班演员都是男的,没有女的,唱逗戏(取乐逗笑和调情戏)的时候,所说的话有好多不雅之词;同时在那封建社会,男女授受不亲，怎能坐在一起看戏呢？所以广和楼一直不卖女座。民国八年加演夜戏时，楼上就一律卖女座，楼下仍一律男座；但白天的日场还是不卖女座。票价每位16枚铜钱(1919年北京1银圆可兑换铜钱130枚)。民国二十年(1930年，又一说到1931年)呈请社会局经批准后，才开始男女合座。

广和楼怎样收钱

从前广和楼的规矩，听戏不买票，只收茶水钱。只要一坐下，“卖座的”(即服务员)就给沏一壶茶，拿来一个茶碗，当面收茶水钱，这里包括有听戏钱。当时的钱叫做铜子，“当十文”的是一枚，“当二十”的铜元又称大枚，两小枚换一大枚，5大枚叫一吊钱，只花十六枚(即160文，合8大枚)就能听戏。20—30年代，北京市面上的铜钱不断贬值，一块银圆起初可兑换15吊，即150枚，或75大枚；后来可兑换30—40吊了。

收钱的是个“头儿”，这个“头儿”腰带正面挂一个一尺长半尺宽的蓝布钱袋，当中有一个口子装钱，收了茶水钱就装在这个钱袋里。散戏后除交柜外，其余的，伙计们大伙儿分。茶钱有多有少，熟座来了卖座的给沏包好茶叶，他就多得点小费钱。当演戏到中轴，大轴戏快要上场的时候，柜房就下来人查座(查票)，有多少人坐着，就向卖座的头儿要多少钱。有的熟座专为听某个角色唱的戏，当这个角儿(演员)要上场的时候来了，卖座的给他沏了茶他也不喝，听完了这出戏就走了，他给的茶钱也多，这钱就入了卖座的腰包了。

1934年的变化

民国二十三年(1934)以后，广和楼改成听戏买戏票，原来长条板凳的座位也改成横排带靠背的椅子了。这样一来，听戏坐着舒服了，尤其楼下坐在池子里听戏不用歪头扭身子了。座位宽敞了，日场票价(前排)调整为每张3角5分钱，夜场每张4角钱，此外还要加捐税15%，实收4角6分钱。改座以后，座位固定了，戏园里“池子”容纳的人少了，卖座儿的也不能取巧了。过去坐在一条板凳上，卖票的可以随便加入，直到把听戏的挤得不能再挤时为止；如果查票时正好赶上有听戏的上厕所了，查票的也看不出有空位子，卖座的说是几个人就是几个人，这样柜上丢了戏票钱也不知道。因此在1934年没有改座以前，卖座的赚了不少钱，广和楼卖座的有好些都置了产业。

京剧演员的酬劳

喜(富)连成戏班一共办了七科,每个学员按科排字(喜、连、富、盛、世、元、韵)叫名,每科都培养出不少优秀人才,例如侯喜瑞(架子花脸)、雷喜福(老生)、于连泉(花旦)、马连良(老生)、谭富英(老生)、马富禄(丑角)、裘盛戎(铜锤花脸)、孙盛武(丑角)、袁世海(架子花脸)、李世芳(青衣)、刘元彤(青衣)、黄元庆(武生)等。富连成能够培养出这些人才,主要在于制度严、管教严。凡是到富连成学戏的,都是贫寒家的男孩子(不收女孩),录取后家长要给科班立字据,允许科班打,不出科不许接走,吃、穿、住都由戏班供给,不挣工资。

一立字据就是七年,年满才能出科。出科拿份(挣工资),每天最多拿 50 吊,每吊合铜元 10 枚或大铜元 5 枚。(20 年代银洋一圆可兑换 30 吊,合今人民币 30—40 元。也即每吊铜元合今人民币 1 元左右。30 年代铜元不断贬值,银洋一圆可兑换 40 吊甚至 50 吊。)

买票看戏

看戏买票,理所当然。但在几十年前的旧社会,北京老戏园子的看戏者并不都买票。除了军警以"维护社会治安"即剧场秩序为名义的有"弹压席"可坐,公然白看戏外,还有送"红票"一说,即其人与戏班或戏院有一定"关系",可以白看。此外则新闻界与官场,也有一些人名正言顺地照例看白戏,这都属于"红票"范围之内,虽凭票入座,却从不花钱。再有就是由主要演员(所谓红角儿)掏钱买票,雇人捧场。这些专门捧场的"啦啦队"大都坐在后排或楼上,专为出钱的"角儿"喝彩助威。有些演员往往靠这种办法招徕观众。当然,有时演员得罪了有钱有势的人,也会遇上一批专门捣乱大喝"倒彩"的"看客"。这些助威或捣乱的人都是不花钱来看戏的,总名之曰"听蹭儿戏"。

吴小如老先生回忆道:"1935 年以前,我看戏大抵是向家长伸手要钱买票,或由家长领着同去。有时为了渴望看到一场戏,便把穿不着的衣服偷偷送进当铺,换取票款,等要穿这身衣服时再把当票交给家长赎出来。为此我多次遭到先母呵斥。1935 年我入育英中学读书,只要学期末考个第一名,可免25圆大洋的学费；第二名则免20圆。我在一学年中因考得好而节省下学费45圆。这些钱家里照数给了我，我却一文不剩地向各家戏院进了贡。”

由于经常买票看戏，所以吴小如先生至今对30年代各戏班演出所售的票价大体还有点印象。就他亲身经历，最便宜的是“富连成”在1934年广和楼演日场时所售的票价，前排每张只卖3角5分钱，加上“娱乐捐”、“慈善捐”（当时每张票都必须附加捐税），约4角钱。如富连成社演夜戏，则票价每张4角，加捐后为4角6分，不论在华乐戏院即先前的天乐园（一般是星期四、五、六、日），或在哈尔飞大戏院（每周一、二固定演出），都是这个数目。华乐戏院，地处正阳门外鲜鱼口，现在是“大众剧场”；哈尔飞大戏院，地处西单旧刑部街，现在是“西单剧场”。

从1930年9月14日开业到1937年初，是哈尔飞大戏院的兴旺时期，这与西单地区只此一家和经营者的灵活手段是分不开的。1930年10月25日至29日举办的游艺大会，从中午到夜晚连开四场，每场两小时，重点节目话剧和京剧每天不重复，而且票价不高，每场4角、5角、7角，包厢4圆，结果场场客满。这样的演出不但增加收入，而且提高了戏院的声誉。1930年11月初，京剧名家马连良的扶风社与哈尔飞大戏院商定，每周三、四夜场长期在这里演出，每场票价1圆2角。

11月14日夜场，梅兰芳演出代表作之一《黛玉葬花》，票价最高2圆。

11月22日至25日，以黎锦晖为社长的上海明月歌舞剧社来京首演于哈尔飞大剧院，在京城引起了又一次轰动。从22日至24日，每天一场，先后演出了《湘江娘》、《大江东去》、《醉沙场》等21出歌舞剧。25日改为日夜两场，节目有《五日落梅花》、《小小画家》等。每场票价为3角、4角5分、7角，包厢3圆、4圆。这是儿童歌舞剧目在北京舞台上首次展现。

中华戏校在东城区王府井东安市场内的吉祥戏院演日夜场，票价与此相似。

一般初出茅庐的女演员（当时称为坤角）每票不过6、7、8角。

票价最贵的是梅兰芳。1932年，吴小如随一位父执在中和园（地处正阳门外西粮食店，现为中和剧场）看《牢狱鸳鸯》，这是他第一次看梅先生的戏，前排票价已每张2圆。

程砚秋自巴黎归国，组秋声社，每周在中和戏院定期上演，票价每张1

圆2角钱，加捐后为1圆3角6分。

马连良的扶风社也与程同样票价。高(庆奎)郝(寿臣)同台或杨(小楼)郝同台，票价都在1圆以上。

其他老生挑班者如言菊朋、王又宸、雷喜福、谭富英等，前排每票不过7、8、9角，最多不超过1圆，加捐15%在外。

1934年秋余叔岩在珠市口大街的开明戏院为湖北赈灾义演《打棍出箱》，前排虽每票5圆，却仍然万人空巷。

年末大义务戏则前排每票5圆。吴小如少年时代看义务戏大都随先母或舅父同往；如果自己买票，只能坐后排或楼上了。从1934年秋至1936年暑假，除了上学以外，他大部分时间都是在戏院里度过的。

当时城内外戏院买票情况并不一样。东城的吉祥戏院和西城的哈尔飞戏院，一般都由售票处预售戏票。每场均有一张“票板”(座位表)供观众选择，卖出一张票就划掉一个座号。人们只要早一两天去买，总不致向隅。

看戏保存戏单，天长日久以后就具有珍贵的史料价值。周明泰先生根据所存和所见戏单，辑成了《五十年来北平戏剧史料》，后来又续补了十年。

在北京看戏所见的戏单，从印刷形式来看，大体可分木刻活字、石印和铅印三种。

1932年在北平已只剩广和楼一家的戏单是用古老传统的木刻活字印成的。这种戏单字型大小不一，字迹也模糊不清，从右向左，竖行排列着演员和剧目。所用纸张五颜六色，但质地薄劣，想保存也颇不容易。广和楼是富连成科班每天日场演出的场地，所以这种戏单是关于富连成学员演出的忠实记录。

30年代北平其他戏院则大抵用石印戏单，白纸上印着红字，比较醒目。

至于铅字排印的戏单，最初似只有梅兰芳的承华社和程砚秋自法国归来后组成的秋声社，以及中华戏校是用铅印的。梅、程两位先生如演个人独有本戏，还附有主角唱词。中华戏校为了对学员一视同仁并表示对教师的尊重，不仅连龙套、宫女的名字也一一列出，而且还把这出戏的授业老师的姓名也在剧目下标出。

1932—1933年间，高庆奎、郝寿臣每逢星期六、日，白天都固定在华乐戏院联袂演出，下午1时许开戏，要演到6点钟以后才散场，足足有5个小时，演出的剧目每每有八九出之多。

1935—1936 年间，中华戏校实行龙套、宫女轮换制，当时主要旦角如赵金蓉、侯玉兰等女生，都轮流担任过宫女，并在戏单上注明。后来富连成也改用铅字排印戏单，并标出剧中人和扮演者的姓名。那种白纸红字的石印戏单，仍流行了很久，直到 30 年代中期。

每份戏单的代价是 1 至两大枚铜元，后来上涨到 1 至 2 分钱法币(当时每 1 角法币约换大铜元 22—23 枚)。要在开戏后座客上得差不多时，才由茶房或临时雇用的童工挨着座位散发叫卖。这大约是根据上座率来决定戏单印数的，所以总要在开戏 1—2 小时后才拿出来叫卖。而所印的内容，大抵只有当场的后面的几个主要剧目——从开场到中轴子(倒第三)以前演出的戏。

(陈注:30 年代的北平，1 银圆的购买力相当于今人民币 30 元。1 分钱约合今人民币 3 角，1 大枚铜元约合今 1 角多。)

从照相馆到影片公司

1896 年 8 月 11 日，上海徐园“又一村”放映了“西洋影戏”(据《申报》副刊广告栏，1896 年 8 月 10 日的预告消息)，这是电影第一次在中国上映。此后十年，在上海、北京、天津、江苏等地出现了一批放映外国纪录影片的影戏院，从而一些新派人物萌发了拍摄电影的愿望。

最早尝试在中国拍电影的是北京丰泰照相馆创办人——任景丰。任氏青年时代留学日本学习照相技术，回国后在北京琉璃厂土地洞开设了丰泰照相馆。1905 年秋，丰泰照相馆摄制了由平剧名伶谭容培主演的《定军山》片断，以后又陆续拍摄了一些名角表演的武打、舞蹈和富于表情的戏剧片断。这些无声电影在北京大观楼影戏园、吉祥戏院放映时，京城出现了“有万人空巷来观之势”(据《电影》周刊 1938 年 12 月 7 日第 14 期的介绍)。

民国建立后，中国人开始拍摄故事影片。1913 年，上海文化人郑正秋与商人张石川等合组新民影片公司，借用美商亚细亚影戏公司的资金、器材和发行渠道，自行组织当时的新剧演员拍成《难夫难妻》、《老少易妻》、《风流和尚》、《滑稽爱情》等短片(据《中国话剧运动五十年史料集》第一辑)。

1919年，南通张謇、朱庆澜等集资10万圆，成立中国影片制造股份有限公司，并于1920—1921年间完成了《海誓》、《红粉骷髅》等长故事片的摄制。上述拍片活动虽然以中国人名义进行，但均有外国人或公司参与。

完全由国人经营的并具一定规模的电影制片机构，当自商务印书馆活动影戏部始。该馆于1918年派人赴美考察电影业。影戏部中拥有摄影棚和全套制片设备，且资金充足，管理制度完善，所拍影片为"风景"、"时事"、"教育"、"新剧"、"古剧"等五大类，前后历时十年之久。

1922年，新剧界郑正秋、周剑云和一度参与交易所生意的张石川等人决定投资电影事业，筹备成立明星影片公司。他们欲通过电影来"补家庭教育暨社会教育之不久"以改良社会（参看《影戏杂志》第一卷第3号，1922年5月25日文章），何况"影戏潮流"有利可图。明星影片公司就设在上海贵州路原大同交易所内，公司职员中不少是交易所倒闭后的求职人员。明星公司拍摄了一批思想性、艺术性尚佳的作品，如《孤儿救祖记》、《玉梨魂》、《二八佳人》等。明星公司的成功，使社会上投资开设电影公司者日众。

据1927年出版的《中华影业年鉴》统计，1925年前后，在上海、北京、天津、香港等地共有近40家摄制电影的公司，其余挂牌而形同虚设的尚有一百多家。在这40家公司中，以大中华、百合、天一、长城、祚州、民新、联华等公司为佼佼者。拍摄的片种有"黑幕片"、武侠片、古装戏曲片、纪录片等，既有《白芙蓉》、《东方夜谭》、《媚眼侠》、《盘丝洞》之类庸俗低劣之作，也不乏像《天涯歌女》、《胡都春梦》、《难为了妹妹》等佳品。

民国初期电影公司林立，拍片甚多，原因是拍片成本不高，只要影片稍够水准，就不难售出。以1926—1927年为例，那时底片4.5分钱一尺，副片2分钱一尺，洗一套拷贝约300银圆。编导、演员酬劳均低，女主角日工资4—7圆，或月支200圆，男演员更少，配角和临时演员大多义务参加。所以拍一部片子仅需4000圆。电影市场以上海为主，片子在上海放映收入即可收回成本的1/2，加上发行到全国和海外的收入，盈利高达一倍以上。民国初期拍摄的电影很呆板，谈不上什么镜头、导演、技巧运用。只要把摄影机架好，镜头对准演戏的演员，固定不动，永远是一个"远景"，直到一盒200尺底片拍完为止。又因为是无声片，不需录音，演员表演时只要动嘴，不必出声，技术很简单。

1926年12月，美国的有声电影传入中国，各地大电影院纷纷改装设备，放映有声电影。

20世纪20—30年代中国现代电影院

1927年，美国商业部海外代表有一份报告《中国的电影市场》(刊载于美国《贸易信息公报》467期)提供了当时中国电影状况的信息。这份报告提到："中国目前有一百零六家电影院，共六万八千个座位。它们分布于十八个大城市"，主要是通商口岸，而在106家影院里面，上海占26家，也就是四分之一。1920年代最豪华的电影院是奥登(Odeon)，有1420个座位："底楼的座位按现代影院的风格来设计，包厢里则都是皮套座椅(在上海，好座位总是在包厢里，便宜的在底楼)。"

1930年美国商业部的《贸易信息公报》722期刊载一份《电影在中国》的报告，指出"欧美所有的大制片公司都在上海有代理和发行人"，还记录了豪华影院的门票价："从二角到三圆"(合美金7分到1元)。为了吸引上海的电影观众，"电影院几乎用尽了所有的广告策略，尤其是那些首轮影院。广告的主要媒介是中外日报，在城市各处、电车和公共汽车上张贴的海报和宣传画，霓虹灯以及其他的电招牌，新片预告邮件"，再加上电影院出售的一系列电影杂志。在《良友》画报上连载了好几期的奥登影院的英文广告是这样写的："奥登是东方最宽敞最华美的电影宫殿。完美的构造和设计。一切为观众的舒适和健康着想。奥登首家为您提供最佳影像。"

奥登亦不过是上海12家有殖民英文名中的一个，其余还有卡尔登(Carlton)、恩派亚(Empire)、夏令配克(Olympic，即Embassy)、中央(Palace)、维多利亚(Victoria)、巴黎(Paris)、上海(Isis)、美琪(Majestic)，等等。在这些影院，好莱坞的八大电影公司都享有放映他们首轮影片的权利。

不过，奥登的豪华魅力迅速被革新了的大光明影院取而代之。大光明于1933年开张，配有空调，由著名的捷克建筑师乌达克(Ladislaus Hudec)设计，计有2000个沙发座。(1939年后还配备了"译意风"，也即当地的一家英文报纸所谓的"中国风"(Sinophone)，可资同步翻译。)宽敞的艺饰风格的大堂，三座喷泉，霓虹闪烁的巨幅遮帘以及淡绿色的盥洗室。《大美沪报和水星》为“大光明的新发明”登了这样的标题——《中国风：给本土影迷的大恩惠》。

电影院在物质和文化上给城市生活带来了一种新习惯——看电影去；而如果没有这种文化气候，中国本土电影业的迅速发展是难以想象的。

值得一提的是：尽管早期电影制作环境简陋，但中国电影制作者们还是力争跟上西方电影的潮流。早期电影业的一大赞助商实际上是商务印书馆。到20年代，从流行小说和戏剧中取材的中国无声电影已经有了相当的观众。1927年，世界上第一部“会说话”的电影在好莱坞首映的第二年，上海的首轮影院就开始播映有声片了。

1930年，明星、友联等影片公司开始从事国产有声片的摄制。由于资金、设备和技术上的困难，这两家公司采用了成本低、制作简单的蜡盘发音方法。1931年3月15日，明星制作的中国第一部国产有声片《歌女红牡丹》在上海新光大戏院公映，轰动全国及南洋华侨社会。接着友联生产的《虞美人》也于5月24日在上海夏令配克影院与观众见面。同年，天一、大中国和明星三公司，又聘请外国技师，分别摄成了采用片上发音方法的《歌场春色》、《雨过天晴》、《旧时京华》三部新片。

民国初年至抗战时期上海的电影票价

上海放映电影的场次，有“首轮、二轮、三轮”之分别。头等电影院，专映首轮影片，特别是名片。二等电影院，专映第二轮放映的名片，和小公司出品的影片。三等电影院规模狭小，完全放映三轮、末轮片（旧片）。所以电影票价的档次差别比较大。

不仅有首轮、二轮、三轮的级差，而且有日场和夜场的级差。同一电影院又有楼上、楼下，中排、前排、后排座位的级差。

一般说来，在20—30年代，上海电影票价的档次约为——

日场：7角、5角、3角、1角；

夜场：8角、6角、4角、2角；

夏季露天电影一般票价仅为1角钱一张。

头等电影院放映首轮名片的票价，夜场为8角至6角，日场为7角至5角；最贵的是1圆。三等电影院票价仅为1角至2角。

北京各电影院的票价

经多年搜罗，我找到1916—1938年间先后6部以《北京指南》、《北京便览》、《北平指南》为书名的游览手册，可以看出这二十多年间北京电影业发展之一斑。

根据民国五年(1916年)九月出版的《北京指南》卷五所载"电光影戏"一条，民国初年北京电影院情况如下——

"电光影戏，京中称为'电影'，初自泰西流入中国南方各埠，继自上海天津等处，流行入京。惟专设常演之处，亦无多多。于戏园中加演之余，则东安、西安市场中间或有专演者。看资则贵贱不等。大抵专门常演之处，则取资贵，优等须八角，头等四角，二等二角半，起码铜元十二个。其稍便宜者，则以铜元为标码，头等二十四枚，二等二十枚，三等十二枚。"

电光影戏之专演者(两处)：平安电影公司——东长安街；大观楼电影公司——大栅栏。加演者：三庆园，升平电影(场)——大栅栏南；庆乐园，华安电影(场)——大栅栏中。

又，据民国十八年(1929年)九月出版的《北平指南》第八编所载"戏园电影院"条目——

"北平电影院价目，平时最高者五角，最低二角。有加演特别片时，加价不过一圆而已。"电影院列出十家：中天电影院——绒线胡同，真光电影院——东安门外大街，平安电影院——东长安街，中央电影院——北新华街，吉祥电影院——东安市场内，春明电影院——东四商场内，大观楼电影院——前门外大栅栏，青年会电影院——米市大街(即后来的光陆电影院)，通俗教育馆电影院——钟楼，国货陈列馆电影院——前门箭楼。

其中设备最好的真光电影院，票价大体分三个档次：一等是专利特轮名片，即"只此一家"上映的获奖的世界名片，如《赖婚》、《自由魂》及后来的《乱世佳人》等，最高票价银洋1.5圆，最低6角；二等价是多家上映的头轮片，最高1圆，最低5角；三等价是复映片，最高8角，最低4角。那时银洋2圆可以买一袋面粉(注：合40斤)。1922年3月曾举办特场电影，上映《书痴福》，最高票价5角，最低2角。

20世纪30年代电影演员的经济生活

30年代，由于一批左翼作家、演员的努力，中国的电影事业迈进了新阶段。上海成为东方电影艺术中心，影星云集。1931—1933年，左翼戏剧家联盟成立了电影小组，剧联成员夏衍、阿英、郑伯奇、沈西苓、赵丹、魏鹤龄先后进入明星公司担任编剧、导演和演员；1932年，田汉、阳翰笙等作为严春堂的总顾问，筹建了艺华影片公司，并拍摄了《生之意志》、《肉搏》等影片。金焰、郑君里等分别在联华公司当演员；汤晓丹、司徒慧敏则进入了天一公司。

30年代中国电影步入黄金时代，以《渔光曲》、《桃李劫》、《马路天使》、《十字街头》为代表的影片已经走向世界。电影艺术中心——上海的影业公司有40多家，其中著名的有明星、天一、电通、联华、艺华等。

昔日明星们的经济状况究竟如何呢？未见系统研究。但我从先辈们的遗物中找到当时留下的两种史料：(1)若干部影片主要演员的片酬合同；(2)影业公司长期聘用的月薪合同。当时片酬最高纪录是胡蝶，2000圆(合今6万元)，但其中1000圆为现金，另外1000圆为股本入账；其次阮玲玉，1000圆(合今3万元)。普通演员月薪最低起点为30圆(合今1000元)，较高的为数百银圆。一般收入的幅度在这两端之间。不妨再举几个例证。

1. 陈波儿

1907年7月生于广东省潮安县，原名陈舜华。

我查到了第一手史料：当时陈波儿留存的两份片酬合同。

1934年4月，陈波儿正式进入明星影片公司。5月签订了拍摄无声影片《青春线》的合同，期限为4个月，片酬300银圆。见证人张凤梧(阿英)、郑君平(郑伯奇)。

几乎同时，1934年5月，陈波儿又与电通公司签订了拍摄有声影片《桃李劫》的合同。约定从5月16日到8月15日，整整三个月期间参加影片《桃李劫》的拍摄工作，担任女主角，片酬300银圆。分两期支付：第一期150银圆在合同签订之日支付，第二期150银圆于全片完成后支付。合同介绍人司徒慧敏，证明人应云卫。

这一年10月29日，《现代演剧》杂志记者吴湄采访了陈波儿。记者问起："陈小姐每月的生活费要多少？"回答说："不到一百块吧。"

1934年，陈波儿不仅成功地主演了两部电影，还发表了23篇文章。稿酬为千字3银圆。因此，她每月收入超过200银圆。

我还查到了当时陈波儿留下的两份长期合同。

在1935年5月，电通公司跟陈波儿签订了长期聘用合同，时限为二年。约定薪金为：

从1935年5月到1936年5月，月薪140银圆；

从1936年6月到1937年5月，月薪160银圆。

但是电通影片公司于1935年底被迫结束，陈波儿转到明星公司二厂。1936年5月，明星影片公司又和陈波儿签订了聘用合同，为期三年，从1936年6月1日起，到1938年5月31日为止。合同规定月薪为200银圆（一年后，1937年7月抗日战争爆发，合同被迫中断）。

2. 艾霞

生于1913年。她在30年代初还是一个中学生的时候，加入天一影片公司做普通演员，试用期月薪只有30银圆。

1932年她转入明星影片公司，开始主演，月薪由60银圆增加到100银圆。1934年初，艾霞自杀身亡。

3. 王莹

1913年3月生于安徽省芜湖市，原名俞志华。生母早丧，幼年被继母卖为童养媳，出逃后被舅妈收养，改名王克勤。17岁在上海大学加入中共地下党。

1932年王莹进入电影圈，首次在天一影片公司主演了《女性的呐喊》，然后转入明星影片公司，主演《铁板红泪录》、《同仇》。两年内积攒了将近1000银圆，于1934年3月赴日本东京留学，旅费100银圆，在日本每月生活费50银圆（合75日元），一年后归国。

30年代中，我国许多青年从上海到日本去留学。当时上海是东方经济最发达的地区，而日本正处于经济困难时期。在上海一个月的生活费，到东京可以过上两个月。

4. 周璇

周璇，又名周小红。据说原籍江苏省常熟（一说常州），在上海长大。大约生于1919年(一说1918或1920年,难以确定)。

1932年,大约13岁的周小红参加黎锦晖主持的明月歌舞团,因为嗓子好又善于唱歌,第二年演唱歌曲中有一句“誓与敌人周旋在战场上”受到群众欢迎,故改用艺名周璇。歌舞团刚成立的时候,大家住在霞飞路(今淮海中路)一家俄国餐馆楼上,每天晚上睡地铺,吃大锅饭,生活很清苦;演出票房有盈余的时候一晚上才可以分到5角钱。后来歌舞团解散,周璇参加新华歌剧社,社址在巨泼来斯路美华里2号。

1935年“新华”又解散了。周璇经丁悚和龚之方介绍,加入艺华影片公司担任配角,处女作是《花烛之夜》;一开始月薪50圆。她曾回忆说:这个数目对当时的物价说来是不算少了(陈注:相当于90年代的人民币1500—2000元)。1937年初,主演《马路天使》获得空前成功。此后月薪提到200圆,成为公司老板的摇钱树。

此外她还唱流行歌曲,还有在百代唱片公司灌唱片的收入。抗战期间周璇滞留在上海租界(当时称为“孤岛”)继续演艺生涯。

5. 蓝苹(即抗战初期到延安后的江青)

原名李云鹤,1914年3月生于山东省诸城。

1931年李云鹤担任山东青岛大学图书馆职员,月薪30银圆。这是目前可以查到的第一个有关蓝苹收入状况的数字。当时李云鹤自留20银圆生活费,10银圆寄给老家的母亲。

1933年4月李到上海,寄居田汉家中。不久参加中国左翼戏剧联盟。

1934年5月,李云鹤跟着俞启威来到北平,在沙滩租了一间寓所,每月租金2银圆,生活费6银圆,非常贫困。

1935年初又回上海,以“蓝苹”为艺名,主演名剧《娜拉》。进入电通影业公司,月薪60银圆。(据1935年8月《民报》连载的《蓝苹访问记》)

6. 舒绣文

原名舒彩云,1915年生于北京。父母原籍安徽黟县,是中学教员。自幼家境贫苦,她曾改名许飞琼进舞场伴舞谋生。16岁独自离开北京南下上海,被介绍到天一影片公司去教国语,工资每月30大洋。后来参加集美歌舞剧,又到杭州参加了五月花剧社。

19岁那年(1934年)进了明星影片公司。合同订期三年,基本月薪60

银圆。在上海演戏、拍电影之余，她用许慎、苏谦的假名进补习学校努力学文化。

成为正式演员以后，一连拍了好几部片子，并且从《梦里乾坤》一片起，开始演主角。除了基本月薪以外，每部影片的酬金为 300 圆左右。有了固定收入后，就先把母亲许佩兰接到上海，后来又把父亲和弟妹都接到上海，一家人住在一起。

7. 赵丹

原名赵凤翱，原籍山东省肥城。1915 年 8 月生于江苏省扬州，一年后随父母迁居江苏南通，在南通长大。

父亲 1928 年春天以 3000 银圆开设了一座“新新大戏院”，共 800 个座位，放映电影（当时叫影戏），每张门票 1 角 5 分，一场就收入 120 银圆。1930 年春节聘请上海艺术剧社和摩登社（有赵铭彝、郑君里、王莹等）前来公演，影响了赵凤翱走上艺术之路。

1930 年秋天赵凤翱考入上海美术专科学校。1932 年 12 月因在美专主演话剧《C 夫人肖像》而被明星公司导演看中，课余参加拍片，以“赵丹”为艺名；1933 年试用期月薪 30 银圆，当时仍继续学业，半工半读。赵丹从上海美专毕业后，跟明星影片公司订了合同：起初月薪 50 银圆，不久提为 70 银圆。（又一说：1933 年赵丹从上海美专毕业后成为明星影片公司基本演员，月薪 60 银圆。跟上述说法略有差距，备考。）后来又升到 100 银圆。

先后拍摄默片与有声片 30 部左右，其中以《女儿经》、《上海二十四小时》、《小玲子》受到广大观众欢迎。1936 年月薪 150 银圆。1937 年上半年因主演《十字街头》、《马路天使》获得成功，赵丹月薪提为 200 银圆。8 月 13 日淞沪抗战爆发，赵丹参加抗敌救亡演剧队，辗转经武汉到重庆。

电影工作者加入文化人的行列

1936 年 9 月在上海公布了《中国文化界为争取演剧自由宣言》。这个宣言用中、英、法、俄、日、世界语 6 种文字同时发出，有许多中外报刊登载或报道，当时成为震惊国际的重大新闻。宣言签名者 176 人，包括田汉、欧阳予倩、洪深、阳翰笙、阿英、袁牧之、蔡楚生、史东山、冼星海、任光、沈西苓、赵丹、白杨、金山、章泯、陈白尘、郑君里等电影工作者。这 176 人都是以文化人的身份自居的。这是中国文化人第一次以群体阵容出现在历史舞台上，团结一致要求自由创作的权利。这个宣言，也是中国文化人的精神独立的自白。

1936 年 10 月 19 日鲁迅先生去世。当时各大报刊发表了许多悼念文章。其中，上海《电影・戏剧》1 卷 2 期刊登了署名韦彧(沈端先)的《鲁迅与电影》一文，文中又出现了“文化人”这个概念：

> 现在不论怎样，文化部门里面总算有了“电影艺术”这个名称，一切“文化人”的集会团体里面，也算有了“电影艺术家”参加的机会。但是在五、六年之前，情况就和现在两样，“影戏”这种“娱乐品”完全是“文化人”注意圈外的存在。……

由此我们可以看出，文章作者认为从 1931 年以来，进步的文化人开拓了中国电影艺术的新方向，使之成为新文化运动的一个组成部分。而电影工作者们也就加入了文化人的行列。这是我在 30 年代报刊里面查阅到的最早使用“文化人”概念的史料之一。

30 年代电影明星们的收入，跟同期的教授、学者、作家、主编们(一般每月 200 圆至 500 圆)相当或稍低。经济地位虽然类似，但是文化素质高的人们更受到尊敬。当时在影星歌星的心目中，文化、学问、教育、修养占据很高的位置，普遍地热爱读书，渴求知识。这有当时许多史料和逸闻为证。

演员们有不少在大学里上课和从事写作的，如陈波儿、王莹、艾霞、凤子、赵慧琛等，她们的文笔风格一再受到文学界的好评。王莹的从艺和留学经历，即体现了当时追求知识的风气。她不仅上了大学，而且后来还写了两部小说。

以生活日用品的实际购买力估算，1936 年银圆或法币 1 圆约相当于今人民币 30 元。例如，以主要食物的价格作比较：抗战前夕，在上海、南京、北平、天津等地市场上，大米每斤 5—6 分钱，猪肉每斤 2 角钱，白糖每斤 1 角钱，食盐每斤 2—5 分钱。植物油每斤 1 角 5 分钱，鸡蛋每斤 2 角钱，等等。跟今天相比，几乎都在 30 倍左右。

为使大家对于抗战前夕的城市生活费用有个形象的了解，不妨再举些例证：

以饭店的客饭价钱为例，1936 年一份普通西餐 2 角钱，大菜套餐为 5 角—1 圆 2 角钱，普通的炒肉一盘 1 角多钱，一碗阳春面 4 分钱。

信件的国内邮资 3—4 分钱。

一般的图书定价为 3—5 角钱，比较贵的是 1—2 圆；一份报纸 3—5 分钱；公交车票价 5 分至 1 角钱。

公园门票 5 分钱。剧场和电影院入场券 1 角至 1 圆。

根据当时经济学家们的几十次社会调查统计结果，从事体力劳动的城市贫民五口之家维持生存的最低开支为每月法币 27 圆（合今人民币 800 元），而知识阶层的最低生活费为每月法币 50 圆（合今 1500 元），一般每月 200 圆（合今 6000 元）。

抗日战争爆发以后，国共合作成立了中国电影制片厂（简称中制），归属于中央政治部三厅六处电影科。同时还有归属于宣传部的中央电影摄影场（简称中电）。参加“中制”和“中电”的演员们多半是当时最著名的左翼明星，其中不少是共产党员。月薪有所增加，现将一次发薪名单照抄如下：

黎莉莉 340 圆 舒绣文 330 圆 白 杨 320 圆

张瑞芳 300 圆 顾而已 300 圆 魏鹤龄 300 圆

施 超 280 圆 谢 添 250 圆 陈天国 250 圆

吴 茵 230 圆 杨露西 120 圆 熊 辉 100 圆

秦 怡 60 圆

电影明星们的收入，仍然跟学者、教授、作家、主编们处在同一档次而稍低些。

1940 年以后，席卷大后方国统区的法币通货膨胀和物资短缺、物价飞涨日趋严重，几乎每年涨幅为两倍甚至更多。包括电影明星在内文化人的收入不断贬值，生活受到极大影响，从而激发并增长了他们对蒋介石专制政权的强烈不满情绪。

五四前后北京文化人群体

中华民国成立以后，特别到了五四前后，新文化运动崛起，我国文化人的影响迅速增强，文化人的队伍迅速扩大。

五四爱国运动是跟北京大学、清华大学等大中院校联系在一起的。民国初的北京大学封建的陈规陋习“官僚气”、“名士气”非常严重。1917 年 1 月蔡元培出任北京大学校长，北大“在他手上才成为真正的大学，真正不愧立足于世界大学之林，而成为中国现代新思想新文化的重镇”。（见《蔡元培先生象征的学术世界》，引自《北大传统与近代中国》一书。）

追求自由、民主、科学，特别是力争言论自由、思想自由、学术自由，反对专制愚昧，是中国现代知识阶层的灵魂。但是在五四时期，这个阶层的社会基础还很薄弱。旧中国文盲占成人的 90％以上；民国初年，80％的就业人口仍在从事千年不变的传统农田耕作，只有不到 1％的就业人口在近代产业部门。

造成人口素质低下的直接原因有二：近代教育事业的幼稚和经济状况的贫困。

1912 年，北洋政府开始统治时，全国有 4.1 亿人，而学生总人数仅为 293 万，其中，小学生 279 万，中学生 13 万多，大专院校学生不到 5000 人（估计数字），应届大学毕业生只有 490 人。

1928 年国民党政府统治时，全国有 4.65 亿人，而学生总人数仅为 914 万，其中，小学生 888 万，中学生 23.5 万，大专院校学生 25198 人，应届大学毕业生只有 2275 人。

从戊戌变法到国民党掌权，经过了整整三十年。这三十年的进步显著，但仍然处于落后的地位。拿我们的邻邦日本作对比，更可以看出我们国情落后的严重程度：1925 年日本国有 0.59 亿人，是我国人口的八分之一；而学生总人数为 1147 万，超过我国 25%。其中，小学生 799 万，中学生 336 万，大专院校学生 126842 人。按绝对数字，中学生是我国的 14 倍，大学生是我国的 5 倍。

按照每万人口中的在校学生比例数字，日本的中学生比我国多 110 倍，大学生比我国多 40 倍。（这还是用日本 1925 年的数字跟我国 1928 年的数字相比。）

况且我国文化分布极其不平衡，20 年代知识阶层集中在京、津、沪、宁等大城市，相对说来爆发力很强，他们播下了现代化的星星火种。

五四期间访问过中国的美国学者杜威，在 1919 年 6 月给女儿的家信中写道："一位曾对五十种学生报纸做过仔细研究的朋友说，这些报纸的第一个特点是有大量的问号，第二个特点是要求言论自由，以便能找出这些问题的答案。在一个信仰既定权威的教条、又使得人感觉满足的国家里，这种提出疑问的热潮，预示一个新时代的到来。"

五四前后，中国知识阶层虽然人数很少，但是能量很大，这在某种程度上得力于他们相当优越的经济后盾。

蔡元培的"爬格子"情结

在纪念北京大学百年和五四运动八十周年的各项活动中，蔡元培校长的名字格外凸现出世纪的光辉。他对于新文化运动的贡献，已不用后生赘述。但他早年新思想受孕期的一大关键，似乎所知者不多。这就是他在九十多年以前旅欧留学爬格子为生的经历。

蔡元培于清代同治六年（1868 年）阴历十二月十七日生于浙江省绍兴县，光绪十五年（1889 年）21 岁时就考中举人，光绪十八年 24 岁时于北京保和殿应试考取进士，入翰林院充庶吉士(那时毛泽东、郭沫若等刚诞生)。甲午年(1894年)26岁时授职“编修”。1898年戊戌变法维新不久，他目睹慈禧太后发动政变屠杀“六君子”，罢免维新官员数十人，痛感清朝廷“无可希望”，遂抛弃官职回故乡绍兴就任“中西学堂”监督，自认为“服务于新式学校的开始”。1901年赴上海出任南洋公学特班总教习，后来又任中国教育会长兼商务印书馆编译所长。他首先订立国文、历史、地理三种教科书编撰体例，每一课文稿酬(编辑费)5角钱。

为了开拓现代化的道路走向世界，当时出国留学或考察蔚然成风，大多是公费官派，名额有限，所去国又以日本为多，欧洲很少。已经37岁走入“下半生”的蔡元培，毅然辞职赴青岛从头学习德语，准备留学德国。

1906年他闻讯北京翰林院有公派出国留学的机会，急忙赶到首都，但这个计划搁浅了。蔡不甘心，再三联络，向当时我国驻德国公使孙宝琦申请，欲随同前往德国在使馆兼任“半职”差事，半日在柏林大学听课，以遂赴欧洲留学的心愿。这时，他已是临近不惑之年，必须抚养妻儿四口、负担甚重的一家之长了。

孙宝琦答应每月助银子30两，合42银圆。于是在1907年春末，蔡元培随同中国驻德国公使，由西伯利亚大铁路经莫斯科到达柏林。然而公使馆只应允照顾食宿，不提供职务和薪金。居柏林，大不易！

眼看财路不济，怎么办是好呢？蔡元培作了一个当时可谓大智大勇的决定：既不求“官费”，也不用老家变卖家产筹划“私费”，而以在国外爬格子著述编译所得稿酬、编辑费，自筹留学费用。据我所知，这乃是我国最早的知识阶层中采取爬格子半工半读方式而获得成功的第一人。

他通过同年同乡挚友张元济先生向上海商务印书馆商洽，特约蔡元培在欧洲为该馆著文或编译，按照千字3圆(编译)和5圆(著述)的标准，每月致稿酬100银圆(约合今6000元)。一部分汇款到德国给蔡元培作为留学费用，一部分交国内妻儿家用。

蔡元培一不靠官、二不靠商，完全自食其力、自行其是。他严格遵守了协议，留学期间著述不辍。根据今天所能看到的蔡元培稿酬账单，1910年商务印书馆汇付给他1621德国马克，合900圆；支付国内蔡夫人250圆；代付购寄书报等费用为46圆，连同历年余额尚结存200圆(当时1块银圆可买

44 斤大米，约合今人民币 60 元）。

几年以后柏林的生活费用更降低了。据 1919 年初由官商资助到德国考察的梁启超记述，他在柏林住一旅馆“今所居极安适，日租金五十马克，可称昂贵，然合中国银只得一圆耳”。这位后来担任清华研究院四大导师之一的维新人物又在通信中写道：“此次赴德，觉学费之廉出人意外，现一圆可易五十马克，每学生得三十或四十圆（陈注：即 1500 或 2000 马克）尽可从容度日，国内大公司如中原公司之类，每年能出资五千或万圆，可派学生十人或二十人。”（引自《梁启超年谱长编》）此后“少年中国学会”的宗白华等人，步蔡元培后尘陆续留德。

辛亥革命时，蔡元培归国，应中华民国临时大总统孙中山之召，首任民国教育总长。1912 年 4 月赴北京，7 月拒绝与袁世凯合作而坚决辞职。

1913 年蔡元培又赴法国，商务印书馆继续约稿付酬，以编译费支持他在欧洲游学考察。这时他爬格子的稿酬增加了：每天以一半时间编著 1000 字，每月 3 万字可得 200 圆，即千字 7 圆。

从 1907 到 1915 年，蔡元培先后旅欧留学，几年期间只靠爬格子半工半读，撰写了《世界观与人生观》、《文明之消化》等论文，寄给商务印行的《东方杂志》、《教育杂志》发表，还根据在德、法进修得到的新知识，结合国情编著了《哲学大纲》、《伦理学原理》、《中国伦理学史》、《中学修身》、《艺术谈概（欧洲美术小史）》等由商务印书馆在上海出版。

1916 年冬，蔡元培从欧洲归国，出任北京大学校长。他首创“思想自由，兼容并包”的办校方针，力主“不嫖、不赌、不纳妾；不当官僚、不做政客；不酗酒、不抽烟、不杀生”的八戒进德会。在他的教导感化之下，一扫清京师大学堂以来的封建官僚腐败习气，脱胎换骨，风貌一新。五四运动前后，北京大学成为了“民主与科学”的堡垒，新文化运动的摇篮。……而这一切，是跟蔡元培旅欧留学期间接受的新思潮分不开的。

蔡元培在德、法留学多年依靠爬格子为生的亲身经历，影响深远。此后，他特别尊重和爱惜爬格子的人才，这有他一系列言行为证，举不胜举。不妨称之为爬格子情结吧。陈独秀、胡适之、李大钊、鲁迅、周作人等爬格子的新文化闯将，都是他在北大时期一手扶植起来的。特别对于比他年轻 13 岁的鲁迅，蔡元培在民国教育总长任内，举荐初出茅庐的鲁迅为教育部公务员主管美育，月津贴60圆，不久定月薪300圆；他在北京大学校长任内，聘请鲁迅为中国小说史讲师；他在大学院院长任内，又聘请鲁迅为特约撰稿人，月津贴300圆，提供爬格子的优越条件。这些，在鲁迅一生的几个关键时刻，起了很大的作用。鲁迅很念此旧情。

1923年蔡元培为抗议北洋军阀政府，发表《不合作宣言》，愤然辞去北京大学校长的职务。7月举家赴西欧。商务印书馆仍采取约稿致酬的办法，约请他编写师范和高中所用《哲学纲要》等教科书，并为《东方杂志》撰写论文及杂记，每月致编译费200圆、调查费100圆，共计300圆，使他有了固定收入。

据现在留存于商务印书馆的张元济1923年7月16日给蔡元培信的手迹："兹送呈全年薪水计银二千四百圆。又敝公司遇有研究之问题及调查之事项，拟求我公担任顾问，亦荷俯允，兹将全年薪水一千二百圆一并送呈，统祈察入。"蔡元培在欧洲期间，写了《中国之文艺中兴》和《简易哲学纲要》等。1926年2月由欧洲回到上海。

蔡元培开风气之先。从他开始，在国外以著述编译所得稿酬自筹留学经费，采取爬格子半工半读方式而获得成功的人，还有很多。他们的信念是：

> 自食其力，自行其是，自得其乐，独立精神(周有光语)；
> 独立人格，独立思考，独立行为，自由达观(宗白华语)。

李大钊论经济权

在五四运动的闯将中间，李大钊是第一个关注人民生活状况和经济权(生存权)的学者。1919年12月他在《新生活》第19期上发表了一篇《物质和精神》的短文说：

> 物质上不受牵制，精神上才能独立。教育家为社会传播光明的种子，当然要有相当的物质，维持他们的生存。不然，饥寒所驱，必至于改业或兼业他务。久而久之，将丧失独立的人格。精神界的权威，也保持

不住了。

同时他在《大联合》与《生活神圣》两文中支持北京各校教职员为争取和捍卫自己的经济权所做的斗争。他说：

五四、六三以来，全国学生已成了一个大联合。最近北京各校教职员也发起了一个联合，对于全国教育的根本和个人的生存权，有所运动。我很盼望全国的教职员，也组织一个大联合；更与学生连络起来，造成一个教育界的大联合。我很盼望全国各种职业各种团体，都有小组织，都有大联合，立下真正民治的基础。

此次教职员因薪水问题罢业，许多人还是拿冠冕堂皇的话来责备他们。就是他们自己，也有些人觉着因为吃饭问题罢业不好意思似的。我以为倒是光明磊落的要求生活权，是一件很体面、很正当的事。不要套些假面具，把生活神圣的光华遮盖了。（引自《李大钊文集·下》，第174—176页）

李大钊不仅关注教师学生的经济（生存）权，而且关注劳工的经济生活状况。他在1919年3月写了一篇《唐山煤厂的工人生活》，是他访问的结果，其中说：

唐山煤厂的工人，约有八九千。……他们每日工作八小时，工银才有二角（注：每月工资六银圆）……把两星期的工在一星期做完，其余一星期，就去胡吃狂饮、乱嫖大赌去了。因为他们太无知识，所以他们除嫖赌酒肉外，不知道有比较的稍为高尚的娱乐方法，可以慰安他们的劳苦。……工银太低，所以他们必须把数日的工夫，无昼无夜地像牛马一般劳动，才能积得一圆半圆钱，好去嫖赌。（原载《每周评论》1919年第12号）

李大钊于1924年9月写了一篇《上海的童工问题》，其中引用“上海外人自治会”的调查资料说：

上海的下层劳工(如苦力、人力车夫等)的所得,比中国任何地方算是较高的。平均计之,苦力月得十五圆,人力车夫月得八圆。而一人及其妻眷的生活费,最苦的亦月须十六圆,方能过活。今其所得,最多者且不过十五圆,上海苦力及人力车夫的苦况,可想而知了。(引自《李大钊文集·下》,第790页)

"独立进款"的理想

1922年5月,蔡元培和胡适等人在《努力周报》上发表了《我们的政治主张》一文,这可以看作是中国现代早期知识阶层的政治独立宣言。他们起草了一个政治纲领,提供给大家批评、讨论。联合署名者还有陶行知、梁漱溟、李大钊、陶孟和、丁文江等共16名教授学者。

他们提出"政治改革的目标"包括:

(1) 充分运用政治的机关为社会全体谋充分的福利;

(2) 充分容纳个人的自由,爱护个性的发展。……

(参看《北大传统与近代中国》,第17—21页)

在讨论中,28岁的赴英国留学生金岳霖在《晨报·副刊》上发表了一篇长文:《优秀分子与今日的社会》(1922年12月4—5日),文中提出了他的四个希望:

第一,他希望知识者能成为"独立进款"的人,也就是靠自己的本事吃饭,不依附于任何权贵的势力,而实现自己的独立人格。他说:"我开剃头店的进款比交通部秘书的进款独立多了,所以与其做官,不如开剃头店;与其在部里拍马,不如在水果摊上唱歌。"

第二,他希望知识者不做官(这跟蔡元培的"八不"进德会主张一致),也就是"不做政客,不把官当作职业的意思。若是议定宪法修改关税的事都是特别的事、都是短期的事,事件完了以后,依然可以独立过自己的生活。"也就是不受官场的约束,而保持自己的独立思考。

第三,他希望知识者"不发财。如果把发财当作目的,自己变作一个折扣的机器,同时对于没有意味的人,要极力敷衍。"也就是不要成为商业的驯服工具、金钱的奴隶。

第四，他希望知识者能有一个“独立的环境”，要有一群志同道合的人在一起。

他认为：“有这种人去监督政治，才有大力量，才有大进步。他们自身本来不是政客，所以不至于被政府利用；他们本来是独立的，所以能使社会慢慢地就他们的范围。有这样一种优秀分子、或一个团体，费几十年的功夫，监督政府，改造社会，中国的事，或者不至于无望。”（参看谢泳《逝去的年代》第50页、第190页）

这表达了中国现代早期知识阶层的“经济独立”的要求。

《新青年》同人为何不要稿费

鲁迅从1918年在《新青年》杂志上发表《狂人日记》和《随感录》以后，成为新文学运动的主将。但是，当时《新青年》杂志是不计稿酬的。

1916年陈独秀主编《新青年》月刊时曾宣布：“来稿无论或撰或译，一经选登，奉酬现金。每千字（译文）二圆至（撰文）五圆”。（合今人民币100—250元）。起初《新青年》发行量只有1000份；第二年发表胡适《文学改良刍议》和陈独秀《文学革命论》后，销路直线升到上万份，不断再版。社会效益和经济效益双丰收。但是，到1918年《新青年》启事：

> 本志自第四卷第一号起，投稿简章业已取消，所有撰译，悉由编辑部同人共同担任，不另购稿。其前此寄稿尚未录载者，可否惠赠本志？尚希投稿诸君，赐函声明，恕不一一奉询，此后有以大作见赐者，概不酬。

鲁迅应钱玄同之约投稿于《新青年》，恰在此时。我查遍《鲁迅日记》和有关史料，确实不见《狂人日记》、《随感录》等作品的稿酬记载。

五四时期北京大学校长蔡元培先生回忆：“自陈独秀君来任学长，胡适之、刘半农、周豫才（鲁迅）、周启明（周作人）诸君来任教员，而文学革命、思想自由的风气，遂大流行。”（引自《我在教育界的经验》）

可见《新青年》编辑部跟北京大学文科（后来的文学院、国文系）基本上是一套班子的人马。为什么《新青年》竟然提出取消稿酬呢？有两个缘故。一方面，他们决心发起新文学运动，为社会尽义务；另一方面，他们都已经得到丰厚的经济生活保障。根据《1919年1月份北大教职员薪金底册》所载：陈独秀任北大文科的"学长"月薪300银洋（合今人民币12000元），胡适任文学教授月薪280银洋（合今11200元），李大钊任图书馆主任月薪120银洋（合今4800元）。……他们构成了五四时代我国第一批新型的"中产知识阶层"。鲁迅在《二心集・序言》里也自认如此。就是这种一不依附于官、二不依附于商的经济自由状况，成为他们言论自由的后盾。自己有了足够的薪水钱，才能摆脱财神的束缚；自己有了足够的发表权，才能超越权势的羁绊。

鲁迅当时在教育部担任公务员，月薪300银洋，与陈独秀相等。所以他也甘心情愿为《新青年》义务写稿，不计报酬。何止如此！仔细数来，从1918年直到1922年，也即鲁迅创作《呐喊》、《坟》、《热风》中大部分作品的那几年的《鲁迅日记》中，都不见一次稿费的记载。

另有资料表明：1919年，钱玄同、刘半农等人，月收入都在200至300圆之间，周作人任北大教授兼国史编纂处主任，月薪240圆。又，20年代初，郁达夫在北京担任经济学讲师，月薪117圆，这就是低的了，怪不得他牢骚满腹。同一时期，林纾在北京正志学校任教，月薪500圆，比陈独秀、胡适之还要多出100至200圆。后来学者们的待遇又逐步提高。

那么当时北京的一般生活水准又怎样呢？据史料分析，20年代北京"四口之家，每月十二圆伙食费，足可维持小康水平。"又，按照《1918—1980年北京社会状况调查》，20年代初一个四—五口人的劳动家庭（父母加两三个孩子，或老少三代）每年伙食费132.4圆，也即每月11圆就可以维持了。当时一个标准家庭的贫困线定为每月收入10圆之下。

据记载，城内一座8—10间房的四合院，房租每月仅20圆左右；一间20平米的单身宿舍，月租金4—5圆。鲁迅一度租用的砖塔胡同61号，三间正房月租金8圆。他的女佣除了全包食宿以外月工资2—3圆（见《鲁迅日记》）。鲁迅所购买的西三条胡同21号四合院有好几间房屋和一个小花园（今为鲁迅故居），售价国币1000圆。

出入乘坐"洋车"（人力车），费用在城里每次只有1角钱左右；包车每月10圆。当时新建的有轨电车路线，以前门天桥为中心，环城一圈，从宣武门到崇文门，车票只要 8 分钱，比人力车便宜，更方便得多。

较为有钱的文化人，全家每月必须的生活费（伙食、房租、交通费）80 圆已经很宽裕了。鲁迅一家四口（加上母亲、妻子和女佣）每月日常开支还不到此数，因此能够盈余很多钱来购买中外文书籍报刊，并且从经济上提携后起之秀，甚至自费出书。许多青年学生得到鲁迅的资助。鲁迅在北京的嗜好是：吃酒席下馆子，看戏（但不爱看京戏，有时看话剧、电影），泡中央公园和北海茶座，逛琉璃厂买书籍、碑帖、文物。

据前辈回忆：鲁迅在北京生活期间，北京大学食堂伙食费每月 6 圆，6 人一桌，六菜一汤，馒头米饭随便吃；个人在饭店包伙每月 10 来圆，四菜一汤。花费 1 圆钱就可以请客涮羊肉。

《鲁迅日记》中，经常可以看到鲁迅和郁达夫、许寿裳等好友聚餐的记载。以平民为对象的中等饭铺，2 圆钱一桌的“便席”，菜谱有：(1)四冷荤：四个装满熏鱼、酱肉、香肠、松花蛋的拼盘，每盘 5 分；(2)四炒菜：如溜里脊、鱼香肉片、辣子鸡丁、炒牛肉丝等，每大盘 1 角；(3)四大碗：多为米粉肉、四喜丸子、红烧鱼块、扣肉等，每碗 2 角；(4)一大件：一个红烧整肘子，或一只白煮整鸡，加一大海碗肉汤，合 6 角。这一桌菜相当丰盛，十个人是吃不完的；平均每人 2 角（合今人民币 8 元）。

从《鲁迅日记》中，还可见到他下午到中央公园和北海公园的记载，两大公园的入门券都是铜元 20 枚（8 分钱）；公园设有几个著名的茶座，茶水 1 角，点心每盘 1 角。在文明茶园，可以边饮茶边听曲，每人 7 分钱。

从《鲁迅日记》还可见到他进广和楼看文明戏（如 1912 年 6 月 11 日），到真光电影院看电影（如 1924 年 11 月 30 日）的记载。广和楼戏园门票 2 角，城南游乐园门票 2 角，电影院（黑白片）票价 1—2 角。最贵的演出，票价在 1 圆左右。

根据 1927—1929 年的调查材料，当时北京的手工业者、木匠、人力车夫等，每个家庭每年消费约 200 圆，合每月 17 圆（今人民币 600 元）左右，这是社会下层的水准。而当时《新青年》的作者群，自食其力，自行其是，自得其乐，生活消费比一般高出几倍，都无衣食住行之忧。

《新青年》成员都有相当稳定的中等阶层收入，所以他们办的同人刊物方能做到不以赢利为目的。但每期轮值的主编者可以拿到 200 圆编辑费，以当业务之需。鲁迅在五四时期写作小说、新诗、散文、杂感的时候，确实没有想到要以稿费来谋生。但是这种情况在几年以后有了根本变化。

大约在1922年左右，五四新文学运动的文化人开始注重稿费、版税收入。无论是左翼还是右翼，都出现了一群又一群依靠写作为生的“自由职业者”，说得更明确是自负盈亏、承担经济风险的“自由撰稿人”。文学研究会、创造社、南国社……都投入了文化市场。

此后一个长时期内，就没有不计较稿酬的作家了。最有代表性的是鲁迅在1926—1927年完成了从固定收入者（公务员）向自由撰稿人的转化。茅盾、巴金、老舍、田汉、曹禺、丁玲、沈从文……都成了靠“爬格子”谋生者，逐步树立起文化市场意识。

《新青年》、《新潮》等杂志的费用

五四运动前夕，与陈独秀《新青年》相呼应的《新潮》杂志，一出版即在一星期内销完，以至再版和三版。那年头，办杂志要赔钱，同学们通过文科学长陈独秀向蔡元培先生请求帮助，蔡就决定从教育经费中拨款支持办了这个刊物。创刊时，由傅斯年（1896—1950）任主编。1919年底，傅斯年出国留学，由罗家伦（1897—1969）主编。第二年，罗出国，由顾颉刚接编。

在现存的鲁迅书信中，可以看到当时《新青年》和《新潮》等新刊物的一些情况。

1918年1月4日鲁迅致许寿裳（当时任江西教育厅长）的信中说：“……《新青年》以不能广行，书肆拟中止；独秀辈与之交涉，已允续刊，定于本月十五出版云。”3月10日信中说：“《新青年》第二期已出，别封寄上。今年群益社见贻甚多，不取值，故亦不必以值见返耳。”5月29日信中说：“《新青年》第五期大约不久可出，内有拙作少许。（陈注：指小说《狂人日记》和新诗《梦》、《爱之神》、《桃花》等。）该杂志销路闻大不佳，而今之青年皆比我辈更为顽固，真是无法。”但过了一年《新青年》、《新潮》销路增加，影响很大。

1919年1月16日鲁迅致许寿裳的信中说：“仆于其先又寄上《新青年》五卷之第三、四两本，今度已达。……大学学生二千，大抵暮气甚深，蔡先生来，略与改革，似亦大效。惟近来出杂志一种曰《新潮》，颇强人意，只是二十人左右之小集合所作，间亦杂教员著作，第一卷已出，日内当即邮寄奉上。其内以傅斯年作为上，罗家伦亦不弱，皆学生。”（陈注：《新潮》第一卷第一号刊有傅斯年的《人生问题发端》和罗家伦的《今日之世界新潮》等文。）

当时主要的几种新文化刊物定价如下——

一、《青年杂志》月刊，第一卷于1915年（中华民国四年）9月15日创刊，上海棋盘街群益书社印行。大16开，约100页。零售价：每册2角银圆，订购半年6册1圆，全年12册2圆。邮寄费每册1分半（国内及日本）；欧美邮购每册邮费6分。从第二卷起改名《新青年》月刊，发行量迅速上升到1万册、2万册。定价及邮购价不变。《新青年》第三卷各期（1917）刊登合订本（半年每卷）售价1圆，邮费5分。

二、《新潮》月刊，于1919年1月1日创刊，国立北京大学出版部印行。发行所地址：北京汉花园。大16开，150页。零售价：每册3角。订购全卷5册1圆2角；全年2卷（10册）2圆4角。邮费：本国及日本每册3分，欧美各国每册6分。

三、《少年中国》月刊，创刊号于1919年7月15日在上海印行，此后每月15日出版；《少年世界》月刊每月1日出版，上海五马路棋盘街亚东图书馆发行。定价相同：每册1角，邮费2分。订购全年1圆。

1917年前后北京的生活很便宜，一个北大学生一年的生活开支包括学杂费在内，平均有180块钱就足够了，节省一点的有120块钱（每月10至15圆）也可以维持。所以有条件踊跃购读《新青年》、《少年中国》和《新潮》等新刊物。蔡元培校长上任之后，他把北京大学的学风扭转过来，并且热情支持《新青年》和《新潮》的文化启蒙事业，意义非常重大。

1918年毛泽东在北大图书馆工读的待遇

关于毛泽东1918年在北京大学图书馆半工半读的史实，有几种不同的说法。《蔡元培年谱长编》中对此作了较为详细的介绍，并加以考证。

1918年8月，毛泽东、萧瑜等几个新民学会会员联袂北上，商谈赴法勤工俭学。到京后，毛泽东决计留在国内，拟在北大寻一事做。他们在长沙湖南第一师范读书时的老师杨昌济，正在北大哲学系任教，他也曾希望毛泽东能"入北京大学",以为日后打下"可大可久之基"。(引自《蔡林彬给毛泽东》,原载《新民学会通信集》第1集。)

在湖南第一师范时期,毛泽东的同学、同由长沙到达北京、同借住杨昌济家的萧瑜回忆:

> 蔡和森、熊光楚等人和我筹划勤工俭学的预备课程时,毛泽东也协助过。经过几次磋商,毛宁愿留在北京,不去法国。……毛是一个讲究实际的人,不是学者,当然对出国留学没有兴趣。……我和蔡和森同意毛留北京进行工读计划,如我们在法国所为。这就面临了给毛找工作糊口的问题。三个就此问题商量过多次。这时适逢我们在北大征求学会会员,以我们判断,最好毛在北大找一份差事。我们想叫他担任打扫教室的工作,他可以一面工作,一面听课。当时北大流行雇用工人课后擦地板扫地,工作很轻松,还可以得些额外的好处,即和教授、学生经常接触。这安排对毛很理想。
>
> 怎样获得这份差事是个难题。……最后,还是想到了蔡校长,他一贯的仁慈宽厚,我们写信请示他可否给同学安插一个打扫教室的工作。蔡校长知道了这件事,有个更好的主意,叫毛泽东到北大图书馆工作。他写了一张便条给图书馆馆长李大钊:"毛泽东欲在本校谋一半工半读工作,请设法在图书馆安置。"李大钊顺从的给了毛清扫房间、整理图书的工作,一个极简易的差事。(萧瑜:《毛泽东与我》节译之五,见台湾《艺文志》第20期,1967年5月。)

萧瑜(子升)的回忆录是用英文写成并发表的,有不同的中文译本。另一种译文说,萧瑜和蔡和森等人写信给蔡元培校长,"要求他雇用我们的一个无法赴法国的同伴为校内的清洁工人。蔡元培先生是位了不起的人,他看了我们的信后,立即就明白这是怎么一回事。但他有更好的主意,他怜悯毛泽东,对于他能够刻苦自励,甚是高兴。没有让他去做清洁工人,而可到校内的图书馆去工作。因此他写了一封信给北大图书馆长李大钊先生,信中说:'毛泽东需要在本校求职,使其得以半工半读,请在图书馆内为他安排一职。'"(引自《毛泽东和我》,台湾源成文化图书供应社1976年版,第56页。)

经李大钊的安排，26岁的毛泽东当了北大图书馆的助理员，每月工资8圆，这与工友的月薪相差无几。当时北大助教的月薪约在50圆至80圆之间。1917年1月陈独秀致胡适信中，邀其到北大任教，信称北大“学长月薪三百圆，重要教授亦有此数”。当时一般教授约200圆左右。毛泽东的具体工作是管理上海《申报》、《时事新报》、《民国日报》，北京《晨报》、《京报》、《国民公报》、《顺天时报》，天津《大公报》，长沙《大公报》以及英文《北京导报》、日文《支那新报》等十五种中外文报纸，每天登记新到报刊和来阅览人姓名。虽然位卑事琐，但它为青年毛泽东提供了一个接触新思想的广阔天地。他当时住在景山东街的一条名叫三眼井吉安东夹道的小胡同里，在这七号小院的北房西间，他和蔡和森等八位新民学会会员同居一室，“隆然高炕，大被同眠”，夜晚任何一个要翻个身，都要先和周围伙伴打个招呼。这里条件虽劣，但离沙滩红楼很近，便于活动。他在北大积极参加了哲学会和新闻学研究会的社团活动，结识了蔡元培、陈独秀、李大钊、邓中夏、邵飘萍、胡适等新派人物，开始学习、研究马克思主义。

毛泽东本人于30年代末对美国记者斯诺回忆说：

> 北京对我来说开销太大，……非马上就找工作不可。我以前在师范学校的伦理学教员杨昌济，这时是国立北京大学的教授。我请他帮助我找工作，他把我介绍给北大图书馆主任，他就是李大钊，……给了我图书馆助理员的工作，工资不低，每月八块钱。（斯诺《西行漫记》，三联书店1979年版第126—127页。）

此外还有另一种记载。曾在北大代理校长的蒋梦麟在《回忆中的李大钊毛泽东》一文中说：“毛泽东到北大图书馆当书记，是在我代理校长的时期。有一天，李守常到校长室来说，毛泽东没饭吃，怎么办？我说，为什么不让他仍旧办合作社？他说不行，都破产了。我说，那末图书馆有没有事，给他一个职位好啦。于是我就拿起笔来，写了一张条子：‘派毛泽东为图书馆书记，月薪十七圆。”（见蒋梦麟《新潮》，台湾传记文学出版社1967年版第123页。）

毛泽东系1918年8月来京后到北大工作半年，其时蔡元培任北京大学校长并在职在京，这都是确切无疑的事实。而高平叔教授指出：蒋梦麟这段话,记忆有误。毛泽东到北大图书馆任职,是在1918年9月间,蒋梦麟此时尚未进入北大。蒋第一次代理北大校长,自1919年7月中至9月中,此时,毛已回到长沙。事实上,毛任职于北大图书馆,是在蔡元培先生自己主持校务期间。即使由杨昌济介绍给李大钊,李也只能以图书馆主任的身份向蔡校长提出,而必须由蔡校长下条子派任。那时尚无人事管理机构,教职员工的任用与罢免,全由各机关、各学校的最高首长决定。有了蔡校长下派的条子,北大会计课才能把毛泽东编入职工名册,照月发工资。

民国初年北京大学薪俸考

关于北京大学早期的教职员待遇情况,至今只有一些著述中零散提到,而缺乏系统的考证和论述。原因大致有两个方面:几十年前第一手原始资料的大量散失,以及历来学者们对于这个专题的忽视。

马克思唯物史观认为:人的社会存在决定了人的意识。这样看来,不同时期、不同区域、不同地位的知识阶层的经济生活状况,是他们教学、科研、传授和创造精神文明的必要社会条件,也是影响他们性格、历史命运的要素(当然不是惟一因素)。但很奇怪,现代中国教育史和反映校园生活的许多著作,却往往忽视了这个重要方面。

百年以来我国知识阶层,或是出于清高"耻言钱",或是出于隐私"讳言钱",在各自薪金待遇方面的确切记载很少见,能够找到的资料也很笼统或零碎,几乎没有人系统整理和研究过。几十年前的当事人大多去世,少数现存者也已年迈,所以要进行准确的调查、考证都有很大难度。

《国立北京大学廿周年纪念册》是北大校史者们经常引用的史料(陈注:国家档案馆将此纪念册出版年代定为1917年,但据我考证它是1918年4月30日编定、5月出版的),然而在这本纪念册编者的"例言"中也说:

> 本校往年案卷大半零散,故前任职员所录之编制,全以民国三年陈君叔辛所编之《沿革略》及历年薪水簿为依据。但《沿革略》不甚精详,而光绪三十年以前至三十二年之薪水簿,又均遗失。因此前任职员录中,难免错误,亦无可如何之事。

到了北京大学90周年校庆的时候，要寻找历史上的《历年薪水簿》，就格外困难了。本文不揣冒昧，考证"民国初年"主要是五四时期的"北京大学教员薪俸"，试图填补这方面的一个空白。

1917年制定的《国立大学职员任用及薪俸规程》

1917年5月教育部颁布《修正大学令》，分大学教师为正教授、教授、助教授、讲师四等。几乎同时公布的《国立大学职员任用及薪俸规程》制订标准为：

学长分为四级，一级450银圆、二级400银圆、三级350银圆、四级300银圆；

正教授分为六级，从一级到六级月薪分别为400银圆、380银圆、360银圆、340银圆、320银圆、300银圆；

教授分本科、预科二类，各分为六级，月薪级差皆为20银圆，本科教授自280至180银圆，预科教授自240至140银圆；

助教授分为六级，月薪从110银圆至50银圆；

讲师为非常设教席，视难易程度从2至5银圆不等。

但这只是一个原则上的规程，尚未见具体的实例。当时全国的国立大学只有北京大学、北洋大学等几所。前些年《文物天地》披露的《北京大学1919年职员薪俸册》，内容仅限于职员，如——

姓名	3月	4月	5月	6月	7月	8月
蔡元培	600	600	600	600	600	600
夏元瑮	350	350	350	350	350	350
王建祖	350	350	350	350	350	350
陈独秀	300	300	300	300	—	—
温宗禹	（本为教授）		300	300	300	300
李大钊	120	120	120	60（半薪）	60	120
……						

1916年12月以后，蔡元培担任北京大学校长，系"特任"资格，由国务会议议决，月薪为600银圆，级别是"一级校长"；中国第一个介绍爱因斯坦相对论的夏元瑮担任理科学长兼教授，王建祖担任北大法科学长，以上二人级别是"三级学长"；1919年由温宗禹担任北大工科学长，6月代理北大校务；

首创新文化运动的陈独秀担任北大文科学长兼教授(1919年暑期休假)。以上二人属于起点级别“四级学长”;李大钊担任北大图书馆主任,级别仅为最低的“五级主任”。

我们现在可以见到的这个《北京大学1919年职员薪俸册》,仅包括校务方面的职员,并不包括文、理、法、工四个学科的教授、讲师、助教等,所以很不全面。

然而,关于北大教员的状况,学者们的许多论文中只是笼统地说:当时北京大学共有教授约80名左右。至于五四时期北大的“一级至六级教授”究竟是那些人?他们的实际月薪究竟有多少?至今缺乏明确的数据。本文试图解决这个课题。

北京大学薪俸存根

在北京大学初期的历史档案里,我发现了一堆杂乱无章的财物会计纸片(单据),在尘封的角落里被历史遗忘,无声无息地沉睡了80年,从未引起学者们的注意。其实,这些史料为研究五四时期我国知识阶层经济生活状况,提供了一把重要的钥匙。这一大堆纸片就是《中华民国某年北京大学教职员薪俸发放存根》散页。

当我初次发现它们的时候,这些纸片散乱不全,显然没有经过整理核对,而粗糙地用两条白棉线订为三部分:第一部分158张,第二部分190张;我在另外一个案卷里还发现了《领薪存根》(民国八年至十三年,1919—1924)17张。这三部分存根的格式、纸张、尺寸,完全一样。编号、姓名、金额、年月日皆用毛笔书写。经鉴定完全是当时(80年前)的原件,而非抄件,更不是复印件,所以是真正的第一手史料。

我初次见到的史料毫无顺序。第一部分第一张是“大字第伍拾叁号九月份上半月第一项第一目第二节刘三薪俸金额一百圆,现洋五成、中票五成,右款已照数发讫,中华民国八年十月廿五日”;接着是“大字第伍拾伍号程演生”,“大字第拾陆号刘文典”……直到后面才出现“大字第拾捌号陶履恭”,“大字第壹号胡适”等等;第三部分又出现了马寅初、马叙伦、蒋梦麟、周作人、钱玄同、李石曾等人的领薪存根(民国八年至十三年)。

从残留至今的这365张存根残片看来,这种“薪金发放存根”显然是由当时北京大学财务部门统一印制、校内专用的。虽然我所发现的这种存根年代是从民国八年到民国十三年，但实际使用的时期估计不止这六年时间。

北京大学教职员“薪俸发放存根”的格式

80年前的这种存根，一律是竖排文字，用我国民族形式的草黄色薄纸石印。原有空格处，是用毛笔书写的数字、姓名、日期等。举其中的“大字第壹号”和“大字第叁拾壹号”等“薪俸发放存根”为例——

大字第叁拾壹号 九月份上半
第一项第一目第二节 钱玄同 薪俸
金额 壹百贰拾圆 现洋五成
中票五成
右款已照数发讫
中华民国 八年 十一月 三日

大字第 壹 号 九月份上半
第一项第一目第二节 胡适 薪俸
金额 壹百肆拾圆 现洋五成
中票五成
右款已照数发讫
中华民国 八年 十月 廿四日

民国八年北京大学教职员的月薪，通常是在一个月以后，分两次发放；每次支付半数，例如胡适于十月底才又发放另一半140银圆，付清280银圆。也有少数教授是一次发清的，如马叙伦、蒋梦麟等；此外月薪较低的讲师、助教，都是一次发清的，详见下文。

在每张存根中所谓“现洋五成中票五成”，是指所发薪俸中的一半为银圆（现大洋）支付，另外一半是钞票即兑换券（中国银行发行的“国币”简称为“中票”，当时在市场上贬值，很难兑现；下文将讨论民国初年“中交票”兑换券的贬值问题）。

所谓“第×项第×目第×节”是在财务上的分类：“第一项第一目第一节”是校务职员薪俸单据，“第一项第一目第二节”是本科和预科教授薪俸单据，“第一项第一目第三节”是讲师和助教的薪俸单据，等等。

1919年北京大学教职员薪俸的具体数额

我从1919年9月份北京大学教职员薪俸发放存根（共141张）中整理归纳出一大部分教授（约60人）月薪名录，大致上每人签收的存根有两张。原件散乱不堪,有许多字迹潦草不清。由我细心地逐张核对、一一抄录,然后按照原来的序号,重新整理排列。其中缺少存根第 25 号、第 67—82 号以及第 91—118 号,共缺 45 张;第 40 号、49 号可以根据上下文补全。得出如下结果——

第一部分

(1)胡适 280 圆,现五中五(下同),(2)陈大齐 280 圆,(3)朱希祖 280 圆,(4)杨荫庆 280 圆,(5)辜汤生(辜鸿铭)280 圆,(6)宋春舫 280 圆,(7)陈汉章 280 圆,(8)康宝忠(康宝恕代领)280 圆,(9)马叙伦 280 圆,(10)蒋梦麟 280 圆,(11)陶履恭 280 圆,(12)刘师培 280 圆。(整理者按——以上 12 名为一级教授,月薪皆为 280 银圆。)

第二部分

(13)李景忠 260 圆,(14)贺之才 260 圆,(15)周作人 240 圆,(16)王星拱 240 圆,(17)钱玄同 240 圆,(18)杨震文 240 圆,(19)徐宝璜 240 圆,(20)顾兆熊 240 圆,(21)王征 240 圆,(22)吴梅 220 圆,(23)陈瀚 200 圆,(24)叶浩吾 180 圆,(25)黄节 180 圆,(26)包玉英 180 圆。

第三部分

(27)[字不清,似为沈尹默]280 圆,(28)关应麟 280 圆,(29)马裕藻 240 圆,(30)费家禄 240 圆,(31)刘三 200 圆,(32)程演生 200 圆,(33)刘文典 200 圆,(34)魏友枋 200 圆,(35)刘复 200 圆,(36)钱振椿 140 圆,(37)孙国璋 140 圆。

第四部分

(38)朱家华 200 圆,(39)朱宗莱 240 圆,(40)魏友枋 200 圆,(41)温宗禹 300 圆……[中断存根第 67—82 号,共缺 16 张]

第五部分

(42)罗惠侨 240 圆,(43)钟观光 240 圆,(44)龚安庆 240 圆,(45)沈士远 240 圆,(46)杨增敏 240 圆,……[中断存根第 91—118 号,共缺 28 张]

第六部分

(47)吴曾勋 220 圆,(48)郑寿仁 240 圆,(49)黄振华 200 圆,(50)龚湘 180 圆,(51)郭汝熙 240 圆,(52)黄国聪 240 圆,(53)韩述祖 240 圆,(54)林损 220 圆,(55)伦哲如 220 圆,(56)陈怀 220 圆,(57)陈清文 200 圆,(58)王

彦祖 200 圆，(59)柴春霖 200 圆，(60)梁敬淳 180 圆……

以上，是将第一手的薪俸存根整理的结果。由此，我们基本上可以准确地查清楚 1919 年 9 月份北京大学教授的薪俸数据。之所以说“基本上”，是因为还有 45 张存根缺失。由于月薪分两次发放，估计名录缺少二十多人。他们究竟是谁？残缺的薪俸数据能否补充呢？我尝试给出尽可能完整的答案。

设法补充薪俸名录

我搜集并整理了散见于国家档案馆、北大档案馆和个人收藏的“北京大学文科一览”和“北京大学法科一览”(1918—1919 年度)两种非公开发行的内部资料，但是可惜至今未能找到另外一半资料，即“北京大学理科一览”、“北京大学工科一览”两部分。我还找到了残缺不全的“1920 北大三院一览”(缺少“北大一院”、“北大二院”两部分)等等，可以跟我发现的《北京大学薪俸存根》对照补充，得到第一手的正式数据，以说明历史真实情况。

在上述 60 位教授之外，可以补充的名单如下——

(61)夏元瑮[理科学长]350 圆，(62)王健祖[法科学长]350 圆；(63)黄侃 280 圆，(64)张相文 280 圆，(65)马寅初 280 圆，(66)黄振声 280 圆，(67)左德敏 280 圆，(68)黄右昌 280 圆，(69)胡钧 280 圆，(70)陈启修 260 圆，(71)张祖训 260 圆，(72)朱锡龄 260 圆，(73)杨昌济 240 圆，(74)沈兼士 200 圆，(75)何尚平 140 圆，(76)温宗禹[工科学长]300 圆。(陈注：陈独秀原任北京大学文科学长，月薪 300 银圆，但于 1919 年 6 月离职，所以没有列入这个名单。)

五四前后北京大学教员待遇

我搜集并核实、整理了《1918—1920 年北京大学教员月薪统计》，跟我发现的几百张《北京大学教职员薪俸发放存根》对照补充，得到第一手的正式数据，以说明历史真实情况。

北大教员在五四前后，仅分为教授、讲师、助教三种。

教授和讲师都要开课。助教不开课，只在教授指导下，担任预定的助理。教授与助教是专职的，按月发给薪水。讲师是兼职的，按授课钟点给予酬劳。讲师并非比教授低一级，不过非专任而已。有些讲师的资格水平本来很高，但因在其他机关有专任职务，仅请他每周来校担任几点钟的功课，亦称讲师。例如鲁迅在教育部任科长，到北京大学文科兼任“中国小说史”的讲师。若干政界或司法界人士，兼任法科讲师。北大教授若转到其他机关任职，则也改为讲师。例如秦汾(景阳)原为北大数学系教授，后调到教育部担任参事，便改为北大讲师。

有的回忆录称：“五四前后，北京大学教授待遇最高薪每月大洋二百八十银圆，也有每月二百六十圆或二百四十圆者”。实际上据我考证，并不完全如此。北大教授分本科、预科二类，各分为六级，月薪级差皆为 20 银圆。本科教授自 280 至 180 银圆，预科教授自 240 至 140 银圆。

助教授分为六级，月薪从 110 银圆至 50 银圆；基本上每隔一两年递升一级。

讲师为非常设教席，视难易程度从 2 至 5 银圆不等。

1919 年，北京大学教师待遇的具体情况可归纳如下——

一级教授有：胡适、陈大齐、朱希祖、杨荫庆、辜鸿铭、宋春舫、陈汉章、康宝忠、马叙伦、蒋梦麟、陶履恭、刘师培、沈尹默、关应麟、马寅初、黄振声、左德敏、黄左昌、胡钧等，月薪皆为 280 银圆。

二级教授有：李景忠、贺之才、陈启修、张祖训、朱锡龄等，月薪皆为 260 银圆。

三级教授有：周作人、王星拱、钱玄同、马裕藻、朱家华、罗惠侨、钟观光、沈士远、杨昌济等，月薪皆为 240 圆。

四级教授有：吴梅、林损、伦哲如、顾兆熊、吴增勤等，月薪皆为 220 圆。

五级教授有：沈兼士、陈怀、陈清文、王彦祖、柴春霖、陈瀚等，月薪皆为 200 圆。

六级教授有：黄节、叶浩吾、包玉英、龚湘、梁敬淳等，月薪皆为 180 圆。

讲师待遇按每小时 5 圆计算。那时候讲师不上课时一般无薪水，所以每年除了寒假、暑假以外，可领到两学期(9—10 个月)的薪水。举例如下——

1919 年 9 月，发给讲师梁漱溟讲课费 100 圆，崔实 123 圆，张崧年 140 圆，秦汾 123 圆，梁钜屏 84 圆，罗文干 100 圆，李季 56 圆，等等，属于按时计算的报酬,并非固定薪水。

助教的薪水,为每月50圆至100圆之间,基本上逐年递升。1919学年助教如林彬、杨铎、袁镇壹、龚开平等,每月皆为50圆;严毅、鲁邦瞻等,皆为60圆;张庭济、王启常、邱培涵等,皆为70圆,等等。

20年代初,北京生活便宜,一个小家庭的用费,每月大洋几十圆即可维持。如每月用100圆,便是很好的生活,可以租一所四合院的房子,约有房屋20余间,租金每月不过20多圆,每间房平均每月租金约大洋1圆。可以雇用一个厨子,一个男仆或女仆,一个人力车的车夫;每日饭菜钱在一圆以内,便可吃得很好。有的教授省吃俭用,节省出钱来购置几千圆一所的房屋居住;甚至有能自购几所房子以备出租者。

20年代已经有国立八校教职员联席会议,主席马叙伦(夷初),副主席谭熙鸿。北洋军阀政府常积欠教育经费(欠薪),该会议的重要任务便是向政府索薪。

教育界为索取欠薪向政府抗争

五四运动期间,北洋军阀政府拖欠教育经费,北京文化人展开了索薪斗争。

欠薪有两类:一类是教育部公务员薪金,另一类是北大等八所国立大专院校教员的欠薪。

据当时教育部职员陈诒先回忆:"那时北洋政府已在闹穷,部薪不能按月发放",教育次长傅岳芬代理教育总长职务期间,"弄得焦头烂额,部中有一次组织索薪团,职员二百余人全体参加,到财政部包围李思浩,从下午起至次日天明,我们轮流值班,带面包及水,每班约二三十人,盘踞在财政部总长室外,直到李思浩签发支票,始散(然而我们仍然受骗,因为支票不能兑现)。我与鲁迅也分派在索薪团内。"

1921年4月8日,北京大学等八校教职员因抗议北洋政府克扣教育经费全体辞职,并通电全国。6月3日"北京小学以上各校教职员联合会"不仅继续索薪,而且进一步提出"教育基金和教育经费独立"的口号,全体罢课。6月3日,北京十五校学生为维持教育举行请愿。国立八校教职员向政府索薪，在新华门前遭到军警殴打，受伤十余人。这一事件，在蒋梦麟《西潮》和马叙伦《我在六十岁以前》等回忆录中，都有记载。8 月 15 日，教育部公务员因欠薪达五个月召开全体会议，决定停止办公。

曾在蔡元培时期任北京大学总务长、后来继任北大校长的蒋梦麟先生回忆："学生运动自从民国八年开始以来，背后一直有教员在支持。就是满清时代的首次学潮，也是教员支持的。后来教员也发生罢教事件，要求北京政府发放欠薪，情势更趋复杂。北大以及其他七个国立大专学校的教员，一直不能按时领到薪水。他们常常两三个月才能领到半个月的薪俸。他们一罢课，通常可以从教育部挤出半个月至一个月的薪水。"

因北洋政府克扣教育经费，教育部及国立各校财务枯竭，长期欠薪。鲁迅在当时日记中，经常出现借款的情况。《鲁迅日记》1921 年 10 月 24 日记载"下午往午门索薪水"，但无结果，只有继续借债度日。

11 月 14 日教育部全体公务员因薪金拖欠七个月，屡屡向教育总长马邻翼催促无效，于是一律停止办公。11 月 25 日，北京八校因上学期 7 月份所欠经费和 10 月份经费分文未发，11 月到期无着，加上教育部罢工、部长辞职，异常窘迫殊难维持，各校长特呈文政府要求速拨经费，并请任命教育长官。12 月 16 日，教育部薪金拖欠半年，十五名科长、主任联名呈文中华民国政府；21 日教育部召开全体公务员大会，决定一面通电全国，申明北京政府摧残教育之罪，一面呈文政府、国务院，提出全体辞职并索还欠薪。

根据《鲁迅日记》所载教育部拖欠部员薪水的情况：1920 年他共收入 1 月至 9 月教育部薪水 2640 圆，平均每月 220 圆，拖欠三个月的薪水 900 圆。1921 年共收入教育部薪水 2490 圆，平均每月 207 圆 7 角，拖欠半年多的薪水。1922 年日记缺失，仅存断片，据许寿裳摘录手抄本：教育部除补发去年下半年薪水外，尚拖欠本年三个半月的薪水。

到 1922 年 3 月初，交通部停发原定的教育月基金 22 万银圆，蔡元培呈文代八所国立院校索薪。北京市各公立小学校长也因教育经费无着落，向京师学务局提出集体辞职。

1923 年 1 月，因强烈抗议教育总长彭允彝克扣教育经费，撤换法专、农专校长，北京大学校长蔡元培提出辞职，学界爆发了"挽蔡驱彭"运动。19 日，北大、法专、工专等校学生数千人赴国会（众议院）请愿，遭到大批军警包围毒打，三百余人受伤，造成重大流血事件，激起全国学界的极大愤慨。许多地方的学生会、教职员联合会纷纷发表宣言通电，抗议北洋军阀政府的暴行，声援北京学生的正义斗争，形成了全国性的“驱彭运动”。

《鲁迅日记》载，本年共收入教育部薪水2094圆，平均每月174圆5角，累计拖欠九个月。1923年11月18日鲁迅发表谈话《教育部拍卖问题的真相》，揭露了北洋军阀政府克扣教育经费、欠薪严重的窘况。

1924年5月19日，教育部因欠薪太久，又以端午节将至，部员生活极为窘迫，于是召开全体大会，决定由“索薪会”派人轮流赴财政部索薪，如果得不到解决，则全体罢工。可见事态已经发展到非常严重的程度。

鲁迅于1926年1月15日上午出席北京女子师范大学教职员代表第一次会议，大会决定女师大参加次日国立八校教职员赴北洋军阀政府国务院联合索薪的行动，并推选鲁迅、陈启修代表女师大发言。1月16日上午，鲁迅往北京大学与各校代表会合，同赴国务院索薪，要求国务院在阴历腊月二十四日前补发四个月欠薪，当天须发两个月现银。交涉一天，才由教育总长易培基出面答应到腊月十日发一个月欠薪，到二十日再发一个月。鲁迅后来在《学界的三魂·附记》中谈到这次索薪的情况。同日教育部发布对于鲁迅的“复职令”，他控告章士钊一案初步获胜。1926年7月鲁迅发表《记“发薪”》，控诉北洋军阀政府积欠他应得薪水共两年半、9240银圆（约合今32万多元）。

北京大学及其他国立院校拖欠教员薪金的情况愈演愈烈，例如在北大担任讲师的顾颉刚，月薪应为100银圆，但是据他的日记所载，1925年领取薪金的账目如下——

1月薪金：拖欠半年后分三次领取，到6月17日取22圆，6月25日取70圆，7月16日取8圆；

2月薪金：拖欠4个月，到6月24日取100圆；

3月薪金：拖欠将近半年后分三次领取，到7月16日取32圆，8月10日取40圆，9月9日取28圆；

4月薪金：拖欠将近半年后分两次领取，到9月9日取37圆，10月2日取63圆；

5月薪金：拖欠将近半年后分三次领取，到10月2日取37圆，11月12

日取 35 圆,12 月 2 日取 28 圆;

6 月薪金:拖欠半年分五次领取,12 月 2 日取 37 圆,12 月 21 日取 15 圆,次年(1926 年)1 月 8 日取 12 圆,1 月 20 日取 20 圆,1 月 30 日取 16 圆;

7 月薪金:拖欠半年后分三次领取,到次年 1 月 30 日取 58 圆,2 月 2 日取 26 圆,2 月 12 日取 16 圆;

8 月薪金:拖欠半年后分四次领取,到次年 2 月 12 日取 64 圆,3 月 29 日取 15 圆,5 月 12 日取 13 圆,5 月 17 日取 8 圆;

9 月薪金:拖欠八个月后分两次领取,5 月 17 日取 19 圆,6 月 14 日取 55 圆,尚欠 26 圆……

顾颉刚如此,其他讲师教授的情况也类似。在这种情况下,顾颉刚不得不另谋出路,于 1926 年 7 月 1 日接受了厦门大学的聘书,8 月离开北京南下。这时,北洋军阀政府由于腐败堕落濒于灭亡。

北伐战争之后全国统一,中央政府还都南京,此后出现了一段比较安定发展的局面,中国知识阶层的经济状况有所保障,教育界薪金也有所提高。

20 世纪 20 年代北京的生活水准

为提供给读者一个参照系,简要描述一下当时的货币和物价。

五四以来十几年间,中国南北市场上主要流通银圆和兑换券(起先称为"宝钞",后来称为"钞票"),币值采用"银本位制",生活费用是比较稳定的。中华民国成立后,1912—1919 年间物价起伏不大;到 1926—1927 年间市场有所波动。以 1912 年为基数,到 1926 年上海市、华北(包括北京市)的批发物价分别上涨 25%和 48%,平均涨价三分之一;但是到了 30 年代,物价又有所回落。

若以 1919 年物价指数为 100,则 1930 年大约为 129,也就是说:五四运动时的银洋 3 圆,购买力相当于十几年后的国币 4 圆左右。

日用品的物价

具体的市场波动情况如何呢? 以主要食物价格计算:在北京,1911—1920 年大米每斤 3 分钱,猪肉每斤 1 角至 1 角 1 分钱,白糖每斤 5 分钱,食盐每斤 1 至 2 分钱,植物油每斤 7 分钱;到 1926—1930 年大米每斤 6 分钱,猪肉每斤 1 角 5 分钱，白糖每斤 1 角钱，食盐每斤 2 至 5 分钱，植物油每斤 1 角 5 分钱，等等。

在上海，物价要比北京高出 10%—15%，例如：1911—1920 年大米每斤 3.4 分钱；猪肉每斤 1 角 2 分钱，白糖每斤 6 分钱，食盐每斤 1 至 2 分钱，植物油每斤 7 至 9 分钱；到 1926—1930 年大米每斤 6.2 分钱，猪肉每斤 2 角钱，白糖每斤 1 角钱，食盐每斤 2 至 5 分钱，植物油每斤 1 角 5 分钱，等等。

那么当时北京的生活水准又怎样呢？

据史料分析，20 年代北京“四口之家，每月十二圆伙食费，足可维持小康水平。”又，按照《1918—1980 年北京社会状况调查》的结果，20 年代初一个四—五口人的劳动家庭（父母加两三个孩子，或老少三代）每年伙食费 132.4 圆，也即每月 11 圆就可以维持了。当时一个标准家庭的贫困线定为每月收入 10 圆（合今人民币 350 元）之下。

相比之下，如鲁迅所说，学者教授们的生活水平属于“中产的知识阶级”。他们不像统治集团、剥削阶级那样豪华奢侈，也不像体力劳动者和城市贫民那样一贫如洗。

20 年代在北京较为有钱的知识阶层，全家每月必须的生活费（伙食、房租、交通费）80 圆已经很宽裕了（合今人民币 2800 元），许多物价比在上海市低廉。教授讲师们的收入普遍在 200 圆以上，甚至可达 400 圆（合今 1 万多元），能够盈余很多钱来购买中外文书籍报刊，并且从经济上提携后起之秀和自费出书。如沈从文、何其芳、卞之琳等都得到前辈们的资助。

据记载，北京城内一座 8—10 间房的四合院，房租每月仅 20 圆左右；一间 20 平米的单身宿舍，月租金 4 至 5 圆。鲁迅在 1923 年一度租用的砖塔胡同 61 号，三间正房月租金 8 圆。他的女佣除了全包食宿以外月工资仅 3 圆（见《鲁迅日记》）。

交通费

出入乘坐“洋车”（人力车），费用在城里每次只有 1 角钱左右；包车每月 10 圆。

20 年代北京城里公共交通工具是有轨电车，新派的学生们经常乘坐。司机开车后不是按喇叭，而是脚踩铃铛“当当（diangdiang，念“低昂、低昂”）”响，所以人们都叫它“当当车”。起初电车的路线有四条，不久扩充为六条，以前门、天桥为中心，环城一圈：

第一路红牌总段，天桥至西直门。共分四段，天桥至前门一段10枚(合3分多钱)；至西单牌楼二段18枚(合6分钱)；至西四牌楼三段26枚(合8分钱)；至西直门四段32枚(合1角1分钱)。

第二路黄牌总段，天桥至北新桥。共分四段，天桥至前门一段10枚；至东单牌楼二段18枚；至东四牌楼三段26枚；至北新桥四段32枚(车费同上)。

第三路蓝牌总段，东四牌楼至西四牌楼。共分四段，东四牌楼至东单牌楼一段10枚；至天安门二段18枚；至西单牌楼三段26枚；至西四牌楼四段32枚。

第四路白牌总段，北新桥至太平仓。共分二段，北新桥至地安门一段10枚；至太平仓二段18枚。

第五路绿牌总段，崇文门至宣武门。共分二段，崇文门至天安门一段14枚(合4分半)；至宣武门二段20枚(合7分)。

第六路黑牌总段，崇文门至和平门。共分二段，崇文门至珠市口一段14枚(合4分半)；至和平门二段20枚。总之，电车比人力车方便得多，车票也便宜。

(陈注：在北京银圆跟铜元的兑换率，1926年兑换300枚，1928年360枚，1930年400枚。此处以1926年的兑换率计算。)

文化人的嗜好

北京一般文化人的嗜好是：下饭馆，看戏(京戏、文明戏和话剧、电影)，泡茶座，逛琉璃厂买书籍、碑帖、文物。

据顾颉刚等回忆：1913—1920年北京大学食堂伙食费每月6圆，6人一桌，六菜一汤，馒头米饭随便吃；个人在饭店包伙每月10圆，四菜一汤。花费1圆钱就可以请客涮羊肉。

在大馆子请一桌十席，高级的鱼翅席每桌12圆，加酒水小费总共不到20圆，每人2圆。鱼唇席10圆，海参席8圆一桌。最高档粤味“谭家菜”，40圆一桌，主菜是每人一碗厚味鱼翅，可供11人入席，这属于豪华消费。

至于以平民为对象的中等饭铺，2 圆钱一桌的“便席”，菜谱有：

(1) 四冷荤：四个装熏鱼、酱肉、香肠、松花蛋的拼盘，每盘 5 分；

(2) 四炒菜：如溜里脊、鱼香肉片、辣子鸡丁、炒牛肉丝等，每盘 1 角；

(3) 四大碗：多为米粉肉、四喜丸子、红烧鱼块、扣肉等，每碗 2 角；

(4) 一大件：一个红烧整肘子，或一只白煮整鸡，加一大海碗肉汤，合 6 角。

这一桌菜相当丰盛，十个人是吃不完的；平均每人 2 角(合今人民币 8 元)。

游乐场所又怎样呢？两大著名公园——中央公园(现称中山公园)和北海公园的入门券都是铜元 20 枚(或 5 分钱)；公园设有几个著名的茶座，茶水 1 角，点心每盘 1 角。在文明茶园，可以边饮茶边听曲，每人 7 分钱。

20 年代北京著名的广和楼戏园门票 2 角，城南游乐园门票 2 角，电影院(当时还是无声黑白片)票价 1 至 2 角。最贵的演出，票价在 1 圆左右。

文化人的经济地位

根据 1927—1929 年的调查材料，当时北京的手工业者、木匠、人力车夫等，每个家庭每年消费约 200 圆，合每月 17 圆(今人民币 600 元)左右，这是社会下层的水准。而当时《新青年》的作者群，自食其力，自行其是，自得其乐，生活消费比一般高出几倍，都无衣食住行之忧。

关于 20 年代北大师生的生活状况，有个典型的例子就是魏建功先生。1901 年他生于江苏省海安县(如皋西场镇)一个小商绅家庭。他于 1919 年不到 18 足岁考入北京大学预科，进了乙部英文四班。这几年，家庭没有给予他经济支持，而是靠江苏同乡会每季度 40 银圆的资助，也就是每月 13 银圆的“助学金”完成学业。1921 年秋，魏建功进入北京大学研究所国学门担任临时书记，继续半工半读。1925 年他 24 岁时毕业，北京大学中文系教授会决定留用魏建功为助教，在语音乐律实验室协助刘半农先生的工作，月薪起点为 50 银圆，不久增加到 80 银圆。30 年代初，他担任教授时月薪提高到 200 银圆以上。

虽然收入甚为丰厚，但以北大清华为代表的文化人，对于道德自律甚严。蔡元培先生除了实行“思想自由、兼容并包”以外，还创导“进德会”，确立“八戒”。甲种会员：不嫖娼、不赌博、不纳妾；乙种会员：于前三戒以外，加不当官、不做议员二戒；丙种会员：于前五戒以外，加不吸烟、不酗酒、不伤活物三戒（关于“八戒”的说法略有出入，如最后一戒有说是不吃肉，也算保护动物吧，大同小异）。

《新青年》同人，绝大多数加入了“进德会”，至少是前一二种会员。他们是封建礼教的破坏者，也是现代道德的实施者、推行者。

生活相当富裕的李大钊、邵飘萍等人，更喊出了“劳工神圣”的口号，他们站在劳动人民的立场，为共产主义理想而奋斗终身，甚至献出了自己的鲜血和生命。

自由撰稿人的经济状况

随着文化自由市场的形成，出现了中国现代文学的第一批自由职业者——专以写作为谋生方式的作家。到了20年代，中国文化史出现一大景观，就是形成并发展了“自由撰稿人”这个重要阶层。他们的特点就是“自食其力，自行其是，自得其乐”，主要依靠“爬格子”的稿费、翻译费、版税和编辑费收入来保证生活。

五四运动的先锋闯将们，如《新青年》的陈独秀、胡适之、李大钊、钱玄同、鲁迅、周作人等，无论左翼或右翼，他们大多是留学归国的专家、学者、教授，都已经有稳固的社会公职，牢靠的中等阶层收入，过着相当宽裕的经济生活。他们并不需要再依靠额外的稿酬和版税收入为生。所以他们办的“同人刊物”如《新青年》、《少年中国》等，可以不计稿酬，不以赢利为目的。

20年代中期以后，一大批来自全国各地(绝大部分是农村、乡镇)的文学青年涌现在上海、北京等文化中心，他们血气方刚，带着“以天下为己任”的高尚抱负，带着献身于新文化事业的满腔热情，几乎从零开始，走上了艰苦卓绝的作家之路。

民办出版社和自由撰稿人

1925年五卅运动爆发，大大提高了中国劳动者(包括脑力劳动者即文化人)的政治和经济觉悟。8月22日商务印书馆职工会发表“总罢工宣言”，要求提高经济待遇，进行了第一次大罢工。编译所职员沈雁冰(当时为共产党支部书记)、郑振铎、丁晓先等12人担任工会谈判代表，馆方由张元济、王云五等6人参加谈判。中国学生联合会和上海学生联合会向商务印书馆提出：馆方如不接受职工会的合理条件，将号召全国学生停止使用商务印书馆出版的教科书以示抗议。

8月27日开学在即，馆方接受职工会的条件，罢工胜利结束。

紧接着，9月19日《现代评论》第二卷41期上，刊登了署名“壮学”的文章《出版界的根本问题》，其中提出：“商务抽版税的办法，著者最多只得一成五，其余八成五归他自己，这是剥削劳动者。”低价的稿费和版税使得许多作者们难以维持生计，有的就不顾质量粗制滥造，有的被迫改行，于是造成图书报刊的作品数量减少、质量下降。壮学认为，要促进文化繁荣，首先必须抵制出版商的剥削，提高稿费和版税，“著作人既能得相当的酬报，然后才有人专门从事著述，著述的质和量都可以大以增进了。”

10月，创造社作者周全平在《洪水》半月刊第一卷第3期发表《漆黑一团的出版界》，第5期发表《怎样去清理出版界》两文，声援壮学。不过他对于壮学认为“八成五都归了出版商”的说法提出修正：实际上图书出版的利润没有那样高，因为印刷成本要占三成，发行费还要二成，商务印书馆和中华书局等出版商能得五成左右，“这样，呕尽心血的著作家底利益大都被资本家掠夺了。……我们一向以为劳工被资本家剥削是太不人道的事，可是出版家对于著作家底刻薄，也并不亚于此。”

这种认识，正如顾颉刚所说的：“只希望著述上可以立足的人得终身于著述，不受资本家的压制，社会上的摧残。我们的生活，靠政府也靠不住，靠资本家也靠不住，非得自己打出一个可靠的境遇……”代表了当时中国知识阶级在“经济自立”问题上的觉醒。

壮学和周全平提出“读者和著作家合作出版”，也就是民间集资办出版社和书店。这样做，有两个好处，一来可以减少出版和发行之间的层层盘剥，二来可以降低书刊成本，既有利于作者，也有利于读者。

1926年4月1日创造社出版部宣告成立，并制定了“创造社社章”；共9章31条，主要内容就是“集资创办出版社”。第一条规定“依时缴纳社费者均得为本社社员”，社费5块银圆(约合今人民币200元)，“入社时须缴纳入社金三圆、常年费二圆”、“二年以上不缴纳社费者，经总社执行委员会议决后，追缴本社证书及徽章”。由于有了集资经费，总社执行委员会除了总务、编辑、监察之外，还专门设了会计委员。因此有些回忆录说：创造社出版部的股金是每股5块银圆。

这样看来，1926年时的创造社不仅是一个新文学团体，而且是一个具有经济权利和义务的股份制民办文化企业。

1927年春，胡适和徐志摩创办《新月》月刊和新月书店，也是作家集资的民办文化企业。总资本2000银圆，每个“大股”100银圆，每个“小股”50银圆。董事长为胡适，总编辑为徐志摩，总经理为张嘉铸(徐前妻之兄)主管财务和发行工作。人们应该注意到，徐志摩是哥伦比亚经济学硕士，正好运用他训练有素的经济头脑。

创造社、新月社等民办文化企业到位的资金并不太多，但是由于新式印刷设备在上海大量引进，民间又兴办了许多小型专业印刷车间，为招揽生意，普遍实行“三节”算账制度。中国民间所谓三节是春节、端午节、中秋节，两个大节日之间有三四个月的周期；一个大节以后印制出版的图书，除了交付少量押金以外，作为成本的排版、纸张、印制、装订等费用，都由印刷厂垫付，到下一个大节再结账。这样只要较少的流动资金，便能出版书刊。

因此，20年代上海的各种短期文学刊物、小型民办书店、民办出版社如雨后春笋，造成文化事业的欣欣向荣。这样，初步摆脱了官府权势和商业羁绊的新兴知识阶层，投入了文化自由市场。这种趋势，如“一石击破水底天”一样，层层波澜由上海开始一圈又一圈扩充到许多城镇，迅速而又强有力地推进了新文化运动的发展。

柔石——中国左翼自由撰稿人的典型

中国现代文化中的自由撰稿人的历史，是一部可歌可泣的血泪史。他们的征途上充满了荆棘——鲁迅所说的“无花的蔷薇”，为新文化事业献出了青春、鲜血甚至生命。这些文学青年的卓越代表之一是柔石。

近几年发现和公布的烈士遗迹——《柔石日记》和《柔石书信》，以及许多前辈的回忆录，为我们提供了研究柔石的最新史料。我试图整理和分析这些确切的第一手史料，描述以柔石为代表的我国现代文学第一批自由撰稿人的经济生活状况。跟他同类的左翼文学青年，有丁玲、胡也频、冯雪峰、潘漠华、应修人、叶紫、殷夫、沙汀、艾芜、萧军、萧红等。

柔石姓赵，名平福，后改名平复。1902 年 9 月生于浙江省宁海县市门头一个小商人家庭。父亲原为农民，后做小生意，开一经营鲜咸海货的店铺“赵源泉号”。因家境困难，赵平复十岁时才开始读书。1917 年夏，赵平复从宁海县正学小学毕业。秋天就学于台州浙江省立第六中学，中途退学自修。1918 年考入杭州浙江省立第一师范学校，免学费，食宿便宜，同学多为贫苦子弟。1920 年因父亲之命与吴素英结婚。次年 5 月生育大儿，不到两岁时因病夭折。1921 年 5 月发起组织了“宁海同学旅杭同学会”。1922 年左右在杭州第一师范结识低班同学潘漠华、冯雪峰，并参加青年文学团体杭州晨光社。

1923 年他从杭州第一师范毕业，本想升学，于当年 7 月到南京报考东南大学，但需学费 60 银洋(合今人民币 2400 元)不能减免，终因家境困难而未入学。9 月应聘到杭州留法博士应溥泉家，为两个小孩担任家庭教师，报酬未见记载。1924 年春，又想帮助妻子读书，不得已就在慈溪县普迪小学做教师。当时一般初任小学教员的月薪为 30—40 银洋(合今人民币 1200—1600 元)。当年得一子取名帝江。在这期间他写了一部小说《疯人》于 1925 年元旦在宁波自费出版，准备卖书回收钱款，但未能如愿。

1924—1925 年间他因爱好文学，购买图书报刊，花费很大。不得已帮助经营父亲的“赵源泉号”，想增加一点收入；但经营不善，负债达一百几十银洋(参看《柔石日记》第 152 页)。

1925 年 2 月中，柔石到北京大学旁听哲学、英文二科，也旁听过鲁迅的《中国小说史略》课程。由父母寄钱给他(陈注：一说由大哥寄给他 200 银洋，参看赵文雄《回忆我的哥哥柔石》)，与好友潘漠华同住在北大红楼附近的学生公寓孟家大院通和公寓(见“柔石致陈昌标信”)，每月食宿费约 20 至 30 圆，购书的钱至少10圆。北京大学于2月22日开学，柔石听课一学期。9月收到父亲的信，希望他报考北京师范大学，可以减免学费食宿费，继续学业。柔石回信说："复岂不愿读书，实以家中之故，六年长期，断难遂愿而毕！"（载《柔石日记》第141页）

熬到1925年12月中旬，他终于因病而且财力不济而离开北京回乡（现存柔石12月4日从北京寄出的信）。

1926年春夏之间柔石为谋生而奔走于沪杭道上，曾计划在杭州创办一所私立中学，拟找十位友人（王方仁等）集资开办费1000银圆（合今人民币约35000元），每人出资100银圆，但未成功。秋天回乡养病，当年得一女取名小薇。12月去上海，一无所获。

1927年1月回家过春节，不久因朋友王方仁介绍，到镇海中学任教。春天，北伐军到达杭州，浙江省全部光复，柔石回到宁海担任中学教员，不久升任宁海县教育局长，同时每周到宁海中学兼课。收入不详。

1927年3月由父母决定，将家产分给赵平西、赵平复兄弟二人。兄长继承父亲开设的"赵源泉号"，平复分得500银洋（约合今人民币17500元）作为股金存入该号（引自《柔石日记》第45页注，第168页注）。柔石当时没有支取现金，但从此可以向兄长要求经济援助。

1928年5月初宁海农民起义失败，涉及宁海中学师生。柔石单身出走，逃到上海，借住在闸北一个亲戚家里。夏天他写信给老家，说是正在学习德文，想出国留学，希望父母扶持。父母将他存放在咸货店的500银圆寄给他。不久，柔石又写信给老家，说如果要出国留学的话，500银圆还不够盘缠（几乎同时的李金发、艾青等人出国去巴黎工读，至少要准备1000银圆，约合今人民币35000元）。没有办法，只能望洋兴叹，圆不了去德国的美梦了。柔石在通信中说："眼前到外国去，钱从何处来，外国最少一年要一千圆用，来回路费每次要二百。……到外国去的心，等一两年再谈了。"（参看《柔石日记》第152页）

1928年8月11日柔石致兄长信中说："近日此间亦有一中学聘弟，如月薪有八十圆，福即允诺，若太少福决不就，仍自求读书作文，为前途计也！此信一到，望西哥为福设法（银）洋五十圆寄下。"8月24日信中却说："中学位子，靠不住了！复实非为钱多少，实以他种缘故，于心不愿。"

有一种说法，据传是柔石此时认识了鲁迅，鲁迅劝柔石不要去中学教书，而专心文学写作，并把他的稿子介绍给北新书局（见林淡秋《纪念柔石遇难十六周年》）。

柔石的名字在《鲁迅日记》1928年9月27日初次出现。这一天晚上鲁迅邀请林语堂、柔石、王方仁以及周建人、许广平等八人往“中有天”晚餐。这显然不是鲁迅初次与柔石相识。在厦门大学时期鲁迅的学生王方仁于1927年10月抵达上海，他的译著《红笑》经鲁迅校订并介绍发表。1928年夏秋之交，王方仁向鲁迅引见柔石。9月9日鲁迅从上海市北四川路景云里23号迁居到里内18号屋，原住处交给他在厦大的学生王方仁、崔真吾和柔石三人共同居住。

1928年9月13日柔石致兄长信中说：“福已将小说三册（陈注：指《旧时代之死》上下集和《二月》）交与鲁迅先生批阅。鲁迅先生乃当今有名之文人，如能称誉，代为序刊印行，则福前途之运命，不愁蹇促矣！……福近数月来之生活，每月得香港大同报之补助，月给廿圆，嘱福按月作文一二篇。惟福尚需负债十圆，以廿圆只够房租与饭食费。零用与购书费，还一文无着也！……因此不能不请西哥为我设法五十圆，使半年生活，可以安定。”可见当时柔石每月维持衣食住行的最低生活费为30圆，相当于今1000元左右。

不久，柔石的月收入增加到40圆以上，情况有所好转。

1928年10月，柔石的长篇小说《旧时代之死》上下册由上海北新书局出版，合同约定版税20%，当月25日柔石致兄长信中说：“福现已将文章三本，交周先生（鲁迅）转给书局，如福愿意，可即卖得八百圆之数目。惟周先生及诸朋友，多劝我不要卖了版权，云以抽版税为上算。”

信中又说：“福现今每月收入约四十圆。一家报馆每月定做文章一万字，给我廿圆。又一家杂志，约廿圆至卅圆。不过近来食住两项，每月要用去廿五圆，书籍每月总要十圆。因此这两笔所赚，没有钱多。”可见柔石当时的稿酬标准是千字2圆，在作家里面属于比较低的。但他总算有了“自由撰稿人”的社会地位而获得文学界的承认。

1928年11月，柔石等人在鲁迅支持下，创办“朝花社”，并由王方仁的哥哥开设的“合记教育用品社”代售朝花社出版的书刊。12月6日《朝花周刊》

创刊,至次年5月16日共出20期;6月1日起改为旬刊。后来因合记用品社舞弊赖账,致使朝花社亏损而被迫结束。

鲁迅在《为了忘却的记念》中深情地回忆柔石:“他躲在寓里弄文学,也创作,也翻译,我们往来了许多日,说得投合起来了,于是另外约定了几个同意的青年,设立朝花社。……然而柔石自己没有钱,他借了二百多块钱来做印本。……不过朝花社不久就倒闭了……柔石的理想的头,先碰了一个大钉子,力气固然白化,此外还得去借一百块钱来付纸帐。……一面将自己所应得的朝花社的残书送到明日书店和光华书局去,希望还能够收回几文钱,一面就拼命地译书,准备还借款,这就是卖给商务印书馆的《丹麦短篇小说集》和戈理基作的长篇小说《阿尔泰莫诺夫之事业》。但我想,这些译稿,也许去年已被兵火烧掉了。”

1928年12月6日柔石致兄长的信中说:“近日生活亦好,每天可写二千字。”以稿酬千字2圆计算,每日可得稿费国币4圆;如能顺利卖掉文章,则每月收入可达国币120圆(约合今人民币4200元),颇为可观。

《柔石日记》1929年1月11日载:“晚上鲁迅先生问我,明年(陈注:指旧历)的《语丝》,要我看看来稿并校对,可不可以。我答应了。同时我的生活便安定了,因为北新书局每月给我四十圆钱。此后可以安心做点文学上的工作。”柔石接手编辑《语丝》第5卷1期(1929年3月10日)至26期(9月2日)不到半年,即辞职。

此后柔石的经济生活好转,月收入可达100多银圆(合今4000元左右)。他写给故乡妻子的信中说:“我今年的生活比较好些,以后我当按月寄二三十圆钱给你,作家里零用。店里我亏空了的钱,再由我补还。今年一年以内,我当补足,你无用担心。”(引自《柔石日记》第156页)

1929年11月22日柔石的中篇小说《二月》由上海春潮书店出版,鲁迅为之作《小引》。合同约定抽版税20%,柔石郑重地将此事载入日记。

1930年2月柔石成为中国自由运动大同盟和“左联”发起人之一,被推选为常务委员和编辑部负责人,主持《萌芽》月刊,每月得编辑费30圆国币。5月秘密加入中国共产党。本年7月商务印书馆出版了短篇小说集《希望》,收入柔石前两年的创作。柔石奋斗初步成功,成了知名作家。

1931年2月7日柔石和殷夫、冯铿等被秘密杀害于龙华,时仅29岁。

他生前发表55万字的创作和63万字译文，未发表的手稿约22万字。

［附录］“精神上自由，物质上贫困”

——20年代留法半工半读的生活

1919年，19岁的李金发从上海乘船到法国勤工俭学，准备了300块大洋（银圆）置装费和旅费，乘坐的是英国货轮统舱，条件恶劣，每人收费100银圆。

到法国后进入巴黎南部的枫丹白露市立中学攻读法文，每月学费100法郎（合10块银圆或国币），同学有林风眠等；后来在巴黎学习雕塑。一间简陋的房子月租150法郎（合10圆国币）；一顿比较好的中餐5法郎（合5角钱）。1920年开始写诗，将《微雨》、《食客与凶年》寄回国内。

1929年春，19岁的艾青（当时名蒋海澄）从父亲那里得到1000块银圆，从上海乘坐法国邮船（三等舱），经过一个多月的旅程，到巴黎学习美术。同行的有杭州国立艺术院水彩画教师孙福熙和他的哥哥孙伏园等。蒋海澄在巴黎第六区伏斯拉尔大街里斯本旅社租了一个小房间，因为室内有一个下水管道，所以房租便宜得很，每月50法郎。（陈注：这个旅社到1982年还在，参看《艾青谈诗》214—215页。）

他找到一家美国老板开办的工艺作坊，开始了半工半读的生活。每天上午做工，下午学后期印象派的绘画。他的工作是用中国漆把买主的签名描绘在打火机或香烟盒上，一上午可以描绘20个签名，收入20法郎。

在巴黎餐馆一顿普通的饭要付5法郎。为了节省，他去学生食堂就餐，一张饭票只要3法郎。这位穷留学生对朋友却很慷慨。他跟李又然在学生食堂初次认识的时候，看李付不起饭费，就一次送给李10张饭票外加50法郎（引自李又然《诗人艾青》一文）。

丁玲的经济生活

丁玲原名蒋冰之，1904年10月12日生于湖南省临澧县，长于常德县。

她属于一个传统的封建门第家庭，大家族院墙里有二百多间房屋。但是父亲死后，家道衰落。母亲守寡。1911 年春，常德女子师范开学，母亲进入师范班，7 岁的女儿跟着进了幼稚班。次年，母亲又带她去稻田第一女子师范念小学一年级。

1918 年夏季，13 足岁的蒋冰之小学毕业，考入桃源第二女子师范。入学后，食宿费、学杂费、书籍文具费都由政府供给，只需要预付 10 银圆做保证金。母亲用一个金戒指代替了保证金。此外蒋冰之还领取 3 块银圆作为零用，她从来没有拿到过这么多的钱，就一直把银圆藏在衣箱底下，只有放假回家时才取出几角钱作为路费。

母亲担任小学教员，负担女儿的日常费用。据说在很长时间内，每月寄给丁玲 20 银圆。

1921 年她到上海进平民女校，次年转入上海大学中国文学系。然后用 20 银圆作为旅费，乘坐火车来到北京。丁玲在北京认识了胡也频（1903 年生于福州）、沈从文（1902 年生于湖南）和冯雪峰（1903 年生于浙江）等。这几个人的恩恩怨怨，后来一直成为文学史上的话题，引起了无穷的回味。

1925 年秋天，21 岁的丁玲跟 22 岁的胡也频，在北京西山碧云寺下一个农村同居。丁玲后来回忆说，她曾经花费 7 块银圆买了两段棉布、两斤棉花，亲手替胡也频缝制了一件新棉袍。但是做得嫌小了，只好送到当铺换了 4 块钱，重又买 1 块钱新棉花，拆开胡也频的一件旧夹袍塞进棉花，缝补以后，凑合着熬过了一个寒冬。有次他们身边只剩下一块银圆，正好来了客人，就用这一块银圆办了一顿丰盛的晚餐。第二天丁玲、胡也频两手空空地步行 40 里路，进城里找朋友借钱。

1926—1927 年间，胡也频和丁玲担任《民众文艺》等刊物的编辑。他们这些“文学青年”只想要每月挣得 20 至 30 圆的稿酬，然而就连这样的初步目标也难以实现。丁玲回忆说：当时困处北平，只有在《晨报》、《现代评论》上发表一些小文章，得到六七块钱稿费，加上母亲每月寄给她的 20 圆，维持生活。在很冷的天气，只好经常在外面晒太阳取暖，只到了晚上才生一次火炉。几乎每天吃面条、白菜。

丁玲说胡也频喜欢进当铺。他没有钱，但花钱却很大方，先后把丁玲母亲送的绸衣、棉袍,亲友送的银质餐具,都拿去当了。

丁玲回忆说:"大革命失败后(1927 年下半年)上海文坛反倒热闹起来了。各种派别的文化人都聚集在这里,我正开始发表文章,也搬到了上海。原来我对创造社的人也是十分崇敬的,1922 年我初到上海,曾和几个朋友以朝圣的心情找到民厚里,拜见了郭沫若先生……1926 年我回湖南,路过上海,又特意跑到北四川路购买了一张创造社发行的股票。虽然只花了 5 圆,但对我来说已是相当可观的数目了。"(引自《鲁迅先生于我》一文)

1928 年丁玲、胡也频在杭州西湖住了一个短时期。出版了《阿毛姑娘》得到 70 圆稿费,又回到上海。生活拮据,只能暂住月租金 8 圆的亭子间。胡也频的老家还要求他给家中弟弟每月 20 圆接济(付了三个月,实在无法继续,就停止了)。

不久,因为沈从文的关系,沈、胡、丁三人联手编辑《中央日报》副刊《红与黑》,每月编辑费共有 200 圆,各分得 70 圆左右,另外还有稿酬。三人共同租赁上海市萨坡赛路(今淡水路)204 号楼房,丁玲接来母亲住 2 楼,沈从文及其母、妹住 3 楼。各自支付月租金 20 圆,水电费 10 圆,加上伙食、衣物,每月开支 100 圆左右。除了办刊物外,他们几乎将所有的时间用于写作。

为《中央日报》副刊编辑了两三个月以后,丁玲说:"也想模仿当时上海的小出版社,自己搞出版工作。小本生意,只图维持生活,兼能出点好书。这时正好也频父亲来上海,答应设法帮我们转借一千圆,每月三分利息。"(引自丁玲回忆录《胡也频》一文)就于 1929 年 1 月筹办红黑出版社。

但最初与胡也频一起编《红黑》月刊的沈从文回忆说:"我记不起也频有回福建去筹款的事;我还听说,是丁玲的妈妈给的钱。"不过,实际上这时丁玲的母亲已经失去工作,很少收入,无法再接济他们了。所以丁玲本人的回忆可能是真实的。

丁玲、胡也频和沈从文借款 1000 圆来创办《红黑》月刊和红黑出版社,终以失败而告终。《红黑》月刊于 1929 年 7 月 10 日出版了第 7 期以后停刊。胡也频于秋季离开上海,到济南市的山东省立高中教书。因在学校中宣传革命被通缉，1930 年夏天（据丁玲回忆是 5 月）胡也频、丁玲夫妇经青岛乘船逃亡上海。

丁玲回忆说："红黑出版社存在的半年多里，出版过六期月刊，七本书。……出版社关门后，剩下的事便是还债。沈从文给了三百来圆，也频把在山东教书的工资拿了出来，还缺三百五十圆，最后由我向母亲要了来，才把本利一并还清。"不久，丁玲、胡也频参加左联，认识了鲁迅。

大学生的文艺刊物

1933 年初，在沙滩北京大学文学院，诞生了一个小型文学旬刊《牧野》。说它小，一是它的开本小，是小 32 开，每期 16 页，一大张白报纸正好印一份。二是它的印数少，每期印 500 份。三是定价低，每份二分钱。四是它的编辑和撰稿人都是二十多岁的年轻人，这个刊物可以算是他们进行文学笔耕的一小片处女地，共出 12 期。后来，他们成了我国著名的文学家、史学家。

那时候办这样一个刊物，不需要登记注册，也不需要申请批准。三个青年——北京大学英文系学生李广田、史学系学生邓广铭和师范大学中文系学生王余侗，经过一番磋商，每人拿出 3 圆钱，一共凑足 9 块银圆（约合今人民币 270 元），一期的成本就够了。撰稿人除三位发起人外，还有北京大学英文系学生卞之琳、哲学系学生何其芳、史学系学生杨效曾等。当时卞之琳、何其芳和李广田被称为"汉园三诗人"，他们找到南池子飞龙桥的一家印刷厂承印，因为这个厂的印刷质量好，铅字只用一次就销毁重铸，所以字迹很清楚。当时北新书局、未名社的书都是在那里排印的。

20 年代末 30 年代初，北京、上海等地先后出现了许多文学社团和文学刊物，《牧野》的一伙年轻人就处于这种文学氛围的熏陶下。他们读鲁迅，也读周作人；读郭沫若，也读徐志摩、戴望舒等新月派和现代派的诗作。

戴望舒和施蛰存曾在上海出过一本小型的刊物叫《璎珞》。李广田、邓广铭、王余侗过去在济南第一师范读书时，就是《璎珞》的热心读者和推销者，他们组织的书报介绍社就代销这本刊物。《牧野》的开本大小，页数多少直到封面设计，都是照《璎珞》的样子办的。

1936年，卞之琳、何其芳、李广田三人将发表在《牧野》上的诗作合编为《汉园集》出版。卞之琳1910年生于江苏海门，1929年考入北京大学英文系。他的老师是温源宁、徐志摩和叶公超等。他20岁时开始发表译作。1933年春假，他的译稿《恶之花零拾》卖给了《新月》杂志，得到了几块银圆的稿费，买了火车票，便赴山东青岛大学访孙大雨、沈从文等。沈从文在抽屉里还放着几张当票的情况下，拿出30圆，让卞之琳自印一本诗集。于是，热心的朋友们都来帮忙张罗。回北平后，《清华周刊》总编辑马玉铭介绍印刷所，罗大冈陪他跑纸店选纸。最后用一种花钱不多的"极有韧性的薄渗墨纸"印出300本，由新月书店代售。这就是卞之琳大学毕业前夕，1933年5月出版的他的第一本诗集《三秋草》。（据卞之琳《我的印诗小记》一文）

诗集出版的当月，朱自清就著文称赞这是"一本颇俏的小书"。一个不见经传的青年人，还没有跨出学校门，就成了"少小知名翰墨场"的新秀，由此决定了他一生的文学道路。

1933年夏，卞之琳从北京大学毕业，遂开始了一种为谋求生存与追求诗艺而奋斗的新生活。他单身一人，没有家，也没有固定住址，以北平和上海为基地，有时也去外地"转悠"。他成了真正的自由职业者，全身心地投入自由写作与翻译，间或为了谋生也做其他工作。

1934年初他应约在杨振声、沈从文编辑（后萧乾为执行编辑）的天津《大公报》文艺副刊发表译作（也有少量诗作），陆续零星翻译西方文学作品。秋后，由在北京大学教过英国戏剧课的余上沅介绍，开始为中华文化基金会胡适主持的编译委员会"特约"译书。这个委员会是用美国退还的庚子赔款作基金的。所谓"特约"，实际上译者自己选题，由委员会批准。稿酬分为千字10圆、7圆、5圆三级。

卞之琳回忆说："梁实秋用散文翻译莎士比亚，不计字数，是一千圆一个剧本，大学刚毕业的毛小子只能拿最低级的译费，五圆一千字，但在当时上海文坛应是最高级稿酬了。"对于卞之琳这样的"年轻人"一直照顾到抗战爆发。

20世纪20年代上海底层贫民生活状况

20世纪20年代在上海使用银圆和国币（国家指定的几大银行发行的纸

币)。十几年间,银圆币值基本上是坚挺的,日用品物价基本上是稳定的,没有出现后来40年代法币和金圆券的通货膨胀和物价飞涨的情况。

要深入研究知识阶层的经济状况,必须以当时市民日常生活的实际资料作为参照系。

根据1928年上海230户底层家庭状况的调查统计资料,当年一个五口人的贫苦劳动者之家平均年收入约国币400圆。这五口人(夫妇两人加三个子女,或一对老人、儿子和媳妇加一个孙儿)组成一个"典型家庭",是当时上海百万底层贫民的标准情况。

五口人的日用消费,包括大人和小孩,在统计学上折合起来相当于4个大人,称为"等成人"(与4个成年人相等的意思)。这样的典型贫民家庭一般都有两个人做工,每年总收入约国币400圆。

日常生活开支主要有下列几方面:

1. 基本食物。每年花费在食品上的开支平均为218.5圆(每个等成人每月伙食费仅4圆6角),约占收入的55%,即一半略多。

2. 基本衣着。花费在衣物上的开支为36.7圆,约占收入的9%,其中购买成衣4.3圆、鞋帽9.3圆。

3. 居住条件。每年房租平均为28圆,占收入的7%,居住一间半房子(或说一大间、一小间)。

4. 燃料、水电。每年花费24圆左右,占收入的6%,大多家庭使用木柴和煤球烧炉子做饭,也有用煤油炉的。少数家庭(大约十分之一)有电灯,其余十分之九用煤油灯。

5. 杂项。其他属于文教、嗜好、卫生等支出,为92.8圆,占收入的23.2%,如子女教育费、交通费、烟酒费、娱乐费、医药费,等等。下层工人家庭文盲很多,只有少数能读报看书。

这样的五口(四个等成人)之家平均消费量,每年大米1248斤,面粉310斤;豆油75斤,猪肉51斤或牛肉72斤,青菜850斤;鲜鱼58斤;衣物用布176尺,可做10套单衣裤加10双布鞋,也就是平均每年每人两套单衣裤加两双布鞋。

根据《上海市统计·上海零售物价表(1928—1931年)》,上述生活水平,可折合为:

吃饭:每个等成人每月粮食32斤半(大米和面粉),每斤6至7分钱;1—1.5斤猪肉或牛肉,每斤2角至3角钱;1斤半鲜鱼,每斤1角6分钱;18斤蔬菜,每斤2至3分钱;1.6斤豆油,每斤2角钱。

穿衣:每个等成人每年衣物用布44尺,每尺布1角5分钱。全家衣物总值116圆,其中衣服价值73圆,每家仅有棉袄两件、棉裤两条,棉袍子两件,夹袄两件;人均两条短衫、两条单裤、一件棉衣。仅仅少数人家备有蚊帐和枕头。

这样的生活是相当贫苦的。

按照日用品的市场价格计算,当时国币1圆=今人民币30—35元。

根据国民政府工商部对于工人生活的调查统计,1928—1929年上海产业工人中的男工月工资最高为50圆,最低为8圆,一般为15.8圆;女工月工资最高为24圆,最低为7圆,一般为12.5圆;此外还有奖金、津贴等附加收入。上海工人家庭一般为4—5口人,通常有两人同时做工,一般每月工资收入为28至32圆左右,年工资约为336—384圆;加上奖金和津贴,还能多几十圆,一家总收入达到每年400圆左右。

又根据南京国民政府工商局1931年统计,当时中国城市下层一个五口之家的月均生活费为27.2圆。也就是说,这样的家庭仅能维持收支平衡,少有积蓄,经济生活相当紧张,甚至很艰难。

职工收入稍高的,如上海申新纺织公司,这是中国当时最大的民营纺织企业,工资分为7等12级。1927年厂长、总工程师月薪为400圆,而第七等副班工人月工资为20—30圆。

又据1927—1929年间上海社会调查所、南京市社会局、金陵大学对上海、南京、北京、安徽等地各类家庭消费情况的调查资料,南京和上海的工人、店员家庭平均每年消费390—475圆,每月33—40圆。北平的车夫、手工业者每年消费200多圆;而以安徽的农户消费水平最低,每年仅185圆,每月15圆。上述统计数字稍有差别,但是出入不大,仍可做出基本一致的结论。

20世纪20年代上海市的一般生活水平

根据《中国劳动问题》的资料(光华书局1927年版),上海一个典型市民五口之家(相当于4个"等成人"的消费)的生活水平,以每月200银圆为中上等之分界线;每月66银圆为一般市民经济状况,每月100以上至200银圆左右为中等生活;每月30银圆为贫民的下等生活分界线。

一家月收入66银圆,也就是每年800银圆(相当于今人民币28000元),每个"等成人"每月16圆6角7分(合今583元)。这样水平的家庭,在上海工人里面大约占4%,而在普通的知识阶层和职员中占多数。根据1925—1926年上海市的物价情况,这样的市民家庭生活水平如下:

1. 食品类

每年用于基本食品(一日三餐)消费352银圆,占总支出的44%,平均每个等成人88银圆,每月7圆3角3分;按照当时物价,每人每月可以消费——

早餐:豆浆和早点大饼、油条、包子等,每天5分,共1圆5角;

中晚餐:32斤大米,每斤7分,共2圆2角;6斤猪肉(或鲜鱼),每斤1角8分,共1圆8分;3斤鸡蛋,每斤2角2分,共6角6分;10斤豆腐,每斤(4块)3分,共3角;20斤蔬菜,每斤平均5分,共1圆;2斤植物油,每斤1角6分,共3角2分;1斤白糖,每斤1角1分;1斤半酱油,每斤8分,共1角2分;半斤食盐,每斤4分,共2分;等等。

2. 住房

每年用于房租60银圆,占总支出的7.5%,月租金5圆,一般只能住平民地段"石库门弄堂"楼房的两间屋子(市中心繁华区和租界一带房租很贵,比北京城区贵好几倍),平均每间居住2人;有马桶,有自用厨房,没有浴室。

3. 穿着

每年用于衣服鞋帽84银圆,占总支出的10.5%,平均每个等成人21银圆。一般自己买布找裁缝做服装,细布每尺1角钱,呢料(或士林布)每尺1角5分。做一套普通服装大约用16—20尺布,加上裁缝工钱总共3—5块钱就可以了。

成衣和鞋帽的价格,在大百货商店和小作坊是不同的,差价还不少。例如一双皮鞋,在上海市虹口的皮鞋作坊中实售价5圆,在著名的大百货商店里标价可达14圆。

4. 燃料、水电

每年用于燃料、水电费 39 银圆，占总支出的 4.9%，燃料通常用于烹调（煤球炉子）、取暖。有一些家庭无电灯用于照明（煤油灯），但是电灯和自来水在上海愈来愈普及，后来盖的弄堂楼房一般都有水电设备。

煤球每担 1 角 4 分，煤油每斤 7 分，火柴一包（10 盒）8 分，等等。

5. 杂项

每年用于杂项 265 银圆，占总支出的 33.1%，包括嗜好费、洗衣费、交通费、教育费、娱乐费、卫生费等等。

茶叶（普通）每斤 2 角 3 分，香烟（普通）每条 10 包 3 角 5 分，白酒每斤 1 角 4 分，黄酒每斤 5 分，肥皂每块 4—5 分，等等。

上海市的交通费，据 1924 年《小说世界》所载，电车从东新桥到小西门 3 分钱。据周瘦鹃著文："黄歇浦畔之有电车，殆十余年矣。初行于租界，华界继起亦有年。风驰电掣，瞬息数里，人坐其中，几疑列子作御风行也。且为价甚廉，自二铜元起，至多不过十余铜元。"（引自《紫兰花片》，1923 年。）

民国以后 1 银圆可换铜元 100 多枚，1921 年在上海市 1 银圆可换 154 枚，所以 2 铜元大致等于 1 分半钱。

电影票每张 1—2 角；京剧或话剧票每张 6 角—1 圆。

高雅娱乐：上海市名园之一愚园的入场券 2 角（据《旧上海 30 年见闻录》）。

西洋化的游乐场，如法租界顾家花园的游艺会，入场券 1 圆；可观赏歌舞班"蝴蝶社"等演出；又跳舞场门券 1 圆，这种门券可充西餐的"吃资"，如饮冰汽水每瓶 2 角（据 1926 年《红玫瑰》第 4 卷 24 期）。

休假日如果包一辆小汽车出游，从静安寺到吴淞海边，单去 5 圆，来回要 9 圆（据 1923 年 8 月郭沫若《月蚀》）。

这样的生活可称为小康水平，包括普通职员和中学教师、半数小学教师等。与前述贫民家庭相比，日常生活费大致为两倍。这也就是当时上海一般知识阶层的经济状况。

20 世纪 30 年代大中学校经济状况

中国综合性高等教育的现代化以 1928 年国立清华大学的正式成立为标志。虽然我国现代教育的起步比较晚，但是起点并不低。30 年代我国已经形成了具有世界水平的教授、讲师队伍，而且迅速地跟西方大学接轨。

1928 年以后，中华民国政府迁都南京，原首都北京改名北平。虽然北平不再是全国政治中心，但依旧具有文化城、文化中心的重要地位。

1931 年，北平有正规高等学府 26 所，几乎占全国一半。著名的国立大学有北京大学、清华大学、北京师范大学等，私立大学有燕京大学、辅仁大学、协和大学、中法大学等。北平的中等学校，1929 年有 48 所，1938 年有 88 所。此外还有北平研究院和中央研究院。专家学者们待遇相当高。每年文化教育经费国币 400 多万圆，加上各大学基金等，总数约 1000 万银圆。

当时文教界薪金收入有两大特点：一是大学毕业后晋升级别比较快，二是同一级别的薪金数额逐年增长。文化人收入丰厚，成为市场的主要消费者。

北平的大、中学生有十几万人，以每人每年消费 100 银圆计算，学生消费额又是 1000 万银圆。

所以当时就有人指出："北平因文化教育事业而流通的金额，总数大约国币两千万银圆（约合今人民币 6—7 亿元），这不能不说是北平的生命线。"

（引自《北平漫话》，1936年出版。）

1929—1934年，上海市有大学和专科学校共32所，其中著名的有复旦大学、交通大学、光华大学、圣约翰大学等；中等学校149所。特别是从1917年黄炎培等发起成立中华职业教育社以来，上海市各种职业学校比较发达。

1927年南京国民政府成立后，立即对教育制度、课程强加行政干预，除增加以三民主义为中心的政治理论课以外，教育部一再强调纠正“重文轻理工”的倾向，第一次全国教育会议要求“注重实用课程”。

当时全国大学中的文科、法科学生共17000名，而理科、工科、农科、医科的学生总共只有8000名。于是教育部规定：文法科招生人数不得超过实业（理工农医）招生人数。而在上海早已形成了以应用性学科为主、基础理论学科为辅的实用教学结构。

同时，工商人士介入教育界的倾向愈来愈明显，例如1931年浸会书局筹办沪江大学，其中商学院的启动资金5万圆就是由金融工商界提供的，这个学院的顾问委员会由25名工商界人士（包括中国银行总裁张公权、全国商会会长林康侯等）组成。

高等院校的“京派”与“海派”之分逐渐明显起来。

20世纪30年代银圆（或国币）的购买力

1928年以后的十年内，中国的银圆、国币和法币比较坚挺，只在1937—1938年间物价水平（受抗日战争影响）有轻微的上涨，但仍保持基本稳定。所以30年代的经济情况便于用同一的物价、币值标准来和现在作比较。

以生活必需品、日用品的实际购买力估算，1930—1936年银圆（或国币）1圆，约相当于今人民币30元左右。

例如，以主要食物的价格计算：1930—1936年大米每石10圆左右（当时1石＝160市斤），合每斤6.2分钱，猪肉每斤2角钱，白糖每斤1角钱，食盐每斤2—5分钱，植物油每斤1角5分钱，鸡蛋每斤2角钱。

又以饭店的客饭价钱作比较，30年代北平一份西餐大菜套餐为5角—1圆2角钱，今日同样的一份大约15—60元，相差30—50倍。

以快餐面条作比较，30年代一碗光面4分钱，今日一碗光面1—2元，相差 25—50 倍。

以信件的邮资作比较，30 年代国内邮简 3—4 分钱，今日为 6—8 角钱，相差 20 倍。

再以图书的定价作比较，30 年代一本 3—5 角钱的书，今日为 10—20 元左右，大约相差 40 倍。

本章对于 30 年代我国大中学校的生活状况，分别进行考证，对于当时北平、上海两地的生活背景(衣食住行等生活费)进行对比。

抗战以前学者的教学收入

1927 年 6 月南京国民政府教育行政委员会公布了《大学教员资格条例》20 条及《大学教员薪俸表》，规定大学教员的月薪分 4 等(教授、副教授、讲师、助教)12 级。

进入 30 年代，待遇的标准有所提高。按 1927 年规定，教授一级月薪 500 圆，到 1934 年增加为 600 圆，约合今人民币 18000 元；副教授一级月薪由 340 圆提高到 400 圆，约合今人民币 12000 元，等等(据《第二次中国教育年鉴·乙编》所载"大学教师薪俸表"，开明书店 1934 年)。

1931 年 1 月，中华教育文化基金董事会——管理美国退还庚子赔款的机构——年会决定，在今后 5 年内每年拨款 20 万圆给北京大学，作设立研究讲座、聘请专任教授以及购置图书仪器之用。北京大学校长蒋梦麟聘请胡适之担任北大文学院长兼中文系主任，月薪 600 圆；并设专任教授 15 人，研究讲座 9 人，月薪 450 圆(参看《顾颉刚日记》)。

1931 年国立清华大学校长梅贻琦上任后，为招聘贤能，颁布规定：教授月薪 300 至 500 圆，而且每位教授可以拥有一栋新住宅；讲师月薪为 200 至 300 圆，教员月薪为 100 至 200 圆，助教月薪为 80 至 140 圆；学校行政职员月薪为 30 至 100 圆，工人(勤杂工)月薪 9 至 25 圆(引自《30 年代清华大学手册》)。

30 年代初在北平担任教授的，北京大学有胡适、刘半农、罗常培、周作人等；清华大学有朱自清、闻一多、陈寅恪、俞平伯、杨树达等；北京师范大学有钱玄同、黎锦熙等；燕京大学有郭绍虞、陆侃如等。著名学者常有兼职，收入更多,例如辅仁大学校长陈垣兼职所得月收入可达上千圆,甚至1500圆。副教授有黄节、顾颉刚等,讲师有王了一、浦江清、许维橘等。在这些大学毕业后担任助教的有吴晗、余冠英、谭其骧、吴组缃、林庚等,他们一般也可以兼课、兼职、写作以增加收入。

当时清华任教的职称与别的大学不同,分为5级:教授、专任讲师、讲师、教员、助教。没有副教授这一级。教授和讲师一定要开课,教员和助教不开课。

国立清华大学提供给教授们的住宅是免费的。1933年春,清华西院住有闻一多、顾毓秀、周培源、雷海宗、吴有训、杨武之(杨振宁之父)等近50家。闻一多所住46号"匡斋"是中式建筑,共有14间房屋。1935年初,闻一多、俞平伯、吴有训、周培源、陈岱孙等教授又迁入清华新南院,这是30栋新盖的西式砖房,每人一栋。条件更好,有书房、卧室、餐厅、会客室、浴室、储藏室、电话、热水,一应俱全。

北京大学的校园生活

1917年1月蔡元培先生出任北京大学校长,大力改革制度和学风。第一实行"思想自由,兼容并包",开拓眼界,解放思想。第二是"官"与"学"分家,提倡"不做官"的戒律,从此北京大学打破了官僚政客和北洋军阀的社会基础。

1918年在蔡元培校长主持下建成了著名的五层"红楼",原拟作学生宿舍,后为课堂、图书馆;此外还盖了一些新房。

北大学生由本、预两科350人扩大为1300多人,此外还有全国各地慕名而来的许多旁听生如沈从文、丁玲、胡也频、柔石、金克木等。大学生活也突破了封建传统意识走向自由化、个性化,这为"科学、民主"的五四运动创造了极好的先决条件。

根据许多老前辈回忆:五四前后,北大学生所有的开支包括学杂费和买书看戏、吃喝玩乐在内,一年准备180银圆就很不错了;节约一点有120银圆也足够了。这就是说,北大学生每月全部费用为10至15银圆(合今人民币400—600元)。

北大学生的衣食住行由清末民初的奢侈浪费转向五四时期的简朴平易，甚至清贫苦读，简言之，由纨绔子弟型转向平民型。

据柳存仁先生回忆：20 年代每个学期，北大的学生们交给注册组学费 10 银圆、体育费 1 银圆，本来规定还有讲义费一银圆，后闹风潮而取消。

据张孟休先生回忆："北大学生的一般生活很简朴。沙滩、马神庙间，最流行的是四季可改装的蓝布大褂，短装则以军训制服最通行。因为生活简朴，清寒的学生才有自给维持的可能。在校成绩优良的学生，还有得学校助学金的希望。得全份助学金的人，一年得一百六十银圆（合今人民币 6400 元），维持衣食等费用是毫无问题的。即使得不到此项补助，学校学费甚轻（每学期 11 银圆，合今人民币 440 元），住在学生宿舍里一文钱不费；最低限度的生活，每月只要有几圆钱的伙食费便可以了。"

据鲁迅的学生许钦文回忆："同学们一般的都穿蓝布大褂；春夏、夏秋之间穿'仲波罗夫'上衣，白帆布裤漂漂亮亮的只有少数的几个。这是一种朴素的作风。……沙滩有许多小饭店，十几个铜子——半角来钱可以叫一个菜吃，好点的（回锅肉、摊黄菜即炒鸡蛋）也不过一角钱左右。……我照例挑最便宜的老豆腐炒白菜，伙计也同样好看好待招呼我。走到尚子公寓等处访问人，在整整齐齐的房间里，总也受到客气的招待。这更是五四运动中的一种好风气。"

据徐讦先生回忆："一学期吃三十多块钱的已经是中产学生，吃廿四块、廿块的还有。"就是说，北大学生每月伙食费大约 4 至 6 银圆（合今人民币 160—240 元）。

北大学生自由惯了，大多不在学生食堂包伙（每月 6 银圆），而经常在学校附近的小饭馆吃饭。有一次柳存仁邀好友共餐，要了 40 个猪肉饺子、两碗小米粥加一盘白糖，共计两毛二分钱。他说："像回锅肉、冬瓜烧肉、青椒肉丝这样的菜，加上花卷米饭，每餐不到两角钱。最好的一家饭馆叫海泉居，位置也好，在东斋宿舍和图书馆之间，拿手好菜如炒腰花，四毛钱一份，那就算最贵的了。"

据朱海涛先生回忆："沙滩一带像公寓一样，林立着无数的小饭馆，卖面食、卖米饭的全有。走进任何一家去，化半个钟头工夫、费几分钱到两毛钱，就可以吃饱。两毛以上一顿是极贵族的吃法，大概是在沙滩第一流的馆子福和居之类，吃到两菜一汤（而菜还是时鲜）才会如此。普通客饭一荤菜一汤，花卷米饭管够，卖一毛五至一毛八（合今人民币 6—7 元）。如果吃面食，更便宜。水饺四分钱十个，一毛二足够。馅儿饼十个八分钱，又多油，又多肉；如果吃面食更便宜，三碗面六分钱（合今人民币 2 元 4 角）。……如果你想来一次豪举，邀上两个同学到市场上去吃东来顺，要上一桌子菜，大盘小盘甜的咸的都有，一次也不过八毛几（合今人民币 30 元）。”

课堂上发的讲义，有时拿到宿舍附近的南纸店去装订，大约 200 页用丝线钉好，书脊包着青绫，藏青色封面，不过 7 分钱（合今人民币 3 元）。

清华大学的校园生活

跟北京大学相比，清华的学生就较为“现代化”一些（但仍庄重高雅朴实，不是全盘西洋化）；管理严格，生活更有规律。概括说来，北大多才子型，清华多君子型；北大多奇才、怪才，清华多通才。

清华在西郊建校时，学生不过 468 人，到 20 年代末，也不过 800 人，30 年代达到 1000 多人；宿舍宽敞，居住条件比在城里的北大舒适。学费跟北大一样，也是每学期 10 银圆；不收住宿费。但有一件费用是特殊的，就是统一制作运动服。清华大学素以注重体育而闻名，这是北大所缺乏的。

1929 年以前，学生的教室和宿舍都是混合一起的。民国以后，清华建成一院（即“清华学堂”）、二院、三院、北院等几处校舍。一院是座两层的大洋楼，居住条件最舒适，有住 4 人的大房间，也有住 2 人的小房间，配有淋浴、抽水马桶、钢丝弹簧床和暖气，是早年专为应届毕业生而设；二院有五大排，三院有六大排，其前三排是教室，后两三排是宿舍。房间大致相似，每间一般住 3 人，也有住 2 人的。每个房间配有铁床 3 张、桌椅 3 套、书架 3 组，50 烛光电灯两盏。住宿条件强于北大。

伙食标准也比北大略高。大学生的伙食费，最初是每人每月“京平银”4 两 5 钱（每两银子合银圆 1 块 4 角）即 6 银圆 3 角，合今人民币 252 元。

到 1920 年秋季开学后，升为每月 7 银圆，合今人民币 280 元。清华建校初期伙食免费，后来逐渐由缴半费而缴全费。清华学生必须遵守纪律，平时全部在校内食堂用餐；小吃、零食也由校内的“售品公社”供应，可以买到西式糕点、冰激凌、汽水、花生以及其他风味食品等。那时清华的交谊性宴请是常有的事，在“工字厅”请客，花几银圆钱就可以摆上一桌很讲究的酒席，海参鱼翅齐全。工字厅环境幽雅，吃过饭还可到“水木清华”流连小憩。

1927 年 4 月一期《清华周刊》介绍了“清华学生一日”：

> 生活规律、要求严格。早晨七点起床，半小时以内完成饭前准备工作。七点半早餐。八点零分上第一节课。教授都很认真，经常比学生还先到达教室，“同学则抱着课本，大步伐带着笑容，一幅勤奋浪漫的气象。”一上课堂，教师先叫同学背诵英文，没准备好的要提前声明，否则给零分；这样可促使你做好预习，并养成诚实美德。上午四节，课间休息十分钟，到九点五十五分做柔软体操(这是北大所无的)。十二点到食堂吃午饭。饭后多数人到图书馆特辟的阅报室阅报。下午一至四点上课，没课的就到图书馆自修。一到四点，吹喇叭五声(后改为敲钟八响)，图书馆和宿舍一律关闭，学生们都到体育馆更衣柜换上统一的运动服，到健身房或操场“强迫运动”，打球、跑步、游泳等，运动完毕在淋浴房洗澡，换上清洁的衣服。然后吃晚饭。饭后自由活动。晚七点半开始自修，十点半图书馆闭馆。十点五十分打钟就寝，十一点熄灯。此时整个校园寂静无声。学生一周的功课，以周六为最轻松，只上半天课。周五晚上为各社团聚会时间；周六晚上大礼堂放映电影，两角钱一张票。寒假很短，除了京津同学外，大都留在校内。

可见，20 年代的清华大学生活，已经具有现代化高等学府的标准。

大学生们就在这样的生活状况下接受新的知识、新的思潮。

以北大清华为代表的新型学校，是五四运动的发源地，也是中国现代知识阶层的根据地。

60 年前的大学学费

近年以来，学费问题，特别是大学学费的问题，已经成了百姓家庭关注的重点。本文考证了 30 年代我国大学学费的实际情况，并将历史和六十多年后的现状做一比较分析。

虽然19世纪末年清政府有北洋大学堂、京师大学堂和南洋公学等高校设置,但实际上直到辛亥革命以后,我国才正式建立了现代意义上的大学。20—30年代,我国的大学主要集中在北京、天津、上海、南京、苏杭、广州和一些通商口岸等地区;1937年抗日战争爆发前,全国共有高等院校108所,仅北平、天津、上海三市就占46所,在校学生占全国总数的三分之二左右。大学制度和规模逐步走向现代化、正规化。此后20年间,我国各大学先后培养出了几十万名大专毕业的专门人才,使之成为社会进步的中坚力量。从此,进入大学校园读书,成了每一个平民子弟的梦想。

可怜天下父母心!有多少贫寒的家长,甚至是几代文盲的家长,为了让他们的孩子可以佩戴大学校徽而节衣缩食,含辛茹苦,作出令"今人"难以想象的努力和牺牲啊!一个催人泪下的典型,就是30年代阮玲玉主演的经典影片《神女》中那位"她",为了培养儿子成为一个大学生,便以卖笑所得的钱,供儿子的学费。这部无声影片的解说字幕中写道:"每当孩子回家向她讲述学校生活时,她的心灵得到了莫大的安慰,脸上露出了难得的光彩。"这是阮玲玉所创造的一个最灿烂的艺术形象,《神女》也就成了中国电影史上流芳百世的杰作。

通常认为,在旧社会,上大学几乎是富家大户和贵裔子女的专利,一般劳动人民无力负担那样昂贵的学费,因而对于大学校门难以问津。

那么,30年代我国各类大学需要多少学费呢?当时一个普通家庭为了培养一个大学生,需要负担多大的代价呢?恰好这就是我的研究项目,正可以用第一手史料准确地给出答案。

在30年代,我国的大学分为三大类:公立大学(包括国立、省立和部立),私立大学,还有教会大学。学费最便宜但是也最难考取的,是清华、北大、北师大、交通大学、中山大学这样一些主要由国家教育专款支撑的公立大学;而被称为"贵族大学"的协和、燕京、辅仁和上海圣约翰、沪江等等,这些具有西方(特别是美国)背景的非常洋气的教会大学(是一种特殊的私立大学),近乎为外国大学的分部,学费特别昂贵;另外一些借助捐赠和基金会补贴的中国人自己主办的私立大学,如天津南开大学、北平朝阳大学、中国大学、中法大学,上海复旦、大同、大夏、光华大学等,学费介于两者之间。

1. 30 年代公立大学的学费

我查阅了 1932 年修订的《国立北京大学入学考试简章》其中第十四条明文规定——

北京大学学费:每年银圆 20 圆,分两期、于每学期开学前交纳。第一期自 9 月至次年 1 月,交 10 圆;第二期自 2 月至 6 月,再交 10 圆。又,体育费每学期银圆 1 圆。这就是说,北大学生每年交费共 22 块银圆。宿费全免。

30 年代清华大学、以及北平医学院、工学院、法商学院等等的学费跟北大基本一样。国立上海商学院、国立上海医学院等,学费都是每学期 10 银圆,每年 20 银圆;但此外须交宿费 12 圆。

铁道部所属的交通大学(总部在上海,在北平设有分部)的学费为每学期 20 银圆,每年 40 银圆。

又,1936 年制订的《国立北平师范大学学则》规定:"本大学不收学宿费","入学新生除办理注册手续外,须交纳保证金二十圆","本大学学生所交纳之保证金于毕业(或病故)时发还,但自请退学或因故由学校令其退学者,已交纳之保证金概不退还。"

全国各地的师范学校一律不收学宿费。

2. 30 年代教会大学的学费

我又查阅到 1934 年修订的《燕京大学本科教务通则》中关于纳费的规定:

本大学生,每学期须于注册时,依照下列费用表纳费——

本科正式生学费　　五十五圆

特别生附习生学费每学分　　五圆

(学生以学分为交学费标准者,每学期至少需交学费十五圆)

宿舍费(电,炉,水等)　　二十圆

医术费(药费另计)　　二圆

体育费　　二圆

杂费　　二圆

这就是说,30 年代燕京大学本科正式生的学费每学期银洋 81 圆,每年

162圆。

此外一些著名的教会大学，如北平辅仁大学，上海圣约翰大学、沪江大学，以及广州岭南大学的学费，跟燕京基本上一样，每年大约160银圆。

3. 30年代私立大学的学费

我还查阅到私立天津南开大学的学费。据吴大猷教授回忆："南开的经费，学宿费为一主要来源。学费每年六十圆，宿费两学期三十圆（每年共须交费九十圆），这与国立大学（如北大）之学费每年约二十圆钱，自是很高的；但与教会大学（如燕京岭南等）比较，则是平民化的了。"

北平市私立平民大学学费第一学期26银圆，第二学期25银圆，每年共51银圆；

私立北平铁路大学（私立铁道学院）学费每学期29圆，每年58圆。

又，1934年制订的《私立中法大学组织大纲》规定："本大学本科学生每年应该纳下列各费（甲）学费全年三十圆，分两学期交纳，每学期各十五圆；（乙）实验费每学期五圆，不足补交，有余退还。此外，须交纳保证金十圆。"这个学校是由留法预科改办的，不必住宿，所以学费比较低，合计大约45圆。

1933年制订的《北平私立朝阳学院学则》规定：各科系学生每年纳费如下：学宿费52圆，讲义费10圆，图书费2圆，制服费2圆，体育费2圆，新生入学费2圆，杂费1圆，共计交费71银圆。

1934—1936年上海市最著名的四所私立大学，被公认为学费比较昂贵，因为当时上海的生活水平为全国最高，复旦、光华、大同、大夏，所收学费如下——

复旦大学每年学费100银圆；光华大学每学期学费50银圆，每年100银圆；大同大学每学期学费60银圆，每年120银圆；大夏大学每学期学费45银圆，每年90银圆（以上如住校另收宿费）。

总之，在30年代我国的大学收费情况大致分为3种：国立大学每年约22至40银圆，师范类甚至不收学费；私立大学每年约45至120银圆不等，中间数约为90银圆；教会大学每年约160银圆。

学费占平民家庭收入的份额

30年代我国民众各阶层的收入情况又是如何呢？

根据 1929—1930 年进行的社会调查报告《上海市工人生活程度》所提供的数据，30 年代初，一个典型的工人四口之家每年平均生活费为 454 银圆。

当时普通工人的月工资通常为 16 至 33 银圆之间，平均约为 22 银圆；每个家庭必须有两个人同时做工方能维持生计。所以，一般劳动人民家庭若要供一个孩子上大学，只能是国立大学，如北大、清华、交大、北师大等等，或免费的师范院校。30 年代北京大学、交通大学、清华大学和北师大有许多大学生来自劳动人民和小市民家庭，这已经是众所周知的史实。

而私立大学或“贵族化”的教会大学，对于工农子弟说来确实是上不起的。特殊情况如清贫的青年周恩来能上天津南开大学，是因为减免学费的缘故。

30 年代，公立大学的学费占平民百姓家庭生活费的份额大约 5%—10%，或者相当于一个工人一两个月的平均工资。而贵族化的“教会大学”的学费占平民家庭生活费的份额为 35%，即三分之一；或者说，教会大学的昂贵学费相当于一个普通工人年工资的三分之二。怪不得当时有人说，教会学校是培养“高等华人”和“精神贵族”的温房，而北大、北师大则洋溢着“平民意识”。这是足以引发我们深思的。

30 年代大学毕业生的起点月薪一般为 50 银圆；待遇高的可以拿到 80 银圆。一般从事脑力劳动自食其力的知识阶层，如中学教员、工程师、记者、编辑、职员等等，月薪在 100 至 200 银圆之间。大学教授平均月薪为 350 银圆；一级教授最高月薪可达 500—600 银圆。

这些人群组成社会的“中间阶层”或者叫做白领劳动的“中产阶级”，鲁迅在《二心集序言》里面就认为自己属于“中产的知识阶级分子”(参看《鲁迅全集》第 4 卷 151 页)，他们正是劳动人民的重要组成部分。

当时我国的大学生们多数来自这样的中间阶层。原因之一，是这个阶层热爱知识，并且以他们所掌握的知识为社会服务；原因之二，是他们的劳动所得能够保障子女从小学到大学的全部学费，一般说来，大学学费不高于他们一个月的薪金。他们中间，收入稍低的可以把子女送入国立大学，收入较高的可以把子女送入私立大学。我曾经统计分析了当时许多高等院校的大学生家庭经济状况，得出了这样的结论。因篇幅所限，兹不赘述。

从货币购买力看大学学费

为了便于将不同历史时期的社会经济生活作定量的比较分析，经济学家和社会学家们早就提出了“生活费”、“生活程度”、“物价指数”和“货币购买力”等科学概念。

我在前些年所作的《文化人的经济生活》专题研究中，由统计数据计算出：30年代，银圆1圆对于日常生活用品的购买力，约相当于1997年的人民币30元。

这个基本换算率，已经得到一些学者的认同。

举几个形象的例子：在30年代，1块银圆可以买6斤好猪肉，或20张公园门票，或两本不太厚的书；在北平1块银圆足可以请客涮羊肉，在上海1块银圆可以买两份西餐。最豪华剧院的入场券为2银圆，梅兰芳等“国剧大师”的票价为1银圆；一般电影票价为2角—8角银圆。读者很容易把这些价格与今天的情况作一参照。

如此说来，在30年代公立大学每年需约22银圆的学费，相当于今日的人民币660元；私立大学每年约90银圆的学费，相当于今日的人民币2700元；“贵族大学”每年约160银圆的学费，相当于今日的人民币4800元。

又，据新华社消息，教育部门发出通知：“从2000年9月新学年起，对北京地区高校年度学费标准进行上调，最高上限上浮20%，一般专业一般高校为每年4200元，重点院校为5000元；理工科专业一般高校为4600元，重点院校为5500元；外语、医科类专业一般高校为5000元，重点院校为6000元。师范、体育、农林、航海、民族专业等享受国家专业奖学金的学生免缴学费。”

那么我国目前人民收入状况如何呢？据报刊资料，14家调查机构在北京、上海、广州、深圳等14座大城市进行的一项社会调查显示：2000年我国大城市人均月收入821元，人均年收入9850元。以标准家庭三口人推算，这14座大城市家庭每年平均收入为29550元。又据专家的估算，以上数字可能比实际情况偏高。

还有一个统计资料是有关“我国两亿城镇居民”收入状况的。国家统计局公布：

1999年我国两亿城镇居民人均月收入491元，人均年收入5888元。根据“十五”规划，要到2005年我国城镇居民人均月收入将达到666元，人均年收入将达到8000元。

这就是说，我国2000学年的大学学费，相当于14个相对发达的大城市人均年收入的一半甚至更多，而达到两亿城镇居民人均年收入的80%—90%以上。国立大学的学费占据市民家庭生活费份额的六分之一到三分之一；或者说，目前我国大学的学费至少相当于普通职工4—8个月的工资。这样沉重的负担，在社会主义初级阶段，难道可以说是合情合理的吗？（至于广大农村人口的人均收入状况，肯定比城市差得远，但因为缺乏可靠的统计资料，本书暂不讨论。）

由此看来，大多数市民家庭为子女上大学的学费问题而苦恼、而发愁、而焦虑，是应该给予高度同情、高度重视的。

这样严重的社会问题，如何方能得到缓解呢？我的初步建议包括四个方面：

（一）切实提高工薪阶层按劳取酬的实际货币收入；

（二）大幅度地、迅速地提高国家教育经费，从而有效地降低大学学费；

（三）大力发展和加强奖学金制度，鼓励优秀学生；

（四）对于贫困学生、特别是贫苦农民子弟实行有效的助学金政策，等等。

现实可行的目标是：把国立大学的学费占平民百姓家庭生活费的份额降低到5%—10%，或者相当于一个工人两三个月的平均工资。而这个要求，也正是回到30年代一些大中城市如上海、南京、北平、天津的水平；在历史上曾经达到过，在今天也一定可以达到的。

以上这些研究和思考，不一定妥当全面。但事关国计民生，事关中华民族的未来以引起大家的讨论和关注。

20世纪30年代北平的中学生活

——方成求学生活记

方成原名孙顺潮（母亲姓方），1918年生于北京。在家里是第四个孩子，上有两个哥哥和一个姐姐。童年时由母亲带他和弟弟到老家广东省香山县（今中山市）农村。

1927年秋他9岁时，母亲带他和弟弟回到北平进小学读书。父亲孙笑平的职务是平绥（北平到绥远，即今内蒙古的包头）铁路局文牍课课员，当时在铁路局工作号称“铁饭碗”。父亲月薪国币120圆（约合今人民币4000多元），属中间阶层偏下的经济地位。家住西四牌楼附近一个四合院，房租每月12圆。家里八口，有父母及其六个孩子，雇佣一个老妈子（保姆）每月工资3圆，小妹妹还用奶妈。家境小康。

二哥教他用北京话念书。1928年孙顺潮进入铭贤小学（在西城区礼士路胡同）在四年级插班。

30年代北平一户普通人家每月生活费平均约国币30圆（合今人民币1000元左右）就够用了。又据邓云乡说：当时北平“四口之家，每月十二圆伙食费，足可维持小康水平。”标准家庭（平均五口人）的贫困线定为每月10圆以下。中等人家，每月日常生活费80圆（合今人民币2400元）显得很宽裕。

孙顺潮上初中时，家里迁居到西四牌楼东边的大拐棒胡同1号四合院，北房是木结构的两层楼，孙家住在楼上。因为父亲图上班近，平绥铁路局就在砖塔胡同。有次他花10大枚（合4分多钱）买门票去逛北海公园，站在白塔上就可以看见自家的两层楼房。

当时居民一般还没有自来水，都买水吃。挑水的、推水车的到各家去卖，那是谁也离不开的。买菜也很方便，菜农挑着菜在胡同里转悠，主妇们一听吆喝，出门就买。大白菜、萝卜、土豆这“老三样”特别便宜，几个铜子儿一斤。一块钱可以买七八斤猪肉。

孙顺潮在市立第三中学上初中，家里每天给他一毛（角）钱。当时一毛钱换48个小铜子儿，叫做“四十八枚”；或24个大铜板，叫做“二十四大枚”。他早晨在西安市场茶馆门外花两大枚（合不到1分钱）买一碗豆浆、一套烧饼果子当早点，中午在学校附近的小饭铺花20大枚（约8分钱）买一份烩饼或炒饼，高汤是白送的。此外如馄饨每碗5大枚，约2分钱，合今人民币7角。

1933年父亲被辞退，只好回广东谋生。方成和二哥两人留在北平上学，寄宿在学校，由叔父照顾。二哥在北平大学工学院念书，校址在端王府夹道，学生285人，学费每年20圆。学生食堂的伙食费每月6圆，合每天两毛钱；如果不喜欢食堂，那么个人在饭店包伙每月10来圆，四菜一汤。

孙顺潮升高中进了私立弘达中学二院，校址在月坛。这是一所著名的住宿学校，学宿杂费每年 32 圆，合今人民币 1000 元左右。从学校出来，乘坐洋车（东洋传来的人力车）从月坛到西单商场，车钱只要 16 大枚（合 7 分半）。

当时城里公共交通工具是有轨电车，新派的学生们经常乘坐，电车票比人力车便宜。方成幽默地说：有轨电车司机要听卖票的吹一声哨子才开车，所以有句俏皮话："老太太上电车，您先别吹！"

上高中时，学校食堂是包给厨师的，吃饭记账，每人一个小折子，吃一回记一回。校外的小饭铺也一样，只需花 1 块钱买个折子，吃上 3 块 5 块都欠着，满一个月或到放寒暑假前才结账。中学生每月有 5 块钱就够了（合今人民币 150 元）。

那时许多店铺习惯于做记账的买卖。方成记得父亲下班以后路过四牌楼下面一家"隆景和"食品店买糕点，可以记账；路过海鲜铺子买鱼虾，如黄鱼、比目鱼、黄鳝、白鳝这些家常菜，都是记账。

高中毕业后，为了考大学，他住进二龙坑宏仁公寓，每月房租加包伙费一共 10 圆左右（合今人民币 300 元）。据记载还有十来个公寓，如会贤公寓在西河沿路南，房租饭钱每月 13 圆。在那些公寓住宿的多是全国各地来北平报考学校的青年人。他那时忙于准备考大学，休息时偶尔也去看电影、听京戏，一张电影票 2 角钱。

1936 年夏天，方成考取武汉大学，离开北平。

20 世纪 30 年代北平专科和中等学校的费用

专科和职业学校

国立北平艺术专科学校，学费每学期 10 圆，杂费、制服费 17 圆。学生 173 人。校址在前京畿道 18 号。

北平女子西洋画学校，学费 28 圆，杂费 2 圆。学生 50 人。校址在东城无量大人胡同 4 号。

中国戏曲音乐学院戏曲学校（原名北平戏曲专科学校，1931 年 7 月改中华戏曲专科学校，1934 年 10 月改此名），报名费 1 圆，注册费 1 圆，其余均由学校供给膳食等。学生 170 人。校址在崇文门外木厂胡同 4 号。

青年会育才商业专门学校，学费 47 圆。学生 397 人。校址在马大人胡同。

北平法律函授学校，学费、讲义 24 圆，女生减收 17 圆。学生 441 人。校址在宣武门内受水河流甲 1 号。

北平国文专科学校，学费初级每月 1 圆 2 角，高级 2 圆 2 角。学生 25 人。校址在交道口南菊儿胡同。

北平华英打字学校，华文打字全期 12 圆，英文打字全期 6 圆。学生 20 人。校址在北新桥褡裢坑 39 号。

新声英文日夜学校，学费每学期 12 圆。学生 96 人。校址在菜厂胡同。

北平中央银行簿记学校，每月学费 5 圆。学生每班 30 人。校址在朝阳门内南小街老君堂 67 号。

较著名的中学

市立第四中学，学费 10 圆，寄宿费 7 圆，体育费 2 圆，制服费 5 圆，杂费 3 圆，膳食费约 5 圆。学生 428 人。校址在西什库后库 4 号。

市立第五中学，免收学杂费；体育费高中 4 圆，初中 2 圆。学生 323 人。校址在北新桥方家胡同。

北平弘达中学，学费初中 26 圆，高中 32 圆。学生 1200 人。校址在西单新皮库胡同 13 号。

北平华北中学，学费初中 23 圆，高中 29 圆。学生 450 人。校址在南长街南口内路西。

北平大同中学，由北京大学师生创办。学杂费初中 24 圆，高中 28 圆。学生 596 人。校址在东城外交部街。

北平崇实中学，学费高中 35 圆，初中 30 圆。学生 350 人。校址在安定门内大三条。

孔教中学，学杂费每学期 18 圆。学生 123 人。校址在西单北甘石桥。

还有几所著名的女子中学：

笃志女子中学，教会学校，由中华圣公会设立。学费每季高中 20 圆，初中 18 圆，高小 14 圆，初小 8 圆。学生 296 人。校址在前王公厂。

贝满女子中学，教会学校，由美基督教公理会设立。学费每学期 25 圆。学生 560 人。校址在东城灯市口。

崇慈女子中学，学费高中 19 圆，初中 17 圆，小学 8 圆，幼稚园 5 圆。学生 520 人。校址在安定门内下二条。

华光女子中学，学费高中 37 圆，初中 27 圆，寄宿费 15 圆。学生 143 人。校址在西单北前英子胡同甲 6 号。

中小学教员的待遇

中华民国成立以后，教育部在蔡元培主持下，于 1912 年 1 月 19 日颁布《普通教育暂行办法》，将清朝的“学堂”改称“学校”，将学堂监督改称“校长”。规定全国小学实行义务教育，可男女同校，国立小学学费全免。中学为普通教育。

1912 年 7 月在北京召开临时教育会议，重新制定学制，称为“壬子学制”，规定初等教育 7 年(初小 4 年、高小 3 年)，中学 4 年。一开始对于中小学教员的薪水标准，尚无明文规定。当时全国的中小学教育经费经常得不到保障，时有时无，时多时少。各中小学校的教员待遇不同，一般采用“时薪制”，依照讲授的课时付给薪水。

广州市的薪水标准比北方地区高。1921 年 1 月广州市政府规定小学教员的工薪分为 9 级，最低月薪为 36 银圆；通常任满 3 年晋升 1 级，递加额度 10%，最高可达 125 银圆；到 1926 年又规定最低月薪 40 银圆，每年晋升一级，递加额度为 7 元 5 角。

当时 1 银圆的购买力大约相当于今人民币 40 元。

1921 年 10 月，全国教育联合会第七届年会在广州举行，提出了改革学制的新方案，这时创办的执信中学首先试行；取得经验后，教育部即于 1922 年正式颁布全国施行，通常称为“壬戌学制”或“新学制”，小学 6 年(初小 4 年、高小 2 年)，中学 6 年(初中 3 年、高中 3 年)。

以广州地区说来，1922 年以前旧学制(不分高初中)的时期，每课一小时，每小时薪水 1—2 银圆(相当于今人民币 40—80 元)；

1923 年正式实行新学制后，中学教员待遇明显提高，初中教员每小时薪水 1 元 5 角至 2 元 5 角(相当于今人民币 60—100 元)；高中教员每小时薪水 2—3 银圆(相当于今人民币 80—120 元)。

1932年实行教(课)训(练)合一制,中学教员待遇改为以"月薪"计算。规定:

初中教员每周任课18—22节(每节课45分钟),月薪60—80银圆,约合今人民币1800—2400元;

高中教员每周任课16—20节,月薪80—120银圆,约合今人民币2400—4800元。

私立学校和兼任教员的薪水,参照公立学校的办法,但仍以每周任课时数计算报酬(当时1银圆约合今人民币30元)。

抗日战争初期,广东各机关公务员和学校教员,一律按照原薪8成发给,称为"国难薪"。1938年10月21日广州沦陷,物价逐步上涨。起初教育界采用发给"生活补助费"的办法加以弥补。但到抗战后期,提高薪水和发给生活补助费的速度,远远赶不上物价飞涨的速度。因此公立学校按家属人口数补助免费大米,私立学校则向学生家长征收"学米"补助教职员工。沦陷区老百姓跟内地一样,挣扎在水深火热之中。

20 世纪 30 年代北平文化人

60 年前文化万元户

改革开放初期的 20 世纪 80 年代说是“让一部分人先富起来”，例如乡镇企业和商贩、个体户先富起来，发明了一个新名词叫做“万元户”。那时人民币 1 万元，按照实际购买力相当于今天十几万元。目前的文化人，达到那样水平的还不多。

根据史料查明，早在 20—30 年代，北京、上海等地也有一部分人先富起来，就是相当多的学者教授成为当时货真价实的“万元户”。

20 年代初北京大学的专任教授月薪分三级：最高 280 银圆（大洋），约合今人民币 12000 元；次高 260 银圆；最低的教授月薪 240 银圆，约合今人民币一万元；当时北大教授约 80 名。讲师并非专任，不领固定的月薪，而是在北大讲堂兼任讲师，按授课钟点每小时 5 银圆计算，如果每周 8—10 小时，收入也可达每月 160—200 银圆，约合今人民币 6000—8000 元。第三类学者资历浅，收入起点较低，是刚毕业不久的大学生担任助教者，不授课，只在系里担任指定的助理工作。月薪 50—100 银圆之间，约合今人民币 2000—4000元。一般也可以兼职、写作以增加收入。20—30 年代抗战前仍通行银币，1936

年以后才只用纸币(法币)。

1927年6月公布了《大学教员资格条例》20条及《大学教员薪俸表》规定:教授一级月俸国币500银圆,约合今人民币17000元,二级教授450圆,三级教授月俸400圆。副教授一级月俸340银圆,约合今人民币12000元,二级副教授320圆,三级副教授300圆。讲师一级月俸260元,约合今人民币9000元,二级讲师240圆,三级讲师220圆。助教一级月俸180银圆,约合今人民币6000元,二级助教月俸160圆,三级助教月俸140圆(根据《大学院公报》第一年第一期)。这比五年前大为增长,而物价仍保持稳定,所以学者们待遇更高了。

到了30年代,教授的数量和薪金都显著增加。胡适之担任北京大学文学院长兼中文系主任,月薪600银圆;加上稿酬版税收入,他成了"文化万元户"的头面人物。其他如刘半农、罗常培、周作人、朱自清、闻一多、陈寅恪、俞平伯、杨树达、钱玄同、黎锦熙、郭绍虞、陆侃如均收入不菲。学者常有兼职,例如陈垣教授兼职所得月收入达1500银圆(合今人民币5万元),这样的"文化万元户"不胜枚举。

国立清华大学提供给教授们的住宅是优惠的。学生的待遇也不错。据曹禺回忆:30年代清华研究院的研究生,每月有30银圆生活费(合今人民币1000元),"足够你开销的。真要是沉下心来做学问,是一个很好的地方"。曹禺又说,他在1933年夏天从北平清华大学西语文学系毕业时,有人问他是否愿意去保定教书,月薪240银圆(约合今人民币8000元)。可见当时清华毕业生待遇之高。

1931年清华大学算学系主任熊庆来教授看到上海《科学》杂志上发表了一篇华罗庚关于五次方程不可解的论文(当时年方20岁的华罗庚在一所中学当会计),就想聘用华罗庚。但是华只有初中学历,只好在算学系担任行政助理,月薪40银圆(合今人民币1200元),此后在清华5年内发表了十几篇数学论文。第二年成为助教,月薪80银圆(合今人民币2400元);第四年升级为教员,给一年级学生上微积分课程,月薪120银圆(合今人民币3600元);1936年华罗庚得到中华文学教育基金会乙种资助金1200美元(相当于法币4000元,今人民币120000元),去英国剑桥大学留学深造。

据黄宗江回忆,他的父亲黄曾铭20年代从日本留学归国后在北京担任电话工程师,30 年代初的月薪 300 余圆。阮若珊的父亲阮慕韩 1931 年从日本庆应大学毕业后归国在北平担任大学教授,月薪 200 多圆。她说:"一二·九学生运动时,父亲和杨秀峰、黄松龄、张申府、张友渔等都是有名的红色教授。"(参看阮若珊《我的良人》)

30 年代中国学者在北平的收入,跟在美国的工作相比是差不多的。例如 1938 年 7 月 27 日周一良在给北平谭其骧的信中说:"持宇(陈注:邓嗣禹,1937 年赴美国)最后为外人治清史,年酬 600 圆,兼领哈佛燕京资金 500 圆,尚须为《亚洲学报》任译事,年得 250 圆(陈注:总共 1350 圆),生活当无可虑。"这有代表性,也就是中国留学生在美国哈佛大学进修月收入 120 圆,和北平燕京大学的助教相似。所以"学成归国"是顺理成章、自然而然的事情。

我还可以提供几个史料作为参照:30 年代北平公立和私立中学教员的月薪约为 100—200 圆;高、初中都教的教员,以及主要课程国文、英语、算学教员,月薪则在 200 圆以上。而学校行政人员月薪为 50—100 圆。勤杂人员月工资 30—40 圆;小商贩和粗工等 10—20 圆,厨师和招待 8—12 圆。不知何为脑体倒挂。(陈注:20 年代初银圆或国币 1 圆合今人民币 40 元;30 年代国币 1 圆合今人民币 30—35 元。)

花费了很多工夫查阅、核实、分析了上述史料,我心想:难怪当时到欧美日本进修的中国留学生得到硕士、博士学位后大多回国报效中华文化事业,人才、特别是高级人才不外流。

1. 顾颉刚

顾颉刚,1893 年 5 月生于江苏省苏州。1913 年考入北京大学,1920 年毕业,时年 27 岁,担任北大图书馆员,月薪 50 银圆;又帮助胡适之教授编书,每月补贴 30 银圆,共得 80 银圆(相当于今人民币 3200 元),还不算多。1922 年因祖母去世返归苏州老家,不久赴上海商务印书馆编译所做专任编辑,月薪 100 银圆。1924 年回到北京,时年 31 岁,在北大研究所国学门担任助教,月薪 100 银圆;兼任孔德学校教员,月薪 50 银圆,共得 150 银圆(相当于今人民币 6000 元)。而立之年算是初步进入了"中间阶层"。后来到厦门大学任教,月薪 300 圆。

1929 年 9 月,顾颉刚 36 岁时又回北平,在燕京大学就职,搬家到海淀成府蒋家胡同；起初月薪290银圆，第二年增加到320银圆（相当于今人民币1万元）。同时，他婉言谢绝了北京大学让他担任教授月薪450银圆的聘请。

从助教晋升为教授，为时9年。这在当时还算是慢的，当时有一定学位的文化人大约30岁出头最多不到40岁就可以受聘为教授。

1935年北平研究院史学研究会聘顾颉刚为历史组主任研究员，月薪400银圆；他仍兼任燕京大学历史学教授，领取半薪160银圆，月收入共560银圆（约合今人民币2万元）。加上他著述和编辑所得，年收入超过国币1万元（合今人民币30—40万元），进入了“文化万元户”的行列。

为了组织“禹贡学会”，出版《禹贡》半月刊，以及办各种事业，顾颉刚不仅争取社会有关方面的赞助，并且经常捐献自己的薪金。如在1935年，顾颉刚每月收入610银圆（其中北平研究院全薪400银圆，燕京大学半薪160银圆，兼职北大讲师薪金50银圆），他以50银圆捐献《禹贡》，又以160银圆支付出版物的绘图、印图费用。从1934—1936年禹贡学会总共收到捐款4324银圆，其中顾颉刚捐款1500银圆，占三分之一强。

当时北平学术界流传一句话：“北京城（学术界里）有三个老板，一个是胡老板胡适，一个是傅老板傅斯年，一个是顾老板顾颉刚。”他们各拥有一班学者的队伍，好像形成三个学派。其实，胡适之是北京大学文学院长，又掌握中华教育文化基金董事会；傅斯年是中央研究院历史语言研究所所长，各自拥有雄厚的经费。然而顾颉刚除了自己的薪水以外，并没有什么经济基础。他竟然做成了一番文化事业，培养了一支学术力量，真不容易。

1936年夏天，顾颉刚被燕京大学校长司徒雷登聘请为历史学系主任。开学后，他因每日往来于北平研究院与燕京大学之间，两地相距30里，所以购置一辆汽车，每月除汽油费以外，支付司机费20银圆。此时居住在北平城内西皇城根5号。

30年代北平各大学争相聘请著名学者兼课、兼职，并且各支付全薪。有些学者常兼任几个职务，月薪可以达到1500银圆左右。他们生活富有，多用于购买房产等等。但是顾颉刚的兼职所得，完全用于学术事业和培养新人，自己毫无积蓄。

1937年七七事变发生，抗日战争爆发，顾颉刚离开北平。1938年辗转来到重庆，担任中央政治部设计委员，月薪200银圆；又与生活书店签约，编写通俗读物，每月稿酬800银圆。收入甚丰。

1940年顾颉刚在成都主持齐鲁大学国学研究所。这时开始通货膨胀，生活与事业都发生了困难。

2. 谭其骧

谭其骧，1911年2月生于辽宁省沈阳，原籍浙江省嘉兴。1925年考入上海大学社会系。由于家境贫寒，在学期间由谭氏宗族义庄资助100银圆，两位姑母又资助100银圆。1927年又考入上海暨南大学，每月生活费10银圆。1930年被推荐入北平燕京大学研究院。

1932年谭其骧21岁从燕京研究院毕业，被录用为国立北平图书馆的馆员，月薪60银圆。同时，他在辅仁大学历史系兼讲师，教"中国地理沿革史"，每周2点钟(2节)；第二年又在燕京大学兼任同样的课程。上零钟点课程的待遇是每小时5银圆，谭其骧兼课4点钟，每月(除假期)可多收入80银圆。

1935年初，谭其骧辞去了北平图书馆馆员职务，专门教零钟点课程，同时靠著文补充收入，稿酬一般也是千字5银圆，与上一节课相等。这样，他每月可以保证100多银圆到200银圆左右的收入。

谭其骧单身时住在北平图书馆附近的景山涉山门大街宿舍，一间20多平米的房子，月租金5银圆。在食堂吃包饭每月10银圆，有时外出吃小馆子一顿饭几角钱就够了。1936年初谭其骧结婚后租赁四合院有十来间房子，月租金十来银圆。

出门到处有洋车，从景山到东安市场的车资只有3分钱。在北京大学宿舍外面，还有专门在晚上拉到八大胡同的包车，包一夜的代价是5角钱。

谭其骧晚年回忆往事写道："这三年(1932—1935)的图书馆生活，确是我一生中最值得怀念的岁月。"这固然是指学术和交游上的收获，也有感于当时的生活。谭其骧业余的主要享受是吃馆子、听戏(主要是京剧)、逛旧书铺书摊，夏天上公园喝茶谈天。

其间有一段时候谭其骧到广州学海书院任导师(教授)，不久又回北平燕京大学任教。1940年初，他离开北平南下，辗转奔赴贵州青岩浙江大学任教。他刚到大后方时，印象最深的是惊人的通货膨胀。

大学教员资历要求

大学教员的素质和数量,是衡量一个国家教育效能高低的主要标准。民国政府教育部在蔡元培领导下,努力加强师资队伍的建设。

为了保障教员质量,1927 年 6 月大学院成立后,颁布的第一项法规就是《大学教员资格条例》,规定大学教员分教授、副教授、讲师、助教四等,每等又分三级,并同时规定教员薪俸。据我查到的政府历史档案资料,将当时颁布的公文摘录如下:

大学教员资格条例

一九二七年六月十五日　教育行政委员会公布

第一章　名称

第一条　大学教员名称分一、二、三、四四等:一等曰教授,二等曰副教授,三等曰讲师,四等曰助教。

第二条　以上四种名称惟大学之教员得用之。

第二章　资格

甲　助教

第三条　国内外大学毕业,得有学士学位,而有相当成绩者。

第四条　于国学上有研究者。

乙　讲师

第五条　国内外大学毕业,得有硕士学位,而有相当成绩者。

第六条　助教守满一年以上之教务,而有特别成绩者。

第七条　于国学上有贡献者。

丙　副教授

第八条　外国大学研究院研究若干年,得有博士学位,而有相当成绩者。

第九条　讲师满一年以上之教务,而有特别成绩者。

第十条　于国学上有特殊之贡献者。

丁　教授

第十一条　副教授完满二年以上之教务,而有特别成绩者。

第三章　审查

第十二条　凡大学教员均须受审查,审查时,须呈验:

(一)履历,(二)毕业文凭,(三)著作品,(四)服务证书,于审查机关。

第十三条　大学之评议会审查教员资格之机关,审查时由中央教育行政机关派代表一人列席。

第十四条　前项教员之资格审查合格后,由中央教育行政机关认可。给予证书,方为有效。

第四章　附则

第十六条　除国内外国立大学外,其他大学所给予之学位经中央教育行政机关认可方为有效。

第十七条　工程师学位与学士学位或硕士学位相等者,可由大学评议会指定之。

第十八条　国内外大学同等级之学位而取得之度有差别者,可由大学评议会指定之。

第十九条　凡于学术有特别研究而无学历者,经大学之评议会议决,可充大学助教或讲师。

第二十条　大学教员以专任为原则,如有特别情形不能专任时,其薪俸得以钟点计算。

大学教员薪俸(月俸)表(单位:圆)

	教　授	副教授	讲　师	助　教
一级	500	340	260	180
二级	450	320	240	160
三级	400	300	220	140

(上表根据《大学教员资格条例》和《大学教员薪俸表》整理,原载《大学院公报》第一年第一期)

这个“大学教员薪俸表”的框架范围,同 1917 年北京政府颁布的《国立大学职员任用及薪俸规程》相比,大学教授一级月薪从 400 银圆增加到 500

银圆,而助教的最低月薪从50银圆增加到140银圆。原分为6级的“正教授”10年后改称为“教授”分三级;原称为“本科教授”的改称为“副教授”;原称为“预科教授”的改称为“讲师”(大致如此,并非完全套用),薪俸标准都有显著的提高。这个方案在《大学院公报》第一年第一期公布后,经过三个月的征求各方意见和讨论修改,到1927年9月又正式公布了修正案,把薪俸标准又加以大幅度提高,现将原文抄录如下——

大学教员薪俸表

一九二七年九月十二日教育行政委员会修正公布

类别	月俸数	类别	月俸数
教授	400至600圆	讲师	160至260圆
副教授	260至400圆	助教	100至160圆

附注

1. 大学教员分为四等:一等曰教授,二等曰副教授,三等曰讲师,四等曰助教。

2. 大学教员之薪俸如上表。

3. 以上各教员之薪俸,得因各大学之经济情形,而酌量增减之,外国教员同。

4. 曾经政府认可或授予大学教员资格,而不在大学服务者,不支薪俸。(引自《教育法令汇编》第1辑,教育部编,商务印书馆1936年10月3版。)

[附录]**大学及独立学院教员聘任待遇暂行规程**(抗战初期)

第一条　大学及独立学院教员之聘任及待遇依照本规程办理。

第二条　大学及独立学院聘请教员,应按照教员审查合格之等别聘任之。

各校聘请教员时,得验其审查合格之证书。

第三条　教员资格等别,未经审查核定者,得于聘任后输审查手续;但此项任期不超过一年。

第四条　大学及独立学院教员之聘任期间:第一次试聘一年,第二次续聘一年,以后每次续聘为二年,各于聘约载明之。

第五条　各校应于每学年开始两个月内,造具教员名册呈报。

教育部审核务案名册,应报项目另定之。

第六条　在教员聘约有效期间,除违反聘约之规定外,非有重大事故,经呈准教育部者,学校不得解除教员之聘约。

第七条　在教员聘约有效期间,教员欲辞职者,须于辞职三个月前提出,经学校同意后,于学年终了时方可解除职务。

第八条　大学及独立学院专任教员薪俸暂定如下:

	第一级	第二级	第三级	第四级	第五级	第六级	第七级	第八级	第九级
助　教	160	140	120	110	100	90	80		
讲　师	260	240	220	200	180	160	140		
副教授	360	340	320	300	280	260	240		
教　授	600	560	520	480	440	440	370	340	320

第九条　大学及独立学院初任教员以自最低级起薪为原则,曾任教员或有特殊情形者得酌自较高级起薪,其任教著有成绩者由学校得酌予晋级。

第十条　第八条及第九条所规定教员薪俸,各校得斟酌学科需要及当地生活程度与本校经济状况,酌量增减。

第十一条　教员以专任为原则,应于学校办公时间在校服务。教授副教授讲师授课时间每周以九小时至十二小时为率,不满九小时者照兼任待遇。但担任行政事务或实际上须以充分时间从事实验或研究,经学校允许,得酌量减少授课时间。

教学实验之时间,以两小时作一小时计算。

第十二条　专任教员不得在校外兼课或兼职,但有特别情形兼课学校选商得原校同意者,每周至多得兼课四小时。兼课以与原校所授课目性质相同者为限,兼课薪金并得由原校具领支配。

第十三条　专任教员之薪给概以每年十二个月计算，在校内兼任职务者不另兼薪。

第十四条　兼任教员之待遇标准另定之。

第十五条　教授连续在校服务七年成绩卓著者，得离校考察或研究半年或一年。离校期内仍领原薪，但不得担任其他有给职务。

第十六条　专科学校教员之聘任及待遇，得比照本规程办理，惟教授月薪以第六级为最高额。

第十七条　本规程呈奉行政院备案后施行。（引自教育部编《教育法令》，中华书局1947年5月版。）

20世纪30年代大学生的日常生活

据30年代初、抗日战争前的大学生张孟休、谢兴尧、张中行、柳存仁、朱海涛、邓云乡等人回忆，当时北平一般大学生的生活很简朴，清寒的大学生可以自给自足。

成绩优良的大学生，有希望获得助学金。1936年北大得助学金者83人，名额不算少。全份助学金每年160银圆，丰衣足食毫无问题。即使得不到此项补助，学费一年仅20圆，而学生宿舍免费，最低限度每月只要4—5圆钱便可维持。

大学生的衣着

在北京沙滩红楼和马神庙之间，最流行的是四季可改装的蓝布大褂，短装则以军训制服最通行。

20—30年代北平大学生没有制服。一般大学生穿蓝布长衫上课，是习俗，不是法定，所以少数学生可做西服。他们总是往东安市场选购外衣、长衫，以及内衣、内裤、背心等。蓝布长衫有制成品，衣料是阴丹士林（新染料名）的，试穿合适才付款，时价纸币1圆。量体裁衣，布料结实，不敢丧失信用，两三年穿不坏。一套哔叽料子的西服要卖18圆，加上皮鞋、衬衫总共约30圆。有位大学生做了一套很贵重的西服，浅灰色，纯毛派力司的，要30圆钱，合今人民币约1000元左右。但多数大学生，四季包装不变——蓝布长衫。

大学生的伙食

吃饭的方式任选。包饭便宜些，每月通常自 6 圆到 8 圆，一菜一汤，米饭、馒头管饱。但大学生包伙的还不到十分之一。北大学生食堂只有两所，每所占屋一大间，布置七八张方桌。固定就餐的同学，两处总共不满一百人。西斋包饭费每月 6 圆。也可以先交 7 圆或 8 圆的"押柜钱"立一个折子，随吃随记账，放假前总结账。西斋的食堂，老板据说自光绪年间就包下来了，的确是价廉物美，以小盘小碟小馒头出名。馒头两个对粘在一起，不知怎么蒸的。素菜 4 分一碟，很好的荤菜 8 分一盘。因为碟小，所以可多叫几样，不像别家大盘的单调又浪费。三院有他的分号。但包饭确有不便处，譬如住在三院，每天到一里路外的一院上课，或一里半外的二院去做实验；更何况有时还到更远的北平图书馆去，赶回来的车钱就够在外面吃一顿了。

谢兴尧回忆说：北大红楼即文科第一院所在的汉花园，有学生宿舍东斋，东边"便宜居"饭馆，是四川人开的，那里的包饭每月 9 圆，每餐合 1 角 5 分，还可吃米粉肉、炒肝尖等荤菜，总是两荤一汤，至今思之，不禁神往。如果常去北平图书馆，定会在那桌子擦洗得发亮的食堂（称得起模范食堂！）内享受那 2 角钱一顿的两菜一汤，大蒸糕和米饭。

在大学附近，零吃方便而价廉。最便宜的一餐 1 角钱也可果腹。刻苦的学生，只要自己笔下能写，或者在中学教几点钟的课程，或者弄到家馆（家庭教师），他可以不靠父母供给，生活也不至于恐慌。

沙滩红楼周围的小饭馆星罗棋布，不下二三十处。自西往东：有二院对面的华顺居，景山东街东口内路北的德胜斋（回民或称教门馆子），东斋北侧的海泉居，斜对面的林盛居，沙滩西端路南的切面铺，一院对面的川菜馆。此外江苏馆，湖南馆，北方馆应有尽有。

海泉居最贵的一道拿手好菜是"炒腰花儿"，一客 4 角钱。普通客饭一荤菜（如特色菜"张先生豆腐"之类）一汤，花卷米饭管够，卖 1 角 5 分至 1 角 8 分，已经很不错。面食更便宜。10 个水饺 4 分钱；10 个肉馅饼 8 分钱；最经济的是三碗面皮 6 分。

脍炙人口的是德胜斋的烧饼和炖牛肉，切面铺的烙饼和肉片熬白菜豆腐，林盛居的张先生豆腐。30 年代的北平饭馆，以姓氏命名的美食有三种：张先生豆腐，马先生汤，胡博士鱼。据《石屋余渖》自述，中山公园长美轩的马先生汤为马叙伦首创。胡博士鱼传说为胡适之所创,在王府井的承华园(后改名安福楼),其法为鲤鱼切丁,加三鲜细料熬成鱼羹。至于张先生豆腐是沙滩一带的名菜,几乎家家有,而不见于其他地方。菜里有笋片,推想首创者张先生是南方人,公认美味,1角6分一盘。

还有另外一种吃法。如果没有课,在学生宿舍看书不愿出门时,每每拿一角钱叫工友出去买10个包子或烙两张饼加葱花麻酱,分外节省时间,还香了一屋子。

大学生有时出去改善生活,可以到西单,甚至前门外,实际上常往东安市场,因为离得近,还可买其他用品。东安市场饭馆不少,高档次的有森隆、五芳斋,低档次的有春元楼、俊山馆等,中等偏上的有润明楼和东来顺。到润明楼,吃豆沙馅包、红烧肉条,很美。最常进的是东来顺,它生意做得活,比如20个羊肉饺子8分钱,加一碗小米粥1分钱,共9分钱。羊馅饼或牛肉饼,1角多钱,很好吃。再提高些,三四好友登楼喝几两,下酒之菜酥鱼、酱肉腱子各一盘,价钱都是1角6分;料上等,工细致,味道绝美。还有几分钱一碗的酸辣汤(内有鸡血条和豆腐条)和不要钱的高汤,上好的是鸡鸭汤撒豆苗,可惜后来绝种了。秋天涮羊肉上市,东来顺楼上挤满了学生,1圆钱可开一桌,饱餐"涮锅子"。又鲜又嫩的羊肉,物美价廉,人人倾心向往。前门外致美斋是有名的美食馆子,10人聚餐,总共花费只有10圆左右,平均每人摊1块银圆,很满意的享受。(陈注:据1940年12月《宇宙风乙刊》第34期,1944年1月《天地》杂志第4期,1944年10月《东方杂志》40卷20号等史料整理。)

大学生租房自住,还可以自做自吃;但人数不多。北京有一句俗话:千算万算,不如起火做饭。30年代物价低,香油与上等鲜猪肉等价,都是1圆钱4斤半,或每千克4角4分。比如三四个人吃炸酱面,自做肉丁炸酱一碗,5分钱就够了。红烧肉3斤下锅,成本不到1块银圆。缺点是要自付劳力,太费时间。

早点则有三种吃法。上等的在一院红楼对过吃那5分钱一件的西点,喝牛奶可加糖。中等的在西斋对过面包铺喝豆浆或西米粥,吃豆沙、山楂馅儿面包。下等的在沙滩路口,有一位和善老头挑担子卖3大枚一碗的杏仁茶,这浓腻香甜的杏仁茶啊,配着那才炸出来的焦黄果子夹热烧饼,它点缀着北平,点缀着大学。

周末逛商场和戏院

星期六或星期日的下午,在东安市场里、丹桂商场的书摊上,有不少大学生沉迷在书堆里翻来翻去,犹如发掘宝藏一般。

有些学生却似毫无目的地在市场的人群中闲逛,那里有馥郁的香气使人陶醉,珠光宝影使人目迷;还有婉转缠绵的大鼓书,锣鼓喧天的京戏;有咖啡馆,有弹子房,有棋社……

北平影戏院也不少,有真光、光陆、平安、飞仙……学生影迷,每当星期假日都争先恐后在那里钻动着。

大学生的住宿

老北大有多处宿舍,登记后听候分配,不久就可以得到。住学校宿舍有优越性,不花钱,没有飘零之感。宿舍也可以分级别,评家的标准是两个:一是宽敞或拥挤;二是方便不方便(上课、吃饭等)。女生少,住宿也就形成女尊男卑,突出的表现是女生一个占一间,男生就不成。

录取之后、分得宿舍之前,有一段时间只能住"公寓"这种专为学生准备的特殊形式的住所。它的性质不同于旅店的贵,住客常来常往,公寓则以月计,价钱便宜,如果不见异思迁,可以连续住几年。租民房,北京有不成文法,要成"家",至少夫妻两个,房租也以月计,要有铺保(某商店担保能准时交租),不管租几间,都是室内空空;公寓则租给单身学生,室内有桌、椅、床等用具,还供应开水,有伙计料理些杂事。显然,学生如果不能挤入宿舍,公寓就成为理想的住所。公寓有明和暗两种。明的挂牌,如银闸北口内路西那一家,门口就有牌匾,曰"大丰公寓"。暗的没有牌匾,经营方式与有牌匾的相同,常在沙滩一带混的人一眼就可以看出。明暗相加,沙滩一带的公寓,总不少于二十家吧,哪里有这样多的学生来往?是因为没有归宿的文化青年不少,都集中在这一带。这样,住公寓,除了每月掏二三圆房租之外,也会带来学校宿舍所没有的好处,一种是私有一室,多有自由;另一种是可以山南海北地交朋友。大丰公寓的主人姓刘,瘦高,严谨,没见过他有装扮的笑容。照料的伙计未成年。房子虽然在街西,布局却也是坐北向南,分里外两个院子。外院西房最北一间,面对街门,出门右手有老槐一株。

租住民房,因经济能力的大小可以分两类,独院和杂院,北京习惯称后者为大杂院。有能力住独院的是少数，尤其学生；有能力租民房者，也只住杂院。当然这会有多种麻烦，如没有内装修，但也要打扫打扫，窗、顶棚不完整，要糊。清洁了，如果没有家具(包括做饭用具)还要买。都齐备了，迁入，就要间或买米面，买菜，每日围炉，为三餐劳累。幸而北京人情好，杂院人多，总会有精力有余的二大妈来帮忙，至少是闲扯张家长，李家短，听听也不坏。与学校宿舍和公寓相比，住民房是由山林迁往闹市，但正如西谚有云："我也知道清水好，可还是常在浊水里走。"

1931年朱海涛、张中行所住北大宿舍，是离沙滩红楼较远的第三院口工字形楼，但也有优越性，是离东安市场近，吃东来顺，到丹桂商场买书，都方便。在一院和北大三院，都有球场，到冬天，红楼后面还有冰场。

一年级新生的公寓生活维持到11月底，冒着大雪迁入三院为止。

北大三院那时已经调整，除了少数储藏室外，整个划作一年级和研究生的宿舍。指定了乙巳楼(入门正对面的建筑，在网球场边上的)给研究生，其余工字楼等归一年级住。工字楼本来是课堂，房间很大，住上八人至十余人还很宽裕，每人一桌、一榻、一凳、半个书架。不过有一点很特别，屋子里常常纵横交错像演话剧似的挂了许多长长短短高高低低的白布幔，将屋子隔成一小块一小块的单位，这表示北大人一入校就染上了个别发展的气味了。

乙巳楼是上下南北共四间大屋子，各用木板隔出六小间来。每人一间，一个炉子，但板子只隔了一丈来高，上面仍是通的，"鸡犬之声相闻"。大家索性利用这空间，隔着好几间屋子，"打起无线电话"来了。不过这六间房经常总有好几位缺席。

电类用得非常痛快，从公寓老板的压迫下解放出来，像报复似的买了最亮的灯泡点，亮得怕伤眼睛，于是高高地吊起它来。熄灯在每晚12点钟。

厕所却不敢恭维。盥洗室较可满意，在工字楼地下室，有冷热自来水，可以自己取用，不必像在西斋那样老爷味十足地喊，"茶保，打水"！

到季节时，三院的网球场上生意很好，但背后大操场上却很少见人打球。住三院的同学，真正的活动中心还是在大红楼。操场旁那座礼堂，一到开会时，雄赳赳的纠察队拦住三院门，更有时包围圈外再有大包围圈(北平市警察、宪兵和二十九军的官兵)。那回纪念郭清的棺材就是推倒了操场的墙，才从孔德小学的大门突破包围抬到南池子口的。

正统典型的北大宿舍却不是三院，而是东、西斋。东斋的院子不大，房舍较小，格式很简单，一排排或朝南，或朝北，都是一房间住两个人。位置在一院西墙外，大门也是向西开的。房间比较小，两人住勉强还算舒适。仍是白被单中悬，隔成两个转不过身来的狭窄长间，但房主人却以此为快。据说有同屋四年，见面只点点头儿，一句话没说过的。

西斋在二院旁有极深的过道，两边一排排的房子分作大、地、幺、黄等字号。房间较大，在新宿舍未完成前，是最好的房子了，也是一间两人。这里隔离的工具却是大书架。门背后就是古色古香的大尿桶。从过道一直进去，可到食堂。

北大的公寓生活向来是有名的，但自从民国二十四年(1935)秋，红楼以北的椅子胡同新宿舍“新四斋”完成以后，除了有特殊原因者外，很少有住公寓的人了。新四斋楼房，男女都是一人一间。

蒋梦麟校长为新宿舍费了不少心血。这楼完成之后，北大宿舍乃压倒了燕京、清华。这是四层楼立体式的钢骨水泥建筑，在一院空场的最北头，远看像兵营。里面的格局也很特别，口字形缺了一面半，当中圈住一个空场，楼内自上而下纵切而隔成各不相通的八部分，各有一座精致的楼梯，里面每层七八间，十分适合北大爱好个别发展的胃口。更妙的是一人一屋，偿了几十年来北大同学求隔离的宿愿。每屋附有一小间放箱子挂衣服的暗室。热水汀、弹簧锁，家具摩登舒适，使你完全忘了这是老北大。每一层有一间盥洗室，冷热水管，应有尽有；大小便抽水设备不必说，还分成了坐桶和蹲坑两式，于是“南北咸宜”。光线明亮，空气清洁，一切卫生条件都具备了。够资格享这福的是四年级毕业班。

中国的“拉丁区”

法国巴黎有一个著名的“拉丁区”，是那些“物质贫困、精神富足”的大学生们聚居之处。北京沙滩附近号称为“中国的拉丁区”，这一带有许多小公寓，住着一些不知名的学人，他们大多是北京大学的学生或旁听生。这些小公寓通常是个不太大的四合院，院子里种上点鸡冠花或者牵牛花之类，甚至有口金鱼缸，但多半是并不十分幽美的。正房厢房都分隔成几个小间，里面一副铺板，一张小书桌，两把凳子，洗脸架，还有个小书架。地上铺着大小不一的砖，墙上深一块淡一块，裱糊着发黄的白纸，衬着那单薄、褪色的木器，在16烛的灯光下倒也调和。公寓的钟通常比学校的快半点，这样，老板娘夜间好早点关电门。

这里物质环境保存着京师大学堂的原状：不干净的茅房，雨季从墙里面往外渗的霉气，每天早晨你得拉开嗓门喊"茶房！打水！"但是先后有过几万人不远千里来到北京，住到这19世纪的公寓里，恋恋地住了一年、两年，甚至三年、四年，直到迫不得已，才恋恋不舍地离开。著名的三老胡同就是沙滩附近的东老、中老、西老三条小胡同，布满了公寓。在20—30年代，如果你第一次到北京，冬天的半夜里出了前门火车站，坐着辆洋车在漆黑中摸索到一位朋友住的公寓里，轻轻地推开门，就会见到小小的房，小小的煤炉已经只剩下一点烬火，万籁俱寂，一支短短的洋烛，伴着那位朋友伏案疾书。这幅图画会给你留下一个永世不灭的印象。

多少无名学者在这里埋头苦学。当时这是一个理想的学习场所，公寓的房钱，好一点的4—5圆钱够了，差一点的1—2圆就成，茶水、电灯、用人、一切在内。吃饭，除附近的便宜小饭馆外还有最便宜者，几分钱就可以吃饱。不远处就是窗明几净的北大图书馆，欢迎你进去。如果你高兴溜达一下崇祯殉国的煤山，宣统出宫的神武门，供玉佛的团城，和积翠堆云的金鳌玉带桥，你可以走进那钉着九九八十一个金黄钉子的朱红大门，踱过那雕龙舞爪的玉石华表，以一位主人翁的姿态进入金碧辉煌的北平图书馆。

最痛快的是求师。北大的学术之门向贫寒的知识青年开放。你可以去听任何一位先生的课，决不会有人来查问你是不是北大的学生，更不会市侩也似的来向你要几块钱一个学分的旁听费；最妙的是所有北大的教授都有着同样博大的风度，决不盘查你的来历。你不但可以听，而且听完了，可以追上去向教授质疑问难，甚至提出论文来请它指正，他一定很实在地带回去，很虚心地看一遍(也许还不止一遍)，到第二堂带来还你，告诉你他的意见。甚至因此赏识你，到处替你揄扬。这种学生是北大极欢迎的，虽然给了个不大好听的名称："偷听生"。

就这样，形成了"拉丁区"最可贵的"区风"——浓厚而不计功利的学术风气。

20 世纪 30 年代北平一般生活费用

据民俗专家金受申先生 30 年代末 40 年代初所写的《北京通》连载文章称:"牡丹每朵花价在十银圆上下,一盆三朵,便是寒家一月生活之费。"(引自金受申《老北京的生活》第 10 页)可见,当时北平一户普通人家每月生活费平均只需要 30 银圆左右(合现在人民币 1000 元左右)。

北平的知识阶层一般比较富裕,四五口之家每月的生活费(伙食、房租、交通、娱乐、应酬等)平均都在百银圆以上。

全国各地到北平求学者,几年后得到一个大学毕业的资格,生活是不犯愁的。初出茅庐的"文学青年"在北平谋生有一定的困难,但往往能获得前辈学者教授的资助,因为他们富余的钱比较多,支援十来块钱,就能解决大问题。

杨沫回忆:1935 年她 21 岁时,和丈夫马健民住在北平一个小四合院里,一间东屋分成里外两部分。马健民在《世界日报》社当一名小职员——校对,月薪 20 多银圆。每月房租 6 银圆,菜金 8 银圆左右,有时花 1 角钱买点儿猪肉(1 银圆可买 7—8 斤五花肉)炒菜吃上两顿。她这时已是中共地下党员,生孩子以后,没有工作,全靠马一人收入维持大小三口简朴的生活,手头比较紧。她有时写几篇文章换取稿费,但是发表的不多。

20 世纪 30 年代北平娱乐场所的票价

30 年代北平最盛行的娱乐享受是"听戏"(欣赏京剧)。大致说来,名角如四大名旦、四大须生的票价是每张 1 银圆左右,当时最红的武生杨小楼,票价 1 圆 2 角。北平戏园子和戏院的票价还分几个档次。

文明茶园

位于前门外西珠市口大街路北,煤市街南口外。票价:戏场散座每人铜子儿 16 枚(合 4 分钱,1 分=4 枚铜子),茶水钱 4 枚(合 1 分钱)。池子内都是圆桌,每桌 1 银圆可坐 6 人,每人约 1 角 6 分钱;茶水和椅垫钱铜子 24 枚(合 6 分),即每人 4 枚。以上说的是楼下男座。二楼座正楼、东西楼大包厢是头等，每间 4 银圆，茶水椅垫 40 枚(合 1 角钱)。二等包厢(靠北边小包厢)每间 3 银圆，茶水椅垫 40 枚。正楼包厢后是正桌，可坐 6 人，每人 30 枚(合 7 分钱)，茶水椅垫钱 24 枚，每人 6 分钱；东西楼包厢后是散座，每人铜子儿 30 枚，茶水椅垫钱 4 枚，合 1 分钱。

也就是说：连戏票带茶钱，最便宜的楼下散座每人 5 分，正桌每人 1 角 7 分，楼上散座每人 9 分；比较贵的楼上包厢，每人 6 角到 1 圆左右。(当时国币 1 圆合今人民币 30 元)

天桥大棚

北京前门大街南面就是天桥。清代以来，有许多贫苦艺人集中在此卖艺，五方杂处，戏园子、杂耍场、书茶馆、落子馆等约 200 多处。这是社会底层的娱乐场所。

30 年代天桥兴建的演艺场有天乐园、小桃园、万盛轩、丹桂茶园、小小戏院等。一般用方木搭架，篱笆抹灰为墙，顶上覆盖瓦棱铁或铅铁板，仍然是棚式结构。可容纳三五百人。棚内一端堆土成戏台，观众席设茶桌长凳，供应茶水、小食品、手巾把，与大戏园子类似。门口设五彩牌楼，进门收钱，开场时铜子 60 枚(合 1 角 5 分)，中轴减为 40 枚(合 1 角)，到大轴时只收 20 枚(合 5 分)。设备简陋，收费低廉，演出辛苦。然而天桥娱乐场出了不少名角大腕、天才艺术家，如荀慧生(白牡丹)、新凤霞、侯宝林、雪艳琴、月明珠、李桂云等。

哈尔飞大戏院

位于北平西单刑部街的哈尔飞大戏院，于 1930 年 9 月开始营业。

1930 年 11 月 22—25 日，黎锦晖率领上海市明月歌舞团来北平首演于哈尔飞大戏院。每场票价 3 角、4 角 5 分、7 角，包厢 3 银圆、4 银圆(每人 1 银圆)。这是儿童歌舞剧目在北平舞台上首次展现。

1938 年 1 月 6—22 日，哈尔飞大戏院举办 17 天曲艺杂耍大会，票价 1 角 5 分、2 角 5 分。由于上座率很高，22 日以后继续上演。3 月又举办一台曲艺杂耍大会，票价 1 角 5 分。

北平电影票价

30 年代北平的著名电影院有开明、新明、真光等。

开明(吉祥)电影院是一座大众化的电影剧场。从 1921 年 2 月初北京

《晨报》登载的广告可见，东安市场开明电影院（即吉祥剧场，设在吉祥茶园内，白天演戏，每晚放映影片两场），第一场 7—9 点，第二场 9 点半—11 点半。票价：正面包厢七座 4 银圆，五座 3 银圆，两座 1 圆 2 角，合每位 6 角；侧面包厢每位 5 角，眷属同座；正厅座每位铜子 60 枚（合 2 角），普通座每位铜子 30 枚（合 1 角）。1931 年《世界日报》刊登的“吉祥影戏院”广告，票价差不多。

新明戏院故址在前门外香厂路，可容纳观众 1200 人。1927 年 6 月，新明戏院改为电影院，全新设备，专门放映电影（默片，有中文字幕），每天两场，夜场加奏西洋音乐。日场下午 3 点 30 分，夜场 8 点 30 分开演。票价：楼上包厢每位大洋 1 圆，楼上散座 5 角；楼下前排 4 角，楼下后排 6 角。日场优待学生一律收国币（不用收银圆），以制服徽章为凭。

坐落在东安门大街中段路南的真光电影院（原址即今中国儿童剧场），当时是座具有先进设备的电影院，可称为“豪华型”娱乐场。于 1921 年 11 月开张，可容纳 800 观众（一楼 500，二楼 300）。票价比较贵，是北平电影院里面最高的。分三个档次：一等价是专利特轮名片，即独家放映的世界获奖影片（如《自由魂》及《乱世佳人》等）票价 6 角—1 圆 5 角；二等价是多家放映的头轮片，5 角—1 圆；三等价是复映片，4 角—8 角。

附：真光电影院职工的月薪

电影放映员月薪 15—30 圆，讲画师（默片放映时担任内容讲解的）月薪 35 圆，勤杂工月薪最低，10 圆。一般职员月薪 30 圆以上。（那时一袋面粉价 2 圆）

另有在大光明电影院卖说明书的小孩子，每份说明书 2 分钱，提成十分之一，每天能挣上二三角钱。肚子饿了就到西单饭摊子上花一角钱吃上一顿。

国剧（京剧）票价

20—30 年代，北平公演京剧（当时称国剧、大戏、平剧）的高档场所是：第一舞台、开明大戏院、真光大戏院等。

位于前门外西珠市口大街东的开明大戏院，是中日合资的西式建筑，可容纳观众 800 人，影戏合营。观众席为新式单座折叠椅，二楼设包厢。票价：楼上散座 1 圆 5 角，包厢 4 座 8 圆（每人 2 圆）；楼下前十四排每位 1 圆 2 角，后十排每位 8 角（根据《晨报》刊登的开明大戏院广告）。

第一舞台位于北平西珠市口大街中段(柳树井),观众席有3层,共容纳2600人。梅兰芳《舞台生活四十年》介绍:“这里的一切建筑、灯光,完全模仿上海二马路大舞台的形式。……在民国初年的北京,这应该算是首屈一指最新式的一个戏馆子了。”

第一舞台是上演义务戏募捐济贫、赈灾次数最多的一个剧场。例如,在1930年11月17—19日,梨园公会在第一舞台为辽宁、陕西、北平水灾举办3场筹款赈灾义务戏。出场的有梅兰芳、萧长华、杨小楼、尚小云等名角作大反串。由于是募捐,票价比平时高出好几倍:特级包厢60圆,一级六座包厢30圆,一级四座包厢20圆,二级包厢24圆,三级包厢16圆,正厅4圆,中厅3圆,旁厅2圆,木炕2圆,后背1圆,三楼一律1圆。

1931年初第一舞台一场义务戏的收支情况是:票款收入2537圆,世界红十字会捐款1000圆,上海大舞台老板黄金荣捐款1000圆(由梅兰芳返北平时携回),梅兰芳捐款1330圆,共收5867圆。散发给艺人、职工困难户917人,每人4圆;伶界孤寡120份,每份5圆。余下1599圆作为梨园公会经费。

西餐的价格

1938年春,长安大戏院的2楼和3楼改建为“长安大餐厅”。按照西洋餐厅的标准装修布置,供应西式大菜和套餐,可同时接待上百人。根据现在可以找到的菜单,价格如下:

一汤一菜、面包黄油果酱、咖啡,每份5角;

一汤二菜、面包黄油果酱、咖啡,每份7角5分;

一汤三菜、小吃、面包黄油果酱、咖啡,每份1圆;

一汤三菜、小吃、水果、点心、面包黄油果酱、咖啡,每份1圆2角。

此外,长安冰棍机房(进口现代化设备)日产冰棍8000支,每支售价3分钱。

酒菜价钱

30年代北平通行的酒主要两大类:一是烧酒,就是白干,又称“高粱烧”,是老百姓都欢迎的传统酒类;二是黄酒,主要是南方传来的绍兴黄酒,饮用者大多是中上层文人。

北平零卖白干烧酒的平民化酒店称为“大酒缸”,经营者多半是山西人。著名的如大栅栏口同丰号,零卖碗酒,以茶碗盛酒,每碗仅20枚铜子(合不到5分钱)，酒味之醇厚，堪称第一。下酒菜有多种多样，每大碟3枚铜子(不到1分钱)；热菜最贵的有定制“苏造白鱼”，每尾6角。此外食品还有“清水饺子”20个一角钱，俗称“饺子就酒，越喝越有”；山西馆子拿手的“刀削面”和“拨鱼儿”加肉汤，2—3分钱一大碗。

黄酒馆子主要卖绍兴黄酒，分为女贞陈绍(竹叶青等)和花雕(据知堂老人周作人考证:绍兴当地并无花雕之名)，以年代定价值的高下，最远的据说有60年陈绍。价钱最便宜的2角8分一斤，最贵的4—5圆一斤。但在饭庄菜馆喝黄酒却没有准谱儿了，以字号大小定价，普通的要4角一斤，也就是酒店里卖2角8分的那一种。除了绍兴黄酒以外还有山东黄酒，每斤2角或2角4分钱；酒味淡薄，和山西特产的汾酒，同为“大酒缸”的附属品。再便宜的有号称“玉泉佳酿”的北京黄酒，以护国寺西口“柳泉居”和崇文门外“仙路居”最有名，酒价每斤1角7分。

有以麻雀做下酒菜的，1937年1圆钱可买麻雀100只。1圆钱可在东华门大街金华楼吃春饼，带一大“什锦盒子”的熟肉菜；可在正阳楼吃两只上等的“高粱红”肥大螃蟹，伺候十分周到；还可到“烤肉宛”或“烤肉季”、“烤肉王”饱尝烤肉，其实只要几角钱就足够了。

抗战前夕上海的文化人

1939 年 6 月《鲁迅风》杂志有一个简单的报道：上海的作家按照经济收支状况可分为四个等级。现按照这样的划分描述如下。

四类作家的收入标准

(1) 著名的头等作家著述多年，作品颇丰；除稿酬、编辑费以外还有出书及增印的版税，以及其他来源，每月收入可达 400 圆(合今人民币 12000 元)，甚至更多。一般住在租界的新式里弄(如大陆新村)，房租每月至少 60 圆甚至上百圆；饮食丰盛，经常请客聚餐或家宴；每周都可娱乐观剧等；出门乘坐出租汽车，如鲁迅(除稿酬外，1927 年末—1931 年还由蔡元培举荐兼任"大学院"特约撰述员，每月加 300 圆)、郁达夫、田汉、巴金(除稿酬外还加文学丛书编辑费每月 200 圆)、茅盾等。

(2) 二等作家已经成名，稿酬为千字 3—5 圆左右，可住三间房，每月房租 20 多圆，生活费至少 160 圆左右；月收入必须 200 圆(合今人民币 6000 元)左右，如成名后的夏衍、胡风。是一种典型的中间阶层生活。

(3) 三等作家小有名气，稿酬为千字 2—3 圆；若参加杂志社可有编辑费；若已开始独立出书，可有版税收入。住一层前楼加亭子间，每月房租 15

圆左右，若住两间房则月租金 20 圆以上，生活费 120 圆(合今人民币 3600 元)左右。如丁玲、胡也频、萧红、萧军的收入，从四等升为三等；夏衍、胡风(作品主要是译述稿)、阳翰笙、周扬等一开始也是千字 2 圆，后来才升为 3 圆。这表明他们开始进入中层社会，生活小康，比普通市民稍好一些。

(4) 最低的四等作家一般是初出茅庐的文学青年，稿酬为千字 1—2 圆，开始总是过着独身生活，或者将妻子家小留在老家，自己单枪匹马在上海滩头闯江湖，每月个人生活费以及书刊费约 20—30 圆。一旦结婚成家，如何维持家庭生活的呢？住亭子间房费 10 圆，大米、小菜、油盐煤球等每月伙食费 40 圆，加上衣服、乘车、应酬(请客吃饭等)，每月生活费需要 60 圆(合今人民币 1800 元)左右。仍属于普通贫民，如叶紫、柔石、沙汀、艾芜等。

作为参照，30 年代上海市的中学教师月薪 50—140 圆，小学教师 30—90 圆。报社月薪一般为：主笔 200—400 圆，编辑 40—100 圆。旧式商店的店员月薪 10—30 圆，新式商店普通职员月薪 20—40 圆(1 圆合今人民币 30 元左右)。

30 年代的上海作为世界金融经济中心之一，号称东方第一大都市、世界第三大都市(位于纽约、伦敦之后)，生活费用不仅比北京高，也比日本东京高。

当时上海一个标准家庭(四五口人)比较高级的生活费用如何？鲁迅 1935 年文章里说过：在上海租界找一处带院子的住宅(二三层小洋楼)，租金每月 100 两(银子)；巡捕捐按房租的百分之十四，共计 114 两。每两作 1 圆 4 角算，大约等于 160 银圆。上海比较高级的生活费用每月约 400 银圆以上，中等生活的费用每月约 100 银圆，基本生活费每月约 66 银圆。

当时资本主义世界出现长期的经济危机，中国民族工商业得到发展繁荣的机会，沿海城镇的市场有所进步，中国银圆坚挺，在国际上的汇率升值。例如，1930 年 1 月，中国 1 银圆可以兑换日本 74 日圆，1931 年初 100 银圆＝46 日圆，1932 年初 100 银圆＝69 日圆，1933 年初 100 银圆＝98 日圆，1934 年初 100 银圆＝115 日圆，1935 年初 100 银圆＝125 日圆……中国推行法币以后，大致上 100 元法币可以兑换 105 日圆。总的说来，在上海一个月的平均生活费，在东京可以过两个月。

30 年代上海文化人的生活水准，一般收入要比北平低，而支出要比北平高(只有少数大学者、大作家的收入可以跟北平相比)。那么为什么在上海的文化人反而要比在北平的多,而且全国各地的文学青年源源不断地涌往上海呢?因为上海是当时全国经济文化中心,集中了鲁迅、茅盾、郁达夫、田汉、巴金这样的文坛巨子;而且居住在上海公共租界区,可以避免国民党的专制镇压(国民党政府不能进租界搜查和逮捕人),相对来说还有些言论、出版自由。另一方面,1927 年 4 月以后国民政府迁都南京,1928 年北京不复为中国的政治中心,所以文化人纷纷南下。

左联成员的经济状况之一

中国左翼作家联盟(简称"左联"),于 1930 年 3 月 2 日成立,会员约 50 人,1936 年初自动解散。

据胡风回忆,鲁迅每月捐助左联 20 圆。1933 年 8 月以后,胡风担任左联的执行委员、宣传部长,每个月定期到"公啡"咖啡店见到鲁迅,这 20 圆就由胡风经手。1934 年春胡风辞职,左联党的领导一度与鲁迅失去联系。1934 年深秋(10 月下旬或 11 月初)阳翰笙、周起应(周扬)、沈端先、田汉在内山书店向鲁迅汇报左联的工作,"临别的时候,鲁迅从口袋里拿出一张一百圆的支票,交给周扬。"(据夏衍《懒寻旧梦录》)这就是鲁迅为左联支付 5 个月的赞助费。有时,鲁迅还给予左联额外的资助,例如为援救艾芜出狱捐款 50 圆,向特科党员吴奚如支援 30 圆,等等。

除鲁迅定期捐助 20 圆以外,茅盾每月捐助给左联 15 圆。据《胡风回忆录》所载,这每月 35 圆(折合现在 1000 多元)主要用作左联内部通讯的印刷费。

那么,一般左联作家的经济状况如何呢?

据关露回忆:她在 1932 年春天加入左联,记得第一次开小组会的时候,党团书记丁玲同志出席。当时左联同志都很年轻,除开在复旦大学当教授的穆木天比较年长一些而外,大都只有 20 岁左右到 26、27 岁。因此,绝大多数人没有成家,孤身住在一个小亭子间里,用一个煤油炉自己做饭,上老虎灶买开水。也有的到最便宜的小饭馆去买 1 圆钱 6 张的饭票(一顿客饭 2 角钱,买 1 圆钱可以优惠),或者吃 12 个铜元(相当 4 分钱)一碗的阳春面(1

分钱=3个铜元)。经常由于交不出房租被房东驱逐,吃饭是简单便宜的伙食,有时还饿一顿饱一顿的。

当时一斤鸡蛋价值2角钱,也就是说2—3分钱就可以买一个鸡蛋。这样便宜的鸡蛋,左翼文学青年有时也吃不起。

1934年间,关露曾在上海欧亚航空公司当一个小职员。后来知道特务发现她是左联成员,要抓她,关露只好把这个月薪75圆的职位辞了。

叶紫加入左联时,周扬派关露找他谈话。叶紫房里连一张书桌都没有。关露见他用铺板当桌子,坐在一张小板凳上写东西。他已结婚。当时正是夏天,好些人都吃西瓜,但叶紫的孩子在吃菜瓜(菜瓜比西瓜便宜)。

1935年,聂绀弩主编的《动向》期刊在文艺界打响,不仅自己有了固定的收入,还将叶紫拉到报馆当助手。叶紫得到月薪60圆,从原来住的灶披间搬了出来,安心生活。(据梅志《胡风传》)

戴平万住在法大马路他的一个同乡开的纸店后楼。房里只能放下一张床,一张桌子,他就坐在床上写字。晴天的时候,他上街也穿套鞋,因为他没钱买皮鞋。

周扬有一阵住在北四川路,他经常到法租界来跑一趟;谈完工作以后,要坐车回家,就找关露借几毛钱做车钱。(据关露《我想起了左联》)周扬还经常找胡风借钱,有时动用鲁迅提供给左联的资助。

据艾芜回忆:1931年他乘坐轮船从厦门到了上海,“任何地方都有找不着职业的苦难,这是我深深知道的。我在厦门时曾写过一篇散文《香港之夜晚》,投到上海光华书局出的《读书月刊》,试一试拍下上海文艺界的门,看看能否容纳我这个曾在海外流浪归来的游子。到了上海……看到文章登出来了。可是,我写信(到光华书局)去要稿费,却得不到回音。我住在一家小旅馆内,住宿费和伙食,一个月九圆钱。”艾芜用了从缅甸华侨那里得来的生活费,维持了一段时间。不久通过熟人在江湾劳动大学附近的农民家里租了一间屋子,还带一间灶房,每月租金仅一圆。自己做饭吃,每月5—6圆就够了。这样很省钱。每天他到劳动大学农学院阅览室看报纸,然后坐下来写文章投稿,但经常拿不到稿费。1932年春,艾芜由沙汀介绍参加左联。他就是这样开始了文学生涯。(引自《三十年代的一幅剪影》)

据齐速回忆:1933年,他只有19岁。当时在虹口区唐山路一个弄堂小学教书，薪金非常低，每月仅有 10 圆。另外靠三哥、四哥给些钱，住在亭子间。一日三餐是这样的：早饭一碗豆浆，一个饭团（包油条加白糖），每人几个铜元（合 3 分钱）；中午在小饭馆内，米饭、黄豆豆腐、猪肝菠菜汤约 22 枚铜元（合 7 分钱）；晚饭喝粥加碟小菜约十来个铜元（合四五分钱）。总之每人每天不到 2 角钱，一个月伙食费 5—6 圆就够了。

据吴奚如回忆：1935 年一个从事地下工作的"琴妹"在织袜厂当女工，每月工资 20 圆；小学教师和小职员、店员每月工资大约 40—80 圆。左联和"社联"一般青年成员属于这样的城市贫民，其中包括新中国成立后担任文化部副部长的钱俊瑞、刘芝明、陈克寒等同志，以及后来党的理论权威胡乔木、艾思奇等。

左联成员的经济状况之二

1. 胡也频

胡也频是左联五烈士之一。关于他的生平，有不同说法。

他原名胡崇轩，幼名胡培基。1903 年 5 月 4 日生于福州市城边街。7 岁时，祖父送他到私塾读书；祖父在戏班唱戏，次年就去世了。父亲在戏院里打杂（一说当经理）。后来，胡也频到教会学校崇德小学念书，14 岁转入福州乌山师范学校。1920 年他离开福州去天津大沽海军学校。

据胡也频的侄儿胡少璋说："1918 年，也频被送到一家祥慎金铺里当学徒。金铺的掌柜是他的舅父，但两家关系很坏。1920 年春，也频拿了铺子里的一副二两多重的金镯到上海去。"（陈注：黄金 1 两可换 100 多银圆。）

但是据胡也频的朋友马宁说："我对这件事有另一种看法。谁都知道，做学徒一般都是三年才出师，而且一般是没有工资的。也频的父亲廷玉先生说过：祖父死后，他（指胡廷玉）经营了一家戏院，以包戏为生，生活还过得去。假如送也频去做学徒，为人打水送茶、倒夜壶等事，不是生活迫不得已，一般人家的子弟是不肯去干的。况且也频那时已经十五岁，肚子里也已有些墨水，怎么不在父亲经营的戏院里当个差使呢？……假如也频真去当学徒，最多也只是极短的时间。"

胡少璋说："1928 年底，也频回到福州与父亲商量，卖了祖父留下来的最后一座房子，得款一千块银圆（又说是一千二百圆），留下二百块作搬家等费用。回到上海后，于 1929 年 1 月筹办红黑出版社。”

最初与胡也频一起编《红黑》月刊的沈从文回忆说：“我记不起也频有回福建去筹款的事；我还听说，是丁玲的妈妈给的钱。”

马宁分析：“少璋是 1928 年以后出生，这胡也频回家卖去祖宅的事怕是以讹传讹。要是也频有一千圆来创办红黑出版社，不至于几个月以后他就被迫去济南（山东省立高中）教书的吧？《红黑》月刊是 1929 年 7 月 10 日出版了第 7 期以后停刊的，胡也频当是秋季离开上海的……”

2. 冯毅之

冯毅之 1908 年生于山东省益都县（今属青州市）山区农村。13 岁入青州高等小学，20 岁在第十中学（初中部）毕业，考入济南市的山东省立高级中学，爱好文艺、写作。在老师胡也频、楚图南影响下，鼓动学潮宣传革命，被通缉。1930 年夏天（陈注：据丁玲回忆是 5 月）随同胡也频丁玲夫妇经青岛乘船逃亡上海，参加左联。在法租界进入左联举办的“暑期补习学校”两个月；10 月份加入中共。[陈注：据冯雪峰回忆，“1930 年 7 月和 8 月，左联和社联在文委领导下共同办了暑期补习班；王学文代表社联、我代表左联，学员主要是从杭州、济南及其他城市动员来的左倾学生，共有六十人左右，地址在法租界环龙路（今南昌路）……从学员中发展了一些党员团员。9 月间，现代学艺讲习所由社联和左联合办，由洪深出面向公共租界工部局注册，只两个月即被查封了。地址是在公共租界威海卫路（今威海路）”。]

查《鲁迅日记》载，1930 年 8 月 6 日去“暑期讲习班”讲课一次；又 9 月 13 日记载“借学校六十”，指借钱给现代学艺讲习所。

22 岁的冯毅之在上海住了不到半年（一说四个月，恐不确），因为无从谋生，又独自乘日本轮船神灵丸号（四等舱）回到山东老家，写了《海上之行》投稿未见刊用。不久受聘为高小国文教师，但因宣传革命而被劝退，发给半个月工资（估计有十圆）。次日即往北平，立志做职业革命家，与潘训等筹办“左联北平分盟”，任三人领导小组的“组织委员”。他暂时寄居学生公寓，在各大学推行读书会，如北大的“曙光会”、师大的“今日会”等。

冯毅之回忆说：“我参加革命后，感到最可怕的并不是被捕、坐牢、受刑，而是贫困没办法生活。因为那时候，中国共产党没有掌握政权，没财政收人，革命工作者不但没有工资，连最低生活费也没有，完全靠自己谋生。我在北平半年多，身上的钱化光了，不但没有亲朋好友可借，连能管饭的同志也找不到。(1931年夏天)我只好回到山东益都县我的家乡，正遇上我的好朋友刘某到益都县东关高等小学任校长。我去当了国文教员，月薪二十圆，高兴得不得了。"

1932年益都暴动失败，为避难，秋天他又离家去北平。父亲向亲友借下20圆钱，除了路费，已所剩无几。他找到了党的组织关系。为解决生计，他租了个洋车(黄包车)做车夫。冯毅之后来回忆说："拉车的生活使得我了解到，车夫的思想感情和爱好，不但与富有的资产阶级不同，与小资产阶级和知识分子也不同。他们没有奢望、没有幻想、只求温饱。他们对于豪华的游乐场、影院戏院是不敢想的。喜爱的是有五花八门杂艺的天桥和街头巷尾的小饭摊。到天桥去化不了几个钱就可以看到云里飞的滑稽表演，大金牙的洋片和粗俗逗趣的相声，以及杂耍、武术、高跷等各种各样使人心情舒畅精神愉快的民间艺术节目。街头巷尾的饭摊价钱便宜，小米粥玉米窝窝十分香甜。有时买卖好，多挣了几个钱，买上二两酒、一毛钱的猪头肉，喝上两盅，再吃顿白面馒头，那就是最美好的生活了。我爱好文学，曾写了《洋车夫日记》，一直保存到抗日战争时期(后来在战斗中全丢失了)。"(冯毅之现为山东省第二干休所离休干部，1999年出版《风雨沧桑一百年》文集。)

3. 王尧山

1926年，16岁的王尧山(生于1910年7月10日)从江苏省溧阳县到上海学生意(当学徒)，每月发1块银圆。后来，他在浦东电气公司谋得一份工作，每月收入20多圆。1931年加入中国共产党。左联一般青年成员大多是这样的城市贫民。

王尧山在六十多年后接受记者采访时说："入党后，大部分工资交了党费。"(《新民晚报》1999年11月8日第23版)

关于党费问题，值得研讨、考证。据老党员杨纤如同志说："平常连缴党费都感到困难，象工人，每月缴三五个铜板，略表组织观点而已，再多就会影响吃饭。学生稍好一些，也不过每月缴一两只银角的党费。只有成名的左翼作家和有社会职业的同志，才能缴出为数较大的党费。有的作家往往把一篇文章的稿费全部拿出来缴党费，甚至有人把一本书的大部分稿费缴了

党费。"(引自《新文学史料》1980 年第一期 90 页)

那时,王尧山公开的职业在浦东,而党的秘密工作基本上是在浦西,据他说,他常常是在浦西干到很晚;由于这样来回很费时间,他就在浦西租了一间房。他对记者回忆说:"当时因为大部分钱要交党费,租房间就挑最便宜的亭子间和阁楼。也因为形势非常险恶,住的地方常常要换。只要联系的人中有一个被捕了,就必须马上换地方。"

30 年代在上海市浦西租用亭子间房费大约 10 圆,每月个人生活费也需要 10 圆左右。

王尧山 25 岁左右曾经担任左联中共党团成员、组织部长。[陈注:据冯雪峰回忆说,"1934 年 1935 年间,左联的人事变动,我完全不清楚。在我脑中留下的一点印象是:好象胡风在这两年中做过左联的宣传部长,路丁(王尧山)做过组织部长。]他的住址在今江宁路新闸路之间,一个大弄堂里的三层阁楼上。据他说:"1936 年 3 月鲁迅就在这个小阁楼上与当时上海地下党负责人会面,一坐就是几个小时。"此说待考。

1936 年 4 月下旬,冯雪峰由张闻天、周恩来派遣从延安秘密抵达上海,先会见了鲁迅,后与王尧山接上关系。这年 10 月,中共驻上海办事处成立,主任潘汉年、副主任冯雪峰。1936 年底,组织了中共上海临时工作委员会,任命王尧山为书记,沙文汉和林枫为委员。(王尧山现为离休老干部,上海市党史资料征集委员会主任。)

田汉的经济生活

田汉(1898—1968),原名田寿昌,生于湖南省长沙县花果园一个农家,幼年丧父,家境贫寒。1912 年考入长沙师范学校,免收学费;校长徐特立用自己的薪金替他买蚊帐,并且给他一个"购书折子"让他买书。

1916 年田汉从长沙师范学校毕业。正好三舅父易梅园被任命为湖南留日学生经理员,他带着田汉东渡日本进入东京高等师范学校。当时留学生公费每月 36 银圆,后来增加到 40 多银圆。1919 年暑假田汉回老家,携表妹易漱瑜同赴东京留学,一年后结婚。1920 年 12 月易梅园先生在长沙被军阀杀害,此后田汉夫妇断了外援,只能靠自己奋斗。

1922年9月，田汉留学日本6年后，夫妇从日本回到上海。田汉的第一个职业是在中华书局担任编辑，月薪100银圆；同时给书局职员上日语课程，业余写作、翻译，每月收入大约200多银圆。在哈同路（今铜仁路）民（慈）厚北里409号楼房安家，月租金约30银圆。他从长沙把母亲、岳母、弟弟、小姨等接来同住。田汉的家还成为许多文学青年的茶室、饭铺、招待所，成为20—30年代艺术家的摇篮。有这样的特殊情况，每月开支200银圆以上，经常入不敷出，差额依靠田汉的稿费、版税补足。

1924年初，田汉和易漱瑜自费创办《南国半月刊》，这是中国戏剧史上长达8年的"南国艺术运动"的开端。1925年又办《南国特刊》。1926年4月成立"南国电影剧社"，以不到300银圆的资金，自编自导影片《到民间去》，终因经费不足而失败。

1927年秋，田汉被聘为上海艺术大学文学科主任（戏剧科主任为欧阳予倩，美术科主任为徐悲鸿）。共招收学生400多名，每人学费及伙食费20银圆，共得8000多银圆。原有负责人贪污公款被驱逐，学生们选举田汉为校长。学校房租等费用每月400多银圆，拖欠了三个月。为了解决学校的经费问题，田汉组织了"鱼龙会"，开创了"小剧场"运动。门票每张1银圆，总共收入1250银圆，维持了学校。接着，在上海艺术大学的基础上，田汉又自办"南国艺术学院"，组织50名学生到杭州旅行公演5天，开拓了杭州的话剧运动，并补充了经费。

1928年《中央日报》聘请田汉担任副刊《摩登》主编，每月编辑费300银圆，这成为南国艺术学院办学资金的主要来源。后因《摩登》发表了揭露蒋介石宋美龄政治婚姻内幕的讽刺小说，田汉即被解职，南国艺术学院断了财源，被迫停办。接着两年内，田汉组织"南国社"先后几次在上海、杭州、南京、广州、无锡等地公演，推进了革命戏剧运动。公演的门票为6角—1银圆，经常爆满，以此收入作为南国社的经费。同时出版《南国月刊》。无论办刊物、办剧团、办学校，田汉都坚持了在野的民间性质：不依靠官（政府），也不依靠商（财阀），从而保持了独立精神。

从1931年起，田汉以"陈瑜"为化名创作了《母性之光》、《三个摩登女性》等四部电影剧本；1933年7月田汉和阳翰笙担任艺华影业公司总顾问，月薪200银圆左右；又拍摄了《民族生存》、《肉搏》、《烈焰》等三部影片，写作了几百首歌词,其中有许多成为著名的电影插曲。

1935 年春田汉被捕入狱,夏天在南京由徐悲鸿、宗白华等保释出狱。此后一年多,田汉又在《新民报》发表剧本、评论、诗歌、散文 40 万字,共得稿酬 1200 银圆,以维持生活。

他不甘寂寞,在阳翰笙等协助下,发起成立“中国舞台协会”,组织了几轮大规模公演。为筹集 1000 银圆演剧经费,田汉曾向徐悲鸿借款 600 银圆。前两轮公演亏本,国民党中宣部表示愿意提供赞助,被田汉谢绝。他表示:“舞台上亏了本,自己从舞台上赚回来。”并将某官吏以个人名义赠送的 300 银圆全部送回。第三轮公演《复活》大受欢迎,连演 12 场,场场客满,果然有了赢余。

1936 年田汉在南京主持话剧《复活》公演,当时报刊上介绍如下——

> 售票的迅速与经济方面的收入,也是开记录的。《复活》第一次演三天,共十二场。大概一圆的对号票,在临时是不能买得的。六角和三角的门票,开幕前早经客满。许多人冒着雨来,又懊丧着回去。有些人还要求买票立看。前后十二场情形都相同。支出是四千一百圆,收入是五千八百圆,计得一千七百圆。虽说有这么多赢余,然而还是穷,穷得帐目到如今都不能结算。

这就是说,当时话剧演出的门票,通常分为大洋 1 圆(合今人民币 30 元)、6 角(合今人民币 18 元)、3 角(合今人民币 9 元)三个档次。每场售票约 500 圆(合今人民币 15000 元),座位大约 1000 个。《复活》公演 12 场,赢余大洋 1700 圆(合今人民币 51000 元)。[陈注:关于 1936 年《复活》在南京公演的盛况,有人写为“田汉在四十年代报刊上”(见李辉著《田汉——狂飙中落叶翻飞》第 3 页),这是错误的。40 年代发生恶性通货膨胀,物价飞涨,法币贬值上百、上千倍。且 40 年代抗战期间南京早已沦陷。]

1937 年抗日战争爆发,田汉和阳翰笙离开南京。1938 年抗战政府的军委第三厅在武汉成立,郭沫若任厅长,田汉任戏剧处处长,月薪法币 300 元。

田汉的收入究竟有多少,他自己从来不曾提起,也不屑计算。夏衍回忆说:“不管他写书、演戏、办杂志、搞剧团,甚至于请客吃饭,在他心目中从来不考虑到钱的问题。有了钱,比如一本书出版了,拿到一点版税,就大伙儿用;用完了,没钱了,就大家掏腰包,买大饼油条过日子。有人说他们是法国的波希米亚式的文化人,有人说他们是原始共产主义者。"(引自夏衍《悼念田汉同志》)阳翰笙回忆说:"田汉精通日文,每天只要花上三分之一的时间来翻译,就可以从中华书局获得优厚的稿费,生活得好一些;可是宁愿身上一文不名,跟大家一起睡地铺,吃大锅饭,把全部时间和精力贡献给进步戏剧运动。"(引自阳翰笙《田汉同志所走过的道路》)郑亦秋回忆说:"每天他都是东奔西跑,搞联络、组织演出、排戏、写诗、参加各种社会活动……虽然那时他很有名气,写写文章就能得到许多稿酬,如果细心也可以积攒下不少钱来。可是,他天生的仗义疏财,口袋里经常是空空的。一旦他有了钱,不是倾囊帮助他人,就是交给演剧队充实大家的伙食。有时,为了给大家开伙食吃饭他甚至去典当。"(引自郑亦秋《我的良师益友》)

夏衍的经济生活

夏衍原名沈端先(端轩),1900 年 10 月生于浙江杭州。1914 年他 14 岁,到染坊店当学徒;期满以后,每个月可以有 2 银圆的工资。1916 年他进了中学,伙食费、书籍费、学杂费一共不到 5 圆。不久转入浙江公立甲种工业学校(5 年制),1920 年毕业,由学校保送到日本报考官费留学。先发预备费 200 银圆(当时汇率中国 1 银圆＝1.2 日圆),到日本的交通费轮船三等舱、火车三等座,一共只要几十圆。

20 年代初,留日学生每月官费 60 银圆,折合 75 日圆左右。日本的生活费用,在东京的小饭馆里,一碗汤面 5 钱(合中国 4 分银圆),一份牛肉盖浇饭 10 钱(合中国 8 分银圆),所以中国留日学生的生活比较宽余,每月除了衣食住行以外,还可以买些书籍、日用品等等。中国公派留日学生每三年发一次旅游费,大约 80—100 银圆。1920 年前后,日本出版界"圆本"流行,这是一种文史哲丛书,每月出版一本,每本定价 1 日圆。当时沈端先每月节省 1 日圆订购了一整套世界戏剧名著。

夏衍从东京学成归国后,1928—1934 年在上海的公开职业是日文翻译者,主要依靠译书为生,译文稿费每千字 2 圆。他每天一清早起来就译书,坚持翻译2000字，每月译稿费120圆，相当于今人民币4000元左右。这是一笔可观的固定收入。

1929—1930年间上海艺术剧社创立，第一次募捐经费大约200多圆，其中陶晶孙捐款40圆；沈端先翻译了一部日本小说，由潘汉年经手去换了20圆稿费；郑伯奇、潘汉年各自捐款20—30圆，其他人也捐献了一些。1929年冬，上海艺术剧社排完了戏，到施高塔路（今山阴路）口的“白宫”小饭馆去吃饭，一客“两毛小洋”即“双毫”的银角子，仅合大洋1角7分。（陈注：6个“双毫”才合1银圆“大洋”。详见本书附录。）

1932年淞沪战役结束之后，夏衍从唐山路搬家到法租界爱文义路（今北京西路）普益里，弄堂房子二层楼一开间半，他回忆说：“顶费不算贵，二百五十圆”（全年租金，约合今人民币8000元）。

1932年夏，上海明星影片公司由洪深介绍，聘请郑伯奇（化名席耐芳）、钱杏邨（化名张凤梧）、沈端先（笔名黄子布）担任编剧顾问，每月每人致车马费50圆；不久，艺华影片公司编剧委员会田汉、阳翰笙又聘请夏衍和周扬等担任艺华的编剧顾问，每月车马费30圆。加上每天译书的稿费，每年出书有上百圆法币的版税，编写电影剧本还另有酬劳，这样，夏衍每月至少收入200圆，合今人民币7000元以上。

1937年8月24日《救亡日报》发刊，由国共两党各出资5000圆作为开办经费。1937年12月中，夏衍结算了100多圆的版税。在公共汽车上被扒手偷走60圆（当时大米7圆一担160斤），这可不是小数。

总之，夏衍自己认为他在左联作家里面算是比较宽裕的。

阳翰笙的经济生活

阳翰笙原名欧阳本义，字继修。1902年11月7日（清光绪二十八年壬寅十月初八日）生于四川省高县。1928年做中共地下工作时化名为“华汉”，1933年开始用笔名阳翰笙。

1923年春，21岁的欧阳本义决定到北京上大学，得到父母的支持，卖掉家里积存5年的生丝（一年的可卖30圆大洋）和其他财物，又得到亲友的资助，凑足250圆作为川资和学费，9月抵达北京。

1924年夏天到上海，插班进入上海大学社会学系，学名改为欧阳继修。后到广州黄埔军校，并投入北伐战争。1927年参加“八一”起义。

1928年在上海由郭沫若建议、周恩来批准参加创造社的地下党领导工作。以后陆续发表文论与小说，主要以稿酬为生。这一时期的稿费收入估计为每月100—200圆。

1928年以华汉为笔名发表短篇小说4篇、中篇小说一篇、文章8篇；1929年发表小说6篇；1930年发表小说7篇；等等。1930年出版长篇小说《地泉》，1931年出版中篇小说《大学生日记》，1932年出版中篇小说《义勇军》，稿酬可观。

1933年9月跟田汉一起加入艺华电影公司，主持编剧委员会。薪金待考。阳翰笙曾特约黄子布（夏衍）、周起应等人担任艺华的编剧顾问，每月各致车马费30圆。所以，阳翰笙的月薪估计为100—200圆。他编写了电影剧本《铁板红泪录》、《中国海的怒潮》、《赛金花》、《生之哀歌》、《逃亡》等。这一时期收入颇丰，每月共约200圆以上。

1935年2月19日阳翰笙被捕，10月由柳亚子、蔡元培等营救保释出狱。随即开始用笔名为南京的民营报纸《新民报》写杂文、剧评等。12月1日受《新民报》约请协助该报副刊《新园地》的编审工作，每周去报社两次，酬金每月60圆。此后一年多内，在《新园地》发表文稿一百多篇，以稿酬和编辑费（每月共100—200圆）作为生活来源。

胡风的经济生活

胡风原名张光莹（光人），1902年11月生于湖北蕲春县。1927年张光人担任江西省党务学校编辑员，月薪60圆。这是在他的工薪收入中，目前可以确切查证的第一个数据。

1931年张光人在日本庆应大学留学，获得了半额公费（庚款补助金）每月45日圆。

1932年张光人回国后到上海，被选为左联的宣传部长。这时他在中山文化教育馆担任了《时事类编》的日文翻译员，不用上班，薪金比全日工作者少一半，月薪100圆。他住进法租界金神父路（今瑞金二路）一处西式公寓房,有一张床、一张沙发、一个书桌和一个五斗柜,房租每月 20 圆。早餐包给房主每月 5 圆,午餐在中山文化教育馆搭伙,每月 10 圆。为过冬做了一件深灰色毛哔叽的驼绒长袍,花了 10 圆;这件长袍他穿了四年直到抗战爆发离开上海。

1934 年新年他与梅志同居,住进巨籁达路(今巨鹿路)采寿里,房租每月 13 圆。布置新房花费了 50 圆。家具有一床、一方桌、四把圆凳、一个书架。张光人的新家也成了左联领导经常开会的地方。有一天他们夫妇刚起床,周扬就来敲门,焦急地说:“家里没有菜钱了,借个三五圆吧! 你手上没有,就用鲁迅的补助款也行嘛。”周扬经常来借钱,很少归还。

夏天他们搬家到金神父路大兴坊,月租金 14 圆。后来又迁居到巨泼来斯路(今安福路)合大里二楼,前后两间,还有抽水马桶和电话,月租金只有 13 圆。

当时胡风夫妇日常生活开支大约每月 70 圆,其中在内山书店购书十几圆。胡风常抽烟,抽那种 1 角钱两包的普通烟。

鲁迅叫胡风为英文刊物《CHINA TODAY》(今日中国)写篇文章介绍中国左翼文化,给了胡风 20 美金稿酬,合国币 80 圆(当时兑换率 1 美金=4 圆国币)。

不久胡风夫妇生了孩子,又雇佣一个娘姨。要居住舒适些,就在福煦路静安寺路(今南京西路)慈惠里找到一处大小两间厢房,有卫生间,上面还有小阁楼(供娘姨住)。为了付房租 30 圆,胡风每月要多写一万字(千字 3 圆)。实际上当时胡风每月稿酬 100—200 圆。居住条件比较好,曾请鲁迅全家来吃饭,也招待过其他作家朋友。

由于经济压力比较大,胡风夫妇又换了房子。1935 年底搬到威海卫路云兰坊一处二楼带亭子间的房子,月租 20 圆。不久又搬到英租界孟德兰路(今江阴路)找到一处弄堂房子,有起居室、卧房,还有楼上亭子间,月租金 20 多圆。

1936 年 10 月(鲁迅去世后),生活书店出版《工作与学习丛刊》,每期编辑费 80 圆,稿酬千字 3 圆。

1936 年底,冯雪峰看出胡风的经济有困难,就提出要胡风全家搬到他租的房子去住。那是法租界辣斐德路颖村的一栋三层楼房。胡风一家住三楼，周建人一家住二楼，冯雪峰的妻子何爱玉带两个孩子住楼下。冯雪峰(时任中共驻上海办事处副主任)不要周建人和胡风付房租，这是胡风受到党的照顾。

周扬的经济生活

周扬(1907—1989)，原名周起应，生于湖南省益阳县。1922年周起应在长沙念中学时，与同乡官宦人家之女吴氏结婚，当时两人都只有15岁。岳母姓周，扬州人士，富有积蓄。从此直到1935年，岳母一直在经济上资助周起应夫妇的生活，每年赠与爱女吴氏许多银圆珠宝。

1928年周起应到上海进入大夏大学。一年多期间，周起应和亲戚周立波、表弟刘宜生以及两个同乡同学等都住在上海，他们的生活费用全靠吴氏供给，都是她用金首饰换来的钱。后来周扬曾经多次跟他的儿子周迈说过：吴氏"善良、无私、很少有的单纯。"(引自《周迈谈周扬》)

1929年周起应由吴家资助到日本留学，旅费大约100圆。住在东京小石川区林町的国师馆，是两层楼的留学生公寓。每月生活费至少50圆。那时日本左翼运动蓬勃发展，普罗文学盛行。但是日本军国主义势力反扑，镇压了左翼。周起应因参加左翼活动被捕，在小石川警察署被拘留一个月，交保释放。

1930年他回国到上海，参加左翼话剧活动。他拜访了田汉，由田汉介绍加入中国左翼戏剧联盟(剧联)，后来转入中国左翼作家联盟。从1930年一直到1935年，每年周起应与吴氏都要回湖南省益阳县老家去探亲，同时由岳母交给吴氏一些银圆和珠宝，估计价值为1000圆左右。在上海一家的生活费每月至少80圆。据周起应与吴氏所生长子周艾若(生于1927年)回忆说："在长达七八年的时间里，外祖母无条件地支持父母，用很多经费支持着父亲的革命工作。那时，到我们家里来的有左联的不少人……"(引自《周艾若谈周扬》)

据夏衍回忆说："1930年他(指周扬)只有22岁，很年轻的。那个时候，他很潇洒，很漂亮。穿着西服，特别讲究，欢喜跳舞。跟我们一起上咖啡店，看电影。……当时他的第一个夫人还和他在一起。她是从湖南来的，是益阳的。……他本人是搞话剧的,参加左联之前,最早是参加剧联的。他还演过戏。"

据王作民回忆:1933—1934 年之间,周起应与左联宣传干事苏灵扬(杭州人,上海光华大学一年级学生)秘密同居,由此开始使用假名周子扬、周志扬、周扬。又据苏灵扬自述:"1934 年秋我和周扬结婚后,为了保证他环境的安全,我的社会关系除王作民外一概断绝了,左联的活动再也没有独自出来参加过,直到 1937 年抗战开始。"(引自《一个不是作家的"左联"盟员的回忆》)

1935 年吴氏又怀孕,周起应送她回湖南益阳县老家生育第三个儿子(周迈),然后单独又匆匆赶回上海。因为这时周起应与苏灵扬早已在上海秘密同居,苏氏且已怀孕。周起应不好意思再用吴家的钱财,因此经济上遇到很大困难。苏灵扬回忆说:"周扬除工作外,相当一部分时间要用来去'找钱'。我们'借'过许多同志的钱,如章汉夫、夏衍、羊枣、谭林通、梅雨(即梅益)、林林等;向沙汀、周立波'借'的更经常。"

1936 年元旦,苏灵扬临产,阵痛已经开始,但家里没有钱住医院。周扬出门跑了一个下午,晚上 7 点多才回来,总算从郑振铎那里借到 20 圆钱,才解决了燃眉之急。美国记者史沫特莱也曾赠与周扬 50 圆。后来周扬翻译的《安娜·卡列尼娜》出版了,得到大约 800 圆稿酬,他们的经济生活才好转些了。

1937 年抗日战争爆发后不久,周扬携苏灵扬及一岁的女儿,跟同周立波、艾思奇一行 12 人从上海奔赴延安。

沈从文的经济生活

沈从文原名沈岳焕,1902 年 12 月生于湖南省凤凰县。1920 年前后沈从文一家移居芷江县。他的母亲卖掉故乡的老屋,换得将近 1000 块银圆存入钱庄,交给沈从文经管。因经营不善,沈从文离开芷江前往常德县,住客栈每月花费 10 圆(每天食宿费 3 角 6 分),由大舅每月寄 20 圆接济。当时他曾往桃源县找湘西武装部队的贺龙,贺答应给他每月 9 圆的差遣费,但未果。不久沈从文在保靖地方部队当司书,衣食以外有月津贴 6 圆。

1923年，他支取27圆路费，途中又借到10圆，乘坐火车来到北京，到了前门车站，身上仅剩7圆6角。因为一时找不到职业，付不起学费进大学，所以在湖南同乡照顾下暂住学生公寓，勉强维持工读生活。这几年是他前半辈子生活最困苦的一段时期（虽然性质不同，但在艰难程度上可与后半辈子的“文革”十年浩劫时期相比）。

1924年11月，沈从文给郁达夫写信请求援助。当时在北京大学担任统计学讲师的郁达夫亲临学生公寓，邀沈从文在饭馆进餐，餐费1圆7角，郁达夫拿出5圆结帐，找回的3圆3角全给了沈从文。此事令沈感激涕零。

1925年5月，沈从文在香山慈幼院图书馆担任办事员，月薪20圆。这是他来北京两年半以后首次找到的职业。后来，他又担任《现代评论》的发行员。

1925—1927年间，沈从文的文章陆续发表于《晨报·副刊》和《现代评论》；1926年，他的小说开始在《小说月报》上刊载。3年内，他先后发表各类作品170篇。这一时期，沈从文认识了《民众文艺》的编辑胡也频和他的女友丁玲。他们这些文学青年当时追求的初步目标是每月20—30圆的稿酬。

1926年他的文集《鸭子》由北新书局出版；1927年他的小说集《蜜柑》由新月书店出版。从此他以著文的稿费和版税谋生，成为职业作家。1928年他来到上海，同时将母亲和妹妹接来同住。沈从文与胡也频、丁玲三人联手编辑《中央日报》副刊《红与黑》，每月编辑费有200圆，各分得70圆左右，另外还有稿酬。三人共同租赁上海市萨坡赛路（今淡水路）204号楼房，胡、丁玲及其母住二楼，沈从文及其母、妹住三楼，月租金20圆，水电费10圆，加上伙食、衣物，每月开支100圆左右。除了办刊物外，他几乎将所有的时间用于写作。

1929年1月，《红黑》与《人间》两个月刊的创刊号出版发行，维持了两年，以亏本而告终。也在1929年，中国公学校长胡适聘请沈从文担任一年级现代文学选修课讲师，月薪100圆。他的学生张兆和后来成为他的夫人。从此以后，他的经济状况好转，每月有保证的收入共计达到200圆以上。

1931年秋，沈从文到山东大学任教，月薪100圆。

1932年夏，他又到北平，和朱自清等人随同杨振声教授编写中小学教材和学生基本读物，月薪待考。1933年9月至1935年9月，沈从文主编《大公报·文艺副刊》，每周两期；1935年9月以后扩大为每周4期，由他与萧乾合编,每月编辑费100圆。这些钱他多半用来接济文学青年。

1937年7月抗日战争爆发,沈从文夫妇和两个幼儿(一个不满3岁,一个不满3个月)分两路离开北平南下。

李金发的经济生活

李金发,原名淑良,1900年生于广东省梅县。父亲曾在毛里求斯岛当华工,积攒了一些财产归国,家道小康。有20多间房屋,每年春秋两季有300—400大洋收入,同时在外放债约有3000多圆。

李金发6岁在家乡读蒙馆,每年学费3—5圆。1917年到香港去学英文,从汕头到香港的船票3圆5角。在香港住在一个木板房的客栈里,4人一间,每月食宿费10圆。1919年从上海乘船到法国勤工俭学,准备300圆置装费和旅费。乘坐英国货轮统舱,条件恶劣,每人收费100圆。到法国后进入巴黎南部的枫丹白露市立中学攻读法文,每月学费100法郎(合10块银圆或国币),同学有林风眠等;后来在巴黎学习雕塑。一间简陋的房子月租150法郎(合10圆国币);一顿比较好的中餐5法郎(合国币5角钱)。1920年开始写诗,将《微雨》、《食客与凶年》寄回国内,但没有稿酬。

1925年6月回国。原由上海美专校长刘海粟聘请他担任雕刻讲师,月薪100圆,但因招不到学生而作罢。孙科邀请李金发担任孙中山陵墓图案评判顾问,车马费100圆;继而又设计孙中山胸像,月津贴200圆。当时寄宿在法租界吕班路(今重庆南路)白俄家里,每月房租伙食费共75圆。1927年曾在武昌中山大学文学院任教授,月薪200圆;兼武昌美术学校雕刻指导,车马费50圆。

1928年在南京担任大学院蔡元培院长秘书,月薪250圆。不久便辞职,在上海爱文义路(今北京西路)开办雕刻公司,名叫“罗马工程处”,同时每周去杭州3天担任美专雕刻课程,月薪200圆。他最大的收入还是制作铜像。为安徽军阀马某作铜像得2000大洋,为上海名人李平书作铜像也收入2000圆,又制作上海南京大戏院35英尺浮雕,得数千圆。

1932年到广州美术学校,月薪200圆。制作武廷芳铜像得到定金两万圆,塑像完成后又得10000圆。还制作了军阀邓铿铜像,得38000圆。李金发这时非常富有，迁居到广州东山区竹丝岗一座大公馆，月租金125圆。1934年全家到了南京，他担任孙中山铜像复选委员，月津贴700圆。又制作了几个蒋介石铜像，共得1000多圆。此时收入不如在广州作雕刻收入多。

抗日战争爆发后，李金发辗转经香港到达重庆，在外交部供职。此后脱离文化创作。

周巍峙的经济生活

周巍峙，原名周良骥，江苏东台人，1916年生。两次入私塾，8岁转入小学。父亲在上海曾为印刷工人，后投北伐军任文书。周良骥10岁(小学5年级)时随父母到上海，生活穷困而辍学。周良骥的二舅、上海《时报》记者戈公振接济他们一家。

戈公振让周良骥练习钢笔字抄写，介绍他到上海申报馆图书资料参考部当练习生，月薪10银圆；工作是做剪报及整理图书，收集各界名人资料。业余为小报撰稿，稿酬千字5角。

1932年在邹韬奋的《生活日报》社筹备处当文书，时年16岁，月薪15圆；后为李公朴当秘书。此外为《劳动季报》整理报刊资料，每月5圆；又为陶行知抄写稿件，每月也领取5圆。周良骥20岁前后打工收入每月30圆左右，以维持基本生活。他还经常花1角钱买门票逛“大世界”，养成对于戏曲、音乐的爱好。

1937年“八·一三”战事后，周良骥随从李公朴奔赴山西抗日前线。不久参加八路军。

丰子恺出售漫画的“润例”

1935年3月20日出版的《太白》半月刊上，登有《子恺漫画润例》。全文抄录如下：

子恺漫画润例

人间多可惊可喜可哂可悲之相。见而有感，辄写留印象。但记感兴,固不拘笔法之中西,设色之繁简,题材之雅俗也。嗜痂者频来索画,或装裱而悬之室中,或缩印而载之卷头。受属既多,知闻渐广,时接来函,惠询润例。今暂定数则,以副雅望:

立幅(高约二尺,阔约一尺)　　银六圆

横幅(长约二尺,阔约一尺)　　银六圆

册页(长阔各约一尺)　　银二圆

扇面　　银三圆

△复制者(如书报杂志插画等)另议。

△指定题材者另议。

△属画除扇面外不须寄纸。但来函说明属者姓名与住址,画件格式与款识。并请先惠润资。

△函洽者请用挂号信。收到信后一个月即将画件挂号寄奉。画洽者先给润资收据。一个月后凭收据向原接洽处领取画件。

△函洽处:杭州宝极观巷皇亲巷六号丰梦忍先生。

△面洽处:南京丹凤街一三四号陈子佛先生。

上海梧州路开明书店华挺生先生。

上海福州路开明书店陆仿游先生。

上海河南路宁波路江南银行夏采文先生。

杭州旧藩署树花中学郑棣先生。

△本润例限用于民国二十四(1935年)年内。以后如续应则号订。

二十三年(1934年)岁暮丰子恺谨订

从这篇润例看来,当时已盛名于画坛的丰子恺,是很希望有人来购买他的画的;设了那么多"面洽处"和"函洽处",固然是为了方便购买者,也是为了招徕生意。购画者,富于传统雅意者多购国画,具有现代气息者多购油画、水彩画,挂之于客厅,悬之于书房,是有一番情意。而丰子恺所售者是画"人间相"的漫画,依栏伫立的思女,临街叫卖的贩子,都可以入画,或裱之为轴,或装之于框,自别有一番滋味。从这份润例,我们还可以对照看看今昔酬金、物价的涨落,也是很有意思的事。

润例中说的"银六圆",当时就是大洋六块。那时也用纸币,纸币和银圆是可以通兑的。(引自《倪墨炎书话》,该文认为30年代的一块银圆约值今人民币70—80元。本书作者反复计算的结论是:标准银圆1圆=今人民币30—35元。)

1930·小知识者的生活

我像海底捞针一样,在泛黄发脆的历史档案和旧报刊里面,探寻有关中国知识阶层经济状况的第一手史料。终于从1930年2月27日《大公报》里面找到《一页家庭帐》,介绍一个初出茅庐的青年知识者的日常开支清单。这是一个活生生的案例。

他的月薪50圆(银洋或国币),相当于一个中小学教师,或者普通记者、报刊编辑的收入;年龄不超过30岁。

“与其说他吝啬,还不如说他俭朴。吝啬也罢,俭朴也罢,总之他不肯滥用一分钱。虽然,在生活程度这样高的上海,真是不得不如此呢。”

去年新春他刚结婚,租用了新房,有了自己的小家。正月元旦,他备了一本新帐簿,并且立了一张每月开销预算表:

房租　10圆(20%)

伙食费　11圆(22%)

　　其中:米面　3圆(6%)

　　　　菜金　7圆(14%)

　　　　火油　1圆(2%)

衣服　5圆(10%)

车费　3圆(6%)

杂项　10圆(20%)

　　其中:日用品　4圆(8%)

　　　　交际应酬　5圆(10%)

　　　　娱乐　1圆(2%)

储蓄　8圆(16%)

备用特别费　3圆(6%)

合计　50圆(100%)

他立好了这张预算表以后,自己看看,非常得意。他想每月至少储蓄8块钱,如果没有什么特别开支,就可以有11块钱积存起来;一年132块钱,放在银行里又可以生利。他觉得经济前途很光明。

房租10块钱,住了石库门楼房的一层,有电灯、自来水,这不算贵。若是在繁华地段的房租要高出一两倍呐。虽然离开上班的地方远,每月要花3块钱车费,平均每天1角,乘坐两次公共汽车或电车,还是划得来的。

每月伙食费11圆,合每人5圆5角。3块钱粮食,大米每斤6—7分钱,共计买44—50斤米,先生吃饭多些,夫人胃口小点儿。7块钱菜金,每天合2角3分,还不到70个铜元(当时上海市场上银圆是主币,铜元是辅币;每块银圆兑换200—300个铜元)。当时一两个铜元可以换一只鸡蛋。荤菜:猪肉、牛肉或者鸡肉每斤大约2角多钱,豆油每斤2角钱,白糖每斤9分钱,食盐每斤6分钱,青菜萝卜之类每斤2—3分钱,等等。

燃料1块钱可以买15斤火油(煤油),每斤7分钱;烧饭煮茶都用它,合每天消耗半斤。

衣服每年60圆是不能省的,鞋袜帽子都在内。夫妇每人总得置办两三套普通服装罢,每套10圆以上,一双皮鞋至少也要5圆。

杂费也是不能省的:肥皂每块5分钱;寄信邮资本市3分、外埠4分;理发每次2角;娱乐费每月至少要1圆,随便看一场电影(当时又叫影戏)每张入场券2角或3角,每个月两人总要看两场,否则人生太枯燥了。上海滩的交际应酬费最难以捉摸。

参照:1933年上海工人生活状况

到1933年,上海工人的月工资略微有所提高,通常为16.7圆到33.3圆,一般约为20圆。普通的工人家庭(双职工)年收入平均达到400圆以上,比前几年有所增加。在抗日战争以前的十年内,大致上名义工资年增长率为3.1%,扣除物价上涨率2.2%,实际收入每年增加0.9%,市民生活水平有所提高(这种趋势到抗日战争期间由于战时经济政策和恶性通货膨胀的影响而大为下降)。

至于专业熟练工(占工人总数的15%左右)、邮电职工、印刷业技工、小学教师、医护人员等，家庭年收入可达 600 圆以上(月收入 50 圆以上)，达到小康水平。生活消费明显增加，相当部分用于子女的教育费、服装费、娱乐费，以及居住比较好一点的住房。

中级职员和(大专毕业的)工程师、中学教员、医生、记者、专业作家、律师、一般演员等(通常称为自由职业者)家庭境况比较好些，四—五口之家月收入一二百圆以上者，可以住两三间房子，月租金 20—30 圆，伙食费 40—60 圆。常常雇佣一个女佣操持家务，女佣的开支除了供给一日三餐(约合 6—8 圆)、安排住宿以外，另给月工资 4—5 圆；每年需多花费 120—150 圆。这样的家庭逐步进入“中间阶层”，成为社会中坚。

1930 年上海市产业工人数为 263000 人。周围长江三角洲地区的产业工人数：无锡市为 7 万人，苏州市为 6 万人，宜兴市为 126000 人，武进市(常州)为 16000 人，南通市为 13000 人，镇江市为 9000 人，南京市为 18000 人，杭州市为 16000 人，芜湖市为 15000 人……，共计约 64 万人。总之，30 年代以上海市为中心，在长江三角洲地带已经形成了一个新兴的现代工业区，为当时东方最大的一个经济、文化中心打下了牢固的基础。这一地区的现代中间阶层和产业工人的兴起，为当时新文化提供了革命动力和新鲜的血液。

1929—1934 年，上海市社会局对于上海工人阶级的生活程度进行了持续 5 年的跟踪定点调查。考虑到区域、行业、年龄、人口、收入、消费、文化程度、兴趣爱好等项目，随机抽样 305 户工人家庭，共 1401 人，平均每户 4.62 人，其中就业人口 2.06 人；通常是一对 30 岁左右的工人夫妻加上一大一小两个孩子，平均“等成年人口”为 3.3 人。逐日将他们的生活费记账，坚持数年，加以整理，提供了第一手资料。

这 305 户工人的行业分布为：纺织业 60.3%，搬运业(以及行贩)11.6%，机器及建筑业 9.5%，饮食业 7.8%，化学工业 6.4%，其他水电业、印刷业 4.4%，基本体现了上海各行业的比例。

居住区域比例为：沪东 21%，沪西 42.3%，沪南 18%，沪北 5.9%，浦东 12.8%，也是符合实际情况的。

根据 1934 年出版的《上海市工人生活程度》(上海市政府社会局编辑)所列出的数据，可以看到 1933 年一个典型工人家庭的生活水平(不妨与上述 1928 年的统计资料作一比较)：

1933年上海市一个典型的工人四口之家(合3.3个等成年人)每年生活费454.38圆,合每月37.87圆;也就是说,每个等成年人每月最低生活费为11圆5角。基本生活费用分为五大类:日常食物53.2%,房租8.3%,衣着7.5%,燃料6.4%,杂项24.6%。这五大类,成为几十年来统计生活费用的基本项目。

1. 食物

家庭伙食费用每户年均241.54圆,占总支出的53.2%,也即每个成年人每天最低食物费用为2角钱。其中主食为:大米和面粉129圆;早点(大饼、油条、糍饭糕、包子、馒头等)31.4圆,每个成年人每天最低早餐费为3分钱。蔬菜、豆类42.3圆。肉鱼禽蛋39.9圆,其中鲜猪肉每户年均消费为41斤,水产鱼类年均55斤。调味品(油盐酱醋、白糖、料酒等)为25.4圆。其他为5.3圆,例如水果、花生、瓜子、红枣、桂圆等。

1933—1934年间上海市零售物价为:一号籼米每斤4.8—5.6分,鲜猪肉每斤2角8分—3角1分,活鸡每斤3角2分—3角9分,鸡蛋每斤1角7分—2角,豆油每斤1角2分—1角7分,猪油每斤2角7分—3角,食盐每斤8分—1角,白糖每斤1角8分—2角1分,等等。一个馒头(2两)价一分钱,上海人爱吃的大饼油条也是一分钱。

2. 住房

房租费用每户年均37.85圆,占总支出的8.3%。在这305户工人家庭中,住楼房者60%,平房34%,草棚6%;每户平均1.65间,平均每间两个人(或一大一小)。也就是说,每个房间都有一两张床铺,够拥挤的。铺设木地板的占62.3%,一般是在楼房上;而平房多无木地板,水泥地占13.4%,砖土地占24.3%。大约三分之一的人家没有专用厨房(灶披间),而在过道甚至天井(露天)里烧煤球炉子做饭、烹调。

3. 穿着

衣服鞋帽费用每户年均34圆,占总支出的7.5%,这34圆"仅仅够上层社会买一双高级牛皮鞋"。

工人家庭多半是选购廉价的棉布,由主妇自己做衣服,或者买来衣料请普通的裁缝制作。中等身材的成年人做一套单衣服装(长上衣长裤子)加一双布鞋,共用布2丈左右;一件女衫5尺布,一件男上衣8尺布;因此购买布匹的费用将近 20 圆。1933—1934 年上海市零售价格，细布每尺 9 分—1 角钱，棉花每斤 4 角 5 分—5 角钱，线呢绒每尺 1 角 4 分—1 角 6 分钱。所以，做一件单衣只要 1—2 块钱，做一套服装大约 5—6 块钱就可以了。

4. 燃料

燃料费用每户年均 29 圆，占总支出的 6.4%，主要用来烹饪和照明。烧煤炉的燃料以劈柴、煤球为主，烧煤油炉和点煤油灯则全用煤油。上海市零售价格煤油每斤 1 角 1 分，煤球粉每担(百斤)1 角 5 分。只有九分之一的家庭有电灯。

5. 杂项

其他嗜好、教育、文化费用每户年均 112 圆，占总支出的 24.6%，其中茶叶烟酒费用为 20 圆。香烟(普通的金鼠牌)每盒 5 分钱，每条 4 角 8 分钱；普通茶叶每斤 3 角 3 分钱。

教育程度：在 305 家的户主(平均年龄 34 岁)里面，上过小学的有 100 人，占 33%；受过初中教育的 20 人，占 7%，其他 40%的人所受教育不满一年。305 户的工人子女中，仅有一个人是大学生，每年学费 80 圆。

订阅报纸的家庭仅有 16 户，占 5%；绝大多数家庭保持敬神祭祀的传统习惯，每年花费 4 圆(锡箔费每户 2 圆)。从农村带来的迷信、愚昧等陋习尚有相当大的市场。

鲁迅生活的经济背景

独立人格往往需要独立的经济关系为后盾,“四大自由”必须以社会经济选择的自由提供保障。“海阔凭鱼跃”和“笼中鸟有翅难展”都可作此解。虽则经济的富裕有时伴以精神的贫乏,然而思想自主权和表达权必须有基本的生活条件支撑。

早在1923年鲁迅就公然宣称:

> 钱是要紧的。钱这个字很难听,或者要被高尚的君子们所非笑,但我总觉得人们的议论是不但昨天和今天,即使饭前或饭后,也往往有些差别。凡承认饭需钱买,而以说钱为卑鄙者,倘能按一按他的胃,那里面怕总还有鱼肉没有消化完,须得饿他一天之后,再来听他发议论。……钱,——高雅的说罢,就是经济,是最要紧的了。自由固不是钱所能买到的,但能够为钱所卖掉。人类有一个大缺点,就是常常要饥饿。为补救这缺点起见,为准备不做傀儡起见,在目下的社会里,经济权就见得最要紧了。……在经济方面得到自由,就不是傀儡了么?也还是傀儡。无非被人所牵的事可以减少……

鲁迅又指出:“正如涸辙之鲋急谋升斗之水一样,就要争取这较为切近的经济权……无需乎震骇一时的牺牲，不如深沉的韧性的战斗。”（《鲁迅全集》第一卷，人民文学出版社 1981 年北京第一版，161—164 页。）

鲁迅这段话已经说过了七十多年，鲁迅研究早已是首屈一指的显学和官学，然而，关于“鲁迅和要紧的钱”，关于鲁迅本人为经济权所作的“韧性的战斗”，关于鲁迅经济生活背景的考据和分析，长久以来却被专家们所忽略或回避。

本文试图在这方面有一点突破。本文所用的方法，主要是实证的方法而非纯思辨的方法。重在揭露事实真相，耻作无稽空谈。

以简约、明确著称的《鲁迅日记》中，贯彻始终的主要部分是他的“经济权”明细账。鲁迅本人对于金钱的关心程度，远远大于几代鲁迅研究者。专家们经常引证《鲁迅日记》中交友、聚会、往来信函的记录，却很少注意他的金钱收支账目。本文试图从这些枯燥、琐碎、而又频繁出现的银钱数字中，从另一个新的角度解读鲁迅。

我认为：离开了经济生活的鲁迅，决不是完整的鲁迅。

本文主要根据《鲁迅日记（1912—1936）》和新发现的《鲁迅家用帐（癸亥年、甲子年、乙丑年）》（即 1923.8—1926.2）以及《鲁迅家用收支帐（1926.9—1927.12）》，参照有关史料，如民国经济史、货币史、出版史、教育史、民俗史等，并对当时北京、上海等地知识阶层的生活环境（衣食住行、校园教室、书市报摊、茶室饭馆、娱乐场所的费用）加以考证和简要分析，试图说明“经济权”对于鲁迅一生的重要性，以及鲁迅如何摆脱“官”的威势、“商”的羁绊，傲然超越“权”和“钱”，从而保持了他的独立思考和自由精神。

鲁迅的经济来源

鲁迅（1881—1936）原名周树人，生于浙江省绍兴。幼年时，家境从小康陷入困顿。1898 年他 17 岁时，母亲变卖首饰筹集 8 块银圆的路费（当时 1 块银圆约相当于百年后 70 元人民币），供他到南京考入江南水师学堂，免学费、膳费，每月还有少量津贴。实习期三个月内有津贴 300 文（相当于 3 角银洋，即今人民币 30 元），以后逐渐增加，第一年有 2 两银子（当时 1 两＝一千文）。不久转入路矿学堂，1902 年 1 月毕业。在这期间有一件值得注意的事,就是他从菲薄的津贴中用500文(5角钱)买了一本严复译述的《天演论》。

1902年4月赴日本留学。据鲁迅回忆:“记得自己留学时候,官费每月三十六圆。”(引自《华盖集续编》)而根据周作人的回忆:“鲁迅那时的学费是年额四百圆,每月只能领到三十三圆。”(引自《鲁迅的故家·鲁迅在东京》一书)

1905年他的二弟周作人20岁时也到日本留学。1907年周氏兄弟合译《红星佚史》,得到稿酬200多圆(约合今人民币12000元),合同上注明千字2圆。(据《周作人回忆录》第201页)同时他还有一些著述和译文出版,后来收入《坟》和《集外集》等。

周树人在日本留学时期花费很多钱买书。据统计,当时购买的德文书籍共127种,贵重的如《世界文学史》10圆,便宜的如裴多菲小说《绞吏之绳》5角。购书占据生活开支的首要项目,并成为他一生最大的嗜好。

这时周树人发表了《摩罗诗力说》等论文并准备从事新文学运动,但却于1909年夏天由日本回国,主要原因是家庭的经济负担。后来鲁迅在《自传》中说:“终于,因为我的母亲和几个别的人很希望我有经济上的帮助,我便回到中国来。”在家乡做教员,月薪约30银圆(约合今人民币1500元)。

辛亥革命后,1912年2月周树人到了南京,由挚友许寿裳推荐,应首任民国教育总长蔡元培先生之召,担任中华民国临时政府教育部部员;部里供应食宿,此外每月发给30块银洋津贴(按购买力估算,当时一块银洋=今人民币50元)。由于政局变化,中华民国定都北京,4月底周树人北上,8月定职为教育部四等“荐任官”佥事,社会教育司第一科科长(陈注:林志浩《鲁迅传》误为“第二科科长”应更正,参看《鲁迅研究资料22》第34页),月薪200多圆,后来增加到300圆(按购买力估算,20年代国币1圆=今人民币35—40元),主管图书馆、博物馆和美术教育等方面的工作,一直到1926年8月离开北京。在厦门大学和广州中山大学徘徊了各有半年以后,1927年10月鲁迅和许广平来到上海,成为中产阶层的自由职业者,以卖文为生,经济收入得到保障,度过了他富裕而又艰巨的后半生。

鲁迅的经济来源主要有下列四方面:

1. 公务员收入

中华民国一成立,鲁迅就由民国政府教育总长蔡元培录用,在教育部担任公务员(1912—1926),时间长达14年,这是鲁迅在北京时期的正式职业。起初津贴费60银圆,不久月薪定为200银圆,后来增加到300银圆。但是北洋军阀政府由于政治腐败、增加军费、挪用公款而经常拖欠部员薪水和教育经费,1920年以后尤甚,如:1921年拖欠半年,1923年12月31日才发给本年3月份的薪水,1925年1月才发给前年7月份的薪水等,不一而足。最后鲁迅离开北京时,北洋军阀政府还欠他两年半的薪水。鲁迅曾如此感慨:"有人说,文学是穷苦的时候做的。其实未必。穷苦的时候必定没有文学作品的,我在北京时,一穷,就到处借钱,不写一个字,到薪俸发放时,才坐下来做文章。"

2. 教学收入

五四以后鲁迅除了主要在教育部供职以外,曾在北京的八所学校:北京大学、北京高等师范学校(后改为北京师范大学)、北京女子高等师范学校、北京世界语专门学校、集成国际语学校、中国大学、黎明中学、大中公学兼课,时间长达六年(1920—1926)之久。1926年8月鲁迅离开北京赴厦门大学,由林语堂推荐,专任厦大国学院研究教授,月薪400圆;1927年2月鲁迅在广州中山大学受聘担任文学系主任兼教务主任,月薪500圆(发给半数银圆、半数兑换券即纸币),为时半年。后因意见不合离开广州,1927年9月底经香港赴上海。此后除了有时在院校讲演(如劳动大学)以外,未尝担任教职。

在鲁迅一生中,只有1926年夏至1927年夏这整整一年(在厦门和广州各一个学期)间的主要经济来源是专任大学教授之所得。

3. 大学院特约撰述员之收入

1927年12月到1931年12月,这四年又一个月中,由蔡元培推荐,鲁迅受聘为大学院(次年改为教育部、中央研究院)特约撰述员,得月薪300大洋(1929年1月起《鲁迅日记》中改称为"教育部编辑费",实质上是一回事),定期支付49个月之久,未曾拖欠。共折合黄金490两,相当于今人民币44万元,平均每年11万元左右。这一笔固定收入,主要出于蔡元培先生(曾任民国政府首任教育总长、五四时期北京大学校长,1927年秋任大学院院长,是鲁迅的老上级、老朋友)对于鲁迅的关怀,为他初到上海时创造一个稳定的经济条件。直到1932年初被国民政府以"绝无成绩"裁撤。

4. 写作、翻译和编辑收入

1907 年曾有《人之历史》等论文在《河南》杂志发表，稿酬约为千字 2 圆。但是 1918 年鲁迅在《新青年》上发表文字是没有稿酬的。晚年在上海生活时期，除 1927 年底—1931 年担任大学院特约撰述员月薪 300 圆固定收入以外，主要是"卖文为生"，也就是依靠版税、稿酬和编辑费为生，生活比在北京时宽裕得多。

1932 年"教育部编辑费"撤销以后，版税和稿酬、编辑费成为鲁迅惟一的经济来源。鲁迅后期平均月收入相当于今人民币 2 万多元。作为自由职业者，这就是他坚持"韧性战斗"的经济基础。

北京时期(1912—1926)

周树人于 1912 年 5 月初北上，到京后立即住进"山会邑馆"(当时改名为绍兴县馆)单身宿舍，于灯畔写下了新生活的第一篇日记：

"五日上午十一时舟抵天津。下午三时半车发，……约七时抵北京。"

次日坐骡车赴民国政府教育部报到，在社会教育司任公务员，时年 31 岁，正当"而立"之年。由此开始了他在北京整整 14 年的文墨生涯。

《鲁迅日记》就由这时展开，24 年一贯(1922 年的日记散失仅存片段抄件，其他 23 年皆完整地保存下来并于 1959 年正式出版)。其中或因避难，或因重病而文字略有几天间断，但有始有终，内涵丰富，成为研究民国至抗战前夕中国社会的宝贵史料。这是一个迄今尚待挖掘的宝库。

我认为《鲁迅日记》中最可贵而无可替代之处，是亲笔精确地记载了这四分之一世纪中他每天的经济收入情况。直到目前，为解读 20 世纪中国文化人的经济背景，鲁迅的个人账目具有独一无二的价值。

为研讨方便起见，我特将整部《鲁迅日记》中，逐日记载的烦琐数字加以统计、整理、归纳如下——

1912 年，5—12 月共收入 1100 圆，皆为教育部薪俸。(初到北京未正式任命时暂领取月津贴 60 圆；8 月任命为社会教育司佥事以后，暂领取半俸 125 圆，到 10 月定为月俸 220 圆。)八个月来平均每月收入 137.5 圆。

1913 年(其中 6 月 19 日—8 月 7 日请假回绍兴老家探亲)。本年共收入

2586圆，为教育部薪俸。本年2月以后薪俸增为240圆，但到12月仅发给九成即216圆。平均每月收入215.5圆。

1914年共收入3146圆，皆教育部薪俸。1月—6月仍发给九成，7月恢复全薪240圆，8月以后月薪增加为280圆。本年平均每月收入262.17圆。

1915年共收入3263.1圆，为教育部薪俸及公债利息少许。其中，6月以后扣四年度公债，平均每月实际收入现洋271.93圆。

1916年共收入3276.4圆，为教育部薪俸，及少量公债利息。3月以后月薪增为300圆。（12月3日至下年1月7日为母亲60寿辰回绍兴老家探亲。）11月全以纸币发薪，不发银洋（鲁迅特意注明：中国银行兑换券三成、交通银行兑换券七成），本年教育部拖欠一个月的薪俸，而且纸币对银洋贬值，所以，虽然月薪名义上增加而实际收入却减少了，这是欠薪的前奏。平均每月收入273.03圆。（陈注：因反袁称帝引起二次革命，各省独立，纸币贬值，当时中国银行和交通银行兑换券100元＝银洋75圆，甚至最低到60圆。）

1917年共收入3650圆（其中11月发给银洋150圆，兑换券200元，这说明当月兑换券贬值到100元＝银洋75圆）。平均每月收入304.2圆。

1918年共收入3600圆，平均每月收入300圆。皆为教育部薪俸，未拖欠。这一年日记收入情况有两点值得重视：

(1) 鲁迅开始在《新青年》刊物发表小说与杂文，都没有稿费记录。据考证，当时《新青年》同人决定义务写作，不计报酬。

(2) 银洋与纸币的关系，《鲁迅日记》2月1日记："收一月份奉泉三百，内银六十。"26日"收本月奉泉三百"，28日"托齐寿山换泉，共券六百得银三百五十四圆"。这表明当月中国银行纸币兑换券更加贬值，100元兑换券＝银洋59圆。此记载可供民国货币史研究者参考。

1919年共收入3600圆。月薪300圆未拖欠。《鲁迅日记》载"二月十四日晚往德成（钱庄）以银三一二换日金券五百"，说明当时国际汇兑率1银洋＝1.6日圆。本年平均每月收入300圆。

1920年共收入2640圆（因教育部拖欠三个多月的薪俸，收入显著减少，虽然名义月薪仍为300圆，但实际上平均每月仅收入220圆）。这一年夏天鲁迅接受了北京大学和高等师范（后改名北京师范大学）两校的聘书兼任讲师。因鲁迅在教育部社会教育司一般每天只有上午去坐班，公务不多，中午以后即自由支配,所以能安排每周下午有两次分别到北京大学和高等师范各讲一小时《中国小说史》课程。开始讲课时鲁迅是不计报酬的,后来情况有了变化,详见下文。

1921年共收入2578圆(其中开始有讲课费88圆,教育部薪俸2490圆。虽然有资料说鲁迅自1921年11月起得到"年功加俸"每年360圆,即平均月收入应增为320圆,但是教育部拖欠了半年多的薪俸,所以实际收入更为减少),平均每月仅收入214.83圆。

1922年日记缺失,仅存断片,据许寿裳摘录手抄本:一月十四日收去年六月份奉泉七成二百一十。二十七日收去年七月份奉泉三百。……(中缺)十二月六日收七月份奉泉一百四十圆。……(陈注:由上下文估计1922年鲁迅应该收到教育部薪水数目为从1921年6月七成210圆到1922年9月上半月150圆,共计4560圆。但是教育部拖欠薪水的情况越来越厉害,除应补发去年下半年薪水外,尚拖欠本年三个半月的薪水。本年实际收入数已无法确知。)

1923年共收入2304圆(其中稿酬69圆占3%,讲课费141圆占6.1%;两者合计占9.1%,教育部薪俸2094圆,累积拖欠九个月的薪俸,所以收入大为减少),平均每月收入仅192圆。这一年鲁迅的讲学活动有所增加,不仅继续兼任北京大学、高等师范两校讲师,而且在北京女子高等师范、北京世界语专门学校兼课。

1924年(其间7月7日赴西安讲学,先收暑期学校薪水100圆,8月3日收讲课费并川资200圆。)本年共收入2611.78圆,其中讲课费826.5圆占32.5%,稿酬版税703.28圆占26.9%,教育部薪俸应得3600圆,实得1095圆,因教育部累积拖欠一年又六个月的薪俸,所以收入大为减少,平均每月收入217.65圆。

1924年鲁迅的经济生活中有了一个转变,他的收入构成中,第一次出现了公职收入(教育部薪俸)少于自由职业收入(讲课费及稿酬、版税)的情况。业余讲课和写作收入共占56%,超过一半;而公职收入仅占44%,也就是不到一半。从经济收入上说来,鲁迅开始了由公务员向自由职业者的转化。

1925年共收入2832.5圆,其中教育部的薪俸1652圆,占58%,讲课费705.5圆占25%,稿酬475圆占17%,平均每月收入236.04圆。本年鲁迅不仅继续在北大、北师大兼任讲师，而且从9月开始又在中国大学本科兼任小说学科讲师，在黎明中学和大中公学兼任高中文科教员。担任这些兼职的目的之一是为了增加经济收入。

1926年共收入4257.12圆，其中，教育部薪俸578圆，占13.6%，稿酬1177.3圆，占27.7%，在北京各院校的部分讲课费401.82圆，占9.4%，厦门大学预支的薪水和旅费2100圆，占49.3%，平均每月收入354.76圆。

通过好友林语堂介绍，1926年7月鲁迅应聘担任厦门大学研究教授，收到厦大提供的旅费100圆和月薪400圆后，于8月26日携许广平离开北京南下。这是他生平一大关键性转折。由此，鲁迅彻底摆脱了官场的束缚，从经济上正式成为一个甘冒风险的自由职业者。

作为这一转折有两个重要标志，其一是鲁迅为捍卫自己的人权而向法院控告他的顶头上司、教育总长章士钊；其二是鲁迅为捍卫自己的经济权而向教育部一再索取欠薪，并将内幕公诸于众。

1926年8月鲁迅决心离开北京南下，除了某些原因（如军阀统治的黑暗、婚姻与恋爱的矛盾）之外，还有经济生活上的郑重考虑。而且经济的因素很重要，这一点，只要细读鲁迅《娜拉走后怎样》和《端午节》、《幸福的家庭》、《在酒楼上》、《伤逝》、《孤独者》以及他与许广平的通信，就可窥见端倪。

鲁迅自认属于“中产的智识阶级分子”（参看《二心集》序），实际上鲁迅的经济地位乃中间阶层（middle class，以前或译为“中产阶级”，窃以为不妥，容易令人望文生义，归入“反动资本家”之列；而“中间阶层”主要是自食其力的脑力劳动者，并非生产资料的独占者）。整个现代史表明，中间阶层是社会的中坚力量，是人类进步的推动者，是新思想的开拓者，是现代文明的重心。

“娜拉走后怎样?”鲁迅以自己的实践、以亲身体验回答了这个难题。如果没有一些文化机构如北京大学、厦门大学、中山大学、大学院等等以经济力量保障了鲁迅的职业选择，如果没有一些出版机构如新青年社、晨报社、北新书局、商务印书馆等等以经济力量保障了鲁迅的言论发表，如果不是鲁迅自我奋斗努力保持了中间阶层的自主经济地位，那么，也许他早就被黑暗势力无情地扼杀、吞噬了，那就根本谈不上还会有什么鲁迅精神。物质上的宽余和精神上的自由，应该是互为表里的两面，缺一不可。

鲁迅的魄力和魅力，就在于他毅然选择了“自由职业”这样冒着很大风险的经济地位，鲜明地显示他对“权和钱”威逼利诱的藐视，超脱于“官场”与“商场”、“帮忙”与“帮闲”之上，保持了他比生命更珍惜的独立人格。当然，同样具备中间阶层经济地位的人，也可能画地为牢、自弃于世，甚至被民众所不齿。因为自由固然不能由权和钱所买得，却可以因权和钱而出卖。例如他的“人才难得”的二弟周作人，以及文化专制下的某些写作班子、自鸣得意的大棒笔杆儿们。

《鲁迅家用帐》和《书帐》的日常支出 (1923 年 8 月—1926 年 2 月一斑)

我们对于鲁迅在北京时期的收入全貌有了一个轮廓的了解，但是对于他的日常生活支出尚属未知。幸好，鲁迅博物馆于 1989 年秋发表了《鲁迅家用帐(癸亥年、甲子年、乙丑年)》，弥补了这个不足。该家用账本历时两年半，从癸亥年六月廿日(1923 年 8 月 2 日)到乙丑年腊月廿九日(1926 年 2 月 1 日)。

鲁迅在账目的第一页写明:“民国十二年旧历六月廿日移居砖塔胡同六十一号”。这是因为他与周作人夫妇在经济和家务问题上严重冲突，鲁迅偕发妻朱安女士被迫迁出八道湾旧居，自立门户。从此由鲁迅本人管家记账，一直到他 1926 年夏天离开北京南下。

砖塔胡同 61 号房租每月 8 圆，一开始雇佣一个女工(月工资 2—3 圆)，三口人共同生活。1924 年 5 月鲁迅以国币 1000 元购置西三条胡同 21 号四合院(今鲁迅故居)，接母亲搬来同住，那就是四口人。

《家用帐》是以农历记日期的，这是为了符合家人的习惯，便于传统节日的安排。但每月的收支大致上可以跟用公历记日期的《鲁迅日记》相对应。为了比较研究的方便，我把鲁迅的《书帐》也附列其中，这样可以见到鲁迅北京时期日常收支的一斑。兹整理如下：

1923 年　家用平均每月 39.43 圆。书账平均每月 12.43 圆。日常支出平均每月 51.86 圆(本年鲁迅一家三口，母亲尚未跟他们同住)。

1924 年　5 月 25 日迁入西三条胡同 21 号。其间鲁迅于 7 月 7 日离京赴西安讲学,8 月 11 日返京。下半年鲁迅母亲搬来同住,人口增为四人,所以开支增大。家用平均每月 48.06 圆,书账平均每月 8.286 圆。日常支出平均每月 56.346 圆。

1925 年　家用平均每月 66.645 圆,书账平均每月 13.26 圆。日常支出平均每月 79.905 圆。

1926 年　1 月 51.9 圆,2 月(乙丑年岁末)110 圆(一家四口,而且是春节时期,所以开支很大)。本年平均每月家用难以计算,书账平均每月 33.36圆。

以上,仅能窥见鲁迅日常支出的概貌。录此一斑,并非全豹,仅供进一步研究参考。

鲁迅在北京的住房

1909 年,28 岁的周树人由日本留学回国。1912 年 5 月随蔡总长来到北京教育部任职,住在宣武门外绍兴县馆,度过了整整八年"无日不处于忧患中"的孤独生活。他的经济负担非常沉重,不仅每月要向绍兴老家寄 100 圆给母亲和兄弟作为家用,还要向周作人妻子羽太信子的日本家中寄钱。也就是说,他要供养六七个人。

1911 年秋天周作人携日本妻子回国,他起初在绍兴中学教书,月薪 50 银洋,陆续增加到 68 银洋,但入不敷出。经鲁迅介绍周作人受聘在北京大学任职,1917 年 4 月单身来到北大,开始担任北京大学国史编纂处编辑,月薪 120 银圆,后来任文科教授,月薪 240 银圆,还有兼职收入。这时鲁迅月收入 300—400 银圆。此外稿酬也很可观,例如:1921 年周氏兄弟合作翻译了《日本现代小说集》和《现代小说译丛》,每册 10 万字,由商务印书馆出版,稿酬千字 5 银圆,共得 1000 银圆。

1919 年,鲁迅兄弟俩以省吃俭用储蓄的钱,加上卖掉绍兴故宅所得 1000 余银圆,买下北京新街口八道湾一套大四合院,房价 3500 银圆,中介费 173 银圆,税款 180 银圆,自来水管费 115 银圆,为了这个新居花费 4000 银圆左右(折合今 16 万元)。这时,周作人在北京大学担任专职教授月薪 240 银圆,兄弟俩月收入共 600 多银圆(合今 25000 元以上),房价相当于他们 7

个月的薪金总和。周树人从老家将母亲和妻子朱安女士、三弟周建人芳子夫妇一起接来，年底周作人和信子一家又从日本探亲归来，在新居会合。这总算圆了鲁迅的大家庭之梦，真是“兄弟怡怡”。

20年代开始，北洋政府财政困难，屡屡拖欠公职人员的薪金。教育部在1920年上半年拖欠了一个月的薪金，下半年则一拖几个月，直到年底才把9月份的薪金发全。1921年和1922年情况更糟糕，仅能领取薪俸三分之二左右，鲁迅月薪应得300多银圆，实得200银圆左右。为支撑三代同堂大家族的浩繁开销，委曲求全的鲁迅不得不经常借债度日。

周家三兄弟和母亲、眷属（周树人妻朱安、周作人妻羽太信子及儿女、周建人妻羽太芳子及儿女）加上几个佣人一共十几口，同住一个三进二十几间房屋的大四合院，应该说是比较富裕。然而由于羽太信子掌握日常费用，挥霍过度，每月生活费700多银圆（合今将近3万元）都不够开支，经常入不敷出。许广平在《鲁迅回忆录·所谓兄弟》中谈到：“有时茶余饭后，鲁迅曾经感叹过自己的遭遇。他很凄凉地描绘了他的心情，说：‘我总以为不计较自己，总该家庭和睦了吧，在八道湾的时候，我的薪水，全行交给二太太（陈注：周作人妻子），连周作人的在内，每月总有六百余银圆，然而大小病都要请日本医生来，过日子又不节约，所以总是不够用，要四处向朋友借，有时借到手连忙持回家，就看见医生的汽车从家里开出来了。我就想：我用黄包车运来，怎敌得过用汽车带走的呢？’据鲁迅说，那时周作人他们一有钱就往日本商店去买东西……花光之后，就来诉说没有钱用了，这又得鲁迅去借债。”从《鲁迅日记》可见，1919年11月鲁迅借债500银圆为期3个月，利息1分3厘（共65银圆），补足购房款；1920年5月，鲁迅借债400余银圆；1921年3月周作人患病住院后到香山疗养，鲁迅又借债700余银圆。经常是还了老债，再借新债。

因家务严重冲突，加上羽太信子有时发作神经病，谗言污蔑鲁迅，1923年7月19日，周作人向长兄鲁迅递送绝交信。鲁迅被迫搬出八道湾大宅，先在砖塔胡同61号赁屋暂住，三间正房月租金8银圆。

1924年5月鲁迅买下了破旧的小四合院——阜成门内西三条胡同21号（即现在的北京鲁迅博物馆内），共花费1000银圆左右（约合今4万元）。至于房内的陈设，非常简朴，有9银圆买的铺板三床，和7银圆买的旧桌椅5

件等。鲁迅向友人许寿裳、齐宗颐各借400银圆，所欠的债，一直到南下厦门大学以后才用他的讲课费还清。

鲁迅在1923—1926年一家三口（他和母亲及发妻朱安）雇佣一个女工，有时加一个车夫，日用开支平均每月60—80银圆，其中购书10银圆左右（不包括鲁迅本人请客吃饭喝酒以及娱乐消遣的费用），日子比在八道湾时轻松些了，属于典型的中间阶层。

1925年北洋政府的财政已陷入绝境，屡屡数月无拨款，政府再三拖欠薪金。1926年奉系军阀张作霖入关，通缉进步分子，北京文化人纷纷南下。北大教授林语堂应家乡厦门大学校长林文庆之邀任文科主任，并致函聘请鲁迅为国学研究院"研究教授"，比教授还高一级，月薪400银圆。一学期后，鲁迅又从厦门南下广州中山大学任教，月薪500银圆。

上海时期（1927—1936）

鲁迅1926年8月从北京南下厦门大学，本来计划是至少有两年好好进行教学研究，但不到半年即决定流动到广州中山大学；又不到半年，毅然放弃了丰厚的待遇（月薪500圆，等于今人民币17500元），于1927年秋天离开广州经香港抵达上海。

他敢于这样做，并不是"破釜沉舟"，而是得到两个主要的经济保障：(1)北新书局提供鲁迅著作的版税和《奔流》杂志的编辑费，每月可收入200圆以上；(2)通过老友许寿裳和老前辈蔡元培的支持，聘请鲁迅担任大学院特约撰稿员，月薪300圆。以上合计至少500圆，加上稿费等其他有把握的收入，预计生活水平不仅会高于北京任职公务员的时期（月收入200—300圆），而且高于在厦门（月薪400圆）和广州（月薪500圆）担任大学教授的时期。这就完全保证了他能在上海得到长久、牢靠的中间阶层经济地位。

因此，鲁迅1927年10月到达上海时的心情，一方面是"感到渺茫"，另一方面带着开辟新生活的兴奋和喜庆。加上能够摆脱封建包办婚姻的枷锁而自由地跟爱人许广平女士实际结合，虽然没有履行离、结婚的法律手续，但是在开放的现代化的上海，社会舆论能够宽容鲁迅和许广平公开同居。这如果在北京的话，恐怕是不堪想象的。

现将《鲁迅日记》中，鲁迅后半生的经济收入情况统计、整理、归纳如下：

1927 年 1 月鲁迅坚决辞去厦门大学的职务，2 月接受广州中山大学聘书担任中大文学系主任，并与许广平会合定情（未公开关系）。一学期后又辞去中山大学的职务，9 月 27 日下午偕同许广平从广州出发，夜半抵香港，然后乘坐轮船于 10 月 3 日午后抵达上海码头。此后定居上海，整整九年，直到 56 岁病逝。

1927 年共收入 3770 圆，平均每月 314.17 圆。这样的收入，相当于鲁迅在北京时期比较高的水平。其中，广州中山大学的 5 个月教授薪水共计 2500 圆，占 66.3%；北新书局李小峰等送来的版税和编辑费共计 570 圆，仅占 15.1%；又 12 月份正式收到南京政府大学院院长蔡元培签发的"特约撰稿员"聘书，开始领取月薪 300 圆（请注意这款项相当于鲁迅在教育部担任公务员的薪俸），从此定期获得该项固定收入一直到 1931 年 12 月。

1928 年共收入 5971.52 圆，平均每月 497.63 圆。其中主要的一笔是大学院提供的特约撰稿费或称教育部编译费月薪 300 圆，共占 55.3%，即一半多；其余不到一半是版税和稿酬。这时鲁迅开始察觉北新书局克扣他的版税，引起警惕。

1929 年共收入 15382.334 圆（合今人民币 50 万元），平均每月 1281.86 圆（合今人民币 4 万多元）。这一年收入猛增，主要是因为鲁迅为捍卫自己的著作权而通过律师向北新书局提出交涉，由郁达夫、林语堂等友人出面调停，追回北新书局李小峰扣压和挪用的版税旧债（据郁达夫回忆总数约 2 万圆之巨，应分期偿还），本年 9 月至 12 月，分四次偿还以前积欠的版税旧债"两个 2200 圆、两个 1928 圆 4 角 1 分 7 厘"，加上本年应得的新版税，共达 1 万多圆，占全年收入的三分之二。本年内又收取教育部 14 个月（跨年度）的编辑费共 4200 圆，占 27%，其他是鲁迅作品的稿酬等。

1930 年共收入 15128.895 圆（合今人民币 49 万元），平均每月 1260.74 圆（合今人民币 38000 元）。其中最大一笔收入仍是追回北新书局李小峰积欠的版税：2 月 2000 圆、3 月 1000 圆、4 月 1500 圆、6 月 2600 圆、9 月 1500 圆、10 月 1000 圆、12 月 500 圆等，共达 1 万多圆，占收入的 67%；其次是支取教育部 9 个月的编辑费共 2700 圆，占 18%；此外是鲁迅的稿酬和编辑费等。

1931年共收入8909.30圆，平均每月742.44圆。因为北新书店积欠的版税旧款已经在上两年还清，所以今年的著述收入只是当年的版税和稿酬、编辑费等，共占总收入几乎一半即49.5%；此外一半是教育部支取的15个月(跨年度)编译费4500圆，占总收入的50.5%，每月收入仍合今人民币2万多元。

1932年共收入4788.5圆，平均每月399.04圆(合今人民币12000多元)。收入减少的原因是教育部编译费(月薪3百圆)完全撤除，仅有本年的著述版税和稿酬、编辑费。此外，收日本东京文求堂印《鲁迅小说选集》版税50日圆。

1933年共收入10300.93圆(约合今人民币32万元)，平均每月858.41圆(约合今25000元)。收入明显回升的原因之一是《两地书》在图书市场很畅销，所得版税累积1000圆以上；原因之二是《申报·自由谈》的稿酬和《伪自由书》版税也很可观。

1934年共收入5679.62圆(约合今人民币13万多元)，平均每月473.30圆(合今人民币14000多元)；此外有《现代中国》稿费20美元，100日圆。

1935年共收入5671.37圆(约合今人民币17万元)，平均每月472.61圆(合今人民币14000元)。此外有350日圆。

1936年1—10月(实际上因鲁迅病危，只能算8个月)共计收入2575.94圆，平均每月321.99圆(约合今人民币1万元)。

1934—1936年间鲁迅著述收入下降的根本原因，是国民党的法西斯文化政策达到高潮，实行图书报刊的审、查、封、禁，扼杀言论自由和出版自由。1934年2月，国民党中央宣传委员会发出密令，一举查禁149种图书，涉及26家出版单位。

命令一下，首先感到震惊并深受其害的，是书业界人士，特别是上海各出版部门。这么一禁，出版社和书店的经济利益遭到严重打击，有的只好关门。1934年2月25日，上海一些书店联合呈文，要求当局“从轻处理”；这个呈文，当局置之不理。不得已，书业同人第二次呈文，经国民党上海特别市执行委员会向中央委员会转递后，中宣委决定对于149种“反动图书”分为五档，区别对待。紧接着，“中央宣传委员会图书杂志审查委员会”于1934年4月5日由国民党中央委员会批准正式成立，6月1日国民党中宣委发布

《图书杂志审查办法》。

鲁迅对于法西斯查禁图书杂志一事非常关注，他在《且介亭杂文二集·后记》中，记录了该案的大致过程，并且根据《大美晚报》的披露，照录了所禁书目。

总计，鲁迅在上海生活的整整九年间(1927 年 10 月—1936 年 10 月)总收入为国币 78000 多圆，平均每月收入 723.87 圆(约合今人民币 2 万多元)，他一不靠“官”，二不服“商”，属于当时上海典型的自由职业文化人。

我为什么要耗费大量时间和精力从事这些复杂烦琐的考证呢？主要目的是以 24 年确切的统计数字证明：鲁迅属于五四至抗战前夕中国文化界中间阶层的代表人物之一。在他的思想“从进化论走向阶级论”的同时，他的经济地位“从公务员走向自由职业者”。鲁迅的独立人格和自由思想，以他超越了“权”和“钱”的自由职业作为稳固的经济保障。

因此我重申这一判断：离开了经济生活的鲁迅，决不是完整的鲁迅。

鲁迅为版税而奋斗

鲁迅后期在上海的九年间，完全成了一个“爬格子”为生的自由撰稿人，经济来源几乎完全依靠版税、稿酬、编辑费，占他生平总收入的半数以上。由先前的公职人员到自由职业者，在这过程中有个关键性的步骤，就是鲁迅以法律方式捍卫自己的著作权，向北新书局追索版税之争。

但当时(1929 年前后)鲁迅和书局出版商两方考虑到社会影响等各种因素，这场剧烈争端一直是“关起门来谈判”秘而不宣的。事后，鲁迅和有关人士都没有著文评述这场严重争端的来龙去脉和细节过程，只是偶尔透露过一鳞半爪，例如鲁迅在跟林语堂的“相得复疏离”关系中，只隐约提到几句罢了。鲁迅去世后，只有此事见证人之一郁达夫在 1938 年《回忆鲁迅》一文中作了几百字的简述，但语焉不详，知者甚少。

这场爆发于 1929 年 8 月的鲁迅著作权争端，究竟牵涉到多少钱呢？根据我对于“鲁迅经济状况”的多年研究，从 20—30 年代鲁迅著述应得的版税、稿酬、编辑费核算，参照《鲁迅日记》中的账目统计，鲁迅在这场争端之后共得到国币 2 万多圆(合今 70 万元)。这相当于鲁迅全部著述稿酬的 40%，或他一生总收入的将近五分之一。所以这场争端，对于鲁迅一生说来，具有非同小可的价值。

回顾一下，鲁迅从1918年在《新青年》杂志上发表《狂人日记》以后好几年里，投稿都是无私奉献的。前文说过，鲁迅担任教育部公务员已经有了丰厚收入，所以并未计较过稿酬。据我研究的结果，一直到1923年《鲁迅日记》才初次出现他领取版税和稿费的记载。1924年鲁迅生活中开始有一个大转变，这年他的经济来源中，第一回发生了公职收入（教育部公务员薪金）少于业余收入（讲课费及稿酬、版税）的情况。他写作和兼课收入共占59%，超过一半；而公职收入仅占41%，也就是不到一半。从经济状况说来，鲁迅进入了由公务员向自由职业者的转化。

当时鲁迅并没有把主要著作如《呐喊》、《中国小说史略》等交给商务印书馆、中华书局一类大出版社去印行，而是委托给自己信任并扶植的北新书局。郁达夫回忆说："北新书局的创始人李小峰是北大鲁迅的学生；因为孙伏园从《晨报副刊》出来之后，和鲁迅、启明（周作人）及林语堂等，开始经营《语丝》之发行，当时还没有毕业的李小峰，就做了《语丝》的发行兼管理印刷的出版业者。"李小峰一生的主要业绩，就是跟孙伏园一起经手办理鲁迅的《呐喊》、《中国小说史略（上下册）》、《桃色的云》、《苦闷的象征》等著述译书的出版业务，此后在鲁迅等人支持帮助下，于1925年3月在北京市创办北新书店，出版《彷徨》、《华盖集》、《华盖集续编》等，并编印新文学书籍以及《语丝》、《奔流》等刊物。他是20—30年代我国著名的出版商之一。

我查阅《鲁迅日记》，从1923年起鲁迅和李小峰见面、通信、联系，14年间总共达到704次之多，平均每年50次，也即大约每周就有一次。可见关系密切非同一般。这些联系的主要内容是有关北新书局出书、编杂志的业务和经济问题。《鲁迅日记》中对于李小峰的典型文字记载是：某月某日小峰来交（或：得小峰信并）版税泉及编辑费若干圆。

1926年鲁迅在北京时，北新书局送来的版税和编辑费还是940圆（合今人民币33000元），1927年降低到470圆（合今16000多元），据说因为汇款不便而拖欠。这两学期鲁迅南下，担任厦门大学和广州中山大学教授的月薪很高，所以并未介意。1928年鲁迅到上海后，没有继续任教，下决心以自由撰稿人的身分完全依靠"爬格子"谋生。他交给北新印行的著作已经增加到9部，销路也很好，还为北新书局编辑《语丝》和《奔流》杂志，并为《北新》半月刊译稿，所得报酬也应该大幅度提高。但他从北新书局得来的版税和编辑费收入，比例仍不到全年的三分之一。这时他开始察觉北新书局的账目很不对头，开始一项一项算细账，并且约见知情者了解实际情况。他明白了：几年以来，北新书局确实克扣了他几部著作的大笔版税，数目高达2万多圆，而已经支付的只有几千圆。从1929年7月以后的《鲁迅日记》可以看到他与文友们频繁商议的蛛丝马迹。8月12日他写信宣布停止编辑《奔流》杂志，并且访问律师杨铿进行著作权法的咨询；次日"委以杨律师向北新书局索取版税之权"。

仔细分析《鲁迅日记》的简略记载，与这一阶段亲友们的有关书信、回忆录相对照，可以看出：从8月12日到25日的两个星期里，鲁迅每天都为版税之事奔忙；律师杨铿依据政府刚颁布的《著作权施行细则》，建议庭外调解，鲁迅和北新书局双方都表示同意。

北新书局承认确实拖欠了鲁迅应得的大笔款项。在律师参与之下，按原订合同20%的版税率一笔一笔计算后，双方核实了数额明确无误。按照证人章川岛的说法，"共欠债两万"（见同年9月章致周作人信）；按照另一位证人郁达夫的回忆，"北新开给鲁迅的旧帐单等来计算早该积欠有两三万圆了"（引自郁达夫《回忆鲁迅》，1938年）。这就为争议的解决打下一个良好的共识基础。但李小峰方面解释了拖欠版税的缘由：北新书局在北京的总部被北洋军阀查封，不得不迁移上海，损失很大；暂时挪用了若干款项进行投资，保证追回；又因资金周转不畅，请予延缓期限，在一年内分批逐步偿还，等等，并再三表示道歉。有证人在场，经过律师依照《著作权施行细则》进行反复调解，双方达成这样的协议：

(1) 北新书局把图书的印刷纸版交回鲁迅（由郁达夫、章川岛作证）；

(2) 北新书局历年所欠鲁迅的版税分11个月内结清（由杨律师经手）；

(3) 双方重新签订合同，依据《著作权实施细则》实行印书证制。

协议第一项于8月28日执行；协议第二项于此后分期执行，北新书局在本年剩下的四个月内将历年所欠的旧债务大约8300圆（合今29万元）交还鲁迅；1930年鲁迅继续追回北新书局积欠的版税1万多圆（合今40多万元），占这一年收入的三分之二。

根据《鲁迅日记》折算,鲁迅前后共支付给杨铿律师手续费5%,即大约4000圆。

由于这件争端的顺利解决,鲁迅仍然对北新书局给予信任,继续把自己许多著作的出版发行委托给李小峰负责,例如《两地书》、《鲁迅杂感选集》、《三闲集》、《伪自由书》等。

依据当时《著作权实施细则》的规定,北新书局和作者签署了协议,鲁迅著作从1929年9月起,必须贴上"印书证",或者叫做"版税印花"。当时这种保护著作权的方式就是:鲁迅在收到书局的版税以后,按照实际印数将自己设计和专门印制的"鲁迅印书证"(印花)——通常是盖有鲁迅某一专用印鉴的方纸片——交给书局,贴在图书的版权页指定位置上,才能出售。这种方式,一方面可以有效地监督出版者实报印数,另一方面也有利于杜绝盗版,不仅保护了作者的权益,而且也保护了书商的权益。中国20—40年代图书每次印数通常为一两千册,所以粘贴"版税印花"还比较方便。到50年代以后图书每次印数大量增加,就显得很麻烦,必须改革了。这是后话。

鲁迅和北新书局的版税之争,是20年代末中国一场典型的著作权案例。我建议,以当事人和证人之闻名、以涉及金额之巨大、以调解方式之成功、以历史意义之深远,应该将此案例写入中国现代著作权史和大学政法专业教科书。

我还是这样认为:离开了著作权的鲁迅,不是完整的鲁迅,更不是真正的鲁迅。鲁迅维护自己的著作权,为后代"爬格子"的同行们树立了一个范例。

鲁迅在上海的住房

1927年夏天鲁迅47岁时,携许广平从广州来到上海,先住在北四川路景云里23号,后来与弟弟周建人一家住进景云里17、18号,两楼两底。

日常生活很简朴,"购置家具,每人仅止一床、一桌、二椅等便算足备了"(引自许广平《景云深处吾家》)。1930年5月,鲁迅又搬家到北四川路2093号拉摩斯公寓大楼内,"顶费五百",即预付全年房租作为押金(合今15000元),月租金40银圆(今1200元),同时买下原住的一家外国人的全部旧家具。

1933年4月，鲁迅一家迁入施高塔路(今山阴路)大陆新村9号，是典型中间阶层的三层楼房。“付房钱四十五两”(参看《鲁迅日记》下册第825页。每两银子作1.4银圆计算，45两银子折合63银圆，即今人民币1900元)。使用的仍然是原有的那套旧家具。

当时底楼用玻璃屏门隔成两间，里间当作餐厅，外间是客厅，有一张瞿秋白离开上海时留下的旧写字台和几把椅子，鲁迅常在此接待来访者。

二楼是卧室兼工作室，亭子间供女佣居住。三楼北间是客房，南间是儿子海婴的卧室。设备现代化，有上下水道和煤气等(陈注：《鲁迅日记》载：付煤气押金20银圆，付水道押金40银圆)。有两个女佣。这是鲁迅一生中最稳定、富裕的时期。然而已到日暮黄昏。

在鲁迅56岁的时候，也就是他临去世以前，他还想搬家到一处更好、更安静的房子去。这年10月6日他在致曹白的信中说了搬家的条件：“一要租界，二要价廉，三要清静。”11日《鲁迅日记》中记载：“同广平携海婴往法租界看屋。”次日他在致宋琳的信中说：“颇拟搬往法租界，择僻静处养病，而屋尚未觅定。”

鲁迅曾在《病后杂谈》中写道：“然而要租一所院子里有些竹篱，可以种菊的房子，租钱就每月总得一百两，水电在外；巡捕捐按房租百分之十四，每月十四两。单是这两项，每月就是一百一十四两，每两作一块四角算，等于一百五十九块六。”(每月房租约合今4800元)这说明鲁迅当时是反复考虑过搬家，更换一处条件优越的处所，好好养病、著文、会友。他以自己的脑力劳动所得，积蓄了足够的金钱，有了巩固的经济基础，以保障完成他久已酝酿的写作计划。

但他的健康状况已经不容许这美梦实现了。鲁迅在大陆新村9号一直居住到1936年10月19日病逝。

致命的昏和卖

听夜雨，品苦茶，读周作人佳作《自己的园地》和《鲁迅的故家》。击节长叹，其痛何如！惟其赏彼独特一面，益发憎恶其人品之无耻无行。

周氏兄弟，五四齐名；暗堕启明，辉耀长庚。友人常吁嗟曰：“假如知堂先生当时没有跟兄长鲁迅先生闹翻……”然而历史上是没有“假如”的！提出某一事件“假如不曾发生”这类问题，实在没有多大意思。“史家的任务是尽可能地弄清楚已经发生的事件，并且对它出现的前因后果，做出符合实际的说明。”

鲁迅说得明白：“自由固不是钱所能买到的，但能够为钱所卖掉。”这真是不幸而言中了！周作人一度出卖其兄弟情义于家，二度出卖其人格节操于国；终于两度卖掉自由，沦落为双料的奴才。第一回在1923年，第二回在1938年。

第一回已在前文《鲁迅在北京的住房》中简略提到，此处不妨再加以分析讨论。周氏兄弟失和，逼迫鲁迅及老母、发妻搬出北京八道湾四合院大宅，这段恩怨已积累了许多史料、许多论著。其根源，专家们有的归于行为误会，有的归于妇人谗言，有的归于个性差异……但我认为，寻根到底还是离不开一个“钱”字。

周作人信子夫妇的经济生活要比长兄鲁迅豪华得多。据三弟周建人回忆：羽太信子“气派极阔，架子很大，挥金如土。家中有管家齐坤，还有王鹤招及烧饭司务、东洋车夫、打杂采购的男仆数人，还有李妈、小李妈等收拾房间、洗衣、看孩子等女仆二、三人。即使祖父在前清做京官，也没有这样众多的男女佣工。……周作人任他的妻子挥霍，不敢讲半句不是。早在辛亥革命前后，他携带家眷回国居住在绍兴时，他们夫妇间曾经有过一次争吵，结果女方歇斯底里症大发作，周作人发愣，而他的郎舅、小姨（羽太信子的妹妹芳子，后嫁给周建人又离婚——引者注）都指着他破口大骂。从此，他不敢再有丝毫的得罪；相反，他却受到百般的欺凌虐待，甚至被拉着要他到日本使馆去讲话。平日里，一讲起日本，总是趾高气扬，盛气凌人；讲到支那，都是卑贱低劣。而周作人只求得一席之地，可供他安稳地读书写字，对一切都抱着息事宁人的态度，逆来顺受。鲁迅看不过去，对周作人进行规劝，无非是‘化钱要有个计划、也得想想将来’这一类话。也真有周作人这样的人，把好心当恶意。”当时周作人在北京大学已是资深教授，月薪280银圆，兼职220银圆，再加上稿酬、版税，月收入至少500银圆（合今2万多元）以上，比当时的鲁迅有钱得多，不像早先那样再需要长兄的扶持。一旦觉得从长兄身上难以再任意榨取，周作人终于翻脸了。他所要独吞的，是八道湾的大四合院，这才是真值钱的。

难怪，鲁迅迁入西三条胡同新居后，于 1924 年 6 月 11 日“往八道湾宅取书及什器”时，遭到周作人及信子的辱骂和殴打。这“二弟”的真实目的还不是为了尽量霸占兄长的器具文物？一句话，都是为了钱。

鲁迅曾对许广平分析说：“周作人的这样做，是经过考虑的。他曾和信子吵过，信子一装死他就屈服了。他曾经说：‘要天天创造新生活，则只好权其轻重，牺牲与长兄友好，换取家庭安静。’……”周作人“考虑”的首先是豪华的“新生活”所必须的大量钱财，权其轻重则是“钱”的轻重。话说到这里，也就够了。

第二回是日寇侵占北平以后，周作人附逆当了汉奸。他在《知堂回想录》等处一再为自己辩解。例如，战火初起时友人们劝他随众教授南下，他不肯走，说：“我因家庭关系，实在无法摆脱（有母亲、鲁迅的故妻另住别处，兄弟的故妻……及三个孩子均在京，我自己一家大小四人，我女儿和她的两个小孩，以上均住我处），我只能苦住下去。”既然表示要“苦住”，国难当头必须耐得住清贫，洁身自好，也不至于甘当汉奸卖国贼呀！

知弟莫若兄。鲁迅生前对二弟的评价是一个字：“昏”。

带着体温的一块钱

我在中学时，从某本回忆录中读到鲁迅本人说过的一段话，大意是：他曾遇见热心读者买他著的书，从口袋里掏出钱来放在他的手里，那一块钱还是热乎乎的，带着青年人身上的体温。鲁迅受了极大的感动，经常扪心自问，生怕自己对不起这样的读者。

这个故事给我印象很深。后来我通读《鲁迅全集》时，看到《写在〈坟〉后面》是这样回忆的：

> 我的译著的印本，最初，印一次是一千，后来加五百，近时是二千至四千，每一增加，我自然是愿意的，因为能赚钱，但也伴着哀愁，怕于读者有害，因此作文就时常更谨慎，更踌躇。有人以为我信笔写来，直抒胸臆，其实是不尽然的，我的顾忌并不少。……还记得三四年前，有一

个学生来买我的书，从衣袋里掏出钱来放在我的手里，那钱上还带着体温。这体温便烙印了我的心，至今要写文字时，还常使我怕毒害了这类的青年，迟疑不敢下笔。我毫无顾忌地说话的日子，恐怕要未必有了罢。但也偶尔想，其实倒还是毫无顾忌地说话，对得起这样的青年。(《鲁迅全集》第一卷，人民文学出版社 1981 年北京版，第 284—285 页。)

鲁迅写这篇后记是在 1926 年 11 月，那么"三四年前"倒推上去就是 1923 年在北京发生的事情罢，学生来买的书很可能就是《呐喊》。这是他自费印刷的。我查阅《鲁迅日记》1923 年 5 月 20 日星期日下午，"(孙)伏园来，……付以小说集《呐喊》稿一卷，并印资二百。"看来当时鲁迅的第一部小说集是自己掏钱以 200 银圆印刷费"自费出版"的。又据史料查证，当时担任印行的是北大同人组织的文化团体"新潮社"，而孙伏园是这新潮社的编辑。

《鲁迅日记》到 1923 年才开始有领取图书版税和文章稿费的正式记录，这一年他的著述收入仅仅 123 圆银洋；至于传世之作《呐喊》第一版的赢余 260 圆，是 1924 年 1 月 8 日才结清的。

我还有个猜测，学生买鲁迅的书也可能是《中国小说史略》，理由如下：1923 年 10 月 8 日《鲁迅日记》载："以《中国小说史略》稿上卷寄孙伏园，托其付印。"这部著作也是在新潮社自费出版的。同年 12 月 11 日载："孙伏园寄来《小说史略》印本二百册，即以四十五册寄女子师范校，托诗荃代付寄售处，又自持往世界语校百又五册。"交稿后两个月就印成了，可见当时出书效率之高。而鲁迅正在北京这两所学校国文系兼课讲授，那么《中国小说史略》作为讲义是理所当然的了。这就是说要由鲁迅自己销售 200 册。鲁迅自印的讲义要收费，那么北京大学每学期要收 1 圆讲义费又有什么不对呢？

1924 年 2 月 4 日《鲁迅日记》载有："夜世界语校送来《小说史》九十七本之值二十三圆二角八分(陈注：合每本 2 角 4 分)。旧历除夕也，饮酒特多。"他对于"那钱上还带着体温。这体温便烙印了我的心……"那深沉的感慨，是否又发生在这除夕独守寂寞之夜呢？也说不定。

还有一个"带着体温的一块钱"的故事，也跟鲁迅有关。但时间相差十几年。

晚年鲁迅迁居上海以后，拥有更多的读者，特别在穷困的学生、市民、工人中间。鲁迅经常到离家不远的内山书店去办事、会友。一次他发现书架旁有位工友捧读《毁灭》等书爱不释手，但是几次掂量着口袋里的钱，显然是不够书价。

鲁迅忍不住走上去问："你要买这本书？""是的。"鲁迅又从书架上取了另一本书递给他说："你买这本书吧，这本比那一本好。"

"先生，我买不起，我的钱不够……"

鲁迅看了看书后的定价，又问："一块钱你有没有？这本只要一块钱本钱，我那一本，是送给你的。"

"有！"这位工友是上海英商汽车公司售票员名叫阿累，他立即从内衣的口袋里掏出那块带着体温的银圆，放到鲁迅的手里。

他认出了卖书给他的是鲁迅，鼻子里突然一阵发酸。后来"当阿累受到深重压迫时，总是想到鲁迅，想到这件事"。

这故事有很多人叙述过，情节有详有略，大同小异。总该不是杜撰或伪造的罢。使我怦然心惊的是"那块带着体温的银圆"。

1923年在北京某大学买书的学生，跟几年以后在上海内山书店买书的工友，是不同时间、不同地点的两回事。但那一块钱"还带着体温"，却是共通的，因为世界上热心读者的心都是共通的。

有些伟人蔑视钱甚至不愿意伸出手接触钱，咒骂："钱很肮脏！"也许有些道理罢，世上很多不明不白的钱确实不干不净。但鲁迅的故事告诉我们，热心读者买书的钱是最干净的，因为那是劳动挣来的血汗钱。

但愿这些"带着体温"的钱换来的书，也都是干干净净的。但愿所有写书的人都能像鲁迅那样扪心自问：一定要对得起读者。

抗战时期的生活费和实际收入

1937年七七事变后，日本侵略军倾其主力攻占中国东部富庶地区。7月底，日寇攻占天津、北平；11月占领上海；12月占领南京、济南；1938年1月国防军撤离青岛，5月徐州合肥、6月安庆、7月九江，10月广州、武汉接连落入敌手。国民政府西迁重庆。

不到一年半，1938年底日军已占领中国三分之一的国土，占有中国农业实力的40%和工业实力的92%，除了上海市租界和香港英殖民地成为包围圈内暂时中立的“孤岛”以外，从北平到武汉、广州一线以东的文化区沦落敌手。我国文化人纷纷随政府迁移到西南“大后方”，有少数迁移到西北。

1939年2月日寇攻占海南岛、3月南昌、6月汕头潮州、8月深圳、11月南宁，阻断了中国与越南之间的运输线，同时又迫使法国停止利用滇越铁路向中国运送商品；1940年7月迫使英国停止开放滇缅公路，至此中国从国外进口商品就更为困难。

除了早已被日军占领的东北(所谓满洲国)以外，中国的现代工业主要集中在东部，特别是东南沿海。全国工厂的70%分布于江苏、浙江、安徽三省。日本“以战养战”，侵吞中国的经济命脉。在敌占区，日伪政权的疯狂掠夺，使得我国民众陷入空前的苦难和赤贫境地。

本来，东南沿海是中国政府财政收入的最主要来源地。战前，关税、统税(货物税)和盐税保证了政府开支，其中关税占据政府全部收入的70%左右。日军占领中国几乎所有的进出口商埠以后，国际贸易被迫中断，转口贸易主要在沿着军事封锁线的交界地区和大后方各省区。

1941年，由国外输入内地的物资只及1939年的三分之一，加上日军封锁长江，铁路大多陷入敌手，日军飞机的轰炸严重破坏了交通运输线，因而商品愈趋紧张，物价迅速上涨。

通货膨胀的危机(1939—1945)

抗日战争时期我国经济状况急转直下，突出地表现在：通货膨胀、货币贬值、物价飞涨，三者恶性循环，文化人生活水平不断跌落。

中华民国成立以来的前25年内，从1912年到1936年，中国的物价是基本稳定的，升降平缓，浮动不大。有时反而出现了通货(银根)紧缩、物价下跌的反常现象。但是，抗战爆发后，到40年代开始了严重的通货膨胀，经济危急。

以上海1936年生活费指数和实际工资指数为100%，1937年物价上涨为128%，年底，上海市除租界成为“孤岛”以外，几乎完全被日本侵略军占领，到1941年上海沦陷区生活费指数上升到871.9%，而实际工资收入指数(购买力)下降为53.6%，只有原来的一半。

1939年以后，中国各地(无论是敌占区或是大后方)发生了持续十年之久的通货膨胀危机，表现为：物价指数迅猛上升，对金银和英镑美金等外钞的兑换率大幅度跌落，出现紧缺物品和外汇的黑市。

国民政府推行“战时财政”，逐渐形成了以通货膨胀(增大法币发行量)为手段平衡财政收支、弥补赤字的政策。1939年1月国民党五届五中全会通过决议：“供应军费、收买物资，使用多量法币，则筹码之流通，自无不足之虑。”(引自《中国国民党历次会议宣言决议案编》第二册第441页)

抗战初期的两年内，通货膨胀较慢，物价上涨还不算特别严重。

但是从1940年以后，局势迅速恶化。物价上涨的幅度明显超过法币发行增加的幅度。1939年12月法币发行指数为305%，物价指数升为355%；1940年12月法币发行指数为560%，物价指数猛升为1276%，而薪金、工资的相应调整远远赶不上物价飞涨的速度，三者差距日益扩大，国统区的通货膨胀陷入恶性膨胀阶段。

1940年，国民政府又大规模征兵，三年内每年征兵50万人，减少了农业劳动力，直接影响生产。同时，在各省修建军事基地，运输军需物资，大大增加了军费，并使消费品的供应越来越紧张。从1939年到1941年，政府总支出增长3.5倍以上，其中国防开支占国民政府总支出的73%；政府入不敷出，赤字惊人。1941年，政府收入仅占支出的13%（支出100.03亿元，收入13.10亿元）；赤字达86.93亿元，巨额赤字只有靠发行钞票（通货）来弥补。到1941年12月，法币发行额达到151亿元，使得批发物价比1939年12月上涨6倍。

除了政府对于货币的过量需求外，流通过程出现了大量投机活动。面对物价飞涨，投机者纷纷囤积工业原料及其他商品，转手倒卖就可牟取暴利；民众家里普遍储存粮食和其他消费品，把手中货币换成实物以保存价值。囤积居奇、投机倒把，加剧了供求矛盾，物价进一步上涨，造成恶性循环。

华北日伪发行伪币"联银券"

1938年2月，日伪政权"华北政务委员会"在北平、华北强制发行伪币——中国联合准备银行钞票，即"联银券"，又称"联合券"、"准备券"，逐步控制和兼并华北各地区银行。发行后不久便急剧贬值，北平有民谣"孔子对天坛，五百当一圆"进行讽刺。

在敌占区华北和北平等地，1941年3月到1942年12月之间，日伪政权进行了五次"治安强化运动"，掠夺老百姓家中的金属和物资，也造成伪联银券通货膨胀，民不聊生。

华东日伪发行伪币"中储券"

1939年日伪汉奸在南京成立维新政府，在上海成立"华兴商业银行"发行伪钞，面值1元、5元、10元等。1941年汪精卫政权在南京、华东、华南又发行伪币——伪中央储备银行钞票，即"中储券"，又称"储备券"。这两种伪币，起初尚与法币同时流通。

1941年12月8日太平洋战争爆发以后，日伪政权严禁使用法币。中储券扩大发行，也造成华东、华中敌占区的物价暴涨。

另一方面，共产党八路军敌后根据地为防止法币贬值造成的财政危机，决定增发"边区货币"，1941年后也禁止法币在根据地流通。

这样，抗战中期以后，中国的金融货币体系一分为三。在缩小到全国三分之一的国统区，挤压着过量的法币，加剧了通货膨胀和物价飞涨的恶性循环。这迫使国民党政府改变以法币为收支单位建立的财政预算，税收中以征收实物代替征收法币。社会上也开始采用粮食或"生活费指数"为薪金、工资的计算标准，甚至恢复(半明半暗地)使用银圆。

大后方工薪阶层生活下降

在四川成都地区，从1940年1月到1942年6月的两年半中，职工平均工资增长2—4倍，而一般物价上涨10倍，大米上涨35倍，一般每月伙食费用由4元提高到100元。

国民党政府弥补财政赤字和扩充军费的办法，已不能再依靠发行公债，而只有依靠银行垫款——大量增加法币发行量。到1945年8月，法币发行量已经达到8年前(1937年7月)的300倍，约为52亿元。

根据张公权《中国通货膨胀史(1937—1949)》一书提供的资料，抗战期间大后方四川一带，薪金阶层和工资阶层实际收入指数如下(以1937年=100%)：

年　份	小公务员	教　师	服务人员	一般工人	产业工人	农　民
1937	100	100	100	100	100	100
1938	77	87	93	143	124	111
1939	49	64	64	181	95	112
1940	21	32	29	147	76	63
1941	16	27	21	91	78	82
1942	11	19	10	83	75	75
1943	10	17	15	74	69	58

可见，抗战时期大后方人民的实际收入（特别在 1940 年以后）总趋势为大幅度下降，而景况最为悲惨的却是教师和小公务员等脑力劳动者。这是 20 世纪中国历史上第一次的“脑体倒挂”反常经济分配现象。

中国文学系元老陈寅恪先生，在形容当时昆明市物价飞涨、法币贬值的程度时，曾有两首诗：“淮南米价惊心问，中统钱钞入手空。”“日食万钱难下箸，月支双俸尚忧贫。”

诗句中的“双俸”，是指 1942 年 8 月 12 日教育部核选西南联大资深教授 73 名（任教满十年以上者）为“部聘教授”，其中第一名就是陈寅恪。按规定“部聘教授”每月薪俸 600 元，学术研究费补贴 1000 元，所以叫做“双俸”。但是这教授里级别最高的“双俸”，还合不到两石（320 斤）大米的价钱。学贯中西的一代宗师陈寅恪先生，终因营养不良，导致目疾难愈，饮恨终生。

生活费和实际收入

抗日战争八年间，特别在 1940 年以后，全国各地（包括敌占区、战事区和大后方）通货膨胀愈演愈烈，普遍地时局艰难、物资匮乏、物价飞涨，我国民众和文化人的经济生活越来越贫困。

这八年间，随着法币发行量迅猛增加，我国城镇居民的工薪（货币收入）一直都呈上升的趋势，但同期生活费价格的上升速度更快、幅度更大，因此，实际生活水平不断下降。

个人的货币工资（月薪）或家庭的货币收入，并不能作为衡量实际生活水平的指标。因为货币数量所代表的购买力，随物价涨落而变化。只能将收入和生活费两者结合比较，得出的实际收入，作为衡量实际生活水平的指标。

实际收入的多少，取决于两个因素：一是货币收入的多少；二是生活费的高低。实际收入用公式表示为：

$$\text{实际收入} = \frac{\text{货币收入}}{\text{生活费}}$$

从中华民国初年（1912）到 40 年代末（1949），中国城市居民一般家庭为四—五口人(在统计学意义上的消费水平相当于四个成年人,叫做“等成人”)。一般定义“生活费”是按照吃穿住行用等五大类日用品消费量来计算的:(1)食物费用,(2)衣着费用,(3)房租费用,(4)燃料费用(后改为水电煤气费),(5)杂项,包括交通、子女教育、卫生医药、文艺娱乐、亲友应酬、嗜好烟酒等。

多年以来中国社会学家和经济学家一直进行有关“生活程度”的采访、统计和研究。从1919年起,清华大学就开始对中国当代家庭生活费用进行社会调查,根据《东方杂志》41卷第二号所载《我国历年关于工人家庭生活费之研究评述》一文介绍,从20年代到40年代,各种民间学术团体和官方机构,至少对于249个地区展开过90次社会生活程度调查。有关生活程度的学术调研和统计成果,具有社会性的实用价值。学者们运用这些结论,来维护人民群众和知识阶层的切身利益。

1941年行政院在社会学、经济学专家主持下,根据社会调查的实际情况,制定了“公务员日用品消费量”,也就是包括文化人在内的一个典型等成年人每月日常生活费用标准,包括五大类、29项。

西南联大的学者们按照这个公认的标准,结合昆明地区1941年10月的物价,计算得出了“昆明市生活费指数”,也就是每个等成年人每月的生活消费量,如下:

1. 食物类

(1) 米——中等白米,2市斗(32斤),每斗12元5角5分,合每斤7角8分,计25元1角;

(2) 面粉——2斤半,每斤2元2角6分,计5元6角5分;

(3) 猪肉——五花肉,5市斤,每斤4元2角4分,计21元2角;

(4) 猪油——板油,一斤半,每斤6元3角3分,计9元5角;

(5) 鸡蛋——中等大小9个,每个2角7分,计2元4角3分;

(6) 食盐——0.8市斤,每斤2元1分,计1元6角1分;

(7) 白糖——半斤,每斤8元5角2分,计4元2角6分;

(8) 酱油——一斤半,每斤1元4角5分,计2元1角8分;

(9) 豆腐——10斤,每斤8角4分,计8元4角;

(10) 蔬菜——20斤,5种主要菜价平均每斤1元5角7分,计31元4角。

以上食物类消费值合计111元7角3分。

2. 衣着类

(11) 阴丹士林布——国产美亭牌一尺,每尺2元6角8分;

(12) 白土布——中等一尺,每尺1元9角7分;

(13) 冲哔叽——国产梨花牌一尺,每尺9元9角2分;

(14) 布鞋——两月买一双,每双29元7角8分,计14元8角9分;

(15) 皮鞋——20个月买一双,每双86元6角7分,计4元3角3分;

(16) 线袜——中等国货两月买一双,每双4元,合2元。

以上衣着类消费合计35元7角9分。

3. 房租类

(17) 居住面积——每人半方丈,合5平米,每平米4元6角7分;房租(每人)合23元3角4分。

4. 燃料类

(18) 柴(烧火用)——70斤,每斤2角,计14元;

(19) 菜油(点灯用)——一斤半,每斤3元3角9分,计5元9分。

以上燃料类消费合计19元9分。

5. 杂项

(20) 自来水——12挑(0.72吨),每挑9角6分,计11元5角2分;

(21) 肥皂——金钟牌半块,每块8角,计4角;

(22) 毛巾——100天一条,每条4元7角2分,计1元4角2分;

(23) 牙膏——三星牌,100天一支,每支2元8角2分,计8角5分;

(24) 茶叶——绿茶0.1斤,每斤12元5角7分,计1元2角6分;

(25) 车资——30公里,每公里2元3角3分,计69元9角;

(26) 沐浴——盆塘二次,每次3元6角7分,计7元3角4分;

(27) 理发——二次,每次4元2角2分,计8元4角4分;

(28) 洗衣——12套,每套2元4角4分,计29元2角8分。

以上杂项消费值合计130元4角1分。

6. 其他

(29) 医药费、文化教育费等(加15%)计48元5分。

由此得出一个等成年人每月平均消费值——法币368元4角1分。相当于抗战前夕银圆12.5圆的购买力,或一个普通工人的最低薪金。

这就是1941年10月昆明市生活程度的平均费用,由于物价飞涨,这个数字还在不断地上升。

西南联大的经济学家、社会学家作了《昆明教授家庭最低生活费的估计》指出:战前五口之家每月最低生活费为50圆(仅仅相当于战前一个大学刚毕业的助教月薪的一半,而当时大学教授、副教授月薪平均350圆),也就是说,每人平均最低生活费为12圆5角。按这样的最低标准,参照昆明市场物价实际情况,则1942年11月知识阶层一个家庭的最低生活费应该为7500元。

这样的普通五口之家最低生活水准究竟如何呢?

伙食:每人每天吃一斤米饭(偶尔面食),0.7斤青菜,0.3斤豆腐,大约2两猪肉,半两油(每月5斤猪肉、一斤半猪油),三天一个鸡蛋,每月一两茶叶,半斤白糖。

穿着:每年买一套内衣内裤和两件外衣,每两月买一双布鞋和一双袜子,每20个月买一双皮鞋。100天买一条毛巾和一支牙膏,两个月一块肥皂,每月洗澡两次、理发两次、洗衣服12套。

居住条件:每人5平方米的简陋平房(两人或三人合住一间),照明没有电灯而用暗淡的菜油灯,每夜点半两菜油;做饭和取暖不用煤炉而用烟熏火燎的炭炉,每天2斤多木炭。

好在当时子女的学费并不贵,有的可以减免。此外每月可以买一本普通的图书,一些必需的纸张文具。或者伤风感冒时服用一点便宜的药片……

在日常费用里,没有计入维修住所的钱,没有置办家具桌椅书柜的钱,没有大病住院的钱,没有全家星期天进剧场看戏看电影的钱,没有妇女化妆品的钱,没有下饭馆聚会的钱,没有春秋远足(旅行)的钱,没有水果点心零食的钱,没有给儿女买玩具皮球的钱,没有节日请客送礼的钱,没有过生日买蛋糕的钱,甚至没有逛公园玩游戏的钱!……

但是,每月要维持这样的基本消费,在1941年10月必须有1800元(每人368元)；短短一年之后，由于物价飞涨四倍，到1942年11月则必须有7500元。

而同期西南联大教授的薪金如何？1941年10月平均600多元，为最低生活水准的三分之一；到1942年11月更不足1400元，仅为最低生活水准的五分之一了。这就是教授们不得不面对的冷酷现实。天公有眼也要垂泪。

重庆和昆明的实际收入逐年下降

资料表明，大后方各重要城市中，食品价格上涨幅度较小的是重庆和成都，涨幅最大的是昆明和西安，而桂林、贵阳、衡阳等地则介于两者之间。

一方面四川向来是"天府之国"，物产丰富；另一方面战时四川实行了较严格的经济管理。特别是重庆，作为陪都(战时首都)和大后方首要工业基地，国民政府对物价控制及农副产品的调剂注入更多的精力，因而物价涨幅成为大后方最低的一个。

抗战八年，各城市物价变动情况很复杂。如1939年因第一次反共高潮，与延安较近的西安局势顿时吃紧，西安地区的农副产品物价飞涨。又，1941年12月太平洋战争爆发后，云南昆明成为大后方最重要的国际交通枢纽，滇缅公路是盟国向中国输送战略物资的最重要通道，昆明地区车辆人员骤增，游资集中，农副产品价格和物价总指数跃居全国最高。1944年，日寇入侵湖南、广西、贵州，前线告急，贵阳成为军队及难民的集中地，当地的农副产品价格随之大幅度上扬。

从1937年至1945年战时的物价上涨，必然造成工薪阶层实际收入的降低和人民生活的日益贫困化。以"陪都"重庆市为代表，若1936年的实际收入指数为100%，到1943年最低谷时期，教师的实际收入下降85%，公务员的实际收入下降91%，产业工人的实际收入下降58%，一般职员的实际收入下降26%；也就是说，教师的实际收入下降为战前的六分之一。

抗日战争期间，重庆大学教师及一般职员和产业工人，每月的货币收入及实际收入(合战前银圆)如下表：

年代	大学教师(平均)		产业工人(平均)		一般职员(平均)	
	月薪收入	合战前银圆	工资收入	合战前银圆	工资收入	合战前银圆
1936	242 圆		23.3 圆		19 圆	
1937	225 元	212.0 圆	24.0 元	22.6 圆	20 元	18.9 圆
1938	212	176.7	41	34.2	32	26.7
1939	257	130.5	52	26.3	60	30.5
1940	375	61.8	100	16.4	138	22.7
1941	837	42.5	233	11.8	317	16.1
1942	1038	22.7	436	9.6	594	13.0
1943	2826	23.9	1064	9.0	1492	12.6
1944	4588	19.6	3854	16.5	5500	23.5
1945	—	—	14018		26128	

云南昆明的物价比四川更昂贵,问题更严重,薪金的增加远远落后于生活费指数的暴涨,所以大学教师的实际收入(合战前银圆的币值)比重庆成都更低。到 1940 年以后,除了每位教师补助一石(160 斤)白米,保障家人不至于饿死之外,实际收入直线下降,少得可怜。

据当时西南联大经济学教授杨西孟公布的统计数字,列表如下:

年　代	生活费指数	薪金约数	薪金实值
1936	1.00	350	350.0 圆
1937	1.08	270	249.5 圆
1938 上半年	1.15	300	260.8 圆
1938 下半年	1.68	300	178.6 圆
1939 上半年	2.73	300	109.9 圆
1939 下半年	4.70	300	63.8 圆
1940 上半年	7.07	300	42.9 圆
1940 下半年	8.89	330	37.1 圆
1941 上半年	14.63	400	27.3 圆

（续表）

年　代	生活费指数	薪金约数	薪金实值
1941 下半年	23.57	700	32.7 圆
1942 上半年	53.25	860	16.5 圆
1942 下半年	126.19	1343	10.6 圆
1943 上半年	199.49	2180	10.9 圆
1943 下半年	404.49	3697	9.1 圆
1944 上半年	829.86	9417	11.3 圆
1944 下半年	1433.64	17867	12.5 圆
1945 上半年	4307.73	56650	13.2 圆
1945 下半年	6039.00	112750	18.6 圆
1946 上半年	5142.90	141660	27.5 圆

（陈注：根据 1946 年 9 月出版的《观察》第一卷第九期第 7 页。原表中有明显的计算错误，现按检验结果予以订正。）

这就是说，1941 年上半年教授平均月薪降到战前的十二分之一，相当于战前银圆 27 圆，也即降到如同一个码头搬运工的水平。而那些月薪不到 200 元的年青教员、助教们，每月收入更不到战前银圆 16 圆，还不如当时一个扫马路的清道夫。此后几年大滑坡，一年不如一年；直到抗日战争胜利后的 1946 年上半年，教授平均月薪仍然只相当于战前银圆 27.5 圆。这样的实际收入水平，已临近城市贫民的最低生活线。

从 1940 年下半年开始，西南联大校方每月发给教职员“薪津”中的津贴大于薪金，其中主要是跟踪市场米价的最基本生活费津贴，大致每位教授、讲师补助一石（160 斤）白米，权充五口之家的口粮。

考虑到地区差别，特将重庆市教授薪金（津）和工人工资的实际收入水平作一参照——

1937 年重庆市大学教授平均月薪法币 225 元，工人平均月工资法币 20—24 元；1941 年，重庆教授每月实际收入下降到 18%，购买力相当于战前的 40 银圆；工人每月实际工资下降到 91%，购买力相当于战前的 18—22 银圆。

重庆市大学教授的实际收入与普通工人接近，而昆明西南联大的教授实际收入更低于同时期重庆市的水平线，陷入大后方最惨痛的赤贫地位。

教授的幽默

王了一教授，回忆他在抗战时期的艰苦生活时写道："七省奔波逃猃狁，一灯如豆伴凄凉。"

王教授在七七事变发生后离开北平，途经青岛、郑州、武汉、长沙、桂林，历尽艰辛困苦，最后到达昆明。当时物价飞涨，教授生活也十分清贫。王夫人为了使他能够专心治学，除了节衣缩食，有时还替别人做女红赚点儿来补贴家庭开销。有一个时期，为了躲避敌机轰炸，他们搬到昆明郊区的农民家里居住。这里，不仅房屋破旧，而且煤油奇缺，点的是菜油灯。"一灯如豆伴凄凉"，就是这种凄苦生活的真实写照。

40年代中期，王教授针对当时社会状况，从人民立场出发，写出了一批题为《龙虫并雕斋琐语》的杂文，在社会上引起很大反响。写于1944年的《领薪水》，由于描述了当时公务员和教育界人士在物价飞涨的情况下窘迫状，更唤起了人们的共鸣。

文章开头就说："'薪水'本来是一种客气的话，意思是说，你所得的俸给或报酬太菲薄了，只够你买薪买水……在抗战了七年的今日，'薪水'二字可真名符其实了——如果说名不符实的话，那就是反了过来，名为薪水，实则不够买薪买水。三百元的正俸，不够每天买两担水，三千元的各种津贴，不够每天烧十斤炭或二十斤柴！开门七件事，还有六件没有着落。"接着形象地讽喻说，以后得将"薪水"改为"茶水"甚至"风水"了。

接下来写人们领到那点可怜的薪水，买什么都不够的情形，王教授铺排了一节骈文，十分生动——

家无升米，欲吃卯而未能；
领亦箪瓢，叹呼庚之何益！
典尽春衣，非关独酌；
瘦松腰带，不是相思！

食肉敢云可鄙，其如尘甑愁人；

乞墦岂曰堪羞，争奈儒冠误我！

稍加注释如下：

吃卯——寅吃卯粮，比喻入不敷出。我国历来以干支纪年，“卯”年在“寅”年之后，寅年就预支了卯年的粮食，怎么了得呢？典出《明臣奏议·三九》：“大都民间止有此物力，寅支卯粮。”

箪瓢——箪，竹编食器；瓢，剖葫芦做成的饮器。箪食瓢饮，比喻生计艰难。典出《论语》：“贤哉回也！一箪食，一瓢饮，在陋巷。人不堪其忧，回也不改其乐。”

呼庚——向人告贷或乞食，又作“呼庚呼癸”。庚，西方，主粮食谷物；癸，北方，主水。故借用“庚癸”暗指饮食。典出《左传·哀公十三年》，以“庚癸乎”为乞求粮食的隐语。

典尽春衣——借债、典当，把衣物送进当铺为抵押。《杜工部草堂诗笺·十二·曲江》云：“朝回日日典春衣。”

独酌——独自饮酒。李白诗《月下独酌》云：“花间一壶酒，独酌无相亲。”

瘦松腰带——宋柳永诗：“腰带（一作衣带）渐宽终不悔，为伊消得人憔悴。”

食肉敢云可鄙——春秋战国时以“肉食者”称呼“贵人”。典出《左传·庄公十年》：“肉食者鄙，未能远谋。”

尘甑——甑，古代炊饭的瓦器。布满灰尘的饭甑，形容无米为炊。典出《后汉书·范冉传》：“闾里歌之曰，甑中生尘范史云。”又宋代范成大诗：“笑我生尘甑。”

乞墦（fán）——墦，坟墓。乞求上坟后剩余的供品。典出《孟子·离娄下》：“卒之东郭墦间之祭者，乞其余。”认为乞墦是可耻的事。

儒冠——古代儒生戴的帽子。典出《史记·郦食其传》：“沛公（刘邦）不好儒，诸各冠来者，沛公则解其冠，溲溺其中。”又，杜甫诗云：“纨绔不饿死，儒冠多误身。”

除了仅能维系全家十天左右生活外，这薪水还常常不能如期发下，故公教人员盼“薪水”的心情是“度日如年”，而这薪水称之为“关饷”倒颇合适。

文章又略做了一些具体描述：“在此种情况下，家里人不敢想到做衣裳，小姐看电影《忠勇之家》的建议因大家认为‘饥寒之家’没有资格看而付诸东流。大少爷也发誓不再用功念书，因为像爸爸那样读书破万卷终成何用？小少爷只恨不生于街头小贩之家。”

这篇《领薪水》发表于1944年3月26日《生活导报》61期。刊出不久，一位叫张开一的读者特从会泽县汇往报社200元钱，托他们转交作者王了一教授，聊表支援及敬意。在附信中，张开一还写下了这样一首小诗——

自从读了《领薪水》，瞒人流去多少泪！
所悲非为微事，惟叹国贱良心昧。

张开一先生也是一位靠薪水过日子的公务员，生活自然也十分艰苦，从那首诗可见出王了一教授文章引起他多少相怜的隐痛。张开一的这番作为自然也深深打动了作者王了一教授，为安慰张开一先生，他立即复函——

开一先生：

《龙虫并雕斋琐语》里，许多话都是无稽之谈。中国古代的文人喜欢装穷装病，我也染上了这种习气。如果说那一篇《领薪水》说的是实话，那么，我说的只是一般公务人员不是我个人。你读了《领薪水》而感动，我读了你的信更感动。也许公务人员比街头小贩值得骄傲的，就在这一种安慰上。国币二百元仍托生活导报社汇还，谢谢你。

信的前段，自然是为在某种程度上宽慰张先生，后面却是老实话。从中我们可以看出王了一教授对下层生活状况的关注和同情。

敬业精神表现在学术上，是对知识的不断追求，在艰苦条件下不放弃科学研究。这时纸币贬值，稿费很低，有时写一篇文章的稿费，才够吃一碗面。据说王力先生的《中国现代语法》（上册）出版时，王师母从龙头村（王先生在郊区的家）进昆明城到商务印书馆取这部分的稿费时，拿到的钱连进城的车费都不够。（参看朱德熙：《悼念王力师》，《笳吹弦诵情弥切》，第103页。）但大家还是孜孜不倦地搞学问，上课也极为认真。有的教师为躲飞机轰炸，住在城外几十里的农村，为了上课，只有起早贪黑赶路（当时联大为躲飞机，改变作息时间，上午上课为7—11点，下午为4—7点），为了保证效果，一个三学分的课程，从来不集中采取连续数小时上课的办法，而必按一周分三次来校上课。

如此困境中，大学教授们仍然辛勤耕耘，不仅坚持一流水平的教学工作，而且专心著述，硕果累累。王教授的著作《中国语法理论》于1943年获得教育部嘉奖。

抗日战争期间的学校生活

30年代我国东部有一批名牌大学,已进入了教育科研现代化的行列,并且跟国际接轨;我国当时的大学毕业生质量,已提高到世界先进水平。1930年我国共有高等院校85所,在校学生37566名;到1936年,高校数量增加29%即23所,达到108所,在校大学生增加12%,在校学生和研究生达到41922人,6年内高校规模稳步扩大。各校共有教员7560人,职员4290人。独立研究机构有两个:中央研究院和北平研究院。此外还有12所大学设立研究学部。(参看《1937年以来之中国教育》,原载《教育通讯》复刊第2卷第9期;又见《第二次中国教育年鉴》,商务印书馆1948年12月出版。)但是,日军侵华战争,残酷地破坏了我国高教事业的发展。

我国108所高等院校的分布

抗日战争爆发前,我国的高等院校分布很不平衡。无论是国立(公办)、私立(民办或教会主办)的大学,多数集中在东部沿海的沪宁杭与平津等几个主要城市,以及若干通商口岸、富饶地区。战前全国共有高等院校108所,仅北平、天津、上海三市就占46所,在校学生则占全国总数约三分之二。我国东部成为教育文化中心,可说是"一头沉",极易遭受敌人攻击。

1936—1937 学年我国的 108 所高校，其中 42 所综合性大学（国立 13 所、省市立 9 所、私立 20 所），36 所独立学院（国立 5 所、省市立 9 所、私立 22 所），30 所专科学校（国立 8 所、省市立 11 所、私立 11 所）。按规定，综合性大学（Univercity）可辖文、理、法、工、农、商、医、教育（师范）八个学院（College），凡具备三个以上学院的称为大学（但这三个学院必须包括理学院或农、工、商学院之一；不足三个学院的学校为独立学院）。共有师生 5.4 万人。

在 108 所高校中，因校舍遭受日寇占领、轰炸、破坏，大多数师生不愿意做亡国奴被迫迁移者，达 94 所，占 80％以上；其中一部分合并或解散。留在原地者仅有 14 所，主要是一些有西方背景庇护的教会学校如北平的辅仁、燕京、协和医学院，上海的圣约翰、沪江、震旦大学等，以及在上海尚未卷入战火的"孤岛"外国租界地区的大同、光华、交通大学等。1937—1938 学年，我国高等院校数目下降 16％，减为 91 所，在校学生下降 26％，减为 31188 名；也就是几乎下降到 1929 年的规模。

日军对我国大学的摧残

七七事变后，日本帝国主义全面进攻的同时，还对我国的高等院校和文化机构进行有计划的摧残破坏。日军派出大批飞机，对平津地区、沪宁杭地区以及各地院校进行狂轰滥炸。北京大学、清华大学、北洋大学、南开大学、复旦大学、光华大学、中山大学、浙江大学等名校，首当其冲，横遭日寇蹂躏。故都北平沦陷后，日军即开进北大、清华，美丽的校园成了敌人的马厩、兵营、伤兵医院。北大红楼一度成了日军的宪兵队队部，地下室被用作囚禁爱国志士的牢房。北大的图书、仪器和教具大量被毁，仅此一项损失即达 60 万银圆之巨。（引自顾毓秀《抗战以来我国教育文化之损失》，载《时事月报》第 19 卷第 5 期，重庆，1938 年 10 月 15 日。）

南开大学成了日军破坏的主要目标之一。中央通讯社当时从天津报道：7 月 30 日下午 2 时，"日炮队亦自海门寺向南大射击，其中四弹，落该院图书馆后起火。""两日来，日机在天津投弹，惨炸各处，而全城视线，犹注意于八里台南开大学之烟火。缘日方因二十九日之轰炸，仅及两三处大楼，为全毁灭计，乃于三十日下午三时许，日方派骑兵百余名，汽车数辆，满载煤油到处放火。秀山堂、思源堂、图书馆、教授宿舍及附近民房，尽在烟火之中。”

上海在“八一三”连天炮火之中，由于光华大学是五卅反帝运动(1925)的产物，具有坚决抗日爱国的传统，更成为日本军国主义最仇视之处，所以光华大学和附中校舍全被日寇焚毁，图书、仪器等教学设备损失殆尽。复旦大学所在的江湾正处激烈交火的战场，大学主体建筑简公堂、图书馆、体育馆和几座宿舍大都炸毁，“学校内外，尽成邱墟，无瓦全可言”(引自费巩教授《母校被毁简报》，载《复旦同学会会刊》1938 年 4 月)。位于南市的私立大同大学校舍被日寇占据，约有十分之七的建筑物被陆续拆毁；国立交通大学的校舍被日本宪兵队占据。交大、光华、大同等校留在上海老家的师生，只能迁往“孤岛”(即外国租界，日本侵略军尚未进入的地区)勉强维持学业。

南京中央大学被敌机轰炸四次，校舍变成一片瓦砾废墟。日寇轰炸湖南大学时，以 27 架飞机分三队侵犯长沙岳麓山上空，密集投弹约 50 枚，其中许多是烧夷弹，图书馆完全轰塌，宿舍三栋炸毁，剩下残垣断壁，全校精华付之一炬(引自陈礼江《这一年的中国教育》，载《教育通讯》第 40 期，1938 年 12 月)。浙江大学迁到广西宜山复课以后，突然遭到敌机 18 架轰炸，对浙大校园投弹 118 枚，师生被迫停课。武汉大学从抗战开始就迁往川西乐山，但是也横遭日寇飞机 36 架轰炸，炸毁并焚烧了大半个古城……

从 1937 年 7 月至 1938 年 8 月的一年内，全国 108 所高校就有 94 所遭到日军破坏，其中 25 所因损失惨重、实在难以恢复而被迫停办。

空前规模的学府长征

1937 年 8 月 13 日，大上海保卫战即壮烈的淞沪战役打响了。经过三个月的拉锯争夺，11 月 12 日，日寇占领了上海主要地区(公共租界除外)。12 月 13 日，日本侵略军占领南京，并向武汉逼进。根据国防政府的命令，华北、上海、江浙等地的七十多所高等学校，纷纷向西部内地迁移，继续“教育救国”的学业。

史无前例的全国大多数高校空前规模的迁移，随着国防军的节节撤退，分为几个步骤：第一步迁往华中地区，如浙江大学先迁往江西吉安，北大、清华、南开三校在湖南长沙组成临时大学，上海的复旦、大夏等校也奉命组成临时大学迁往江西庐山等等，接着几个月乃至一两年内又多次西迁。最后迁往“大后方”主要是西南的四川、云南、贵州等省，有少数迁往西北的陕西和甘肃……

平津地区的北洋大学（工学院）、北平师范大学、北平大学等三校，先迁往西安，组成“西安临时大学”。北洋大学的情况如前所述；北平师范大学的历史可追溯到1902年京师大学堂师范馆，是清政府建立的第一所高等师范学院；北平大学是留法学者李石曾在1928年实行法兰西式大学区制度时，合并北平几所专科院校创建的。这三所大学迁至西安市，与原西北大学（初建于1912年，因发展缓慢几次中断）合并，成为“西安联合大学”。1937年11月15日开学，临时校址设在西安城隍庙后门前省立中学内；文学院在城隍庙后街，法学院在通济坊，理工学院则同距城五里的东北大学在一处，农学院借居西北农专。

当时滞留平津地区的许多师生，得知这个消息后，纷纷前来报到。但由于华北陆路交通被日寇封锁断绝，他们不得不向南再向西、向北绕道而行：冒着被日军搜捕的危险，先进入天津英、法租界，然后搭乘英国客轮经大沽入渤海，抵达山东的龙口或青岛上岸，绕一个大弯，再奔赴西安。先后到校学生1553人，教师159人。此外，李公朴带领的抗战建国教学团和丁玲主持的西北战地服务团都来到西安。

西安不断遭到日本飞机的轰炸扫射，1938年3月西安临时大学决定再迁往陕西城固；4月3日临时大学接到教育部命令：“为发展西北高等教育，提高边省文化起见，拟令该院校逐渐向西北陕甘一带移布，并改称国立西北联合大学”（引自《西北大学校史稿》45—48页，《北洋大学—天津大学校史》240页）。

1938年2月中旬，战火焚烧到长沙，北大、清华、南开三校联合组成的“长沙临时大学”开始迁往昆明。人员分成两路，一路主要是女生及老弱病残，约有400余人，集体经粤汉路至广州，取道香港到越南海防，沿滇越铁路进入云南；另外一路组织“行军”，由中将参议黄师岳担任团长，徒步前往昆明。参加行军者共240人，其中包括闻一多等11名教师。经过68天的长途跋涉，他们终于在4月28日胜利到达目的地，行程1671公里，其中徒步1300

公里，穿越湘、黔、滇三省，成为中国教育史上的一次壮举。

1938年4月2日，国立长沙临时大学更名为“国立西南联合大学”。从长沙来的学生加上在昆明接收的少数借读生，共有学生993人。因为校舍比较紧张，联大分成了两部分：理学院和工学院设在昆明，借用昆华农校、昆华工校、昆华师范、昆华中学等处的校舍上课，称为联大本校；文学院、法商学院设在蒙自，称为联大蒙自分校。一个学期后，分校迁回昆明。1939年夏天，联大建起了占地120余亩的新校舍。这是100余所低矮的土墙、泥地、铁皮顶（有一部分是草顶）的平房和一些高一点的图书馆、饭堂。文、理、法商学院的教室、实验室、宿舍均搬到这里，后来成立的师范学院也在新校舍附近，工学院仍在迤西会馆、江西会馆旧址。至此，西南联合大学基本上有了教学场所。

其他一些院校也经历了类似的“学府长征”，例如——

浙江大学自抗战开始，随战局西移而辗转西迁。1937年11月自杭州迁往建德，1938年1月再迁往江西吉安、又到泰和，2月迁往广西宜山，1940年底最终迁移到贵州遵义。两年多以内五度迁居，跨越五省，行程2600公里。跋山涉水，千难万险，但浙江大学师生竭力创造条件，坚持上课。他们往往在迁抵临时校址后，于最短期内复课，延长学时，定期考试，甚至用取消星期例假、寒假及缩短暑假等办法进行补课。1939年2月5日，敌机18架侵入广西宜山，在浙江大学校舍上空盘旋，于40多万平方米内投弹118枚，造成惨重损失。浙大师生停课三天进行抢救整理，2月9日又照常上课。

中央大学（即南京大学）在被敌机轰炸四次之后，校本部于1937年10月初开始从南京往四川重庆迁移。该校牧场中有许多国内优良的牲畜种类，应当保存，但当时只挑选了有限的种类同其他物资设备，“鸡犬图书共一船”，沿江西上。学校当局对余下大部分优良种类则准备放弃。校方负责人在离校前夕向牧场管理人员交代，一旦南京沦陷，余下的牲畜如不能迁移就放弃，决不责怪。11月中旬，即南京沦陷的前夕，牧场管理人员把余下的牲畜用木船运到江北。接着，这些美国牛、荷兰牛、澳洲羊、英国猪、美国猪，以及用笼子跨在这些牲畜背上的美国鸡、北京鸭等禽类，在炮火声中，像沙漠中的骆驼队一样，开始了几千里的长途跋涉。它们由浦口、浦镇，过安徽，经河南边境，转入湖北，每天只能走十几里，而且走一两天要歇三五天，到达宜昌转水运。最后，它们终于在第二年的11月中旬到达了重庆。这一段游牧生活，大约经过了一年的时间。（据罗家伦《炸弹下长大的中央大学》，《教育杂志》第31卷第7期，1941年7月出版；又据《全国专科以上学校最近实况》所记。）

文教重心向西部开拓

据估计，抗战期间我国高级知识分子的90%和中级知识分子的50%，从沦陷区迁移到大后方，我国文化科技教育重心明显地向西部开拓。

向西部转移的最著名学府，是由北大、清华、南开组成的西南联合大学。实际上，起初联合大学共有三个，还有“西北联合大学”、“上海临时联合大学”，但是后两者都是临时性的，“联而不合”。

1939年，西北联合大学分为五部分：综合大学（在陕西城固县，学生800名），工学院（也在城固县，学生820名），农学院（在陕西武功县，学生500名），师范学院（也在城固县，学生500名），医学院（在陕西南郑县，学生200名）。1939年9月分别定名为国立西北大学、西北工学院、西北农学院、西北医学院，又把师范学院迁移到甘肃兰州，成为现今西北师范大学的前身。西北高等教育的基础就这样在抗日战争时期奠定了，来自东部名牌大学的教师们作出了重大贡献。到1949年，西北地区已经有8所正规大学，包括从平津迁移过来的5所大学。

上海的复旦大学、大夏大学也组成“临时联合大学”，先迁往江西庐山，后来两校分别迁往四川重庆和贵州贵阳，各自独立。

在西南地区，转移到川东重庆一带的有中央大学、复旦大学、中华大学等，还发展了重庆大学；转移到川西（成都一带）的有武汉大学、东北大学、齐鲁大学、光华大学、华西大学等，还发展了四川大学；转移到贵州（贵阳一带）的有浙江大学、大夏大学、湘雅医学院、唐山工学院等；转移到云南（昆明一带）的有西南联大、中法大学等。

1941年12月太平洋战争爆发，日寇悍然占领上海租界和香港等地，又一批高校和教会学校的师生西迁。……总之，抗战八年期间，我国文化教育重心向西，特别是向四川云贵一带转移。这些，对于我国西部内地的文教事业的开拓、发展,起了重大作用。

然而在坚苦卓绝、勤俭奋斗的漫长岁月中,学校师生的经济状况有了多少变化? 日常生活水平如何? 至今未见系统的研究。如果说社会存在决定了人们的意识,那么知识阶层的经济生活不能不对于他们的行动、思维、言论、著述乃至个性发展、风格和道德面貌等,产生重要影响。由此,若要理解知识阶层的人品、文品特点及其变化的轨迹,必须调查他们的物质生活状况。为填补这一空白,本文对此专题作初步探讨。

青年学生几乎一无所有

柳无忌教授在《烽火中讲学双城记》一文中写道:

> 在敌人侵略下,黄河流域与长江下游两处的锦绣山河与城市相继沦陷,首都两度迁移。各大学也被敌人占领或破坏,学生与教授在后方过着奔波流离的生活。可是民族精神依然兴旺,而"士气"更因炮火洗礼而变得更刚毅,这是我们在大学内教书所引以为自满和自豪的。战时的学生,饱尝艰辛,却没有颓废,他们求学的态度是严肃的。(引自毛礼锐、沈灌群主编《中国教育通史》第五卷,第307页)

抗战时期不少家住沦陷区的青年纷纷背井离乡,来到大后方求学。为了保证他们能够顺利完成学业,1938年2月国民政府教育部颁布了《公立专科以上学校战区学生贷金暂行办法》十一条。规定:

> 专科以上学校家在战区,费用来源断绝,经确切证明必须接济者,可向政府申请贷金。贷金分全额、半额两种。全额依据当地生活费用及实际需要决定。学生毕业后,再将服务所得缴还学校,其偿还期不能超过战事终了三年以后。(据《教育通讯》第3期,1938年4月9日)

1938年,教育部规定贷金数额为"全额每月八元或十元"。1939下半年,教育部根据大后方物价上涨幅度,并"参考各地生活程度增加至每生十元至十六元不等。”1940年5月，教育部“以学生营养不足，影响健康至巨”再次要求提高学生膳食贷金，以保障“各地学生获得营养必需条件”为限。（据《教育通讯》第3卷第21期，1940年6月1日）

抗战中的教育及生活

1939年中央大学600新生中，留级和退学的占三分之一，能全部课程及格直接升级者，仅170人。生活困难，功课繁重，又缺乏好教授，是大多数学生学业程度比抗战前低落的主要原因。

大后方一般的大学生，最感缺乏的就是像样的图书馆和实验室。中央大学搬到四川的50万册图书，为了怕轰炸，只有两万册破旧的放在外面供人阅览，而图书室小得只能容纳300人；四川大学迁到峨眉山，理学院的学生一年不能做实验；唐山交通大学在贵州平越开课时，没有任何仪器；西南联大的情形更糟，教学仪器大部收藏起来，学生看书和听课都要“抢”。宿舍无书桌，读书写字都要到图书馆去。联大的学生自己这样描写道：

> 书太贵了，每晚要到图书馆去抢看参考书，许多人在门口等着开门，门一开大家就拼命挤，人小力小的就这么被挤出挤进才被人推了进去。一进门又得眼快腿快地抢座位，放好书又得挤到台前抢接书。听课则人多座少，也得抢……（见《战时青年》二卷五期）

读学分、考分数，仍旧是大学生的天职。教授在讲，学生听、写、考试，一切照常轨进行。然而由于学校内迁到经济落后的西部地区，不能不受艰苦环境的局限。

工学院的课程，因战时条件的困扰而造成更大的缺陷——

> 以现在抗战期中的情形来说，因为自己出产水泥及钢铁量太少，所以很多建筑用木材及石料来代替。但在学校里对于木材及石料构造的课程虽有，然而太不注意了。……教授们的虚构设计及不令学生观察及研究实际的建筑物，真是缺点。同时于实际施工的情形，也多省略不

说，这便使毕业了的学生在外面工作时感觉到与未读大学一样。（见《读书月报》第十二期）

农学院的困境跟工学院差不多。四川大学农学院的园艺、耕种、病虫害、蚕桑等学科，一半是全讲理论，一半是理论与实习并重。但是所谓“实习”，仅止于画图、看显微镜、答问题。西文教科书则是几年前的舶来品。

40年代校园基本稳定以后，课堂座位仍是不够，宿舍没有书桌（根本就没有自修室），画图室与实验室依然拥挤不堪，空气恶劣。设备是出人意外的简陋，甚至很多学校没有操场。至于其他的文化娱乐，等于缘木求鱼。……生活指数在不断上涨，学校制度不见改革，说不定我们“今后还要走上更悲惨的道路。”（引自《关于大后方的大学教育》一文，原载《中国青年》二卷九期，1940年7月5日出版。）

抗战期间小学教师们饥寒交迫

1940年2月《抗战导报》新一卷第5期，披露了当时大后方四川的小学教师在饥饿线上的生活状况。摘引如下：

他们的薪水，每年最多的是大洋券30—36元，其次是20—30元，再其次，甚至还不到10元。前两项是代表学校经费充足的高小校长及一般小学教员。他们的收入，除了这些微薄的“硬工资”以外，就没有别的了。

但他们的支出呢，最低有哪几种？到底需要多少钱？

在一般的学校，烟、茶、油、炭要自己出，笔、墨、纸也要自己出，衣服费、零用费、膳费当然更要自己出，其余还要应酬校董、乡人、朋友及医药用款。膳费在过去每月最高不过9元，现在却非15元不可。米价的腾飞，实在令人可怕：在抗战前每斗是1元左右，抗战后特别“六二一”大轰炸以来，就由1元、2元、3元一直升到4元5角，平均每人吃稀饭单算米钱就要9元，此外柴、盐、米、菜都涨价几倍。这样一来，教员由吃饭，转到喝粥吃番薯；由三餐不得不变为两顿，饿着肚子刻苦过活。

许多学校不得不提前结束，许多教师不得不回家取款或赊借来应付伙食。一个教师极力俭约，只顾自己的生活，就已入不敷出，无法维持，何况他们大批是贫苦的子弟，大部分有父母弟妹妻儿的系累，等待着他们赚钱去抚养呢！

在普宁一带，许多教师是从沦陷区逃出来的，他们没有钱又没有衣服，没有亲戚朋友也没有产业，只带来赤手空拳，带来一批妻儿弟妹！你想这每月不到10块钱的“硬工资”将怎样生活呢？有一个朋友，因为自己的薪水用光了，而家庭又很穷苦，父亲又很严厉，孩子又多，他害怕被家人谴责，结果虽学校放假了也不敢回家去。

一些经济支绌、环境恶劣的学校，更发生欠薪、歧视教师、侮辱教师等使人痛心的事情。他们简直就把教师当做奴仆，把学校当做养活“教书人”的收容所。学校现在还欠着上学期的教薪，如××小学不发膳费不发零星用款，教员饿肚子上课等都是例子。教师在一些对教育没有认识者的眼里，真是不值钱。

1940年2月16日《新华日报》刊载的《生活在雾中的小学教师》一文中说：愈是辛苦的人，愈不一定能得到应享的代价，25元钱一月在小学教师的待遇方面已经算得上是高额，普遍的月薪额都在20元以下，在川东拿18元、16元、14元是很平常的。川北最低的薪水只有8元。而川南小学教师的聘书上，薪水常常以一学期计算，70—80元甚至40—50元便可以买住园丁一学期的时间；有的地方，则计算得更为精密，2角钱一节课（一节为30分钟），上一节算一节。

大多数贫困的小学教师都有沉重的家庭负累。十来块钱的薪水，除了伙食衣着之外，一月所剩有几呢？何况几经周转，钱到手里已经打了折扣；记得××小学的一个教师向学校告假省亲，假满后不见回来，学校当局着人到他家里去找，回答是整整跑了四天，都在筹措家人的生活费。以前我们总以为“家徒四壁”，“贴在墙上喝西北风”等词是文人夸张之笔，但若为一个小学教师的收入与负担计算一下，会相信这些都是真事。

1940年5月10日《群众》杂志13期刊载的《小学教师生活谈》一文中说：小学教师的待遇是至低至微的，最多不过30—40元一月，少的10元，还要除去各种捐扣，及每月的伙食。有个朋友教了一学期的书，到了放学算账送薪时，只剩1角6分钱，试想这如何能维持生活？

1940年11月6日《新华日报》刊载了《小学教育近影》一文说：

县立的完全小学，在一九三九年度教师薪金每月只有二十元，到一九四〇年度，就是上学期才加到二十二元，本学期是二十八元。拿这增加的数目与物价高涨的情形比较起来，真是相差太多了。有一位小学校长诙谐而惨然的说："三年来，百物都昂贵了，只有小学教员和地瓜没有涨价"。这是发自身受者嘴里的慨叹，也确是毫不夸张的实情。

1941年，四川省开始普遍实行"征收学米"制度。就是小学生入学时缴纳谷米，办法是：高小学生收一斗，初小学生五升。愿意多缴也可以，家境贫苦的免缴。这办法对教师们的生活，多少是给予了一点补助。"学米"的收入，差不多已够解决他们一学期吃饭的问题了，然而有家室的教师们仍旧是困苦的。那28块钱的"干俸"，如何能养活一家人呢！

为了解决家人的生活问题，他们必须要另谋出路：许多教师不是改行去做生意，就是考入什么短期训练班，受训后就可以在下层政治机构里做个小官。小学教育苗圃中的园丁们，一天天减少。新学期开学，各地都深深地感觉到教师的恐慌了。

有位小学教师说："地方上还有这么多光支经费不办事的机关，假若把这些钱用来补助学校不是很好吗？教员无论怎样饭桶，至少他每天总要上几个钟头的课呀！"

川北青年教师的心里话

1940年在"川北小学教师座谈会"上，有几位典型的青年教师的发言，摘录如下——

(1) 我第一次担任教职的学校，是个初级小学，那里共有同事三人，每天上课七小时，薪水一学期按照五个月计算，每月只有八元一角钱。除了伙食以外，所余存的实在是最少数了，因为经济条件这样的恶劣，我的伙食只好自己办理，买菜烧饭，把课余的时间全部占去，什么娱乐、读书、自修呀，都是我们份外的事。

(2) 我自战训班毕业后便分在家乡小学担任教职，每周授课二十六点钟，每月薪水十二元。

(3) 还在学生时代，我便志愿将来从事教育事业，所以初中毕业后，就实行我的理想生活，月薪也只有十六元。次年稍增加，但是校长很狡猾竟克扣不发，没有办法，在学期结束后另任城内小学教员，可是薪水一样发不出。我本来是个穷人，家里更带不出柴米，因此无法再干下去。

(4) 我们的生活也真苦极了，每日三餐的清茶淡饭，实在有饿肚子的风味。工作方面更是忙碌，幸而学生们敬爱师长，稍能得些安慰。但是待遇薄得每月只有六元，生活的不安定，真使我感到有说不出的痛苦！除伙食外一无余钱，所以也不能不忍心离开那些可爱的小天使另找活路走了。我认为乡村教育，这样办下去，将来会弄得文盲更多。这话怎说呢？就是形式上教育很发达，各村镇都有学校；而实际上乡村儿童读书的机会更少，因为教师们被生活所困，没有心教书呀！

(5) 最初我曾担任过民众教育馆里教育成人的教职，那时只有十七岁，教着二十岁以上的成人，常常有些心慌。半年中慢慢的倒也混熟了，在暑期才算圆满地宣告结束。这时接着参加短期小学工作，那时虽然是炎热的天气，但是看到一群褴褛的孩子有受教育的机会，心里感到无上的快慰。不幸得很，政府迟迟不发学校的公费，工作无法进行了。只有忍心离开这群孩子到成都去求学。

(6) 五年来的教书生活，真使我透不转气来，每月的薪金只有十块钱，但是我得抚养幼弟弱妹，生活的困苦不必说了，到今年，物价这样昂贵，再也没法维持，不得已，弟妹白天出去捡些柴草，自己晚上加紧纺纱，连油灯都没法点用，只能用线香代替了，黑暗中摸索工作，稍事贴补。因此我们对教书的生活实在有些灰心而且厌恶了。至于说到工作也无法做得怎样好，因为一个人的力量，是有限的，这样整天整晚的劳作着，也没有时间去准备教材，这种日子真是度日如年啊！

(7) 待遇每学期六十七元，我自己开火煮饭那里够用呢？还得向家里去拿。乡村小学教师想求得丰衣足食，实不可得！……

西南联大的吃、穿、住

西南联合大学的伙食，在抗战头两年还算可以，由于物价尚未上涨，温饱大多不成问题。但到40年代后，随着通货膨胀，师生都感紧张。尤其是学生，远离家乡，许多人无经济来源，更为窘迫。大多数学生都参加自办的大众厨房，每人每月伙食费随物价上涨而涨，另外也可以在小厨房包饭，甚至个别在教授厨房私包，自然这价钱都层层相应往上涨的。

大众厨房的伙食，一般早上是稀粥就咸萝卜丝加点儿花生豆；中晚八人合吃，四个菜加米饭；10天一结账时，可以集体打一次“牙祭”。也有极少部分同学，每天只能大饼两块，配辣椒豆瓣酱加白开水了。

教师的生活比学生稍好一些，但也很困难，跟战前无法相比。三天两头请客聚餐也取消了。连像金岳霖这样的美食家也不得不闭紧嘴巴，只能偶尔设法弄块西点解解馋。一些单身教师和青年助教，便也跟学生一样自办“饭团”，改善生活就难以提上日程了。

40年代，学生食堂的伙食供应，通常有渗水发霉的黑米和见不到油盐的白水煮青菜。每天只吃两顿饭，生活得不到保障。为了继续学业，维持生活，有一半以上的人兼做商店会计、中小学教师、家庭教师、机关学校文书等。由于生活没有着落，许多学生被迫休学，有的则时断时续，甚至读了六七年大学才得毕业。

师生们的住宿和生活条件也十分艰苦。教室都是铁皮顶的房子，下雨时能听到“叮叮当当”的雨声，听不清教师的讲话声。新校舍都是土坯茅草房，一个房间20张双层木床，两两相靠，用床单或蚊帐隔成无数个小单元，彼此不免影响。也有个别学生在外租房。住在昆华中学南院和工学院的学生，都是二层小楼，条件比新校舍好一些。由于学生课多，活动多，因而对住处还不太挑剔。

北大、清华、南开三校一向校风质朴，在抗战之前几乎一律学生制服。到了西南联大时期，条件艰苦，制服依旧，但质量逐年下降。流行的学生服装是洗得褪色泛白的黄制服，黄制帽，冬天加一件黑色棉大衣。这是绝大部分同学一年四季的服装。其次也有少数蓝布大褂，西装较罕见。女同学穿蓝色布褂者较多，都是从平津、长沙、香港沿途带过来的。脚上皮鞋半数以上，多是本地产的三元一双的货品，其余胶皮底鞋和粗布鞋的不少。袜子多是破线袜，有的也穿着打了补钉的粗布线袜。当然男女同学有个别出格的，女的浓妆艳抹，同学称之为“妖”，男的奇装异服，大家呼之为“怪”。如此妖怪，全校不过几人，屈指可数而已。

与学生比，教师服装形色稍多一点，西服革履者有之，长袍大袖的也有，也都是教授常穿的服装，布料不一定好，但那是一种相当于学生制服的教师服装，大家都这么穿惯了。教师中“奇装异服”的也有：其一是吴宓，吴先生爱穿紧身细腿的旧式西服，脖子上一个炸弹形的脑袋，在联大校园内，很是显眼；而物理系的吴大猷先生，一条黄咔叽布裤，膝盖上补了像大膏药一样的补钉多个，在教授们的各种补钉中也是很有名的。

朱自清先生，那时生活很清苦。有九个孩子，一部分住在老家扬州，家庭负担很重。加上先生至情至性，衣服的钮扣丢了也不钉，找根绳子来系上。到了冬天，买不起大衣，就买一领云南“马锅头”用的粗毛毡披在身上；头上戴着大耳的帽子，用来御寒。南开大学的李广田教授回忆，他在昆明大街上遇到的第一个熟人就是朱先生，他说：“假如不是他老远地脱帽打招呼，我简直不敢认他，因为他穿了一件很奇怪的大衣，后来才知道那是赶马的人所披的毛毡，样子像个蓑衣，也像斗篷，颜色却像水牛皮。以后我在街上时时注意，却不见有第二个是肯于或敢于穿这种怪大衣。”至于鞋袜，多数教授和学生一样，穿本地土产的皮鞋或布鞋，许多教授的鞋子和学生的一样，前后开口。哲学系沈有鼎先生不穿袜子，只穿着又旧又破的布鞋上课的情景，让同学们一辈子无法忘怀。

从1941年以后，西南联大参照其他学校的办法，在教职员月薪之外，每月增发各种名目的生活津贴，由此“薪水”改称“薪津”。其中“津”的部分愈来愈超过“薪”的部分。教职员的和公务员的名义“月薪”类似，因有政府明文规定的死标准，不能逾越，只能作象征性的晋升。在西南联大校方力所能及的范围内，尽量提高每月的“生活津贴”。首先是按照市场大米涨价的情况补助各家每人每年一石（160市斤）大米，以保障最低生存条件。此外，则是“爱莫能助”了。

为了补贴家用，人们从东部老家撤退时随身携带的一点积蓄和金银首饰已经消耗殆尽。有些教授和讲师只好典当家具，出售衣物。例如闻一多夫人高真女士就摆个小摊出让衣衫，换取食物。不久，大家已无多余的衣物可卖，正像生物学系教授沈嘉瑞所说的："现在只有剩下的几个空箱子可卖了！"

知识阶层最器重、最爱惜的资产就是藏书。由平津南下长沙，再由长沙辗转到云贵高原，一路上什么财物都可以抛弃，唯独不舍得扔下书箱。图书资料是读书人的命根子。但是到了1941年以后，剜肉补疮，连最后的珍藏也只有忍痛割爱了。以专门研究明史著称的吴晗先生，被迫把若干有关明史的藏书转让云南大学图书馆，大哭一场。原北京大学法律系讲师、西南联大法商学院教授费青先生，久病不愈，经济窘迫，只能将珍藏的德英中文图书求售；经协商后，由北大法律研究所全部收买。折价法币3000元，聊补燃眉之急。现存历史档案中，还有当年西南联大法律学系主任燕树棠教授"关于收购费青教授藏书"一事致梅贻琦常委函。

"半工半教"

昆明物价更在大后方居于首位，西南联大师生沦落最底层，在饥饿线上挣扎。

学贯中西的一代宗师陈寅恪先生，终因营养不良，导致目疾难愈，饮恨终生。

汤用彤等教授一度只能喝粥度日，一般教师的生活可想而知。

为补贴家用，教授们只能想办法，开头是典当出卖衣物等。吴大猷先生因夫人患肺结核病，花钱买药很多。他是西南联大教授中最早摆地摊的，抗战初年托人从香港、上海带来的衣物用品，都陆续卖出去了。

黄子卿先生，1941年得了疟疾，不得已，卖裘、书以购药，拖了一年才好。黄先生为此曾写诗云："饭甑凝尘腹半虚，维摩病榻拥愁居。草堂诗好难驱疟，既典征裘又典书。"至今读来令人怆然。

东西卖光了，便开始想方设法挣钱。同学们"半工半读"，而老师们则"半工半教"。

化学系的高崇熙教授善种花，就种植了一大片唐菖蒲（剑兰）来卖。

航空系主任王德荣和化工系主任谢明山教授,合作研制“西曼”牌墨水来卖,据说可与派克墨水媲美,畅销昆明。

梅贻琦家里的日子也不好过,梅夫人一开始便想去做工,后来被人家认出来,堂堂校长夫人,如何敢雇?有时只好在联大校门旁摆地摊,变卖儿女们的孩童时的衣服,换钱以补家用。又做一种点心取名“定胜糕”,到昆明冠生园去寄卖。

冯友兰教授的夫人则作麻花出售。也有的教授开小商店、茶馆、餐厅等等。

无力经营的只好出去谋兼职,许多教授便在昆明的其他大学、专门学校和中小学兼课,或者去教家馆等。有的教授为云南土司当幕僚,撰写寿文、墓志铭,换取酬金。师范学院副教授萧涤非,曾先后到中法大学、昆华中学、天祥中学兼课,刚生下的第三个孩子“啼讥号寒”,不得不忍心送给别人抚养。

真是“十儒九丐”。教师兼差既多,不免影响教学。个别不负责任者,上课迟到或由助教代课,但大多数教授仍坚守岗位。

物价高涨,高级人物并不在乎

《大公报》社论1939年11月3日指出:抗战两年多,物价平均涨了两倍,老实说,高级人物对此并不在乎,豪华奢侈的生活并无影响。尽管产品稀少,运输艰难,他们照样能用飞机把香港的牛油、洋烟、洋酒、华衣运到内地来享用。即使就地购用涨价的物品,在他们的开支上,也不算一回事。不过,这级人毕竟不太多,中下级社会的人却大感物价高涨的压迫了。

《中央日报》1939年12月2日文章指出:“有钱的人不在乎物价昂贵”。汽油的来源是何等难,汽油的价格是何等贵,私人汽车依然不绝于途。商店中的货物,无论怎样贵,依然是有许多人去买,商人是以营利为目的,对于顾客不加选择,既然有人肯高价来买,当然乐于高价出售。

1939年12月《国民公论》指出:物价高涨,使少数人变成暴富,而大多数人生活恶化。尤以目前中国这些暴富者,因为钱赚得容易,挥金如土,过着极糜烂的浪费生活。这固然影响国民的精神动员,同时也是浪费物资,促成物价的更加高涨。“一面是庄严的工作，另一面是荒淫与无耻!”今日的大后方，正是这种情形的写照。就抗战的立场讲，这种荒谬的情形，是绝对不能容许的。

孔祥熙送来的钱

当时担任行政院长(相当于国务总理)兼财政部长的孔祥熙，搜刮民脂民膏，富得流油，人人唾骂。

1942年见到过孔祥熙的舒芜回忆，此人“是地道的老式山西票号商人的味道，胖得一身滚圆，蓝缎袍子，套件小坎肩”。有一次，孔祥熙到中央政治学校向全体员工讲话，内容涉及当时社会上呼声正高的“公务员要求加薪”问题。

孔祥熙无法回避这个现实。但听他厌烦地回答:“加薪，加薪，加什么薪呢?!”接着就从口袋里掏出一张5块钱的法币，在大家面前晃了晃说:“你们看看，我口袋里这张五块法币，摆了好几个礼拜了，也没有用它。真不明白，你们要加那么多薪，有什么用?!”(陈注:1942—1944年，舒芜和路翎等在“中央政校”当助教，亲耳听见他就这么说的。)达官贵人孔祥熙，当然几个星期也花不掉那5块钱了。南温泉那么大一个孔公馆，大片树林、大片建筑金碧辉煌，占据风景最好的地段;家里侍候他的男仆女佣数不清……他怎么要花那5块钱呢?

孔二小姐和飞机洋狗事件

舒芜还说:“最有花边新闻的，是孔祥熙的宝贝女儿孔二小姐，那完全是个横行霸道的人物。我也曾经在南温泉街上碰到过她——男装、男式礼帽、金丝墨镜，嘴上叼支雪茄烟，腰间配支盒子枪，手里握根马鞭。屁股后边跟着一群凶神恶煞般的卫士。冷不防从一个高坡下来，一副刁蛮无忌的模样，路边的行人见了直躲。平常在南温泉街头，制服上标有‘孔卫’二字的家伙时而出现，大家对这些走狗都是躲得远远的，谁也不敢惹!”

那时在大后方的街头巷尾，流传着很多关于“孔二小姐”(孔令伟)的故事。最著名的就是“飞机洋狗事件”。

1941年12月8日太平洋战争爆发，英美对日宣战，日军进逼香港。滞留香港孤岛的不少文化人、民主人士如西南联大教授陈寅恪以及何香凝、茅盾、邹韬奋、柳亚子等，无法及时撤离。重庆政府派专机去香港抢救那里的一批元老。飞机返航时，文化人及民主人士的家眷们接到通知都前往机场迎接。谁知机舱一打开，却走出了孔二小姐带着她的宠物洋狗。原来孔祥熙等达官贵人垄断中央航空公司的班机，专事抢运私家财物，甚至连孔家的洋狗也占了飞机的座舱！

12月22日王芸生在《大公报》发表《拥护修明政治案》一文，披露了“飞机洋狗事件”，国人长叹，舆论大哗。12月24日昆明《朝报》以醒目标题《从修明政治谈到飞机运洋狗》介绍了王芸生的文章，由此引发一场“倒孔”运动。

无独有偶。1943年蒋宋美龄访美归来，竟动用“战时驼峰”（即美军高原空运大队）的军用飞机运回大批化妆品、珍宝服饰，引起美国飞行员的公愤。后来，宋美龄跟孔令伟合伙把持中华航空公司许多年。这些腐败的劣迹是造成国民党崩溃的原因之一。

“倒孔”运动

1941年12月底，吴晗教授在大学一年级的《中国通史》课上，将孔祥熙同南宋的投降派“蟋蟀宰相”贾似道相比，称孔祥熙为“飞狗院长”。同学们格外愤慨，写了《孔祥熙用飞机运洋狗的经过》、《铲除孔贼祥熙》、《重燃五四烈火》以及《告国民党员书》、《告三青团员书》等文，抄成壁报，大书一个“喊”字作为报头，次日清晨贴到新校舍墙上。同学们看后，纷纷以某年级或某宿舍的名义贴出“拥护”、“响应”的告示。26名有正义感的三青团员，联名发表了《讨孔宣言》。

1942年1月6日午饭后，西南联大土木系同学在白色床单上画了“孔祥熙的肥头大脑钻在钱孔里”的大幅漫画，悬挂在昆华宿舍楼，聚集了几百个学生自发组织游行示威。大家举着这幅漫画，高喊“打倒孔祥熙！”“打倒贪官污吏！”“打倒日本帝国主义！”的口号，走上了昆明街头。途中陆续有云南大学、中法大学、英语专校及一些中学的学生加入，游行队伍扩展到两三千人，经过省政府门前，云南当局未加干预。

此后，武汉大学、浙江大学等兄弟院校都起来响应，热烈声援，震动了大后方。

校园经济生活跌到谷底

1943 年是一个转折点。以西南联大教授群体为代表的中间知识阶层，对于腐败透顶的蒋介石政权已经不再抱有希望。这一年 5 月来到昆明的美国教授费正清说：

> 中国传统的专制政府，使当代极权主义更加强了。蒋介石对于西南联大教授们的侮辱接连不断。……这一年是人们心理上的转折点。
>
> 一九四三年下半年，蒋介石政府的无能已日益明显。他极力加紧控制，实行个人领导，结果并未奏效，可能局面因而更加糟糕。通货膨胀日益严重，薪金阶层的人们，营养不良，失去希望。外国观察家们开始认为左派是一个可能的选择。
>
> 通货膨胀这场消耗战的继续发展，驱使政府日益集中力量去维持它的权力。新的思想、改革计划等都成为次要的事情。
>
> 委派陈立夫担任教育部长是加紧政治思想控制的一个步骤，它当即引起北京来的那批开明教育家的不满。他们对于国民党本来就不抱有多少热情。蒋介石拒绝美国民间通过联合援华会资助国立大学教授……暗中的含意则是告诉昆明的教授们：由你们挨饿去吧！（引自费正清《中国之行》，转引自《国民党怎样丢掉了中国大陆》，第 79—85 页。）

另一位美国学者谢伟思说：

> 受通货膨胀之害最重的知识分子和薪水阶层，处于生死存亡的危险中。学术界不仅被经济困难压得透不过气来，人心涣散；而且多年来承受着政治控制和镇压的重担，正在失去他们曾一度拥有的知识活力和领导地位。（同上书第 30 页）

1942 年到 1945 年抗战胜利，西南联大师生的经济生活跌落到了谷底。大学生们惟有半工半读，自食其力。他们往往同时到昆明市其他高校

（云南大学、中法大学、英文专科学校等）以及中学兼课，或代做办公室文秘，或担任公共汽车售票员，从事各种体力劳动，以菲薄的收入补贴最低水平的生活费。

“你不艰苦！”“我们不要你的慰问！”

1944年3月，行政院长孔祥熙来到昆明，给西南联大和云南大学的同学们讲话。讲到“今天我们大家的生活都很艰苦”时，同学们立即齐声高呼：“你不艰苦！”接着会场发出一片嘘声，弄得腰缠万贯的“肥头大脑”狼狈不堪。孔祥熙表示对大学生们生活困难十分同情，将请求中央政府给予关怀。4月，果然重庆政府拨款40万元法币，作为给西南联大和云南大学的救济金。

大学生们经过热烈讨论，议决把这笔钱全部捐献给难民同胞。

孔二小姐代表“长官爸爸”孔祥熙向西南联大从军的学生赠送慰问品时，东西被扔在地上，学生齐声高呼：“我们不要你的慰问！”（引自《抗战时期内迁西南的高等院校》第48页）

自食其力，自行其是

1942年以后，西南联大师生的经济生活跌落到了谷底。到1943年末，教授们每月“薪津”大约3700元，实际购买力只合战前标准银圆9圆；1944年末，“薪津”大约18000元，只合战前12圆5角；1945年末，“薪津”大约113000元，实际购买力略有回升，但只合战前18圆6角；一直到西南联大结束前夕，最后一学期教授们的月薪为法币141000多元，也只合战前的银圆27圆5角。（陈注：根据1946年9月出版的《观察》第一卷第九期。原文中有计算错误，现按检验结果予以订正。）

讲师教授们惟有自力更生，自食其力。他们往往同时到昆明市其他高校（云南大学、中法大学、英文专科学校等）以及中学兼课，或如冯友兰、罗常培卖书法，或如闻一多卖图章，或如朱自清、王了一卖文稿以补贴家用。

笔者从档案中找到1943年教授们的“诗文书镌联合润例”，这个史料尚未公开发表过，特地照录如下：

［署名：杨振声、郑天挺、罗常培、罗庸、浦江清、游国恩、冯友兰、闻一多、沈从文、彭仲铎、唐兰、陈雪屏等十二教授］

文值：颂赞题序　五千元，传状祭文　八千元，寿文　一万元，碑铭墓志　一万元（文均限古文，骈体加倍）

诗值：喜寿颂祝　一千元，哀挽　八百元，题咏三千元（诗以五律及八韵以内古诗为限，七律及词加倍）

联值：喜寿颂祝　六百元，哀挽　四百元，题咏一千元（联以十二言以内为限，长联另议）

书值：楹联　四尺六百元，五尺八百元（加长另议）

条幅　四尺四百元，五尺五百元（加长另议）

堂幅　四尺八百元，五尺一千元（加长另议）

榜书　每字五百元（以一方尺为限，加大值亦加倍）

斗方扇面　每件五百元

寿屏　真隶（书法）每条一千五百元，篆书每条二千元（每条以八十字为限）

碑铭墓志　一万元

篆刻值：石章每字一百元，牙章每字二百元（过大过小加倍，边款每五字作一字计）

收件处：国立西南联合大学中国文学系王年芳女士代转

（陈注：按原件照片抄录。1943 下半年的 100 元可以购买大约 5 斤米，合 20 元一斤，再过一年每斤米价 42 元，又翻倍了。）

中华民族的脊梁

就在如此艰难困苦的经济状况之下，西南联大的学者教授们，奉献了他们的累累成果。仅在 1942—1944 年获得教育部嘉奖的就有——

1942 年：冯友兰《新理学》，华罗庚《堆垒素数论》，金岳霖《论道》，许宝禄《数理统计论文集》；

1943 年：周培源《湍流论》，吴大猷《多元分子振动光谱与结构》，钟开莱

《概率论与数论》，孙云铸《中国古生代地层之划分》，李谟炽《公路研究》，王力（了一）《中国语法理论》，张印堂《滇缅铁路沿线经济地理》，冯景兰《川滇铜矿纪要》，费孝通《禄村农田》；

1944 年：陈寅恪《唐代政治史述论稿》，汤用彤《汉魏两晋南北朝佛教史》，闻一多《楚辞校补》，王竹溪《热学问题之研究》，张青莲《重水之研究》，赵九章《大气天气之涡旋运动》，郑天挺《发羌之地望与对音》，高华年《昆明核桃等村土语研究》，张清常《中国上古音乐史论丛》，阴法鲁《先汉乐律初探》等。（引自《国立西南联合大学校史》第 520、528、534 页）

正是这样一群知识分子继承了“威武不能屈，富贵不能淫，贫贱不能移”的浩然正气，正是这样一群社会精英成为了中华民族的脊梁。

沦陷区北平高校概况

沦陷初期，因燕京是有名的教会大学，美国人司徒雷登作教务长，实际是主要负责人，还同重庆教育部保持联系，燕京、辅仁的校园就成了北平的“孤岛”和避风港。一时优秀高中毕业生，纷纷报考这两所大学。特别是燕京大学院系齐全，名教授很多，“七七”事变之后，少数离开古城到了内地，而大多数还留在学校教课。还有协和医学院和附属医院，教授名医都在北平，照常上课、看病。

此外原有大学里面，唯一保持原状的是北平大学医学院，因为这是汉奸汤尔和一手创办的。他参加王克敏的临时政府，出任伪教育部长；南京汪精卫伪政权成立后，王克敏的临时政府改称政务委员会，各部改称“总署”，伪教育部改称“教育总署”，部长改称“督办”，次长改叫“署长”。汤尔和改称“教育总署督办”，两个署长是原中国大学教务长方宗鳌、原西南李宗仁部属张心沛，后来一些伪政权下的“国立”大学的恢复设立，都是在他们的主持下办理的。继医学院之后，祖家街工学院、新华街师范大学、李阁老胡同女子文理学院的旧人开办了女师大，衔接的是北洋军阀的旧传统。

北平沦陷后的校园生活

在沦陷期间，北平几所残余的公私立大学中，无法南下的一些教授的生活，说起来真是够惨的了。当时北平有“四大贱物”之称，就是“坐电车，吃咸盐，买邮票，请教员”。别的东西都是因纸币贬值，不断涨价，而这四样都迟迟未曾涨价，所以谓之“贱物”。教授虽是“请教员”中的最高档，但其生活水准，仍是随着纸币的不断贬值而下降的。

开头两三年中，物价上涨尚可忍受。以面粉为例，“七七”事变前4元不到的一袋洋面（每袋22公斤），到1939年涨到5元出头，涨幅为20%—30%；其他日用百货、副食品等，涨幅也是20%—30%左右。1939年谢刚主所写的《一士类稿序言》中说：一两年前的生活，尚不至于像现在这样贵。我们所约会的地点，总是喜欢在中山公园上林春吃茶，顺便吃一些点心。后来上林春是吃不起了，就跑到来薰阁闲坐，有时光请他们老板买一点烧饼和面条，就当晚饭。七七事变前，北平一般都以白面粉、白大米作为主食，很少吃小米、玉米面、杂合面一类的粗粮（又叫做“糙粮”或杂粮），除非极穷苦的人，才吃所谓“窝窝头”，就是完全由玉米面捏合蒸成的食物。而在沦陷之后的1938—1939年间，大多人家就主要以小米、小米面、小米粥为主食，也就是主要改吃杂粮了。

北京大学留守北平的孟心史教授从沦陷后便日夜忧思，晚间必听中央广播，白天还不辞劳苦地翻着字典看 Peiping Chronicle（北平记事），在忧患中仍没废弃研究，写论文稿。他因困处危城，劳瘁忧煎，以致得了很重的胃病。经协和医生诊察，断定是胃癌。后来经朋友婉劝，终于在1937年11月4日进了协和医院，不久于悲愤中死去。

缪金源教授体弱累重，无法离开北平，1937—1938年度一整年隐居不出，食贫自守。1938年秋天才到辅仁大学哲学系和司铎书院教几点钟书，月收入130元。后来因发表了“非宗教”的言论得罪了天主教神父，第二年就没有续聘。战前他收入相当丰厚，每餐都有鱼肉珍馐。但沦陷后在辅仁大学教书时，因为入不敷出，已经减到每天一粥一饭。1939年离开辅仁大学后，生活更加困难。他在1941年4月25日给魏建功和夏卓如的信片里说：“自离辅大后，生事良苦，岁杪又举一男（共五男一女），牛乳竟月费二三十金。诸儿量其宏，每日食十斤（玉米或小米一餐）。且全家长幼均多病，……以贫困故，概不服药。老父因仰食者众，且季弟营小医院于沪，两年来亏耗血本万金，今年不复能相济。然誓饿死不失节！……”自此以后，他从每天一粥一饭减到每天两顿粥，到最困苦的时候，全家只落得一天只喝一顿粥了！经这样冻馁折磨，一死了之。北大同人赞颂缪金源是位“傲骨嶙峋，临大节而不可夺的朋友”！过了两三个月，他的夫人也因贫病交迫追随金源于泉下。

汉奸周作人

关于周作人的附逆，他在《知堂回想录》等书中一再为自己辩解。他当时在致陶亢德的信中说：“弟以系累甚重，家中共有九人，虽然愚夫妇及小儿共只三人，未能离去北平，现在以北京大学教授资格蛰居而已，别无一事也。”又说：“有同事将南行，曾嘱其向王（世杰）教长、蒋（梦麟）校长代为同人致一言，请勿视留北诸人为李陵，却当作苏武看为宜。此意亦可以奉告别位关心我们的人。至于有人如何怀疑或误解殊不能知，亦无从一一解释也。”可见起初尚有坚守民族气节，以“苏武留胡节不辱”为榜样的想法。熟读经史的周作人当然知道明末清初大汉奸洪承畴等鼠辈的千古骂名。再说，东洋指挥刀并没有架在他脖子上威胁呀！他自己回顾：“关于督办事，既非胁迫，亦非自动（后来确有费力气自己运动的人），当然由日方发动，经过考虑就答应了。”

请注意在这里周作人承认“经过考虑”，可见他是权衡过名誉地位、掂量过利弊得失，才下定决心“答应”卖国投敌效鹰犬之劳的。他反复“考虑”的究竟是什么呢？究竟是何等致命的因素，比东洋指挥刀更厉害的因素，使得周作人丧尽天良，就任伪职“督办”的呢？

后人不必妄作揣测。还是周作人自己在《知堂回想录》中揭开了这个老底。他一语道破了“考虑”的根本原因：“该职特任官俸，初任一千二，晋一级加四百圆，至二千圆为止。”必须说明，旧时代行政官员分四等：特任、简任、荐任、委任。日本侵略者给周作人定的身价不算低，一上台就是头等达官，月俸 1200 圆，是他原有薪金的两倍（合今人民币 36000 元）。而且还有显赫的前途等着他，晋级可以一直加到月俸 2000 圆（合今人民币 6 万元）。如此在和平时期他做梦也得不到的横财，今日明晃晃地摆在他眼前了。

这才是致命的诱惑，比东洋指挥刀更厉害的诱惑。

试想:在北京居住了十几年的八道湾大四合院里,周作人名为清静淡泊,实则豪华挥霍的士大夫生涯,每月所耗费至少700银圆(合今人民币2万多元)。就为了这样用成堆银钱垒起的"新生活",他不惜屈从悍妇、牺牲长兄、胁迫老母、逼走三弟,独占家产。现在天下鼎沸、国难当头,周作人却幻想在危巢之下保全自私的"完卵"。如此特任官俸,"初任一千二,晋一级加四百圆,至二千圆为止",身价陡增,不由得周作人不动心。无视汉奸伪职的遗臭万年,只顾一时的荣华富贵了。

知情者回忆:周作人在担任伪职"督办"期间,踌躇满志,招摇过市。他穿着日伪的军装检阅伪新民会青少年团;他到南京出任傀儡政权伪国民政府委员,晋谒大汉奸头子汪精卫;1943年4月周老太太去世后,他竟然写了《先母事略》津津乐道"作人蒙国民政府选任为委员,当赴首都谒主席"等等。从逢场作戏到假戏真做,已昏昏然不知天下有羞耻事了。

作为鲜明的对照,我只要举出两位先贤:一位是老舍先生,一位是陈寅恪教授。老舍先生应召单身奔赴国难,贤妻爱女沦落北平,熬受千辛万苦而宁死不作亡国奴,由此浩劫他写出经典之作《四世同堂》,可谓字字血泪。陈寅恪教授1941年由西南联大应邀往欧洲讲学,途经香港遭遇太平洋战事起,日方和汉奸陈璧君都来逼迫他投敌,日伪组织还曾以40万港币诱引他主持"东亚文化协会",替日伪审定中小学教科书等,陈寅恪教授一概严辞拒绝。当时他身上连离开香港的旅费都没有。历经艰险回到西南联大,物价飞涨,教授们的月薪还不够糊口,但他写出了最高水平的学术论著。

比起当时陈寅恪视为粪土的40万港币巨资来,日伪赏赐周作人的月俸1200圆或最高2000圆,不过是喂苍蝇的腐屑罢了。

几十年间,不仅周作人自己,还有一些文人雅士也反反复复为他辩护。说来说去,无非是"人为财死,鸟为食亡","少一点反动行为","人才难得"云云。面对老舍、陈寅恪等先贤,这些辩解显得多么无力,更多么无理。虽说社会应该宽容,但是人格有条基准线:不能为"权"为"钱"而干出反民众、反仁道的劣行。越过这条界线就不及格,就不复为人了。

愚意以为"昏"有两大毒害,汪精卫、周佛海昏于权,周作人、张资平昏于钱。

太平洋战争爆发后的燕京大学

太平洋战争爆发后，日军同时在我国沦陷区对英、美势力所经营的工厂、商店、学校、医院、教堂等强行全面占领，所有侨民包括神父、牧师等全部关入集中营。

据侯仁之《燕京大学被封前后的片断回忆》一文记载：教会学校中，纯粹由英美人主持校政的全部停办了，如燕京大学（美国人司徒雷登主持）；又如协和医学院及其附属医院（美国人胡恒德主持）；以及崇德中学等这些跟美国有关联的学校，全部封门停办了。司徒雷登等人都送进了日军集中营。燕京大学封门之后，一时学生、教授、工作人员等无处可去。失学、失业，交通阻隔，又不能一下子全撤退到大后方；即使有能力南下，也不能一下子撤离，要秘密离开北平，辗转越过封锁线，还要有人带路，冒着生命危险。而且当时南下到后方去，或走河南、安徽，或走浙江西面，或走水路温州……都要找到关系才能走。

后来燕京大学师生虽有一部分到了四川成都又办起“华西燕京大学”，但另一部分还留在北平市。一些学生分别进了其他院校，如辅仁（法国教会大学）或中国大学；教授中有些逃亡到了南方，有的到辅仁大学教书，政治系张东荪、新闻系刘豁轩等人到了中国大学；也有到伪北大任教的，如容庚。

在这期间，好多教授还被日本侵略军逮捕关过监狱。1941 年 12 月 8 日早晨，阴霾笼罩北平，日本侵略军从西苑兵营奔赴海淀，包围并占领燕京大学，对在校师生实行“甄别”，随后将大部分师生逐出校门。15 名教职员及十余名学生先后遭到逮捕，被逮捕的教职员是：司徒雷登、陆志韦、张东荪、赵紫宸、蔡一谔、周学章、洪煨莲、邓之诚、陈其田、侯仁之、林嘉通、赵承信、萧正谊、刘豁轩等，他们被关押到北平炮局日本宪兵队监狱。

被逐出校园的师生，有些陆续潜往内地，到四川成都进入华西燕京大学。

贫贱能否移，威武能否屈

1942 年以后最艰难的岁月中，用玉米茎、豆饼、花生皮、各种“仓底”等磨成的“混合面”，也就是从前喂牲口都不如的东西，配给供应，成为北平老百姓通常的食物。儿女多的一些人家，即以一等教授之尊，想每餐吃一碗素汤面或两三个芝麻酱烧饼，也都要煞费苦心，很难办到。

冯承钧先生是国内外闻名的历史学家，瘫痪在病床上，形容憔悴。但为了生活，为了学术，也为了青年，还要支撑着上课。同学们就到他家中，围着病床听先生用微弱的声音讲授《西域史》，这正是吃混合面年代的事；其后不久，先生就去世了。

《中原音韵》的作者、著名音韵学专家赵荫堂先生，穷得整个冬天只穿一件破羊皮袍子，破羊皮像面条一样从袖口落下来。上课时不好意思，一会儿塞进去，一会儿又落下来，哩哩啦啦，弄个不停。几支最次的卷烟，还要限制定量同夫人分着吸，而且常常为此争吵。

甲骨、金石学专家容庚老先生，到学校去坐不起车，冬天顶着大北风，骑着破自行车，从宣武门外老墙根东莞会馆到沙滩上课。

鲍文蔚先生在沙滩文学院做法文系主任，家搬到东板桥小胡同中，再也用不起厨子、女佣等，只好委屈鲍师母自己亲手做饭。先生也无钱坐车，只好天天"开步走"去上课了。

只有周作人、钱稻荪等个别教授投靠伪政权当了奴才，过着奢侈的生活，成为可耻的汉奸。

抗战后期水深火热

日伪机关对一些职员每月配给半袋面粉，勉强维持活命。每月配给伪师范大学1200袋面粉，但不给大米。所以师大伙食最好的就是馒头，早起不能吃稀饭，只能吃疙瘩汤。1100多名穷苦学生，加一些职员、工友，靠日本侵略者掠夺中国农民的粮食之后施舍的这一些残余过日子。混合面蒸出窝头是灰色的，吃到嘴里如嚼花生皮等物，难以下咽。

1942年下半年起，日本侵略者扩大战场，物资缺乏，伪联银券开始猛烈贬值，物价大涨，粮食极为困难。到年底，玉米面已涨到每斤1元5角，较"七七"事变前上涨20—30倍，较沦陷第三年1939年上涨11倍。

乱世物价不停上涨。1943年春夏之交，农村青黄不接，粮食最紧张时，北京粮市官价：小米每石285元，玉米每石195元，高粱每石234元，黑豆每石183元。但均“有行无市，有市无货”。各粮店前柜放的都是空笸箩，按照限定的“官价”压根儿买不到。粮食都秘密藏起，通过熟人卖高价，囤积居奇的粮商都大发其财。

1944年夏天，玉米面涨价到每斤5元，不久又涨价到5元8角，小米涨价到每斤6元，大米每斤22元，油每斤45元……其他物价，也同步飞涨。

1942年到1945年北平知识阶层的经济生活状况，我们还可以从当时保留下来的一些书信中得到第一手历史资料。

《张元济傅增湘论书尺牍》载有1942年5月15日傅增湘从北平给张元济的信中说：

“弟私藏弘治本《宛陵集》，欲得番银(陈注：日本钱)千番，不过易米六、七石耳，兄能为我玉成之否?”每石米156斤，六七石米即1000斤米左右，说明当时每斤米价格为一元联银券。1943年3月信中说：“笔耕亦我辈本色，但倚以为生，亦未易言……惟物价大昂，字价亦应增加耳。”信中“大昂”二字，其猛涨可知矣。

1944年1月信中说：“今年北方物价增至十倍，人人皆知穷困。家用从前月费六百金，今乃至五千余金。而一切日用皆刻苦万状。往往当食而叹……送舍妹全家回川，行七十日而抵渝。用至一万四五千金。了一心事，不然粮贵至此，亦养不活矣!”这是著名藏书园老人的经济情况，至于一般小职员等，则无不挣扎在饥饿线上。

1944年至1945年，日伪经济趋进最后崩溃。联银券发行“孔子像”与“天坛图案”的500元大钞，民间流行顺口溜道：

> 孔子逛天坛，五百当一元；千元一出现，小鬼就完蛋!

1945年7月，玉米面每斤价1000至1400元。

联银券千元面额大钞，印好尚未出笼，日本已投降了。日本投降，北平市民无限欢欣，但这欢欣也只是暂时的。过了没有多久，重庆接收大员陆续到了北平，老百姓手中的伪联银券要兑换成重庆政府的法币、关金券。1945年11月，中央银行公布伪联币按5∶1的比例折合法币，北平的物价随之应声上涨，人民的经济利益又遭到盘剥。

中共根据地的供给制

从 1927 年秋，中国工农红军建立井冈山根据地开始，中共部队和机关就实行军事共产主义的“供给制”，根据地的企业有的实行完全供给制，有的实行供给制—工资混合制。供给制下的人数，在土地革命时期有几十万人，抗日战争时期上百万人，解放战争时期扩展到几百万人。

1931 年 11 月，中国共产党在江西瑞金召开了第一次工农兵代表大会，成立“中华苏维埃共和国”，简称“苏区”，乃是农民起义的地方割据政权，红军日益壮大。1932 年中共军委发布训令，统一规定红军部队伙食费每人每日大洋 1 角，或口粮 1 斤 6 两(旧秤 1 斤＝16 两)，菜金 3 分钱，相当于每月 3 银圆(约合今人民币 90 元)。出差人员伙食费每人每日大洋 2 角(约合今人民币 6 元)。

零用费数目，指挥员与战斗员同等，但不定期发放。什么时候发放呢？通常是在采用武装暴力打土豪以后，也就是采用农民起义传统的“水浒英雄”劫富济贫方式以后，基本上平均分配战利品。对于专业人员(医生、电报员、机修工等)每月津贴不超过大洋 10 银圆(约合今人民币 30 元)。中央和地方的干部待遇略低于部队。我们还可以注意到，这种分配的内容主要是解决填饱肚子的生存问题，而并不保证“穿衣、住房”的条件。基本概念是“民以食为天”。

跟30年代的城市相比,这样的生活水准是较低的,但要是跟当地(特别是赤贫地区)一般饥民相比,这样的生活就可以满意了。

在苏区供给制下生活的文化人有瞿秋白、冯雪峰等,以及后来跟鲁迅笔战的杨邨人等。

抗日战争时期(1937—1945)的供给制

1937年9月,中华苏维埃政府西北办事处财政部制定的"各级政府工作人员供给制标准"为:分区、县、乡各级干部,一律每人每月生活费3圆9角,计粮食2圆、菜金9角、津贴1圆。1938年8月,陕甘宁特区财政厅规定调整津贴标准,分为五等,从"分区专员"以下分别为:4圆、2圆5角、2圆、1圆5角、1圆。

1939年1月,八路军参谋部规定各机关部队的供给制标准为——

粮食标准分两种:每人每日1斤半(合750克),1斤4两(合625克);

菜金标准,按人员类别分四种:每人每日4分、5分、7分、1角;

夜间工作的报务员等,每人每月发给夜餐费1元5角;

生活津贴分四等:

(1) 最高一级,主席、参谋长、政委、局长等,每月5元;

(2) 处主任、科长、团营级干部等,每月4元;

(3) 股长、科员、译报员、秘书、连级干部等,每月3元;

(4) 文书、管理员、教员、排级干部等,每月2元;

(5) 最低一级,勤杂人员、战士等,每月1元。

按照日用品的购买力,当时(抗战头两年)法币1元约合今日人民币15—20元。但1939年以后全国各地物价飞涨,货币迅速贬值,供给制的标准则改为以实物计算。

在游击区,由于抗日游击队的流动性很大,缺乏比较固定的经费来源,因此,没有也不可能有比较固定的供给标准。

1940—1941年是抗战最艰苦的两年,也是边区部队、机关工作人员物质生活上最艰苦的两年。在日本帝国主义"扫荡"、国民党封锁及自然灾害的侵袭下,抗日根据地的财政遭到了极大的困难。

毛泽东在1942年写的《抗日时期的经济问题和财政问题》一文中，回顾当时的困难情况时说，我们曾经几乎没有衣穿，没有油吃，没有纸，没有菜，战士没有鞋袜，工作人员在冬天没有被盖。但是，我英勇的解放区全体军民，并没有被困难吓倒。在“发展经济，保障供给”的正确方针指引下，中国共产党一方面领导人民发展农业生产和其他生产事业，一方面组织机关、学校、部队尽可能地实行“生产自救”。在陕甘宁边区，生产范围以农业、蔬菜、畜牧为主，也经营一些工业、商业和交通运输业。

自陕甘宁边区开展大生产运动后，其他各根据地凡有条件的，都程度不同地开展了生产自救运动，渡过了1940—1942年的严重困难时期，适当解决了机关、部队的生活需要，基本保证了部队指战员和机关工作人员的生活，减轻了人民负担。

陕甘宁边区政府于1943年1月间，还规定了如下的自给标准：

机关自给方面：(1)九个月以上的蔬菜；(2)每人每月肉2斤，调料6元；(3)每人每年过年过节肉2斤；(4)每人熟毛2.5斤，单鞋1双，衬衣1件，肥皂两条；(5)每人每年文化娱乐费50元，修理补充费120元；(6)照顾小厨房待遇的病号所需的开支，个人自给方面：毛巾两条，牙刷两把，精盐4两(125克)，单鞋1双，袜子2双，用公家发的熟毛打成毛衣1件，毛袜1双。

毛泽东1943年11月在《组织起来》一文中说：

> 边区的军队，今年凡有地的，做到每个战士平均种地十八亩，吃的菜、肉、油，穿的棉衣、毛衣、鞋袜，住的窑洞、房屋，开会的大小礼堂，日用的桌椅板凳，纸张笔墨，烧的柴火、木炭、石炭，差不多一切都可以自己造，自己办。我们用自己动手的方法，达到了丰衣足食的目的。(引自《毛泽东选集》第3卷第932页)

奔赴延安的文化人

抗战开始后，延安是流浪各地的左翼文化人向往的地方。林斤澜写道：“萧军到达延安，一度离开，后来又返回延安。”据徐懋庸回忆：“1938年3月下旬，我和萧军、何思敬等文化人刚到延安，丁玲带领战地服务团(包括塞克、聂绀弩等)也从山西回来;一天晚上,毛泽东、张闻天、张国焘、康生等举行宴会,欢迎我们这几个新来延安的文化人。……”

丁玲1940年所写的《入伍》一文记载:“前方战士对一般文化人(和没有固定工作、来参观的文人)俗呼为新闻记”,就是“战地新闻记者”的简称。1940年以后一直在《新华日报》担任记者的李普回忆:当时抗日民主根据地通常称呼他们这些有一定水平的记者们为“文化人”。(引自李普:《用第三人称的自述》)

1941年以后,更多的左翼文化人如艾青夫妇、欧阳山夫妇、罗烽夫妇等,从重庆等国统区转移到了延安。丁玲回忆1942年春在延安时,贺龙将军来到“文抗”(全国文艺界抗敌协会延安分会)的窑洞里看望丁玲、艾青、白朗、罗烽等,贺龙表达了“对文化人、对文工团员的关心、爱护。”(引自《元帅呵,我想念您》一文)当时的延安,正高扬鲁迅的旗帜,毛泽东亲自发起创立“鲁迅艺术学院”,以后又成立了“鲁迅研究会”等等,这就更鼓励了这些热血青年、左翼文化人。

供给制乃为“战时共产主义”的生命线。

延安时期的中共党员都是“职业革命家”,就是以革命为职业(工作)、靠革命吃饭的干部。文化人和知识青年奔赴延安以后吃了革命的小米饭,就成为革命队伍的一员,从此参加了革命也就是参加了工作,被纳入一个“单位”里接受组织领导、思想改造。后来几十年间,直到中华人民共和国成立以后的一段历史时期内,干部们填写履历表时,非常重要的一个栏目乃是“何时何地参加革命”或“何时何地参加工作”的资历,这是评定该干部的“供给制”待遇的一个首要因素。“单位”制度源于对革命队伍的特殊管理体制,其中经济生活的管理采用供给制。在革命队伍里,“组织”专指党的组织,而“单位”就是以党组织为核心的层层机构、具体部门。全体公职人员都在组织安排下的某个单位之中。党、军、政的机关和群众团体、公营企事业,都是革命队伍一元化组织的不同职能部分。革命队伍中的成员一律实行供给制,其范围扩展到衣、食、住、行、学,生、老、病、死、伤、残等各方面,依照个人职务和资历,定出不同等级(大灶、中灶、小灶)的供给标准。供给制确定了个人的经济生活状况,不仅物质生活、还有政治待遇都依赖于“公家”的分配,个人服从组织、下级服从上级、全党服从中央,其经济基础就是供给制。

饭碗是组织给的，一切依靠组织；离开组织不仅没有饭吃，还可能沦为反党分子。供给制保证了铁的纪律。

延安“鲁艺”的经济生活

延安鲁迅艺术文学院（起初名为鲁迅艺术学院，通称鲁艺）创建于1938年4月，1945年8月抗战胜利后结束，共存在八年。

1938年，鲁迅艺术学院音乐系聘冼星海来任教。冼星海夫妇到延安后，受到“敬若上宾”的待遇，住进延安最好的西北旅舍。遭到敌机轰炸之后，他就搬到鲁艺去了。

冼星海在鲁艺担任音乐课程，分配到两孔比较好的窑洞居住。从前他以为窑洞又脏又局促，可能就像城市贫民的地窖。但实际并不尽然，跟上海石库门楼房的亭子间相比，窑洞里空气充足，光线也够，不同的只是天花板（应说“天花土”）是穹形的。后来他更体验到窑洞里面冬暖夏凉的好处。冼星海夫妇开始也吃小米饭了，“这饭不好吃，看来金黄可爱，可是吃起来没有味道，粗糙还杂着壳，我吃一碗就吃不下去了，以后吃了很久才吃惯。各方面的生活我也跟他们一样，我开始学过简单的生活。”

冼星海回忆，他在鲁迅艺术学院音乐系的日常生活是这样：“一早起床，除了每天三顿饭和晚饭后二小时左右的自由活动，其余都是工作和学习。他们似乎很忙，各人的事好像总做不完，我住在窑洞里，同事、同学常常来看我，我也到他们的窑洞里去。他们窑里布置简单，一张桌子，一铺床，几本或几十本书和纸张笔墨之类，墙上挂些木刻或从报章上剪下来的图片，此外就没有什么了。大家穿着棉军装，留了发却不梳不理。”（见冼星海：《到了新天地》，原载1940年延安《中国青年》2卷8期）生活既安定下来，他就开始写《黄河大合唱》等作品。

冼星海的学生陆友回忆说：“1938年秋，冼星海到延安鲁艺任教。正逢鲁艺第二期音乐系学员将结业，他热情地向同学们作了数次音乐讲座，深受同学们欢迎。第三期音乐系开学之初，我被留校工作，因与先生相识，系领导及党支部要我对先生多加照顾。他与夫人钱韵玲住在西坡面东的两孔窑洞，我常去问候。他对当时延安艰苦的生活是适应的。每当谈起生活，他总是说:'可以了,要革命就不能怕苦嘛!'有时还风趣地说:'我的待遇比你们高多了。'这是指当时供给制时他每月可领到五元津贴作零花钱;而我们学员和一般工作人员每月是一元二角。有时先生还端出一小锅红烧肉说:尝尝吧,这是韵玲给我烧的营养品。"(见陆友:《充满乐感的人——忆冼星海同志》,参看《延安鲁艺回忆录》,光明日报出版社 1992 年。)

从上海来的周扬,起初担任鲁艺文学系主任,后又当了鲁艺副院长。何其芳、沙汀、舒群、严文井、周立波都在鲁艺文学系任教,后来,舒群、何其芳都当过文学系主任,张庚是戏剧系主任,吕骥是音乐系主任。

李焕之在《向往与追求》一文中回忆了他于 1938 年 8 月 4 日初进鲁艺时的情况:

"窑洞,多么别致的集体宿舍,班长把我安排在靠窗的第一个床位上。我没有被子,只有一条线毯,那还是离开香港时朋友张廖之送我的,它陪伴了我北上的旅程。好在八月的气候还很热,但夜里就有点凉了。我把一块黄斜纹布当床单,把书和衣服当枕头。吃过午饭,天气好极了,明亮而炎热的太阳晒满了窑洞门前的空地。同学们都纷纷上炕睡午觉,我在南方生活惯了,没有睡午觉的习惯,于是抱着普劳特的《和声学》坐到窑洞前有阴凉的地方,准备开始新的学习生活。但是,赤日炎炎正好眠,看来在北方生活,不午睡是不行的。"

杜粹远在《忆鲁艺》一文中写道:"我 1938 年 9 月 2 日由陕北公学考入鲁艺二期音乐系。对于我这个到革命圣地延安不久的幼稚的中学生,一切都新鲜。我们的生活很简朴,每人一块小木板可以做桌子,又可以当凳子。上大课或开全院大会,我们就坐在小木板上听课,有时还拿着砖头垫高坐,或干脆坐在地上,全神贯注地听课。吃饭就用茶缸;在会餐时,洗脸盆还是用来盛肉菜的大餐具。每月一块多钱的津贴费,买些日用品。有时大家凑钱到各机关合作社的饭馆去会餐解馋。我们的生活无忧无虑,而且走到哪里都可以听到我们欢乐的歌声。早晨上操,我们练习爬山,谁先登上山头,就为下边的同志加油。谁生病,厨房就做病号饭,做碗面条,煮个荷包蛋。彼此之间像兄弟姐妹一样,我们就是生活在这样的革命大家庭中。"

1939 年初,党中央号召开展大生产运动,鲁艺全校教职员工上山开荒。身体不好的同志留下干轻活……后来,劳动生产的门类扩大了,就不让女同志做重体力，组织女同志织毛衣、纺线，最快的一天可织一条毛裤，纺四两一等线。

延安平地少，蔬菜种的不多，做不到一天一人一斤菜，就采野菜补充。

延安的冬季是很冷的，白天学习室里有盆炭火倒还可以；但由于一天只发一斤多木炭，晚上必须熄火，一到夜里，盆、罐的水都结成冰块。我们虽然睡的是炕，但不能烧火，凉炕越睡越冷，所以一入冬就必须打草垫子才行。大家在附近山坡上打草，忙了半天，割回很少的蒿草。蒿草不如茅草暖和，很多同学拿了刀和绳子去，看到了好大一片茅草地，草又高又密，……每个炕上铺一层厚厚软软的草，晚上大家睡了一个香甜的觉。

1940 年深秋，学校组织人员上山烧炭，延安冬天取暖主要靠木炭，需要抽身强力壮的男同学去完成这个任务。上山烧木炭很艰苦，要在山上居住，饮食、交通都很不方便，再加上缺少结实耐磨的衣服和鞋，有的连袜子都没有（引自丁炬《对徐徐同志的回忆与思念》一文）。

解放战争时期(1945—1948)的供给制

接近抗战胜利时，各根据地都拟订了比较完善的供给制度，规定：

(1) 衣着方面，供给单、棉、衬衣和鞋袜，以至毛衣、大衣；

(2) 伙食方面，供给粮、菜、油、盐、肉、炭。这就基本上达到了“温、饱”的生存保障。

(3) 日常生活用品方面，供给牙刷、精盐、肥皂、草帽，学习用的笔、墨、纸张、书报。

(4) 病号除免费治疗或入休养所外，还发给营养补助。年老体弱的发给保健费。

女同志生育，除发给生育费外，还提高其伙食标准。对于女干部所生婴儿则发给衣被所需的布及棉花，还规定发给奶费；需要请人照顾的，发给保姆费或免费住托儿所、幼儿园；幼儿达到入学年龄，可以免费入学，生活费用全由公家负责。革命军人及工作人员的家属，凡在解放区内居住而又不能生产自给的，当地负责组织群众代耕；随同干部同居的，则帮助安排适当的工作或组织生产，生活困难时，给予适当的补助。

在供给标准上，也因工作上和实际生活上的需要，由没有差别而逐渐有所差别，如一些负责同志吃中、小灶伙食，电台人员发夜餐费，对老弱妇孺伤病员的伙食、津贴从优，发给技术人员较高的津贴等。

晋绥边区的供给标准

1944年9月19日晋绥边区行政公署颁发的供给标准为：

(1) 口粮(每人每天)：军队系统小米1斤8两(750克)；政、民系统的干部小米1斤6两(687.5克)；交通员、战士等小米1斤8两。

(2) 伙食(菜金，每人每月)：大灶肉2斤，油15两(468.75克)，盐1斤，菜45斤，炭45斤(烧木炭者加倍)；小灶肉4斤，油1斤8两，盐2斤，菜45斤，炭75斤(烧木炭者加倍)。

(3) 政、民系统津贴(每人每月)：行署正副主任小米3斗(每斗26斤，共39公斤)，临时参政会正副议长、驻会委员、行政委员小米2斗。专署专员、行署处长及其以下工作人员发本币，专员、行署处长津贴25元，县长、专署行署科长等20元，区长、县政府科长等15元，战士、班长等5元。

(4) 妇女卫生费：女干部生育时，除统筹部分发给标准布1匹、棉花2斤外，由各所在机关自给鸡3只、红糖1.5斤(750克)、鸡蛋60个、麻纸300张(双生子除布、棉花外，其余加倍发给)，并在产前一个月、产后一个月，享有小灶标准待遇。

新四军的供给标准

1945年1月，新四军浙东游击纵队司令部规定的供给标准，例举主要项目如下——

口粮(每人每天)

机关人员白米1斤8两(750克)；部队人员白米1斤10两(812.5克)；机炮部队、军工厂人员、教导队、海防队白米1斤12两(875克)。

伙食费(口粮在外)

菜金：兵团每人每天蔬菜2斤，油5钱(15.625克)，盐5钱，柴2.5斤，烧茶、洗澡、洗脚、洗衣服用柴1斤，也就是每人每月食油、食盐各15两(468.75克)不到1斤(旧秤1斤＝16两)，折价开支。

肉金：主力兵团每人每月肉1斤，按市价实报实销。并规定每月1日、16日集体购食，非特殊情形者不得发现钱。地方兵团主力每人每月肉12两

(375 克),区常备队以下 0.5 斤。

津贴费

普通津贴:主力兵团每人每月按 20 斤米定价发给,地方兵团主力按 10 斤、区常备队以下按 6 斤发给,并规定每月 25 日发(每斤米约合今人民币 1.5元)。

肥皂:4 至 9 月每月一块,其他各月每月半块。此外,妇女每月草纸 50 张。

干部保健:排以上干部实行普通保健,每人每月供给的数目为:排级,猪油 0.5 斤;连、营级,猪油 1 斤,猪肉 1 斤;团级,猪油 1 斤,猪肉 2 斤,鸡蛋 30 只;师级,猪油 1 斤,猪肉 4 斤,鸡蛋 90 只。

以上猪油、猪肉、鸡蛋按定价折钱,与津贴费同时发给。

服装

根据经济条件、物质来源和部队必需之实际情形发给。原则上每人每年发制服两套,衬衣两件,棉制服 1 套,棉背心 1 件,被毯二年 1 床,饭包袋 1 只,弹袋 1 条,米袋 1 条,雨伞 1 把,饭碗 1 只,布鞋 6 双,袜子 4 双,毛巾 4 条,每班哨兵大衣一件,每个干部大衣一件,其他装具按实际情形补充之。鞋子:侦察员、便衣通讯员、特务长每年 12 双,武装通讯员每年 8 双。

供给标准的上下浮动

1945 年抗日战争胜利后,某些地区和部队的供给标准有所提高。如有的地区在原有的大灶、小灶外,增加了中灶待遇,规定县级地方干部和部队的分区级政委等享受。中灶的供给标准,油、肉较大灶多一些,细粮比重也多一些。

1946 年 6 月,国民党政权发动全面内战。随着解放战争的胜利,战场深入到国民党统治区,人力、物力的消耗大为增加。各解放区都适当降低了供给标准,以节省开支。如晋绥边区在"节衣缩食,照顾前方,照顾战士,照顾群众"的原则下,取消了中、小灶待遇,在一段时间内取消了干部服装的供给,停发后方党、政、军干部的被服和日用品,取消一般的保健费,各类人员的伙食标准也有所降低。山东地区规定,除主食外,取消一切粮食开支;主食定量也有所降低,服装有所减少。菜金,主力部队由公家供给，地方部队供给一半，地方机关全部自给。同时，还降低了灶别标准，原来吃小灶的改吃中灶，吃中灶的改吃大灶。办公费、特别费等由各单位自己解决。

此后，随着革命战争的胜利，经济情况好转，供给标准又逐步有所提高。

全国统一的供给标准

1948 年 12 月，中央军委后勤部在综合各解放区供给标准的基础上，制定并颁发了全国统一的供给标准。以华北地区几项主要供给标准为例：

1. 伙食标准(每人日标准)

野战军：菜金——菜 1 斤(0.5 公斤)，油 5 钱(15.625 克)，盐 5 钱(15.625克)，肉 5 钱(15.625 克)；粮食——小米 28 两(875 克)。

地方军：菜金——菜 1 斤，油 4 钱(12.5 克)，盐 5 钱，肉 4 钱；粮食——小米 26 两(812.5 克)。

后方机关：菜金——菜 1 斤，油 3 钱(9.375 克)，盐 5 钱，肉 3 钱；粮食——小米 1.5 斤即 24 两(750 克)。

中灶伙食标准：菜金——菜 1 斤，油 5 钱，盐 5 钱，肉 2 两(62.5 克)；粮食——小米 26 两。

中灶的优惠主要体现在肉类食品方面：野战军每月 15 两(468.75 克)，地方军每月 12 两(375 克)，后方机关每月 9 两(281.25 克)，而中灶每月 30 两(937.5 克)。

小灶伙食标准的菜金较中灶标准略高，但时有特殊(计划外)的供应。

2. 被服标准(每年)

野战军：单衣两套、棉衣 1 套、单帽棉帽各 1 顶、被子三年 1 床、鞋 7 双、袜子两双、毛巾两条(地方军的被服标准的一些项目略低于野战军，后方党政机关被服标准又略低于地方军的标准)。

3. 妇女生育费

妇女生育费按供给项目分为红糖、鸡、鸡蛋、麻纸、棉花、布等项，华北地区以包干形式发给小米共 230 斤(115 公斤)。

以上是华北地区的标准，其他各地区根据实际情况，在各个项目的供给数量上略有增减，但基本上是差不多的。

新中国成立初期供给制和工资制并存

1949年新中国成立初期，中共中央根据当时的经济条件，对国家机关和事业单位工作人员实行的待遇政策是：

(1) 解放区来的老干部实行供给制待遇；

(2) 新参加工作的青年学生：

A. 没有家庭负担的实行供给制待遇；

B. 有家庭负担的实行工资制待遇；

(3) 在国家机关中留用的旧政府职员：

A. 在1949年9月底以前参加我政府机关工作的按其参加工作时的规定，实行供给制或实行工资待遇的，一般不再变动；

B. 1949年10月1日以后参加工作的除自愿实行供给制待遇的以外，一律按国家制定的新参加工作人员工资标准实行工资制待遇。

当时在国家机关中，实行供给制待遇的占80%以上，在事业单位中约占三分之一，主要是从解放区来的老干部和大部分新参加工作没有家庭负担的青年学生，还有极少数留在行政、司法等全部实行供给制待遇机关中工作的旧政府机关职员。

从1949年到1952年2月基本上沿袭战争时期的供给制办法。主要特点是：供给标准较低，大体平均，略有差别。除保障工作人员的个人生活需要外，部分家属还享有一定的供给待遇。供给项目、供给标准以及享受灶别的条件，各部门大同小异。

供给制和工资制的矛盾

夏衍晚年在《懒寻旧梦录》中有一段回忆，讲到新中国成立初期供给制和工资制双轨并存造成的矛盾，值得引起我们的注意——

> 书生从政，不习惯的事还是很多的。首先碰到的一个"制度"问题，可以举出几件很为难，也很有趣的事情……
>
> 一件带有喜剧性，大概是六月中旬，华东局副秘书长吴仲超同志派一个人事干部来要我填表。我填了姓名、籍贯、性别、入党入伍时期之

后，有一栏“级别”，我就填不下去了。因为我入党二十多年，从来就不知道自己的级别。那位人事干部感到很奇怪，要我再想一想，我只能说“的确不知道”。对方问：“那么你每月领几斤小米？”我说我从来不吃小米，也从来没有领过。他更惶惑了：“那么你的生活谁供给的？吃饭、住房子？……”我说我的生活靠稿费、版税，除了皖南事变后中央要我从桂林撤退到香港，组织上给我买了飞机票，以及 1946 年恩来同志要我去新加坡，组织上给了我一笔旅费之外，我一直是自力更生、卖文为业。这一下对方只能问，那么你到上海之前，在党内担任的是什么职务？这倒容易回答的，我在香港时是南方分局成员、香港工委书记。他满腹怀疑地拿着我的表格走了。后来潘汉年告诉我，说华东局、市委根据你的党龄，过去和现在的职务，评了“兵团级”，当然我还是不懂得兵团级是怎样一个职位。

解放初期，干部待遇还是供给制，这是从解放区沿袭下来的，在那种特殊情况下，这也是别无他法可行的制度。

延安的文化人，有的跟随鲁艺到了东北解放区，有的跟随华北大学到了张家口等地，然后才进入北平、天津。延安的文艺干部，建国后大多成为文化界的领导人物，如周扬、丁玲、何其芳、刘白羽、郭小川等人。

平津解放后，何其芳到了北平，在马列主义学院任教，后又担任北京大学文学研究所副所长等职。作为一个供给制干部，何其芳级别不低，吃小灶，生活待遇较高，但他的手头还是缺乏闲钱的。他 1951 年 3 月 26 日写给沙汀的信中说：“我在整风后写的小册子过几天就寄给你。因为现在身边邮寄的钱都没有了。我们仍是供给制，发了津贴仍常常很快就化光。不过住在城外，进城的时候非常少，身边经常没有钱也多少感到不方便。”

可是，这就和接管政策中的原技术人员、文化人全部“包下来”对他们实行“保留工资”发生了矛盾。也就是说，“留用人员”拿的“保留工资”和党政干部的供给制之间，有了一个很大的差距。

大学校长、教授、专家、工程师、名演员，一律拿“保留工资”，用国民党的金圆券折合老区人民币，再折合新人民币，他们的每月收入都在 200—500 元不等。而从解放区来的和地下党的党政军干部，在一段不短的时期还是供给制，后来改为工资制，也还是“低薪制”，货币收入（现金）要比老专家、名演员的低。夏衍在回忆录中分析道：

> 这样，党政干部和业务（技术、学术等）人员之间，就有了各自的看法。举个例，有一次陈老总请刘伯承同志在他家里吃饭，潘汉年和我都在座，饭后闲谈，这两位大将军都在愁穷。陈毅同志孩子多，家累重，钱不够用；刘帅则说他想买一部开明书店出版的二十五史，一问价钱，就只能放弃了买的念头。陈毅同志风趣地对我说，老潘可以靠小董（董慧，她的父亲是香港巨富），你则有版税和稿费，你们都是老财，我们当兵的都是两袖清风。
>
> 可是另一面，拿“保留工资”的却有另一种看法。他们说你们（党政干部）住公家的洋房，有汽车，有办公室，有不花钱的秘书，出差旅费可以报销。我们呢，搭一次电车，打一个电话，也得自己掏钱。
>
> 在欢庆解放的热潮中，大家都自觉地服从政策，表面上平静无事，可是现在回想起来，工农干部和知识分子之间的疙瘩，或者说是矛盾，我认为是和解放初期的这两种制度的并存，是有一定的关系的。（引自夏衍：《懒寻旧梦录》第610—612页，三联书店1985年第1版。）

抗战胜利后的经济形势

1945年8月中旬日本宣布投降以后，国民政府从陪都重庆迁回南京，同时开始接收敌占区的巨额敌伪物资，掌握了许多黄金、外汇和资产，共达23亿美元。

这一年9月24日，国民政府财政部公布了“伪中央储备银行钞票收换办法”，规定此前主要发行于上海和华东、华南沦陷区的伪中储券200元兑换法币1元；11月21日又公布了“伪中国联合准备银行钞票收换办法”，规定此前主要发行于平津和华北沦陷区的伪联银券5元兑换法币1元。

这都提高了法币的地位。

美国又向国民党政府提供20亿美金的援华物资，使得法币通货膨胀的缓和出现契机。但是，由于政府腐败无能，巨量的国家资产流失，被贪官污吏中饱私囊。在短期的表面稳定以后，法币的地位又迅速下降。

国民党官僚腐败透顶

抗战胜利并未使中国人民跳出苦海，众多官员假接收敌产之名，行贪赃枉法之实。这种“接收”实际上是趁火打劫，所以文化人讥讽为“劫收”。

老百姓讽刺腐败官员“三羊开泰、五子登科”：所谓“三羊开泰”即捧西洋、爱东洋、要现洋，就是仰仗和投靠西洋美英力量，喜爱东洋日本的“敌产”，搜刮银圆美钞等现洋；所谓“五子登科”即“劫收”敌产的车子、房子、金子、料子和婊子，就是霸占汽车、洋房、金条、原料（衣料和建筑材料等），甚至“劫收”敌伪官僚原有的二奶、姨太太、妓女等，吃喝嫖赌，肆无忌惮。（陈注：另一种说法略有不同：“三羊开泰”为捧西洋、骂东洋、抢大洋，“五子登科”为贪污所接收敌产的金子、车子、女子、房子和票子。出处见于 1946 年 11 月 19 日重庆《大公报》徐盈文章注。）

“光复区”人民怨声载道。平津一带流传民谣“盼中央，望中央，中央来了更遭殃”，就是对国民党“劫收”的写照。《大公报》写道：“无数千万的人民都曾为胜利狂欢过，而今却如水益深，如火益热，大家不得聊生”。

加之国共和谈破裂，国民党发动内战，军费猛增，印行大量新法币钞票，造成恶性通货膨胀。平津地区市场大动荡，物价扶摇直上：1946 年 1 月，面粉 125—130 元（法币）一斤，5 月每斤面粉涨到 325 元，12 月达 700 元，到 1947 年 7 月已增至 5100 元，12 月则涨到 7000 元。其他布匹、煤炭、食油、肉、蛋等生活消费品价格也同样飞涨。

“底薪”和“实际薪津”

我国 40 年代的非常时期，关于工薪阶层的收入状况，产生了两个反映时代特点的概念，即所谓“底薪”和“实际薪津（金）”，意思就是基本薪水加上物价津贴。

实际薪津 = 底薪 × 薪金加成倍数 + 生活补助费基本数

实际薪金的计算，是以法币的底薪为基数，根据物价上涨的指数（或生活费指数）定出薪金加成倍数，再加生活补助费基本数。薪金加成倍数和生活补助费，随着物价上涨每季度作一次调整，所以实际薪金也应该随之不断提高。

如 1946 年 12 月，薪金加成倍数是 1100 倍，生活补助费基本数是 17 万元，所以底薪为法币 600 元的教授实领薪金（600 元 × 1100 + 170000 元 =）83 万元，可买 23 袋（每袋 44 斤，合 1012 斤）面粉，约合今人民币 1600 元。副教授月薪法币 400 元，实领薪金（400 元 × 1100 + 170000 元 =）61 万元，可买 18 袋（792 斤）面粉，约合今人民币 1200 元。一个月薪法币 100 元的小职员，实领薪金（100元×1100＋170000元＝）28万元，可买8袋面粉。这样的生活水平总比抗战时期好些。

但是好景不常。1947年5月上旬，物价陡涨。这时虽然又进行了调整，薪金加成倍数是1800倍，生活补助费基本数增加到34万，但是一个教授所领的薪金142万元，还不够买10袋（440斤）面粉。底薪150元的助教，实领的薪金61万元，不够买4袋（176斤）面粉。以后虽每隔一两月调整一次薪金，但与物价上涨速度相比，还是望尘莫及。

教育部于1947年8月发给大学教师每人实物差额20万元，还不够买半袋面粉。1947年9月，又以12万元一袋的优惠价格，每人配售面粉两袋，但4个月以后即行取消。

抗日胜利后北平的经济危机

随着法币的恶性通货膨胀，北平的市场物价愈发不可收拾。人们重物轻币的情绪被再次刺激起来，囤积风进入千家万户，金、银、布匹的价格带头飞涨。

1947年8月20日，北平《新民报》刊登每袋面粉（兵船牌）价格法币21万元；到1948年8月20日，每袋面粉已涨到法币3150万元，一年之间，粮价上涨149倍。同行之间的银钱往来，对小额钞票是成捆计数，没有多少人去详细查点。

1948年8月19日中央银行发行了金圆券，规定以300万旧法币兑换金圆券1元，下令把民间所有金银外币兑为金圆券，然后又实行冻结生活指数，实行所谓“八一九限价”，即强制规定：物价不能超过8月19日的市价。这个不切实际的规定，实际上是一句糊弄老百姓的空话。不到两个月，物价更加急剧上涨，引起了全国狂涛一般的抢购风潮。

北平的市面上出现了成群结队抢购商品的现象，市民“重货轻币”，一些小商贩已经彻底停业；有的还怀着一线希望，在门前贴出“修理内部，择吉开张”或“筹备复业”等告白；开门的一些商店也大多是店门半掩，有的用布帐勉强遮住空空的货架；由于时常停电，夜市也不得不关闭。不仅是小商店顶不住，就连“瑞蚨祥”这样实力雄厚的百年老店，也在1948年10月底以“修理门面”的名义停止了营业。当铺的损失最为惨重，全都“止当候赎”，以至于典当业全部消失。市场一片混乱。

两个月后，1948年10月31日，国民党行政院又下令粮食依照市场价格自由购销；六大城市的配售粮食仍由政府输送；油、盐、糖、布等由中央主管部门统筹调节；民生日用品，则授权地方政府参酌情形核本定价等。

然而国民经济的全面崩溃，已经不是一纸空文所能挽回的。

北平市民生活极端困难，就连吃饭都成问题。作为一个初级消费水平的城市，粮食始终占据北平商品销售额最大比重。1947年以后北平的粮食成为投机倒把的主要物资。1948年，北平的人口超过200万，年需粮食约十亿斤。到1949年解放前夕，全市经营粮食的商户共有1313家，居各行业户数的首位。经营大米白面的称作“米面庄”，经营五谷杂粮的称为“陆陈行”，代理买卖的叫做“粮栈”。在天桥、广安门、西直门三处各有一个粮食行业交易市场。奸商与贪官勾结，哄抬物价，在“钱”与“权”双重压迫下，老百姓苦不堪言。

1946—1948年北平粮价狂涨

这是国民党一党专政即将崩溃的时期，就物价而言，则是举世罕见的狂涨时期。

北平市顺义县保存着1946年7月—1948年10月农贸集市的粮食价格记录。单位为：每小斗(15市斤)法币元。

民国三十五年(1946)：

7月18日　玉米1200元。7月22日　白玉米1900元。

8月4日　黄玉米2000元。8月20日　小米3700元。

8月22日　白玉米2300元。8月28日　白玉米2450元。

9月19日　小米4000元。

10月4日　黄玉米3200元，白玉米2800元。

12月11日　大米11000元。

民国三十六年(1947)：

1月9日　大米12000元。1月27日　大米2万元上下，玉米3000

元上下。

3月28日　大米21900元,白玉米4100元。

6月28日　黄白玉米3.2—3.3万元,小米4.3万元。

7月10日　小米4.6万元。8月23日　白玉米2.9—3万元。

10月4日　小米4.3万元,玉米3万元上下。

12月13日　黄玉米6.5万元,白玉米5.8万元,小米11万元。

民国三十七年(1948):

2月5日　玉米11.6万元。2月15日　黄玉米12万元,白玉米11万元,小米17万元。

4月3日　玉米21万元。4月26日　白玉米28万元,黄玉米30万元。

5月12日　白玉米45万元,黄玉米48万元。5月22日　白玉米52万元,黄玉米58—59万元。

7月16日　小米315万元。7月24日　黄玉米300万元,白玉米300万元,小米440万元。

8月8日　玉米325万元。8月10日　玉米335.5万元。

8月12日　玉米350万元,小米620万元。

10月8日　玉米1200万元,红薯3万元一斤。

(引自《北京档案史料》1986年第3期)

其间,玉米价格上涨了整整一万倍。

1946—1949年四川物价水平

不仅在平津地区、沪宁杭地区,从原来大后方的四川重庆“大事记”,也可见这一时期的奇特现象:

民国35年(1946):

1月7日　布匹遭沪货冲涨,各大帮纷纷囤进,故价浮升,阴丹本日自11万升至12.4万,天伦阴丹自9.6万升至11万。

4月5日　渝物价波动，其中土产品、粮食更形紧俏。公共汽车票已由150元升至250元，报费增加100%，印刷费增加170%。

4月20日　重庆粮价继续上涨，上熟米每担涨至2.4万元，美钞1元涨至法币2000元。

5月20日　政局沉闷，投机商多做新打算，重庆市场花纱随金价上扬。20支双鸡(牌)由158万元涨至170万元。

7月5日　松贝由405万元升至460万大关，大黄上升万元。

12月3日　重庆市物价继续上涨，百货因电价、交通费涨价，衬衫、毛巾、丝袜上涨3000至5000元。

民国36年(1947)：

1月8日　重庆市物价连日上涨，粮价波动最大，昨日上等河熟米每石3.3万元，比前天上涨3000元。

2月10日　在通货不断发行、金钞猛涨的刺激下，外帮及居间商大量纳货，造成棉纱空前大波动，价格猛涨百万左右，市场情况异常混乱。

5月5日　成都米价连日上涨，本日发生抢米风潮，若干米店被抢。

6月10日　6月上旬重庆市趸售国货价格总指数为1.2万倍，上海为3.4万倍。

7月22日　成都零售物价总指数自民国二十六年至三十七年6月底，10年间计高涨1.5万倍。

10月23日　重庆市物价自5月起至10月10日止，五金上涨425%，木材上涨468%，燃料上涨343%，衣着上涨280%等等。

民国37年(1948)：

1月15日　重庆市因外部资金回流，银根由13元的高档降至9元，却像一阵急风，马上刮起了涨潮，棉纱由3.4亿一跃而为3.8亿，布匹各色皆乱涨10余万元，纸、香油皆急起直追。

6月4日　成都米价新双市石已经突破1400万元，人心不安。

6月17日　重庆米价傍晚若干店铺高至850万元以上，更有高价1200万元，市民感受无比威胁，发生抢米风潮，被抢米厂、米店达70余家，失米7000余石。

7月8日　重庆煤价本月1日起由每吨310万元增至890万元，3

日起增至1270万元，5日起又增至1630万元，市民深感焦虑。

7月10日　重庆花纱布又掀起涨风，棉纱市价今晨以6.5亿元开盘后，节节上升，连破7亿、8亿两关，到午盘升至8.2亿。

7月11日　成都报业印刷工资谈判未协，本日各报均被迫停刊。

8月4日　重庆趸售物价指数7月份为192.8万倍。

8月8日　重庆自来水价，每担由4万元调为18万元，加上力资，平均每担为20万元。

11月9日　飞机轮船票价均相继调整，照原价增加200%，财政改革已面临失败边缘。

民国38年(1949)：

1月9日　宜宾中原纸厂、乐山嘉乐纸厂因物价高涨，停止生产，职工失业。

3月2日　金圆券不断贬值，500和1000元大钞大量出笼，各军政机关又将所领到的经费(金圆券)投入市场抢购金银、镍币、布匹、纸烟等货物，物价猛涨。按1948年8月币改前为基础，3月份生活费指数为3500倍，公教人员待遇只及105倍，高中教师月收入只等于1.6块银圆。

夹江造纸业有槽户500余家，近因物价上涨，被迫歇业，工人生活陷于绝境。各地煤铁业亦因此倒闭停工。

4月1日　因政府大量发行5000元和1万元票面额的金圆券，并发行5万及10万元的定额本票，物价疯狂上涨。

4月7日　成都物价一日之间上涨1.5倍。

5月14日　渝国立院校教师说，订不起报，买不起书，吃不起饭。

(引自1946—1949年，四川、重庆物价大事记)

法币的崩溃

1937年抗日战争前夕，法币发行总额还不过14亿余元，在八年抗战期间，国民党政府利用法币不断扩大发行量来垄断全国经济，搜刮人民财富，兼以国土大幅度沦陷，税收骤减，一切军政费开支，惟依赖发行钞票。到

1945 年 8 月日本投降前夕，法币的发行额已达到 5569 亿元，为抗战初期的 360 倍。1946 年 7 月，国共和谈破裂，全面内战爆发。国民党军费开支浩大，政府财政实际收入只占预算的 15%，于是猛增法币的发行量，以期平衡财政赤字。

黄金和外汇迅速消耗和外流。由于法币已经根本不能保值，所以在 1947 年 2 月，出现了抢购黄金美钞的风潮。到 1947 年 4 月，在短短的半年多时间里，法币发行额又陡增至 16 万亿元。

1946 年 9 月外汇牌价：1 美金＝3000 元法币；半年后即 1947 年 2 月牌价：1 美金＝1 万元法币；再过 3 个月即 1947 年 5 月 4 日牌价：1 美金＝3 万元法币。

根据《大众晚报》1947 年 7 月 30 日的资料，在不同的年代 100 元法币能够买到：

1937 年两头大牛，1938 年一头大牛一头小牛，1939 年一头大牛，1940 年一头小牛，1941 年一头猪，1942 年一条火腿，1943 年一只母鸡，1944 年半只母鸡，1945 年一条鱼，1946 年一个蛋，1947 年一只煤球或三分之一根油条，1948 年 4 粒大米。

（引自《当代中国的职工工资福利和社会保险》第 9—10 页，及《通货膨胀简论》，参看《中国物价史》第 432 页。）

随着打内战庞大军费开支造成的财政困境，随着国民党军队的节节败退，1947 年底，物价上涨速度为法币通货膨胀速度的 3.5 倍，1948 年 8 月增大到 10 倍。

法币在市面上的流通量，从 1945 年 8 月的 5000 多亿元，猛升到 1947 年 11 月的 34 万亿元，再猛升到 1948 年 6 月的 250 万亿元；在接下来的一个半月里，更猛增到 604 万亿元，为抗战前的 47 万倍。这时甚至出现了 500 万元票面的大钞。由此物价暴涨，达到抗战初期的 493 倍。在上海，1948 年 6 月吃一块大饼要 3 万元，甚至乞丐也不愿收千元以下的法币。

当时的物价，据有人日记，1948 年金圆券发行前夕的 8 月 13 日，在上海理发一次为 240 万元，购茶叶一斤约 80 万元，买毛巾袋一件，120 万元。

1947—1948 年，黄金、美钞、物价轮番狂涨，法币不可避免最后崩溃。

按法币计算的最低生活费

1946 年

1946 年 2 月 20 日，国民党控制的报纸《前线日报》发表了一篇报道，根据社会调查的结果，认为当时上海等城市一个五口之家最低生活费为法币 156000 元（购买力大约合抗战前法币 50 元，今人民币 1500 元）。

当时计算出这个最低生活费的根据是：每月一个五口之家，需要消耗大米 1 石 2 斗价 2 万元，煤球 4 担 2 万元，柴一担 3000 元，油 10 市斤 5000 元，蔬菜和副食品每天 1500 元、每月 45000 元，车力（交通费）每月 33000 元，房租、医疗费等 3 万元，共计法币 156000 元。

1946 年初，法币 100 元约合今日人民币 1 元。

此后通货膨胀加剧，法币继续贬值。

1946 年夏季大米涨到每石 4.27 万元（法币），合每市斤 267 元；黄豆每市斤 200 多元，豆油每市斤 800 多元，菜油每市斤 700 元；猪肉每市斤 1300 元，白糖每市斤 1100 元，酱油每市斤 362 元，食盐每市斤 160 元；豆腐（每 4 块）71 元；白酒每市斤 800 元，黄酒每市斤 400 多元；士林布匹每市尺 1100 元，龙头细布每市尺 700 多元。上海等城市一个五口之家最低生活费约为法币 30 万元。

1946 年夏季，法币 200 元约合今日人民币 1 元。

法币不断贬值，在金融市场上已经丧失信誉，大笔交易通常采用“黄白绿”即金条、银洋、美钞（黄的是金，白的是银，绿色的是美元）。一根金条为十两，一两黄金相当于大约 100 银圆，一块银圆的购买力大约合今人民币 30 元。

也就是说，一根金条的价值大约合今人民币 3 万元。

1947 年

1947 年夏季大米涨价到每石 36.9 万元（法币），合每市斤 2300 元；黄豆也是每市斤 2300 元，豆油每市斤 9000 多元，菜油每市斤 8000 元；猪肉每市斤 9500 元，白糖每市斤 6300 元，酱油每市斤 2800 元，食盐每市斤 1300 元；豆腐（每 4 块）6000 元；白酒每市斤 7900 元，黄酒每市斤 4000 元；士林布每尺9900元，龙头细布每尺6600元，都飞涨到前一年夏季的9—10倍。上海等城市一个五口之家最低生活费约为法币270—300万元。

1947年夏季，法币1800—2000元的购买力，约合今人民币1元。

1948年

物价继续大幅度飞涨。1948上半年大米售价平均每石1445万元(法币)，合每市斤9万元；黄豆每市斤9万元，豆油每市斤44万元，菜油每市斤36万元；猪肉每市斤35万元，白糖每市斤23万元，酱油每市斤13万元，食盐每市斤7万元；豆腐(每4块)3万元；白酒每市斤25万元，黄酒每市斤13万元；士林布匹每尺18.5万元，龙头细布每尺28万元。

由此可见，1948年1—8月之间，法币又大为贬值，5—6万元才合今人民币1元。

国民政府的财政陷入绝境

1948年1月，国民政府公布公教人员待遇调整办法，按照三个月调整一次的“生活指数”发薪，如1948年1—3月份的生活指数达115000倍，薪金最高的教授实领薪金1000万余元，只够买五袋(220斤)面粉。从4月起，虽然月月“调整”生活指数，实际收入还是直线下降。

特别在1948年1月后，政府取消公教人员配售面粉办法，同时滥发十万元票额的大钞票，人民生活更陷于绝境。1948年4月，低级职工的薪金在100—380万元之间，而照当时物价，一天买两斤玉米面(每斤23000元)，一月就得138万元。即使这些微薄薪金，还不能保证按时发给而经常拖欠。工友们在此极度贫困和饥寒交迫的窘境中，联合声明：“现在百物飞腾米珠薪桂之际，每月所入甚微，无法维持生活，况家有老少数口难得一饱。又值严冬季节，身上无衣，腹内无食，勤务甚虞……”迫切要求提高待遇。

20世纪40年代后期的学校生活

抗日战争胜利后,我国教育事业一度得到复苏和发展:1945年度,国内高校有141所,学生有83496人(其中女生比例为19%);1947年度,高校增加到207所,学生增加到154612人(其中女生比例为18%)。短短两年之间,大学生人数增加了85%。然而内战烽火和国民党一党专政的腐朽没落,又给予我国教育事业极其严重的打击。

1945年8月以后几年间,我国各大学师生的经济生活状况,可以举上海、北平、天津、南京等地为例。

上海学生眼中的经济危机

1946年初,上海在通货膨胀冲击下,学费猛涨数倍,致使大批学生面临失学威胁。

由圣约翰大学、大夏大学等20多所院校发起,上海市学生助学联合会(简称助学联)于1月26日成立,公开领导全市助学运动,聘请知名人士马叙伦、周建人、许广平、沈钧儒、黄炎培、沙千里等为顾问,多达98所大、中学校参加。2月1日,在《大公报》上刊载启事,宣布开展助学。2月5、6两日全市义卖助学章,预定募集5000万元。两万多大、中学生组成3000多个征募小队，200 多个宣传小队，活跃在大街小巷。经过几天努力，征募款项超过预定目标，达到 8389 万元，可解决 3000 余名学生的学费问题。募得捐款后，当局企图由官办的教育贷金委员会分配这些助学金，助学联表示婉言拒绝。接着，大批热心助学的学生遭无故开除，仅大同附中一次就开除 130 名。

学生和家长们分别组织上海市无故被开除学生后援会和家长联合会，奔走呼吁，迫使各校校方收回了成命。1946 年 3 月 16 日，助学联召开了有 5000 余人出席的庆功联欢会。

1947 年上海某小报上刊登一篇中学生的短文《从咸鸭蛋看物价飞涨》，摘录如下——

> 弄堂口有个专卖咸鸭蛋的摊主，一清早便把摊子摆端正了，五个蛋一叠，四横一直，结顶那个直立得笔挺。每一蛋壳上用蓝墨水写着售价三百元或四百元，虽未挂金字招牌，当然是不二价的。家母清早总得去买来供我佐饭。前天蛋壳上分明三百元，昨天已改四百元，今天买来的那个蛋，隐约有三百、四百、五百三种码子。但较深一层的蓝墨水字样是五百元。家母当然是花五百元买来的。因此知道市价的飞涨，一个咸鸭蛋每天升价一百元。（引自《当代中国的职工工资福利和社会保险》第 9—10 页，又引自《通货膨胀简论》，参看《中国物价史》第 432 页。）

此篇短文，如实地记叙了当时的物价飞涨状况。

随着打内战庞大军费开支造成的财政困境，随着国民党军队的节节败退，1947 年底，物价上涨速度为法币通货膨胀速度的 3.5 倍，1948 年 8 月增大到 10 倍。

不仅在黑市，而且在许多商业交易中，外币（主要是美金）、银圆、银辅币（银角子）取代法币的地位公开或半公开流通，国民政府发行的公债库券也以美金为还本付息的标准。

这就带来了 1947—1948 年间黄金、美钞、物价轮番狂涨的可怕局面。政府不得不承认“物价狂涨已推翻了社会秩序和政治信心”，经济危机不可避免。

平津师生饥寒交迫

国民党政府在教育上的投入,远远低于通货膨胀的速度。

平津地区公费学生的生活标准急剧下降。1946 年 12 月全公费学生每人每月 51640 元,其中主食费占 38640 元,当时可买一袋面粉(标准每袋 44 斤)还有余(每袋面粉 36000 元法币),生活尚可敷衍过去。到 1947 年 5 月,公费每人每月虽增加到 124000 元,而当月中旬,每袋面粉价格已上涨到 145000 元,全部公费尚不够买一袋面粉,这样的日子在校园里怎么维持呢?

广大学生的伙食标准降为"每月中等熟米二市斗三升(约合 36 斤)或中等面粉 46 斤",遭受着饥饿、贫病和失学、失业的威胁。

教员经济生活也急剧下降。以清华大学为例:当时薪水最高的教授,1946 年 12 月底可以领取薪金 83 万元,够买 23 袋面粉还有余,生活比战时要好。但因物价陡涨,到 1947 年 5 月,一个教授的月薪不够买 10 袋面粉。1947 年底 10 万元法币大钞出笼后,物价更像脱缰之马,教授薪金虽涨到 1000 余万元,却不够买 5 袋面粉(参看《清华大学校史稿》,第 440—443 页)。教授生活尚且如此,助教的生活更不堪设想。

1948 年 4 月,北京大学考古专家裴文中教授作了一个生动的比较:

> 我的资格是留学的博士,又继续研究工作有二十年之久。我现在每月所得是八百九十二万元,折合廿六年的法币,只有二十二元六毛;折合白面粉,只有四袋多,相当于战前一个门房。以我现在收入,按照国家银行放款利息计算,国家只要有三千多万元放在库里,所得利息就可以长期供养开支我的薪俸……。也就是说国家只要有三千多万元就可以买我这一个人为他工作到死!三千多万元,折合实物,大约等于一辆三轮车,等于一匹马,等于十八袋面粉!(据裴文中《生活安定与学术研究》,原载《风暴四月》1948 年 4 月 5 日,转引自《北京大学校史》第 443 页。)

学校经费无着落,在职教师生活清苦,该聘请的教员无法落实。加上通货膨胀,可谓雪上加霜。当时担任北京大学校长的胡适,在记者招待会上也抱怨,“教授们吃不饱,生活不安定,一切空谈都是白费”!1947 年 9 月 21 日,胡适校长致电教育部,说平津物价高昂,教员生活清苦,“请求发给实物;如不能配给实物,请按实际物价,提高实物差额金标准”。9 月 23 日他在日记中叹息道:

> 北大开教授会,到了教授约百人。我作了二个半钟头的主席。回家心里颇悲观,这样的校长真不值得做!大家谈的想的都是吃饭!向达先生说的更使我生气。他说:我今天愁的是明天的生活,那有工夫去想十年二十年的计划?十年二十年后,我们这些人都死完了!

国弱民受欺。1946 年 12 月 24 日,北大女生沈崇被两名美国士兵强奸,案情在报上披露后,群情激愤,北平各校师生举行罢课、示威、游行,要求惩办罪犯。当时在南京参加“制宪国大”会议的胡适也无法保持平静了。据一位与他见面的记者回忆:“当我们提到沈崇事件时,老先生这次也被激怒了,‘这还得了!真岂有此理!’说着说着,还敲着桌子。他这个态度使我感到意外。我看到这个深受儒教熏陶,一向主张‘凶而不怒’,又受资产阶级教育,提倡‘自由’,‘容忍’的大师,竟然也正气凛然,金刚怒目起来,不免增加了一些敬重。他甚至说:‘抗议、游行,众怒难犯,伸张民意嘛!’”胡适抵北平后,对记者发表公开谈话:“此次美军强奸女生事,学生、教授及我自己,都非常愤慨!”

北洋大学风雨飘摇

北洋大学从西北大后方回到天津复校之初,校园经过修缮,师生员工的生活比抗日战争时期在内地的状况有所改善。当时教职员工的薪俸,教授兼任院长和系主任的,每月法币 600 元左右;未兼行政职务而教学成绩显著的教授徐庆春、孟昭礼、杨秀夫、张玉昆、黄邦桢、王志超、刘云浦等 7 人,每月薪俸 600 元,其他正教授都是每月薪俸 580 元。副教授月薪 400—500 元,讲师月薪 200—300 元,助教月薪最低 120 元、最高 200 元,高级职员月薪

300元左右，一般职员每月100—200元，工警每月工资只有几十元。

1946年12月，北洋大学全公费生每名每月发给5万多元，生活尚可。到1947年，每人每月发12万元，却不够20天的伙食费。一般学生连粗面馒头也不够吃，只好改吃玉米面丝糕，六人一桌，桌子中间往往只是一盘大白菜，学校虽给学生每三人配售两袋面粉，但仍难以为继。

由于煤炭缺乏，每个教室只有一个取暖炉，寒冬上课，手脚冻得冰凉。学生宿舍高年级三人一室，低年级学生则20多人住在一个大房间，晚上复习功课只好到教室去。人各一盏煤油灯，在灯下学习，入夜后，每个教室都是星星点点一片。尤其是冬天深夜，教室中炉火已熄，真是寒窗苦读。宿舍中也很寒冷，有的披着棉被或毛毯，坐在床上看书。享受公费的学生逐渐减少，到1948年，由原来1000余名的全公费生减少到644人，半公费生91人。

校方为了维持校务，作出种种努力。一方面，强调本校教职员一律不准外出兼职、兼课；另一方面，组织各种临时委员会，集中力量解决实际问题。如冬煤分配委员会，派员去开滦煤矿寻找校友联系冬煤，负责核实用煤情况，制定分配冬煤的办法、发放煤条，首先保证56个教室和办公室每日9公斤的用煤，其次酌量分配给教员和学生宿舍，解决取暖问题。建立福利生活委员会，派员寻购面粉和棉布，教职员每人每月配发一袋面粉，工警每人每月发半袋，家属不能顾及。此外，教职工每人夏季配售白布5丈，咔叽布1丈5尺，做饭用煤200斤等。还建立了有1亿元资本的合作社，设有贩卖部和饮食部，给师生以优惠价格购买日常消费品。这些措施虽不能根本解决问题，但对于缓解教职工的困难，稳定情绪坚持教学，起了一定的作用。

毕业生就业是大难题。抗战以前，北洋大学一般在毕业考试之前早有各地来函约聘预订，常有不敷应付之感。而今却不然，毕业有失业之危险。1948年夏，应届毕业生246人，经学校向各地机关、企业发函介绍工作，结果仅27处复函有接收表示，总计只需82人，占应届毕业生的三分之一。其他复函或曰："奉命裁员"，或称"经费支绌"拒绝接收。为此，校院长、系主任亲自发函，或托熟人，或找校友给以帮助。但多数学生仍处于"毕业即失业"的困境。（参看《北洋大学校史》第一册）

所谓调整薪金和“年功加俸”

1947 年 4 月，已经超过三个月一次的调整薪金期限，物价仍与日俱增，每石(160 斤)米已达 20 万元，困苦日甚。各高校一致行动欲使政府调整薪俸。5 月间，平津两地 13 个文教单位(清华、北大、北洋、南开、中法、艺术专科、铁道管理学院、体育专科、北平师院、唐山工学院、北平研究院、中国大辞典编辑处、国立北平图书馆)的校长、主任，于北洋大学北平部举行了第九次例行联合谈话会，推举北洋大学调查平津教职工生活情况，立即电报教育部，要求政府在物价不断飞涨的情况下，按南京、上海、杭州地区的调整办法，解决平津地区教职员工的薪俸和学校的经费，以保证生活、稳定秩序。

1947 年，教育部为稳定大学局势，颁发了“久任教职员奖金”，也就是给在校连续服务满 10 年的教师增发一个月的薪金。具体算法是，服务年资算到 1947 年度 12 月底止，发给的奖金以 1946 年 12 月底薪 600 元为标准。1946 年 12 月底薪 600 元的教授实领薪金是 83 万元，当时可买 23 袋面粉，而到 1947 年 12 月，所给的月奖金还不够买一袋半面粉。此外，教育部于 1947 年 11 月 19 日公布了“年功加俸”的办法，凡教授经过审查合格、月薪已达最高级，并呈报教育部有案者给予年功加俸，金额每月 20 元，并得按年递晋，但连同本俸不得超过 800 元，每年名额不得超过已支最高薪名额的三分之一。而天津北洋大学具备年功加俸资格的教授只有七人而已。

这一时期，职工生活更是朝不保夕。1947 年 9 月，物价总指数为 56000 倍，10 月份则达 85000 倍，以职工各人所得薪金平均法币 44 万元计算，只能勉强维持一个人的生活。

震惊国内的“五·二〇”运动

在抗议运动中，最先站出来的是大学教授们；最早喊出的口号是要“挽救教育危机”，“增加教育经费”，“提高公教人员待遇”。

1947 年 5 月 6 日，在国民政府首都南京，中央大学教授们首先发表《要求提高教育经费改善教员待遇宣言》，向教育部郑重提出五项要求：

(1) 教育经费应占国家预算的百分之十五;

(2) 拨外汇交各校购买图书仪器;

(3) 三青团及国民党的训练经费,不得在教育经费内开支;

(4) 按照物价指数支薪;

(5) 教员薪金按物价指数调整。

教授们还明确表示:“如不能达到目的,吾人为国家前途及实际生活计,当采取适当步骤,以求上列决议案之有效贯彻。我们恳切的要求全国从事文化教育的工作者,一齐起来,坚决支持这个决议案。”教授们的宣言,迅速得到了全校学生的支持。12日,中央大学全体学生“为促使政府增加副食费”,决定实行罢课。他们一致认为凡人起码有争取生存权利并授权伙食团,“动用本学期尚存之全部膳食费,恢复二月份菜蔬素质,至吃完之日为止。待全部膳费吃光后,开始实行绝食,并作饥饿大游行,列队赴有关部院请愿。”

中央大学师生的正义要求,迅速得到了全国各地的响应。5月14日,浙江大学学生公开表示:“为了饥饿与苦难,感于营养之不足维持最低生活,我们这些被生活压迫的人,竭诚高呼响应中大吃光运动。”北平各大学也纷纷响应“吃光运动”;上海“各大学响应‘吃光运动’者,至十六号止计有:交通大学、上海医学院、暨南、同济、复旦等五校。复旦大学膳厅门口并贴出大幅布告,内称:我们与其吃不饱,饿不死,不如将应得公费,按合理营养标准‘吃光’。当交大、上医二校宣传队莅临该校时,同学情绪更热烈。”(以上参看《文汇报》1947年5月13日—25日报道)

“二分三十七秒内战费”等于中大全体同学全月膳费

在反饥饿、反内战的斗争中,1947年5月中央大学学生曾在校园民主墙上贴出了《求证一则新数学几何题》,形象地显示出学生膳食费和战费的关系,内容如下——

证:因本年度国民政府总预算为二十万亿元,实际支出为六十万亿元(按以往经验,实际支出常为预算之三倍)。

内战费用占百分之八十，故为四十八万亿元；

故每月战费为四万亿元，每日战费一千三百三十三亿元，每时战费五十五亿；

每分战费九千万，每秒战费一百五十万；

故二分三十七秒战费为二万三千八百五十万元；

因中央大学同学每月每人膳费共五点三万元（米价折二点九万元，副食费二点四万元），

故中央大学全体同学，每月膳费（按四千五百人计）应为二万三千八百五十万元；

故二分三十七秒内战费用，等于中央大学全体同学全月膳费！

（引自《学生肚子饿，前线炮弹肥！——请看"几何"推理》，原载《五·二〇运动资料》第一辑 150—151 页。）

另外，中央大学医学院的学生所做《食物调查分析报告》确定学生的基本伙食标准：

"应增加之动物性蛋白，每人每月所需为六万元；应增加之植物性蛋白，每人每月所需为一点五万元；应增加之脂肪质，每人每月所需为三点六万元；故维持每人每月最低健康标准之伙食费，至少应有十一点一万元的副食费。"学生要求提高副食费更是理直气壮。

面对学生的要求，政府的答案总是：国家目前经济极度困难，教育经费增加实在不易。

广大学生在为争生存权利而斗争的同时，渐渐觉悟到：造成这现象的原因在于内战，在于当局的武力统一政策。内战使大量的财富毁灭，使通货膨胀，使物价飞跃，使人民一步一步走向死亡的道路。并表示没有义务来忍受因内战所造成的苦难。为生活所迫的学生愤怒地发出了"举起我们骨瘦的手，向饥饿宣战，向制造饥饿的人宣战"的呼声，并指出饥饿的原因"一切都是因为内战所引起。"（参看《中央大学学生为要求增加公费再度宣言》，转引自《五·二〇运动资料》第一辑，159—161 页。）于是，"反饥饿、反内战"逐渐演变成为广大学生的一致目标。

挽救教育危机联合大游行

为了最终达到目的，南京、上海、苏州、杭州四城市学生联合会，决定在5月20日也就是国民参政会四届三次大会开幕的那一天，齐集南京，举行大规模游行请愿。北平、天津两地学生也决定同时响应。事前，南京市专科以上学校学生联合会在讨论联合原则和“五·二〇”游行时，针对“关于停止内战应否列入宣言”一项，广大学生出于善良的愿望，仍决议：“不在宣言中明言列出，而在宣言内容中提及。”

5月20日，五千多名大学生紧挽双臂，在孙中山画像同“和平奋斗救中国”大幅标语及“京沪苏杭十六所专科以上学校挽救教育危机联合大游行”横幅的前导下，浩浩荡荡前往总统府请愿。不料政府派出了大批军警，对手无寸铁的学生大打出手。据统计，“五·二〇血案”重伤19人，轻伤104人，被捕28人，被殴打侮辱者不计其数。

“五·二〇血案”进一步激怒了全国青年学生。上海各大学成立了“五·二〇惨案”后援会；杭州、广州、成都、重庆、武汉等高校纷纷组织大游行、罢课；湖南、广西、云南、山东、江西等地也积极响应；平津学生从5月20日至6月2日，也一直处在血与火的斗争中。学生的正义要求，赢得了全社会的支持。各界纷纷发表宣言，抗议政府的暴行。北京大学校长胡适表示，“政治腐败，而又没有人来从事改革的时候，提倡改革的责任自然就落在青年人的身上。这次学生运动，就是这样产生的。”“学联不是受人操纵把持的，而是真正的民主力量。”一些曾抱有幻想的学生，这时也认为：“所谓中立只是自杀的代名词，也就是投机的假面具”，决心“不再为一冷静的旁观者”，而“毅然地舍弃了向所固守的自由主义和中间路线，宣誓加入前进的队伍。”（参看《北大半月刊》第三期，北京大学·学生自治会编印，1948年4月16日。）

法币通货膨胀的恶性循环

20世纪中期，有些经济学家和社会学家形成这样的看法——

每年通货膨胀率在5%以下，物价稍有提升，是轻微的膨胀；每年达到

7%—8%左右是较大的通货膨胀；一旦超过 10%，即达到两位数字则是严重的通货膨胀。

一般经济学家认为，每年通货膨胀率在两位数字以内，人民还是能够忍受的。但是长期发展下来，就惊人了。如果通货膨胀率每年平均 5%的话，三十年后，一元钱的购买力就会下降到原有的四分之一，也就是说四分之三被政府有关机构及银行搜括去了。通货膨胀率是累进递增的，特别是在战争时期，难免野马飞腾的超级通货膨胀。

第一次世界大战后的德国、抗日战争及内战期间的中国，都提供了活生生的例子。在 1914—1918 年间德国花费了巨额军费，其中只有 6%是依靠增加税收，而 94%来自发行公债和纸币，四年之内通货膨胀率达到 450%！战后经济衰败，又要支付战争赔款，财政面临绝境，只好用滥发不兑现的纸币应付财政开支，99%以上的政府支出靠发行纸币维持。纸币发行量增加到天文数字：773,585,345,854,800 百万马克，物价上涨万亿倍。马克同美元的外汇比价一落千丈。1921 年开始贬值时，75 马克还可以换到 1 美元，次年就跌到四百比一，1923 年初，跌到百万比一，不到一个月又跌到一万八千比一，同年 7 月初跌到百万比一，11 月跌到四十亿比一。此后就以兆来计算了。德国马克变成了毫无价值的废纸，工薪阶级的购买力几乎丧失。数以亿计的马克买不到一把胡萝卜，中产阶级和工人阶级辛苦一生的积蓄都荡然无存。生产几乎完全停顿，全国上下惶惶不可终日，人民忍饥挨饿。纳粹头子希特勒趁机蛊惑人心："国家本身成了最大的骗子和恶棍，这个国家成了强盗的国有。"他提出推翻这个"建筑在骗人的多数的决定玩意儿"的共和国，建立纳粹党的独裁政权。希特勒就在这种恶性通货膨胀，国民经济全部崩溃，德国政府摇摇欲坠的情况下攫取了政权，从而又把德国人民引向新的灾难。

国民党一党专政下的旧中国，从 1937 年至 1948 年的十二年间，所谓法币的发行量增加 47 万倍，物价上涨 493 万倍，达到世界罕见的程度。在恶性通货膨胀下，人民不得不携带大捆钞票上街购买日用商品。1948 年初，还出现过这样的怪事：有些地方小贩把 100 元以下的法币当作废纸收购，每斤作价 2000 元，而旧报纸每斤售价 6000 元。因此社会上流传一首民谣：

如今什么都值钱，只有法币顶讨厌，一捆一扎又一包，去买几根棉纱线。

如今什么都涨价，只有法币顶尴尬，一斤小票两千块，好象叫卖黄泥巴！

配给面粉的悲喜剧

民国三十六年(1947年)9月底，因为法币不断贬值，为照顾公务员、教师的生活困难，政府宣布“平津公教人员配给面粉”，具体办法为每人每月按平价配给两袋机制精白面粉(由上海无锡等地面粉厂加工，从海路运到天津码头)，企图缓解通货膨胀造成的不满情绪。关于这次“配给面粉”的悲喜剧，1948年1月《论语》杂志发表了一篇《床头囤面记》，作者是南开大学青年教师丽芷(笔名)。摘引如下：

“平津公教人员配给面粉”的消息公布以后，教职员工颇受鼓舞。10月发放薪金，每人津贴20万元，就是为此后配给两袋面粉，平价每袋仅10万元。但面粉尚未从海路运到。

10月份丽芷一人的伙食费占了他收入的50%，幸亏他还是单身。早晨7点半的早点是“一套油鬼果子夹烧饼”(即大饼油条)要3000元。为了省钱，如果上午没有课，他就不吃早餐，一日两顿饭。

邻居杨教授，孩子的奶粉涨到12万元一磅。

11月8日，终于盼来了9月份的两袋“配给面粉”。因为质量(牌子)不同，采取抽签的办法。丽芷运气不错，抽了一袋“绿兵船”牌，一袋“红蜂”牌。工友告诉他：“红蜂次一点儿，比绿兵船要低下两三万。”面粉袋上有英文字印“SHANGHAI”，标明“上海鸿丰面粉厂”，这是“绿兵船”牌的；另一袋印有“无锡茂新面粉公司”字标，那就是“红蜂牌”了。

这两天，面粉的行市已经涨到28万元一袋(合每斤6000元)。同事徐兄打算囤积这两袋面粉，再涨价时就卖出，赚得的法币买一件旧大衣过冬(新大衣要100万元一件)。丽芷就仿效了他的办法。

此后他们每天注意报纸上的“经济新闻栏”。过了几天，报纸上二号黑体字——

“粮价坚挺　涨风未已”

兵船牌每袋40万元，天津的河边“有行无市”，黑市为42万元。

午饭时，餐厅贴出“通告”，馒头每个从 500 元加到 1000 元。一顿饭，昨天还是 7000 元，今天突涨到 1 万元，还不如以前的好。

晚饭时，朋友从北平来，说那儿每袋面粉可卖 50 万元。但总犯不着把这两袋面粉运到北平去倒手贩卖呀！第二天“石家庄失守”的战况传来，人心惶惶。几天后，面粉价涨到每袋 45 万元。

再过一星期，报纸宣传“蒋主席飞抵北平”，人心稍稳，面粉价回落到 38 万元。

下午，丽芷进城跑了一趟，观察物价，比半个月前明显上涨：

衬衣一件由 12 万元涨到 16 万元；白铁饭锅由 7 万元涨到 125000 元，烧开火的小铁壶由 4 万元涨到 65000 元。

寒冬将至，皮货猛涨。皮手套居然 23 万元一双，盛锡福的青貂皮帽子标价 32 万元，剔庄号的呢帽子也要 225000 元，如此标价，令人咋舌。

去吃碗油茶，没想到一碗由二千涨到四千。

他坐了一趟三轮车 6000 元，花费 65000 元买了一把开水壶，回到了囤有两袋面粉的宿舍，心想：待价而沽吧！

报载“蒋主席离(北)平飞返(南)京”，面粉立即涨到 41 万元一袋。

忽然，发行了法币面额 10 万元的大钞票。星期一报纸上刊登这一消息后，下午 5 点钟所有的商品都涨了价。星期二早晨报载：

“粮食扶摇直上，当局力谋抑止！”

市场上，面粉一袋涨到 54 万元了！《中央日报》宣传：“大钞出笼未挟风波”，可是物价一日三变，早点、午饭、晚餐连番涨。吃不起了！

12 月 10 日，雨雪霏霏，朔风呼啸，帽子、手套、棉鞋非买不可。丽芷只有将囤积的两袋面粉忍痛换钱。卖给面铺，按批发价收，“绿兵船”52 万元，“红蜂牌”49 万元，刨去 2 万元佣金，实得 99 张万元法币。

当夜，徐兄跑来告诉他：“刚才面铺出价，每袋面粉批发 59 万元，市价已经是 62 万元！”次日一大早，丽芷赶进城。先到小市，白铁锅最低 24 万元，普通布棉鞋 28 万，毛袜 21 万。小摊上的皮手套比店里的便宜，也得 38 万元一副。盛锡福的“青貂”皮帽子标价从 32 万改为 48 万！

丽芷迷惑了。双手插在破大衣口袋里，紧紧抓住 99 张万元钞票——那一个月前可以买一顶皮帽子、一双皮手套、一双棉鞋再加一只白铁锅的两袋配给面粉，此刻却损失了一半，赔去41万元！

再赶到小市，买了一顶猫皮帽48万元；白铁锅要价32万，还价到30万买下了。坐上三轮车，车费1万元。路上听车夫说：小米面每斤涨到9000元了，刚才买了便宜的棒子面，7200元一斤！

清晨，寒风刺骨。学生们向丽芷老师戴着的新皮帽行注目礼。岂不知老师头上顶着整整一大袋44斤的面粉呢！

罢教、罢研、罢工

北大、清华、北平研究院等部门的教职员工，于1948年4月6日起先行罢教、罢研、罢工三日，并向行政院及教育部提出三项要求：

(1) 自三十七年(1948年)二月份起，仍按一月份配售面粉之数量及价格继续按月配面至实行配发其他生活必需品；

(2) 逐月按当地实际生活指数发薪，并提高技工及工警底薪，工警每人不得少于二十元；

(3) 学术研究补助费按实际生活指数逐月调整发给；以维教界同仁最低限度之生活。

国立北京大学、清华大学、北平研究院等七单位为争取合理待遇告社会人士书

我们，北京大学、清华大学和北平研究院的讲师、助理研究人员、教员、助教、职员、技工和工警等同人，为了争取立即合理改善待遇，已决定从四月六日起，一致罢教、罢研、罢工三天。谨以沉重悲愤的心情，向社会陈诉苦衷和理由。

我们这样做，完全是“势迫出此”。

教育界同人生活的困顿，不从今天起，而今天已到了忍无可忍的地步。自从政府一月份公布公教人员待遇调整办法以后，这个办法正面是按照所谓“生活指数”发薪，形式上法币的收入数量稍多一些，实质上收入反而大大减少。更因为拼命发行通货，促使物价狂涨，逼迫我们与

饥饿挣扎,被死亡威胁。反面则取消原来配面的办法,使我们难以维生,收入之实值上减少更超过调整以后的法币增加数量。朝三暮四如此"调整"岂不是残酷的嘲弄?几个月来,教育界同人除了普遍的穷困,三餐不给,儿女啼饥号寒之外,有的弄到神经失常,以至疯狂。有的服毒,有的跳楼自杀。这些惨状,都彰彰在人耳目。

我们要问:是谁让他们这样的?我们要大声的问:是谁把他们搞成这个样子?

两个月以来,我们曾经一而再、再而三的呼吁要求,请政府维持原来配发面粉的办法,按照实际生活指数,按月调整薪给。唇也干了,笔也秃了,所得到的答复是一概不准。

我们现在,除了采取积极行动以促使政府接受外,已别无其他办法。

我们认为,我们正当收入,已经为政府用通货膨胀的方式,征取了百分之九十以上,我们有权利要求政府保证我们的"不虞饥饿"的自由。

当然,我们这样做,耽误了学生课业,延缓了学术工作,即使是一分钟,一秒钟,我们也是衷心负疚的。不过为了中国学术文化的前途,使学校和研究机关能走上正常健康的轨道,我们这样做,在今天是必要的,虽然我们是在忍着痛如此的做。

我们希望能够得到社会人士和学生家长的同情和支持,悲痛之余,谨此致意。

国立清华大学讲师教员助教联合会
国立北京大学讲师教员助教联合会
国立北平研究院助理研究人员联合会
国立清华大学职员公会
国立北京大学职员会
国立清华大学工警联合会
国立北京大学工警公会
同启
卅七年四月
原载《清华旬刊》第 7 期
一九四八年四月十三日

清华大学教授朱自清的气节

1948年，朱自清快五十岁了。他的身体被疾病折磨得更加痛楚不堪，但他的思想却更坚定了。他曾改唐人李商隐“夕阳无限好，只是近黄昏”两句诗，反其意而用之，集成一副联语，亲笔抄在一张宣纸上，压在书桌玻璃板下：

但得夕阳无限好，何须惆怅近黄昏！

1948年春天，蒋介石不顾民众反对，悍然召开了所谓“国民大会”。清华有个教授积极竞选“国大代表”，跑来要朱自清投他一票，朱自清告诉他：“胡适是我的老师，我都不投他的票，别人的我也不投！”表现了对国民党的极大蔑视。

1948年6月18日，朱自清在《抗议美国扶日政策并拒绝领取美援面粉宣言》上签名。当时在报刊上发表的宣言全文是：

张奚若等百十师长严正声明(一九四八年六月)

为反对美国政府的扶日政策，为抗议上海美国总领事卡宝德和美国驻华大使司徒雷登对中国人民的诬蔑和侮辱，为表示中国人民的尊严和气节，我们断然拒绝美国具有收买灵魂性质的一切施舍物资，无论是购买的或给予的。下列同人拒绝购买美援平价面粉，一致退还配购证，特此声明。

签名者：张奚若　金岳霖　唐钺　Robert Winter(温德)　邓以蛰　吴晗
朱自清　陈梦家　沈元　李广田　孟庆基(等一百十名教授)

吴晗在《关于朱自清不领美国“救济粮”》一文中回忆：“这时候，他的胃病已经很沉重了，只能吃很少的东西，多一点就要吐。面庞消瘦，说话声音低沉。他有大大小小七个孩子，日子比谁过得都困难。但是他一看了稿子，毫不迟疑，立刻签了名。他向来写字是规规矩矩的，这次，他还是用颤动的

手，一笔不苟地签上他的名字。”（原载《人民日报》，1960 年 11 月 20 日）

拒绝购买每月两袋美援平价面粉，意味着全家收入每月要减少五分之二，朱自清反复思考这事的分量。当天，他在日记中写道：“这意味着每月使家中损失六万元法币，对全家生活影响颇大；但下午认真思索的结果，坚信我的签名之举是正确的。因为我们既然反对美国扶植日本的政策，就应采取直接的行动，就不应逃避个人的责任。”（引自《朱自清全集》第 10 卷，第 511 页）

朱自清是当时学术水平最高的教授之一，但那个月全部薪水只能买三袋多（约 150 斤）面粉。家庭人口又多，全家精打细算过日子，每天吃两顿粗粮，还得他带着一身重病，拼着命多写文章，才能够勉强维持下去。他的胃病已经发展到极其严重的地步，签名的前几天，体重减轻到 38.8 公斤，迫切需要营养和治疗。签了名几天后他把配购证退了回去，拒绝了这种“收买灵魂性质”的施舍。直到弥留之际，朱自清还谆谆嘱咐夫人说：“有件事要记住：我是在拒绝美援面粉的宣言上签过名的，以后，不要去买国民党配给的美国面粉！”

当时，日本军国主义发动的侵华战争结束还不到三年，这场战争使中国人民死伤达 3500 万人，其中死亡的就有 2000 万人，财产损失达 5000 亿美元。而当中国人民起来反对美扶日政策时，美国驻华大使和驻上海总领事则发表了侮辱我中华民族的谈话，说中国人连日常生活所需的粮食也仰赖美国的慷慨施舍，中国学生得到教育也是受美国“恩惠”，反对美国的政策是“受奸人挑拨”，是“忘恩负义”等等。因此，朱自清等大学教授当时用拒绝美援面粉的实际行动来抗议，表现了中华民族的气节。

1948 年 8 月 6 日，朱自清先生的胃病终于发展到胃穿孔，12 日与世长辞，享年不满五十岁。（据报刊资料）

《观察》周刊的经济状况与社会影响

《观察》周刊的经济状况

抗日战争胜利后整整一年，1946年9月1日，在上海创办了一个新型的知识阶级同人杂志，它在全国造成了深远的影响，以至于随着历史的流逝，它的价值愈来愈在昏暗的背景下凸现出来。这个同人杂志就是《观察》周刊。

《观察》为16开本，分量并不厚重，每期只有32页即两个印张，篇幅6万字。它并不算是"大型"刊物，生存期还不到三年。在20世纪中国大陆，具有全国影响的同人刊物很多，其中最早的当然是《新青年》，而最后一名则要数《观察》。

过了整整40年以后，费孝通回忆说："《观察》及时提供了论坛，一时风行全国。现在(指80年代中期)五六十岁的知识分子很少不曾是《观察》的读者。"(引自1985年《新观察》35周年纪念册)

90年代美国学者Suzanne Pepper在专著《中国的内战》(Civil War in China)一书中大量引用了《观察》周刊的第一手资料。1996年作者在该书中译本的自序中指出，有些历史见证人在回溯40年代末中国内战进程时说：

"许多人当时都阅读上海出版的一本叫做《观察》的杂志，并且实际上将它看作了解政局发展和战争进程的惟一可靠的消息来源。他建议我也这样做。后来这成了对我最有用的忠告，因为它使我越出美国国内争论和外国观察家报告的范围，接触到我最需要的信息，即当时的中国人对40年代中国所发生的一切的看法。"（引自《中国的内战》中译本，中国青年出版社1997年）

可见储安平主编的《观察》周刊在历史上的重要地位。

艰苦奋斗的创业精神

1945年10—11月，储安平和几个朋友曾经在重庆编过一个周刊《客观》，共出17期，它在精神上就是《观察》的前身。那是一个8开本16页的杂志，每逢星期六出版，除了广告，每期发文6万余字。当时在西南、西北地区吸引了很多读者，受到好评。

但是《客观》的主办权受制于人，言不由己，储安平就一心筹办独立自主的同人刊物。他说："当时的客观只由我们主编，并非我们主办。我们看到其事之难有前途，所以戛然放手了。"（《观察》第一卷24期第3页）

1946年1月6日，储安平在重庆召集《观察》发起人会议，认为：

（一）时代需要一个全国性的自由知识阶级论坛

"国内拥有极广大的一群自由思想学人，他们可以说话、需要说话、应当说话。当时国内还缺少一个带有全国性的中心刊物（在抗战中，昆明重庆等地都有水准很高的刊物，但因战时邮递困难、环境限制，都未能布及全国）。假如我们自己确实不偏不倚，秉公论政，取稿严格，做事认真，则各方面的前辈及朋友，无论识与不识，一定乐于支持我们，为本刊写稿。"抗战胜利以后正是时机，有条件办起这样一个全国性的论坛。

（二）自由思想的论坛必然拥有广大读者

"中国的知识阶级绝大部分都是自由思想分子，超然于党争之外的，只要我们刊物的确是无党无派，说话公平，水准尤高，内容充实，则本刊当可获得众多的读者。"（引自《储安平文集·下》第78页）

可见，他们对于《观察》周刊的思想价值、市场价值、社会价值都是满怀信心的。

当时邀请了七十位撰稿人，其中三分之二在第一卷24期里写过文章。包括：张东荪、马寅初、费孝通、萧乾、雷海宗、曾昭抡、傅雷、钱端升、潘光旦、高觉敷、吴世昌、吴恩裕、许德珩、伍启元等等。

开始时筹备事务很艰难。首先是经费问题，只有以股份制的方式，筹集必要的资金。

这年年初储安平尚在重庆，他根据上海方面的报告，估计每期的成本是法币50万元，如有600万经费即可着手(其中200万元为开办费，400万元为8期的周转金)。这数目并不算大，但筹措时非常困难。储安平当时就说："我们这批朋友，多是以教书为生的。读者一定充分明了，在抗战的八年中，教育界人员是如何地在饥饿线上挣扎。所以到真正收款时，常常止于口惠。其间还遇到使人极其难堪的事情。"

最难堪的事情就是全国性的经济危机：法币通货膨胀和物价飞腾。抗战胜利后，法币100元的购买力大约合今日人民币1元。

1946年初，内地如重庆等布匹价格首先浮升，大米价格上涨到每石2.4万元(法币)，合每市斤150元。公共汽车票由150元涨到250元，报刊售价涨到两倍，印刷费涨到3.7倍。就在全国性的又一轮物价飞涨爆发时，储安平在1946年3月中旬，由重庆飞抵上海。这时社会经济形势险恶，通货膨胀严重，要办刊物的总费用金额，看来必须增加到两倍不可了。

储安平具有坚韧不拔的意志和灵活机动的办法，经过种种努力，终于在7月底股金基本就绪，达到法币1000万元(合今人民币5万元)，勉强可以启动。《观察》是股份制的同人刊物，有些作者和职工也是股东。储安平预定的股额是200股，5万元一股(相当于2斗大米，或今人民币250元左右)。许多知识分子从自己菲薄的薪金中节约出5万或10万法币认股，而他们的平均月薪只能买2—4石大米。这一股就占用了他们月薪的十分之一左右。他们支持《观察》的精神真是令人感动。

事务方面的第二件大困难是房子。当时在上海，房子就是金条。因为法币不断贬值，在金融市场上已经丧失信誉，大笔交易通常采用"黄白绿"。俗话说，"没有金条弄房子难于上青天"，后来储安平幸得朋友们的帮助，租到一间小房子作为编辑部，月租法币 20 万元（合今人民币 1000 元），以半年为期。

冯英子写道："《观察》已经在上海出版了，而且很快受到了读者的欢迎，特别是在知识分子中有较大的影响。应当说，从《观察》的出版到后来的被迫停刊，这个刊物一直是办得比较成功的。"

风云变幻中初战告捷

1946 年 9 月 1 日《观察》第一卷第一期创刊，售价法币 500 元（合今人民币 2 元 5 角）。储安平说："第一期究竟应该印多少份，事前无法得到科学的根据。一部分朋友甚至怀疑我们这样一个硬性的高级刊物是否可以销过三千份。我们第一期决定印五千份。"实际上很快加印两版，共 7500 份。第 5—12 期都印 9000 份，自第 13 期以后增印到 10000 份。

当时上海的物价如何呢？几乎每月都在涨价。

1946 年夏季大米涨到每石 4.27 万元（法币），合每市斤 267 元；黄豆每市斤 200 多元，豆油每市斤 800 多元，菜油每市斤 700 元；猪肉每市斤 1300 元，白糖每市斤 1100 元，酱油每市斤 362 元，食盐每市斤 160 元；豆腐（每 4 块）71 元；白酒每市斤 800 元，黄酒每市斤 400 多元；士林布匹每市尺 1100 元，龙头细布每市尺 700 多元。

然而物价飞涨的速度令人瞠目结舌。

1947 年夏季大米涨价到每石 36.9 万元（法币），合每市斤 2300 元；黄豆也是每市斤 2300 元，豆油每市斤 9000 多元，菜油每市斤 8000 元；猪肉每市斤 9500 元，白糖每市斤 6300 元，酱油每市斤 2800 元，食盐每市斤 1300 元；豆腐（每 4 块）6000 元；白酒每市斤 7900 元，黄酒每市斤 4000 元；士林布每尺 9900 元，龙头细布每尺 6600 元，都飞涨到前一年夏季的 9—10 倍。1947 年夏季法币 1800—2000 元的购买力，约合今日人民币 1 元。

1947 年 2 月 8 日《观察》周刊第一卷第 24 期售价 1000 元，表面上比半年前的创刊号涨价一倍；而同一期间日用品涨价 3 倍多，所以实际售价反而降低了，利润更为菲薄。

储安平当时在《中国的政局》一文中列举了国民党 20 年以来的统治给

自由知识阶级造成三个影响：

首先是政治限制，政府拒绝保障人身自由和出版、言论、集会自由等基本权利；

第二是经济限制，知识阶层陷入了普遍的贫困状态，“政治活动必须有充裕的时间和财力，八年抗战，把教育界文化界人士弄得个个生活不安，精神和智慧完全消耗在柴米油盐这些琐事上，以至大大削弱他们在政治方面所能发挥的积极力量”，缺乏参与社会政治活动的经济后盾；

第三是思想限制，国民党政权顽固地对于教育界横加干涉，不仅未能从年轻一代中培养出“三民主义”的忠实追随者，相反，“二十年来党化教育的结果，使青年都未能得到合理的教育……国民党自已不争气，越搞越不象样，弄到青年大都厌恶国民党。厌恶国民党不要紧，党化教育给青年的并不是一种理性教育，青年在理性方面未能得到应有的教化，于是感情的部分因不满现实而日益泛滥。自由思想是重理性的，必须在理性上有修养，始能接受自由主义的熏陶。情感泛滥的结果是趋于极点，不是极点的右就是极点的左。……党化教育的做法是收罗奴才、放任浪才、杀害人才。”接着，储安平笔锋一转——

> 自由思想分子虽然受着上述种种限制，而客观地说：这批力量目前正在日益滋长之中……实系由于时代使然。若从道德及思想的角度看……绝大多数的人都希望国共之外能产生一种新的力量，以稳定今日中国的政局。今日中国这批自由思想分子，大都在苦闷地忧虑着国家的前途，但他们实不该止于消极的焦愁忧虑。自由思想分子可以起来、应该起来，这不是他们高兴不高兴、愿意不愿意的问题，而是他们的一个历史上的责任问题。

经过一年坚持不懈的努力，《观察》周刊已经成为当时中国知识阶级起来发表自由思想、履行历史使命的民主论坛。

1947年3月1日《观察》第二卷第一期出版时，售价不得不提高到1500元；8月9日第二卷24期出版，售价又提高到3000元；而实际上还是降低了价格（只合今人民币1元5角左右），依靠扩大发行份数而收回成本。但物价仍在飞涨,刊物的前途不仅受到反动政权的专制压迫、新闻审查的刁难钳制,而且愈来愈受到经济危机的严重威胁。

关于财务,按照《观察》周刊社"征股简约"第四条:"出版满一年时,主持人应向出资人提出财政报告"。

储安平在第一卷第24期为刊物诞生半年所作的报告《辛勤·忍耐·向前》一文中说:"本社的资金是(法币)一千万元,但是现在的帐面上,本社的资金已超过二千万元。我们愿意向股东说明,我们在筹备时期,从未开支过一文车钱,也从未开支过一文交际费。第一次租屋及最近的迁移,我们都没有用什么钱。甚至在开办的时候,我们也几乎可以说,没有用过什么开办费,一切家具都是借用旧的,借以节省支出。而且我们可以说,我们是绝对干净的。一切比较大的支出,如买纸、付印刷费等,都由我亲自经手办理,在良心及人格上,我们可说绝无弊端。"

在风雨飘摇中,《观察》周刊不但没有被压垮,反而有所赢余,股东每年分红,还赠送股份给一些对周刊贡献较大的作者和职工。

储安平有一段话曾经感动了百万读者,他倾诉:"这是我们第一次在社会上主持独立的事业,我们认为我们的信用及前途较之金钱远为珍贵。至于刊物本身,可以自给。"(引自《储安平文集·下》第87页,上海东方出版中心1998年版。)

忍辱负重,义无反顾

《观察》周刊基本上以半年为一卷,每卷为24期。从1946年9月创刊,次年2月出满一卷以后,用两周时间稍事修整、总结,然后出下一卷,到8月再出满24期。这样一直坚持将近三年,出到第五卷18期,受国民党政府查封而被迫停刊为止。虽然政局非常动荡,经济危机愈演愈烈,然而《观察》周刊三年中的发行量直线上升,在全国范围的信誉和影响不断扩大,读者不限于知识分子和学生,还迅速分布到工、商、政、军、律师、医生等各界,成为最有威望的严肃刊物之一。在读者的地区分布方面,储安平自豪地说:

> 发行上,本刊最大的一个特色是分布普遍,关于这一点,今日国内

恐怕没有一个刊物甚至一个报纸可以和本刊比拟。平津出版的刊物大都局促于华北东北一隅,上海一般刊物的发行,亦多以京(指南京)沪、东南一带为主要市场。我们很难相信兰州、成都、贵阳、昆明的读者能看到上海的《申报》《新闻报》。至于《大公报》有上海、天津、重庆三版,三版若合为一体,其分布之广,便约与本刊相似;但若三版各自分开,我们便很难相信台湾的读者能看到重庆《大公报》,昆明的读者能看到天津《大公报》,西安的读者能看到上海《大公报》。本刊虽在上海发行,但其分布并不限于东南一隅;以京沪杭(南京上海杭州)为中心的东南一带,在本刊的发行额中仅占三分之一,其余三分之二都是分布在华北、华中、华南及西南、西北各地的。这是本刊在中国出版界中最特殊的一个情形。(原载《观察》第二卷第 24 期《艰难·风险·沉着——本刊第二卷报告书》,1947 年 8 月。)

作为中国新型知识阶层的一个代表,自由民主论坛的一个主持人,他更自豪地宣布:

“本刊是一个纯粹民营的刊物,既无政治集团在后指使,亦无经济集团在后支持,平时用纸都是向市上纸商零购的……”

这种不仅在思想政治上独立思考,而且在经济生活上自力更生的精神,一不靠官,二不靠商,超越官场的威势,摆脱商界的羁绊,坚守人格自由的精神,跟五四运动、跟《新青年》、跟鲁迅、跟北大清华、跟西南联大的革命传统是一脉相承的。这种传统,用一句简单的话说来就是“反专制”。民主、科学、自由就是不仅反对政体的专制,而且反对思想的专制和经济的专制。《观察》的号召力,实际上也可以归纳为一句话:“一切反对专制的人们,团结起来!”

这就是它在全国范围内广大读者中取得巨大成功的魅力所在。

《观察》周刊的经济命脉遇到 4 方面的威胁——

(1) 各种开支,首先是白报纸和印刷装订的费用不断上涨;

(2) 全国各地邮费不断上涨;

(3) 应付稿酬和同人薪金不断上涨;

(4) 读者群体不断贫困化,实际收入不断下降。

1947年里，储安平先是在上海文化界多方活动，夏天又专程出差乘坐火车到达北平。在各大学访问调查的结果，使他"第一次开始了解，今天一般学生是生活在何等贫穷之中。各方面都说学生没有钱订阅刊物。那时我们的订阅还只先收二万元。二万元在当时充其量只合到战前的一块钱。我们很难相信，在战前，大学的学生竟会拿不出一块钱。然而现在，大学生拿不出二万元却是一个普遍的事实。这事实也深深影响了我，使我在五月学潮中对于学生抱有同情。这次我到北方来，我和学生接触的结果，使我相信，要他们拿出几万元来订一份刊物，已近乎一种奢望……"（引自《储安平文集·下》第156页）

压迫着《观察》编辑部几乎透不过气来的，首先是成本飞涨，而白报纸成为最大一笔支出，第二卷每期成本中占40%左右。在1947年2月第一卷结束时，白报纸价格尚未超过5万元一令；但是半月后第二卷第一期付印时，纸价竟然狂涨3倍以上，每令15万元。二卷一期以后，白报纸价格继续飞涨，自15万到20万、30万。到8月1日储安平写《第二卷报告书》的时候，白报纸价格为每令32万元，是第一卷结束时的8倍。

其后6个月内，白报纸价格又飞涨到40万、60万……200多万，是第二卷结束时的7倍；《观察》第三卷每期的成本中，白报纸占到55%左右。

与此相应的，排印工及装订工也一再涨价，其涨幅不在纸价之下。

储安平叹息："这对于本刊实为一种难于忍受的打击。"

再说全国各地的邮费。《观察》周刊从第一卷第18期以后，"增加售价的重要原因是邮资的涨价，每份的航空邮费，自一九四六年九月的一百二十二元涨到一九四七年一月的三百一十元。"(《观察》第一卷第24期半年总结)涨价到2.5倍。1948年初涨势更猛，"远地寄刊，势须航寄。定户航寄，航平每份就要四千多元，航挂号每份就要七千多元，……本刊在发行上最大一个特点就是真正的全国性，发行总额的50%以上都散布在大后方各大小城市乡镇之间以及边远地区，因此邮资的加价对于本刊业务上所生的影响，大于仅仅以京沪杭三角地带为发行中心的其他刊物。"（参看《观察》周刊第三卷第24期报告书《风浪·熬炼·撑住》）

再说《观察》付给作者的稿酬，也必须跟着物价浮动上涨。1947年2月第二卷一期为千字1万至12000元法币，第二卷的最后一期提高到千字3万至4万元;第三卷第一期为千字5万至6万元,到1948年2月最后一期提高到千字15—20万元,也就是说每半年提高3倍多,每年提高10倍左右。当时许多出版社支付稿酬以每千字1—2斗米价计算的。

《观察》周刊社员工的薪金开支,也必然随之上扬。到1947年9月份每月总额为法币700万元,而到1948年1月便涨到5000万元。

在第三卷的6个月中,支出方面,纸张价格涨7倍,员工薪金涨7倍,稿费涨3倍,排印装订费也涨3倍。在第四卷的6个月中,物价飞涨更加凶猛,纸张价格涨16倍,员工薪金涨28倍,排印工和纸型涨23倍,稿费涨20倍(千字由法币20万涨到400万元)。全部开支合拢来算,在这半年中,成本金额飞涨20倍以上。

市场发行——广大读者的经济支持

那么《观察》周刊究竟依靠什么力量,来承受这样不断增长的巨额负担呢?一句话,依靠扩大市场发行,依靠本身的质量,和广大读者的经济支持。

1947年8月30日《观察》第三卷第一期出版,售价3000元;发行量激增到19000份,为创刊号初印数的3倍多。并且出了"华北航空版",在平津地区扩大发行。

这时胡适正好从北平来到上海,9月22日储安平特致函胡适,报告一年来《观察》周刊的经营情况并向他约稿。这封信已经收入《胡适来往书信选》下册(香港中华书局1983年出版,第239页)。信中说:

> 我们最近开了股东会议,去年一年,盈余两亿三千三百余万。办刊物本来照例是赔本的,本赔完,就关门大吉。我们实在没有想到会赚钱,而且赚了这许多。一千万的本钱,在一年中赚了二十倍。(陈注:扣除物价上涨十倍的因素,实际上赚了两倍,而且不久以后这两亿余万法币又大大贬值了。)

再过半年以后,1948年2月7日第三卷24期售价1万元(合今人民币1块钱);发行量增加到25000份,为创刊号初印数的5倍。此后印数一直飞跃,第四卷增加到5万份,第五卷更增加到10万多份。

但是,储安平在《观察·第三卷报告书》中指出:就以这一期售价1万元一份来说,在上海,到小饭馆吃一碗最起码的肉丝面就要2万元;乘坐一次公共汽车的车票就要1万元,一张电影票3万到4万元,看一场电影连车费就要花法币5万元到7万元。当时储安平感慨说:"三轮车夫或黄包车夫对于一万元的生意简直已经不感兴趣;说到后来还是刊物最便宜,化一万元买一份《观察》可以消磨一个宁静的周末。……本刊在发行上最大一个特点就是真正的全国性,发行总额的百分之五十以上都散布在大后方各大小城市乡镇之间以及边远地区。"(参看《储安平文集·下》第204—211页)

以《观察》订户的职业分类,学界占23%,工商界占22%,政界占17%,军界占5%,其他占33%;以订户的地区分类,上海市占8%,南京市以及江浙一带占18%,华中地区占19%,西南(主要为四川)地区占16%,华南地区占13%,西北地区占14%,华北及东北占10%以上,等等。

有个事实最能说明问题。1947年夏天清华大学、北京大学、南开大学三所最高学府招生,公民试题有一道是《试评日常所阅读的日报及刊物》,绝大多数考生写的是《观察》周刊,可见《观察》已经深入到全国几乎所有的中学生心里。储安平欣慰地说:"我们两年来夜以继日的努力,总算收到一点小小的效果!但是树高招风,影响越大,招的忌讳也就越大,这也是无可避免的。"(参看《观察》周刊第四卷报告书《吃重·苦斗·尽心》一文)招什么忌讳呢?专制迫害和经济制裁的双刃悬剑。

自由战士,大众喉舌

《观察》周刊第三卷第9期(1947年10月25日出版)刊载的储安平的政论《评蒲立特的偏私的不健康的访华报告》,指责了国民党政府,引起当局要人的严重注意,《观察》周刊面临被查封的危险。储安平声明编者的根本原则是:"生死之权操之于人,说话之权操之于我。刊物要封,听命封,遇到大问题时,我们是无法躲避、无法退让的。在这混乱的大时代,中国需要的就是无畏的言论,就是有决心肯为言论而牺牲生命的人物!"(参看《储安平文集·下》第221页)

国民党军队在解放军三大战役打击下节节败退，而国统区的经济状况也如雪崩不可收拾。这一形势反而更推动了《观察》的发展和传播。

物价继续大幅度飞涨。1948上半年大米售价平均每石1445万元（法币），合每市斤9万元；黄豆每市斤9万元，豆油每市斤44万元，菜油每市斤36万元；猪肉每市斤35万元，白糖每市斤23万元，酱油每市斤13万元，食盐每市斤7万元；豆腐（每4块）3万元；白酒每市斤25万元，黄酒每市斤13万元；士林布匹每尺18.5万元，龙头细布每尺28万元。1948年1—8月之间，法币又大为贬值，5—6万元才合今日人民币1元。

与此同时，1948年2月底《观察》第四卷第一期出版，售价15000元，发行量25000份。8月初第23—24期合刊出版，售价20万元，暴涨13倍，而发行量激增到5万份。

成本的大幅度增加，仍以发行量急剧上升所增加的利润来弥补。

1948年3月20日，储安平接到上海市政府新闻处来函，应约去谈话。储在市府新闻处亲眼目睹国民政府内政部给《观察》的警告公文，罪状是“言论偏激，歪曲事实，为匪张目”。他表示，有一个谜始终不能解答，即这个公文始终没有正式送到《观察》周刊社。可见政府为此大伤脑筋。4月8日《大公报》载《世界知识》和《时与文》两刊物受到警告。后来才知道，2—3月间有人已经想要查封《观察》周刊，但尚未将查封令发出。

《观察》周刊第四卷第十二期（1948年7月17日出版）载有储安平撰文再一次指出：“政府利刃指向《观察》！”文中说——

“南京《新民报》遭受永久停刊处分以后，连日南京的政界、文化界、新闻界又盛传本刊将继《新民报》之后，遭受停刊处分。我们业已在多方面证实此项传说。听说当局最初曾想一口气‘解决’几个在他们认为眼中之钉的报纸、杂志和通讯社。其后因为《新民报》的查封令发表以后，各方反应不佳，所以第二个查封本刊的命令迟迟未下。政治风云，变化莫测，本刊命运，存亡难卜。”

但是储安平公然宣告：“封或不封，那是政府的‘权力’，但我们绝对不愿因为外来的意见而改变我们的编辑政策。我们的编辑政策是独立的，不受外来干涉的。我们在商标上标明 Nonparty 和 Independent 两字，Independent（独立）是我们的主要精神之一。而我们所以如此者，就因为我们认为：要维持完整的人格，必须保有独立的意志。这个原则是我们绝对不能放弃的。”(载《观察》周刊第四卷第23、24期合刊，1948年8月7日出版)

同年8月28日《观察》第五卷第一期出版，最高发行量达到105000份，并且出了“西北航空版”和“台湾航空版”。如果按照每本周刊平均有10人阅读估计，《观察》在全国各地的读者群体达到100万人左右。

对于金圆券的嘲笑和抗议

1948年8月19日，国民党政府“总统紧急命令”宣布发行金圆券，废止法币。同时以行政力量强制收缴全国的金银美钞，厉行经济管制。

但在金圆券币制改革施行后70天，1948年11月1日国民政府又宣布：金圆券贬值80%，准许个人持有金银外汇，美金和金圆券的兑换率由三个月前的1比4猛涨到1比20；撤销金圆券的发行限额。这实际上就是承认了金圆券面临破产。溃决不可收。民间纷纷抛弃金圆券，换取银圆、美钞甚至金条(所谓黄白绿)，进行公开或半公开的交易。

《观察》周刊第五卷第十一期(1948年11月6日出版)发表了储安平嘲弄国民党政府的文章《一场烂污》——

一 场 烂 污

在全国空前骚动、朝野争战多日之后，政府终于放弃了他那“只许成功不许失败”的限价政策！这是二十年来这一个政府第一次在人民面前低头的一个纪录！在这二十年中，这一个政府，凭借他的武力，凭借他的组织，凭借他的宣传，统治着中国的人民，搞到现在，弄得民穷财尽，烽火遍地。这次，在全国人民不可抗拒的普遍的唾弃下，他终于屈服了一次！

过去一个月真像是一场噩梦！在这一个月里，数以亿计的人民，在身体上、在财产上，都遭受到重大的痛苦和损失。人民已经经历到他们从未经历过的可怖的景象。他们不仅早已丧失了人生的理想、创造的活力，以及工作的兴趣，这次，又丧失了他们多年劳动的积储，并更进一步被迫面临死亡。每天在报上读到的，在街上看到的，无不令人气短心伤。饥馑和恐怖、愤怒和怨恨，笼罩了政府所统治着的土地。地不分东南西北，人不分男女老幼，没有一个人相信这个“金圆券”。抢购抢购，逃卖逃卖，像大洋上的风暴，席卷了整个社会的秩序。抢购是一种“无言的反叛”，这是二十年来中国人民受尽压迫、欺骗、剥削，在种种一言难尽的苦痛经验中所自发的一种求生自卫的行为。因为这种行为是自发的，所以这种行为能同时发生在政府统治区域中的大小各地，因为这个风暴已是全国性的，所以这个风暴已经威胁到政府政权的安全。中国的人民是可怜的，在政府种种秘密的监视下不能有什么大规模的组织，因之也不能发生任何足以左右政府政策的有效力量。这次的全民抢购，骨子里的意思是人民不相信这个政府，然而可怜的久在淫威之下的中国老百姓从来不能正面站起来对政府表示不信任，全民抢购从政治的观点来说也只是一种人民不和政府合作的消极反叛，然而只要是真正威胁到了人民的生存，即使是一种消极的反抗，或者如我前面所用的一个名词，“无言的反叛”，但也足够震撼政府的命脉。在中国近代的历史上，这是一次崭新的教训。

“纸币”本来只是一张纸，它本身并没有任何价值，它的价值都系于发行这个纸币的政府的信用。有一个“市民”曾在上海各大报纸登载大幅的广告，质问一般市民：为什么美国人民有了美钞不去抢购呢？为什么英国人民有了英镑不去抢购呢？为什么中国人民拿了金圆券就要去抢购呢？这问题真是问得漂亮！可是我们反问一下，为什么中国人民在以前（在十月三十一日以前），有了美钞英镑并不一定要去抢购物资呢？为什么在中国的美国人英国人有了中国的金圆券，也一样的要把它用掉，不要放在手里呢？稍稍一想，这里面自有道理。严格的说来，要以改革币制来解放中国当前的经济危机，本来是个幻想。发行法币的是这个政府，发行金圆券的也是这个政府，这同一个政府，法币的信用既然不能维持，难道金圆券的信用就能维持了吗？有人认为这次的改革币制和最近的放弃限价，都是为了人民。实际上真是如此吗？老实说，无非因为当前的经济情景实在不太像样，有点可怕，假如不改，恐怕政府要站不住了！改吧，改吧，乱七八糟先改它一下，暂时麻醉一下人民；后来弄到全国抢购，乖乖不得了，看上去可能要出什么乱子，威胁政权，所以只好放弃限价。这一切，说得漂亮是解除人民的苦痛，骨子里还不是要安定自己的政权？而在改革币制时，政府命令人民将平时辛辛苦苦积蓄的一点金钞，一律兑成金圆券；政府只要印刷机器转几转，可是多少老百姓的血汗积蓄，就滚进了政府的腰包里去了。政府拿这些民间的血汗积蓄，去支持他的战乱，使所有国家的一点元气，都送到炮口里轰了出去！上海的老百姓都在回想他们在敌伪时期所经过的一切，日本人管得再凶，也没有弄到连饭都没有吃，连买大便纸也要排队的程度；日本人逼得再紧，也没有把民间的金银收完——就靠这点元气，胜利后各地慢慢恢复各种小工商业的活动。现在呢，一切完了，一切完了，作孽作孽，每一个吃亏的老百姓心底里都在咒诅，有一肚皮眼泪说不出来！

七十天的梦是过去了，在这七十天中，卖大饼的因为买不到面粉而自杀了，小公务员因为买不到米而自尽了，一个主妇因为米油俱绝而投河了，一个女儿的母亲因为购肉而被枪杀了，还有不知多少悲惨的故事报纸上没有传出来。我相信这些人都是死难瞑目，阴魂不散的。许多良善的小市民，都听从政府的话，将黄金白银美钞兑给了政府，可是曾几何时，现在的金圆券已比八·一九时期打了个对折对折了！惨啊！惨啊！冤啊冤啊！一个只要稍微有点良心的政治家，对此能熟视无睹，无疚于中吗！七十天是一场小烂污，二十年是一场大烂污！烂污烂污！二十年来拆足！烂污！（引自《储安平文集·下》第78页）

《观察》周刊第五卷第十三期（1948年11月20日出版）又发表了储安平的文章《政治失常》——

最近政府有几件事情做得实在不成体统。第一件我们要说的当然是11月11日行政院通过的"修正金圆券发行办法"。政府在八一九发行金圆券时，规定黄金一两兑换金圆券二百元，美金一元兑换金圆券四元，这次的修正办法改为黄金一两兑换金圆券一千元，美金一元兑换金圆券二十元，将金圆券贬值了五分之四。政府在发行金圆券时，大唱其"只许成功不许失败"的调子，并且说谁破坏了金圆券，谁就是国家民族的敌人！现在我们看，政府自己率先破坏了金圆券，政府自己先就做了国家民族的敌人！当十月杪十一月初全国骚动得不成样子的时候，当局宣布即将有“更好”的办法颁布，所谓“更好”的办法，大概就是这个金圆券发行的修正办法了，其中决定将民间缴兑的金钞吐还出来，以便取之于民者，仍用之于民。然而吃进去的时候，黄金一两只兑金圆券二百元，美金一元只兑金圆券四元，现在吐出来时黄金一两却要金圆券一千元，美金一元却要金圆券二十元，一“取”一“用”之间，赚上了五倍，这笔没本钱的买卖真不坏。抗战末期，政府财政困难，宣传黄金储蓄，说得天花乱坠，可是到真要支付黄金时，却来了一个六折，凭空扣去四成；这事大家当还记得。现在旧戏新编，又要一手。多年以来，政府把人民当着一团米粉，捏在手里，要圆就圆，要扁就扁。良善的老百姓，一再吃亏，心里恨透，可是没有办法。再说八·一九政府的经改办法，规定人民所存金银外币，一律须向中央银行兑换金圆券，逾限而未兑者，即视为触犯刑法，现在又允许人民持有金钞，并将金钞的价值，提升五倍，以前服从法令的，信任政府的，都算倒了霉，不服从法令的，不信任政府的，反而大大沾了便宜。政府这种行为，一方面自己打自己的嘴巴，一方面不啻叫人民以后不要再相信政府。（引自《储安平文集·下》第278—279页）

1948年12月25日《观察》第五卷第十八期出版；此前一天，国民党政府宣布查封《观察》周刊社。储安平被迫秘密离开上海，才免于遭到逮捕和杀害。

金圆券和独裁政权的崩溃

金圆券的加速灭亡

鉴于法币恶性膨胀，国民经济面临崩溃，国民政府于1948年8月19日发布“总统紧急命令”再次进行币制改革，开始发行金圆券，规定“金圆”为本位，以中央银行所存的黄金和证券作保证，以代替行将崩溃的法币，并借助于政治力量，强行收回全国人民手中的外币和黄金。国民政府还规定，每元金圆券的含金量为0.22217克，以金圆券1元折合300万元的比率收兑法币。发行“十足准备”的金圆券，总额限于20亿元；第一期发行5亿元。（当时全国法币量折合金圆券约2亿元）规定私人不得持有金银外汇，限期一至三个月内到指定银行兑换，如不于限期内收兑者，一经发现，即予没收。黄金每市两兑给金圆券200元，白银每市两兑给金圆券3元，银币每圆兑给金圆券2元，美金每元兑给金圆券4元，等等；并登记个人存放国外的资产和外汇，把物价和薪津、工资冻结在8月19日的水平。

这就是说，新发行的金圆券1元应该相当于抗战前银圆（或基准法币）5角左右。或1948年美金0.25分。

根据发行金圆券时颁布的规定：

文武公教人员之待遇，一律以金圆券支给。其标准以原薪额（陈注：抗战前夕的基准法币）四十元为基数；超过四十元至三百元之部分，按十分之二发给金圆券；超过三百元之部分，一律按十分之一发给金圆券。

这就是说，一个按照抗战前标准领取40圆月薪的文化人（刚参加工作的知识青年），这时得到的月薪为金圆券40元，购买力相当于战前的标准银圆20圆（金圆券1元＝标准银圆5角＝标准人民币1元5角）。实际收入比战前降低一半。

照抗战前标准领取80圆月薪的文化人（刚毕业求职的大学生，或已经工作数年的职工），这时得到的月薪为金圆券48元，购买力相当于战前的标准银圆24圆，实际收入为战前标准的三分之一。

照抗战前标准领取300圆月薪的文化人（普通教员、记者、编辑等），这时得到的月薪为金圆券92元，购买力相当于战前的银圆46圆，实际收入约为战前标准的七分之一。

照抗战前标准领取600圆薪水的文化人（教授、高级知识分子等），这时得到的月薪为金圆券122元，购买力相当于战前的银圆61圆，实际收入为战前标准的十分之一。

这对于文化人的经济生活，是强力歧视性的限制和野蛮压榨式的打击。

1948年8月19日上海市限价如下：

米价每石金圆券20元9角（合每斤1角3分），面粉每袋7元6角，猪肉每斤7角3分，生油每斤6角。

但是从10月以后市面上就没有“限价”商品了。

到1949年10月底，中央银行已经从民众（特别中产阶级）和工商业主手中收兑了大量金银外汇。仅上海一地，就有黄金114万余两，美钞3452万元，港币1100万元，银圆369万余元，白银95万余两。（参看《文史资料选辑》第七辑，《金圆券发行后蒋介石在上海勒逼金银外汇的回忆》，第八辑《金圆券之发行和它的崩溃》。）全国被掠夺的金银外币数字，据美国白皮书透露，国民党政府向美国方面报告，金圆券所收兑的外汇，已经超过15000万美元（参看《美国与中国的关系》，即白皮书中译本332页）。事实上是决不止此数的，一般估计约达2亿美元。

这是一次财政大洗劫。所得财物，后来大多运往台湾。

然而这是垂死挣扎。金圆券发行后，急剧膨胀。面额有1角、5角、1元、5元、20元、50元、100元。根据国际通行的货币发行公例，当前在市场上流通的纸币总量中，最大面额的纸币交易量超过70%的时候，才表示币值不够，要发行更大面额的纸币。三个月以后不到一年的时间内，金圆券发行的最大面额不断增加，从100元、1000元、1万元……直到100万元。

以上金圆券均由中央银行发行，正面印有蒋介石头像。由于金圆券并无真正的黄金准备，发行又不加限制，根本不能填补庞大军费开支的无底洞。物价更迅猛飞涨，生活必需品奇缺，金圆券迅速贬值，黑市交易随处出现，各地普遍发生抢购风潮。甚至出现席卷全国的抢米风潮，南京、上海、杭州等地，参加风潮者数以十万计。在金圆券币制改革施行后70天，1948年11月1日国民政府被迫发表《修正金圆券发行办法》和《修正金银外币处理办法》，宣布：

(1) 金圆券贬值80%；

(2) 准许个人持有金银外汇，美金和金圆券的兑换率由三个月前的1比4猛涨到1比20；

(3) 撤销金圆券的发行限额。

由于限制物价失败，而改行“议价”。上海市大米的金圆券价格，由原价每石20元9角(每斤1角3分)涨到90元(每斤5角8分)；猪肉由限价每斤7角3分涨到3元，都涨4倍多，其他物价随之涨4—7倍。

11月中旬，面粉从原限价每袋金圆券7元6角涨到250元，生油从原限价每斤6角飞涨到18元，都涨了30倍；其他物价随风涨20倍左右。

这实际上就是承认了金圆券面临破产，溃决不可收。

1948年11月12日南京、上海外汇牌价：1美元＝金圆券25元；

1949年1月26日牌价：1美元＝金圆券170元，3月16日牌价：1美元＝金圆券6900元……

短短4个月金圆券又贬值276倍。1949年初，甚至发行了面值为100万元一张的金圆券！

到1949年4月，金圆券发行量达到7607亿元的天文数字，8个月中膨胀1540倍;而上海市物价飞涨到83800多倍。最后,金圆券的币值已经贬到500万分之一,还不如垃圾,扔在地上都没有人拣了。

1949年上半年,北平、南京、上海等大城市接连解放。

南京解放前夕,3月26日1块银圆价值金圆券1万元;上海解放前夕,5月1日1块银圆价值金圆券8000万元,5月20日,1银圆可兑金圆券16亿。各地纷纷不得不以银圆代替金圆券的流通。

6月5日起,中国共产党华东军事管制委员会完全禁止金圆券流通。

金圆券的破产,比法币还要快。此时国民党政权已呈土崩瓦解之势,人民对金圆券的发行均嗤之以鼻,物价继续飞涨。金钞外汇黑市,更加火箭似的上升。到了1949年6月份,发行额达到了原发行额的65万倍,估计为60万亿元。6月25日,国民党政府的行政院规定银圆1圆等于金圆券5亿元,而四川省政府早于同月12日宣布银圆1圆等于金圆券75000万元,21日重庆的银圆黑市1圆等于金圆券25亿元。在短短的10个月内,金圆券已贬值25000万倍。法币在金圆券发行前夕,还是600万元法币合银圆1圆,比起金圆券真可说是小巫见大巫了。

到7月,节节败退的国民党政府又在广州等地发行"银圆券",但是已无任何币值可言。几个月以内就跟国民党政权一起在中国大陆彻底完蛋。

金圆券、银圆券,在现代世界货币史上是最短命、最缺德、最无信誉、最卑劣无耻的货币。

几年后,国民党官员吴国桢回忆说:

> 关于金圆券,所有的问题归结为一点,就是它激怒了中国民众的各个阶层,引发他们对于国民党政府群起而攻之。知识分子认为金圆券政策是极度愚蠢的。银行家和商人也对政府怀着怨恨和仇视。中产阶级被迫交出最后一点积蓄(外汇和金银)而几乎完全破产。店铺老板们以金圆券平价出售了他们的库存,结果不名一文。至于穷人们更不必提了,他们手中的金圆券迅速变为一大堆废纸。金圆券的失败对于国民党政府是最致命的打击。(译自易劳逸《蒋介石与蒋经国》一书)

一个学生的日记

朱正1931年11月生于湖南长沙。父亲是湖南省中山图书馆的会计，月薪法币50元。在抗日战争以前，这50元很值钱，足以养活一大家子。

朱正回忆说："在我最早的记忆里，我们家里的人很多。"三代同堂，祖父祖母、父亲母亲之外，还有祖父的五弟、三个姑母……"到一九三七年抗日战争爆发时，我又添了三个妹妹，那时的生活费用很便宜，这么一大家子人，老老小小亲亲疏疏十几口人，全靠我父亲在图书馆的薪水五十元过日子，似乎还不怎么拮据。"（引自《小书生大时代》第7页）

战乱之中，朱正在湖南一带颠沛流离，度过了学生时代。抗战胜利后，1946年朱正就读的广德中学迁回衡阳原来的校址。父亲为他在商务印书馆衡阳分馆存了大约25万元法币。其中有一半款项用于朱正缴纳学校的各项费用，再加上他一学期的零用。

大约在1947年，父亲由中正医院调到湖南省电务局，还是做他的会计主任，照现在的官制，大约是正科级。父亲的薪水只有那么多，却要养活一个人口众多的家，本来就不容易，更要命的是通货膨胀，法币贬值，物价不断上涨，家计越来越艰难。（同上书41页）从朱正保存至今的1948年的日记中，可以反映出当时民不聊生的经济状况。

1948年6月10日朱正为了买书拿了家里26万元（法币）；9月16日又拿了家里50万元，可见当时的书价。

1948年7月15日："妈妈今天买一桔子给细六吃，花三十万元整。"

同月17日："今天剃了个头，花十五万。"

同月22日："买了一个八斤重的西瓜赠五权，每斤三万，又给他车费十万元。是日，光洋四百五十万元一块。"

同月27日："买米二斗三升，花五百七十五万元。"当时买米，以石、斗、升为单位，折算下来，当天的米价约为每公斤33万元。

同年8月2日："上午，买了二斗米，比上回较好，共价五百四十万。"这一天的米价是每公斤36万元了。

同月17日："买了一个并不好的桔子，花五十万，香蕉两支二十五万，芝麻饼二十五个五十万。因为七妹咳得很厉害,买给她吃的。”

那时家里穷困的状况,朱正日记中也记下了不少——

1948 年 8 月 13 日:“日来家里穷的很,昨天欠的沙水钱,那人索了两回,不曾要到。”当时长沙没有自来水,居民饮用的是白沙井的井水,简称沙水。一些人的营生就是从白沙井挑水来卖,一担水要不了几个钱,可就是连这钱朱家也一时间拿不出来。

同月 17 日:“午餐后,爸爸命我向克丞舅要钱。一直跑了很多趟才拿到一亿。计开永和丰二次,裕湖四次,克丞舅家三次。”

克丞舅是朱正母亲的远房兄弟,一直在钱庄做事,朱家在缓急之际常跟他通融一点钱,永和丰与裕湖都是同他有关系的钱庄。一亿元,看数目很大,当时不过能换二十来块银圆罢了。

1948 年 8 月 20 日朱正记下了币制改革:“今天有一件大事:币制改革。昨天蒋中正援用一种不合法的法,不经立法院讨论,而直接降旨,内容为:(1)新币叫金圆券。(2)金券∶白银=三比一,金券∶黄金=二百比一,银币(圆)∶金券=一比二,法币(元)∶金券=三百万比一;(3)金券一元合黄金 0.22217 公分。(4)美金∶金券=一比四;(5)人民不得持有外币金银。《湖南日报》的评论很不好。”

朱正记得很清楚,发行金圆券的前一天,长沙一块银圆在黑市上只换到法币 500 万多一点,而按照新的币制,一块银圆相当于 600 万元法币,这样,官价竟比黑市还要高了。《湖南日报》是如何评论的,朱正完全不记得了,设想应该是预言金圆券的前途未可乐观吧。金圆券的逐步崩溃,在那一段日子的朱正日记里也能看到一点影子:

1948 年 9 月 2 日:“家里穷得可以了。其实,并不是家里穷,是国家穷,连累了我们。米由十三点二元一下涨到二十一元!《湖南日报》的口风打灵了!甲妹跑了一满街,才买到米三升。”

同年 10 月 28 日:“今天黑市银圆∶金圆(券)=一比十。”

同年 11 月 29 日:“今天的光洋换金圆(券)是七十—九十八—一百零五—九十八—一百四十。”

1949 年 2 月 2 日:“光洋涨得很凶,银圆∶金圆(券),据说最高到了一比六千。”

同年3月23日:"妈妈的命令:在九如斋买了一千元金圆券(合银圆一角)的桃酥,计五个,送给外婆。"当天银圆换金圆(券)的比率已经达到一比一万了。

金圆券在以比法币更快的速度崩溃。朱正家里的生计也越来越不容易维持。就是在这种情形下,父母亲也没有让朱正因为穷困而辍学。新学期开学前几天,1948年8月27日朱正日记:"上午,爸爸拿了家中仅有的一个金戒指,叫我去换了做学费,毫无一点吝惜的样子,我不想去,反而安慰我。唉,所以,分数虽然可以不问,然而书应该认真读的。"(引自《小书生大时代》第41—43页)

1949年仍然通行银圆

1949年初,北平和平解放,中共政权进驻以后,在北京仍然通行银圆。

当时在国立清华大学教英语的美国学者大卫·季德,准备跟中国女大学生余静岩结婚,举行一个基督教婚礼仪式。他们邀请了一位中国牧师,这就牵涉到费用问题。大卫·季德后来在《北京故事》(Peking Story)一书中回忆说

> 冯牧师随我一同回到余家。我们与他为支付他多少费用讨价还价。那时,北平流通多种货币,且币值很不稳定。市民讨论比一包香烟贵的一切物品的价格时,都要用银圆甚至黄金支付,或者,用小米或布匹计算。冯牧师要求付给他二十块墨洋(墨西哥银圆)。那时,一名仆人一个月的工资是五块银圆。最后,大家同意九块银圆成交。这个数目算是高的。(引自中译本《毛家湾遗梦——1949年北京》)

"金元宝兑换法币"的故事

清末民初,富家通常使用银两、银圆,而积存财富则变换为"金锭"(金元宝),每个重量为一两,也叫做"鞋",因为它的形状像中国妇女穿的小缎鞋。这些黄金多藏在宅第砖地下面的瓦盆里或墙里的隐蔽处(富翁认为存进银

行或兑换成纸币都不可靠)。

1936年前后,国民政府号召所有的中国人把私人储存的黄金兑换成全国通用的纸币(法币),以表示忠心爱国。家住毛家湾大宅门的余老先生,把全部黄金装上马车,运到中央银行换成崭新的百元面值的纸币,珍藏起来。然而这种做法是毫无意义的,因为随着通货膨胀和日本人的侵略,不到两年,这些纸币已不再流通,形如废纸了。结果,余老先生骤然沦为穷人。

十多年以后,余家子女偶尔会在柜橱底层或抽屉深处,发现父亲原先存放的一盒盒褪了色的法币,或一叠叠发黄的百元钞票,仍旧用原来的包装纸包着。假如这种钱仍然流通,按照1949年的比值,一整箱的纸币只够在北京饭店吃一餐饭。家里原有的黄金只剩下一两条金项链和几只小金元宝,那可能是余老先生当时忽略了,没有拿去银行兑换,或是由家里其他人存放才没有变成无用的废纸。(参见[美]大卫·季德所著《北京故事》,中译本《毛家湾遗梦——1949年北京》第149—150页)

浦熙修评金圆券

朱正先生在《从新闻记者到“旧闻记者”——浦熙修小传》一文中追述道——

1948年7月8日,国民党当局以“为匪宣传、诋毁政府、散布谣言、煽惑人心、动摇士气……”一大串罪名,宣布给予南京《新民报》“永久停刊处分”。报纸被封,新民报社的采访主任浦熙修原可以离开南京,正好这时,徐铸成要创办香港《文汇报》,托钦本立约浦熙修写“南京通讯”,定每月写四篇,港币百元。她对写通讯还有兴趣,生活也可以维持,于是就留下来不走了。

1948年9月9日香港《文汇报》开始出版。9日、10日连续两天,刊出了浦熙修写的南京通讯《是王牌么?》,副题是“改革币制内幕”。接着,又连续发表了《币改的挣扎》、《暮秋南京》、《金圆券的下场》等一系列文章。不能用本名发表,就署名“本报南京特派员青涵(或青函)”。这一组文章相当充分地写出了蒋介石统治临近覆灭时候的情况,有很高的史料价值。文章围绕着当时的两件头等大事展开,即战局和币制改革。

《是王牌么?》谈的是币制改革的内幕,由担任中央银行秘书处副处长的黄苗子提供材料。黄夫人郁风在《新民报》编过副刊，浦熙修因郁风的关系去找他帮忙，在他帮助下写了这篇谈币制改革的文章。其中不但有局外人无以获悉的“内幕”，还有财政金融专家才能够作出的精辟分析。

蒋介石在8月19日下令改革币制、发行金圆券，浦熙修9月3日寄出的这篇文章，一开头就说：“改革币制这张牌摊出来了。是王牌还是烂牌，目前依然是个大疑问。”财政部长王云五是力主发行新币的。他的如意算盘，一是靠增加税收，二是希望缩减军费，三是指望美援。针对这三项，浦熙修的文章分析说：增税一项，同原来预算相比，货物税、直接税增加10倍，盐税增加近60倍。国税署署长认为，“绝对办不到。”文章说：“在这民穷财尽的时候，这样的重税真不知从何处去收敛。”军费一项，文章说：“战争不停，军费必将继续膨胀。……改革案最要一点是提高了士兵待遇。士兵每月几百万的饷银，如今增加成每月两千余万，而王部长却希望减少军费，这岂不奇迹？”至于指望以美援来弥补预算，文章引用了美方所表示的态度，指明“大致要成画饼”。分析了各种因素之后，文章指出：“总之内战不能停止，生产不能增加，预算不能平衡，物价也无从稳定。这局面拖下去，今天的金圆券，能保证不变成当年的法币大钞吗？”

《是王牌么？——改革币制内幕》还对蒋介石强行以金圆券兑民间金银外币一事分析说：“这次改革币制方案，在经济专家看来，在老百姓看来，都看不出什么是处。但亦有人认为这是在位者精明的打算。这是当权者可进可退能战能守的策略。当然今天局面一切决定于战场。有了二十亿的三百万元一张大钞，今后总可以打几个硬仗的。战而胜，一切问题迎刃解决；战而不胜，白纸换来的黄金美钞，便有个万一的充分准备。”文章以这样的一段话作结：“目前政府真是全副精力在维持这牌的价值。政府本身亦战战兢兢，俨然扑克场中‘小2’当作‘老K’打的神气。是吉是凶，是赢是输，他们亦捏着一把汗。这王牌到底是不是张烂牌，恐怕时间不久就会证明了。”

果然，不久就证明了这是一张烂牌。浦熙修在《币改的挣扎》一文中描写了金圆券崩溃的景象：“南京抢购声中最不得了的是米店里没有了米。有人走遍全城，买不着一粒米。”“糖果店，蛋糕、面包也都一扫而光。主妇们几天来都不安于室。街头行不通，商场挤不进。首都如今万人空巷，真是盛况空前。”

《币改的挣扎》结尾说：“当币制改革案公布时，大家都知道这法案最多只能发生短时的效用。短到什么程度,当时许多人有了争论,有人估计五个月,有人估计三个月。今天距八·一九不到两个月,改革案已经在作最后的挣扎了。这案关系甚大。金圆券垮了,恐怕整个局面都要跟着垮。因此政府今天亦就在币制案底下作最后的挣扎了。”

几天之后刊登的《金圆券的下场》,副题就是“随着军事挫败一起垮台”。一开头就说:“金圆券在出世的那一天,它就注定了失败的命运。但谁亦没有料到它失败得这样快,这样惨,更这样丑!政府本来是玩的一套空把戏。那违反了经济法则的改革币制案,完全要靠政治力量支持;但政治的威信,完全以军事的进展而定。目前军事既如秋风扫落叶般败下来,金圆券当然要跟着垮台了。”文章尖锐地指出:“到了这种地步,谁亦知道这已接近大变动的边沿了。”如果要说得更露骨一点,就是蒋介石的统治就要走到尽头了。

11月7日,人民解放军发动了淮海战役。浦熙修坐在家里,听到了每天不断从南京起飞的飞机声震屋瓦,她知道,这反映出了战局的紧张,南京政府已接近它的末日。她为香港《文汇报》写最后一篇“南京通讯”《南京政府的最后挣扎》。文章开头就是这样一段:“在这军事山倒、经济崩溃、外援绝望的时候,谁也不相信南京局面会有什么奇迹出现了。今日南京已陷入混乱、慌张、恐怖的境地,但政府仍然在作着最后的挣扎。在老百姓说来也许是黎明前的黑暗吧!”文章列举了物价飞涨、教师罢教、美援绝望种种叫南京政府头痛的事情。至于军事方面,文章指出:“东北完蛋了,华北也所剩无几,现在是要作华中决战了。”“这一战有人说是最后一战;假若徐州易手,南京也随着结束了。”

文章以兴奋的心情写下这样几句话作结:“老百姓过着无米没柴又缺油的苦日子,真是活不下去了。但他们也发现了另一个新希望,他们在谈论着解放后的开封,白面是一毛钱一斤。解放后的济南,三日后秩序即行恢复。他们不觉冲口而出:共产党要来就快来吧!……”

金圆券时期的校园生活

金圆券对于校园生活产生了怎样的影响呢?这方面的文献资料,还整理得不多。我从历史档案中,找到以下的第一手材料,就是(1)1948年10月

24日国立清华大学全体学生为求得最低生活致当时总统蒋介石的公开信；(2)第二天教师联合会的“停教宣言”，很能说明问题——

国立清华大学全体学生为求得最低生活致蒋总统信

蒋总统钧鉴：

溯自“八一九”迄今施行币制改革以来，限价雷厉风行，物资逃匿，抢购成风。益以战事日紧，平津周边烽火四起，遂致涨风突起，物价甲于各大城市。市民列队街头挤购食粮，秋风萧瑟之中鹄候终日不足一饱，黑市面粉高达百元以上，燃煤一吨亦近二百金圆，其余物价亦已超过限价远甚，市民濒于绝境。生等膳食自亦不能例外。为维持最低限度生活，俾使弦歌不辍，国家文化得以维系，生等迫不得已不得不作如下之请求：

(一) 全面公费待遇——抗战军兴，生等家庭或则颠沛流离，或则忍受敌寇残酷剥削。胜利迄今，又复烽火连天，百业萧条。经此浩劫之后，生等家庭鲜有不沦为赤贫者。以言工商，则经济凋敝，出路蔽塞；以言农村，则乡村破产，早不待言。至若公教人员，更已朝不保夕……在此情况之下，犹望家中父老兄弟以其血汗之资供求学费用，似已绝望。学生无继续求学之能力，政府似应有维系文化之义务，故敢作此请求。

(二) 公费面粉发给实物。生等公费中仅三分之二袋面粉系以实物发给。在目前黑市与限价之悬殊对比之下，三分之一袋面粉按官价折合现金能买二斤面粉，不啻在微薄之公费中又复扣出十三斤面粉，膳食之无法维持实已不言可喻矣！面粉苟不按实物发给，生活绝难继续。

(三) 副食费实物发给或按物价波动合理调整。物价波动，一日三涨，“八一九”限价早成历史陈迹，而副食费冻结如故，长此以往，断炊终难避免。

上述三项，实为维持最低限度生活之要求，恳乞钧座于军务之暇，赐予圆满答复，不胜迫切待命之至。

国立清华大学全体同学敬上

中华民国卅七年十月廿四日

(引自《清华大学档案》)

国立清华大学讲师教员助教联合会停教宣言

我们曾经三番五次吁请政府合理改善待遇，政府总是不闻不问，不让我们温饱。且自从币制改革以来，物价又上涨十倍，而我们的薪给却始终被冻结着，以致无法安心工作。因此，万不得已，我们决定自十月二十六日(星期二)起忍痛停教五日来争取生存权利！

特此宣言。

国立清华大学讲师教员助教联合会干事会

一九四八年十月二十五日

(引自《清华大学档案》)

经济危机与顾颉刚

从20年代初到30年代末，顾颉刚教授的经济生活一向是比较安定、宽裕的。但是，到了40年代，经济危机的阴影也笼罩在他头上。

1943年5月顾颉刚夫人在重庆患疟疾病故。“此次丧事，计用二万三千元，尚系极不成样子者，所谓草草殡葬也。”(顾颉刚日记，1943年6月6日)

此前半个月，顾颉刚的大女儿顾自明远嫁贵阳，开销也不少：“自明之嫁，几于不能成礼，而所耗已在万元上。生于今日，如何可以动弹！”(顾颉刚日记，1943年5月9日)

这时顾颉刚教授在重庆的月薪为法币3000元。当时法币1元的购买力约相当于今人民币2角2分。

1943年6月，重庆米价每石(156市斤)法币1080元，即每市斤6.9元。顾颉刚教授的月薪只能买到440斤米，相当于今人民币660元。

只过了半年，1943年12月重庆市米价上涨到每石法币1377元，再过半年，1944年6月又上涨到每石3700元(每市斤23元)。法币急剧贬值，其购买力1元约合今人民币6分半。

1944年4月4日，顾颉刚与张静秋订婚，请了几位来宾签名作证，并在重庆《大公报》上刊登订婚启事。顾颉刚熟人很多，考虑到当时公教人员生活太清苦，他不愿意人家破费，也不愿意自己多花钱，因此他决定这次不举行婚礼，不发请帖。7月1日，两人在北碚蓉香饭店设宴招待一些最熟的亲友。顾颉刚日记写道:“今日结婚,临时发表,亲朋仓促不及防……然到客犹及百人,蓉香(饭店)中椅凳碗碟均感不足。”为请客吃饭以及婚前略备一些衣料被褥家具,共花费法币18万元。顾颉刚记载:“以万元合战前二十五银圆计,仅用四百五十银圆(陈注:合今人民币13500元),可谓甚俭。然此数已非我所能负担矣!”(顾颉刚日记,1944年7月3日)他又在《大公报》上刊登《顾颉刚、张静秋启事》通告:“兹已于七月一日在北碚结婚,值此国难严重之际不敢备礼,各亲朋处均未柬邀,务乞鉴谅,并乞勿致馈贻是幸!”

1945年初,重庆市米价飞涨到每石法币8000元,合每市斤50多元(这时法币1元的购买力合今人民币3分钱)。顾颉刚主编《文史杂志》由中华书局出版,每月所领取的经费仅法币1.3万元(合今人民币400元)。关于当时经济窘迫之状,顾颉刚日记1945年4月6日写道——

> 依今日物价,一个机关,茶水灯油两项已需万元以上。本刊稿费素薄,近日犹仅千字百元,较之其他杂志,已低三倍。中华印刷费津贴,每期六千元。此两项每期须万六千元。尚有办公费,旅费,薪金,工资,总须万余元。是则四万元之开支绝不能省,较之规定之办公费月亏二万七千元。是为正规之亏空,尚有诸种临时费,若修缮,若添置家具,俱不在内。予当此苦家,无可奈何,惟有将缺员不补,庶将其人之薪津米贴置于办公费内。……至于旅费一项,规定社长每天为百八十元,其他职员为百二十元,食宿交通俱在其中,如此价格,曾不足以供一饱,故不能派职员到城公干,否则必赔三四千元,非其人所可任。予乃一切自为,到党部领经费,到银行领津贴,到民食供应处领食米,归后虽开一单报账,而实不取分文。又本刊稿费过少,投稿实为半义务性,故见面时不能无酬应,而一上馆子,动须千元,故予去年月取四千余元皆挥霍之于食肆者也。如此苦干,何人肯做,徒以我富事业心,心气高强,不肯自认失败,故悉索数赋以延旦夕之命。

抗日战争胜利后,顾颉刚回到上海。1948年初,他应邀到甘肃兰州大学讲学。当时内战正酣,法币急剧贬值,兰州物价之昂贵,到了吓死人的程度。七八月间,一石米价格已高达4000万法币,比江南苏州高出一倍。顾颉刚的牙刷坏了，买一个新的，哪知要价180万元！

1948年8月19日国民党政府以金圆券取代法币，禁止民间持有银圆和黄金外币。顾颉刚对此不抱任何幻想，因为从前早已吃过一次大亏。他回忆到：1935年政府推行法币，禁用银圆，顾家取出300枚银大洋，遵从政府法令，送到国家银行兑换钞票。老父亲一生省吃俭用积攒法币4万元，在老家苏州存进银行，后于抗战期间去世。苏州被日本侵略军占领，成为沦陷区，顾颉刚无法还乡将巨额存款取出。到1946年顾颉刚回到苏州老家，取出十几年前存进银行的4万元法币本息，却因大为贬值而成为一堆废纸。

在四川国民党统治的大后方，前妻存在银行的法币2万元，后来也同样一文不值。顾颉刚看到报纸上宣布政府又下令将黄金、白银收归国有，他冷笑说：这次再也不上当了！

1948年10月13日，顾颉刚从兰州大学写信给在上海的妻子张静秋说："我现在在此，每月一百七十金圆券。要是币值不贬，我当然有余……但兰州铺子已把值钱的货物藏起，买米、买面、买糖、买茶，都买不到，形成窒息。所以昨天长官公署开会，准许米面涨价百分之八十，米面一涨，别物当然紧跟。我的薪水就打了一个对折。如果锦州、太原随锦州而陷落，恐怕不止再打一个对折了。"

第二天家信中说："可怜的金圆券，出世不到两个月，已经贬了十分之八的价值了！"

第三天顾颉刚日记写道："八月十九日发行金圆券，银圆二合金圆券一，未及二月，而金圆券七合银圆一，是未及二月之中物价已涨至十四倍也！可畏哉！"

10月18日致妻子张静秋信中说："此间也是什么也买不到。黑市的价格已涨至百分之二百，我们的薪水就打了三折了！国家如此，不亡何待！"

12月初，顾颉刚乘飞机回到上海。他在日记中记载了亲历的金圆券崩溃过程——

1949年1月18日："一切皆比刚发金圆券时加一百倍。大家有活不了之叹！"

3月3日："予薪水十二万（金圆券），不为少矣，而近日银圆价二千七百元，是亦不过四十余圆耳！"

3月31日:“今日发表物价指数达三千四百零二倍,物价之疯狂上涨可知。今日上午银圆价一万三千元,下午即达一万七千元矣！……以前所谓‘经济崩溃’者,至今日竟实现矣!”

4月5日:“袁大头一枚,值金圆券二万八九千矣,与美金几同值。”(陈注:“袁大头”指民国初年所铸有袁世凯头像的银圆。)

4月10日:“大头扶摇直上,至六万元矣!”

4月15日:“今日发表指数,为一万五千一百四十倍。大头价十三万。”

4月16日:“银圆涨至十八万矣！可骇！此真使人窒息!”

4月22日:“今日大头价至四十六至四十九万。”

4月27日:“大头一枚至一百卅万。”

4月29日:“大头价至三百六十万。”

4月30日:“今日发表指数为三十七万一千三百四十四倍。银圆价经政府公告为每枚合金圆券四百万元,不分小大头。”(陈注:“小头”指孙中山头像银圆。)

5月20日:“银圆压了好久的四百万元,昨日国行挂牌为九百六十万,然实际之价已为一千四百万。今日下午升至二千三百万,及傍晚则升至三千万矣！予购豆腐时每方二十万,傍晚则三十万矣。在如此情形下,只得人食狗彘食,方可苟活。”

5月25日,中国人民解放军进入上海市。

金圆券、银圆券的大洗劫

1950年初,著名记者李普发表了一篇有关当时金融状况、城市人口实际收入的购买力的新闻报道《调整经济的来龙去脉》,摘引如下——

金融物价波动对国家和人民的巨大损害,是大家都知道的……抗战以前金融物价稳定,购买力大体上正常。抗日战争以来,中国发生了影响市场购买力的三件大事。第一是十二年的战争,第二是十二年的通货膨胀,第三是十二年的专制独裁……

十二年大规模战争所给予人力物力的损害和破坏,很容易想象,因为广大社会,特别是农村,比从前穷困得多。但是这笔账很难精确计算,因为范围太广、性质太深、数量太浩大了。……通货膨胀实质上就是一种不合理的税收。根据重庆的材料,一九四九年解放军渡江之后,全国伪金圆券的三分之一流入了重庆一地,国民党用二十万元银圆券全部收回,后来人民政府又用十亿元人民币收兑了这笔银圆券。

……学校教职员,约共五十万人。过去一个大学教授每月三百至四百圆银洋,现在只有一千三百至一千四百斤小米,以战前小米每斤五分计算,只合七十圆上下。战前上海的小学教师每月可得三十至四十五银圆,现在只有八十斤粗粮(合4银圆)……

十二年来中国经历了国民党的法币,日伪的联银券、储银券,然后又是国民党的金圆券、银圆券等几次大洗劫。这几次恶性通货膨胀,特别是以上海为重点的所谓“八一九”的币制改革,挖空了全国人民的口袋,包括上海工商业者的口袋在内。

12年的战乱和通货膨胀浩劫,使得中产的文化人的经济生活状况节节下降,新兴知识阶层沦为半无产的地位。全民族处于水深火热之中,自由民主的呼声日益高昂,国民党的一党专制独裁政权,必然走向崩溃。

历史的教训必须牢记

1949年10月,在中国大陆上,国民党一统天下的专制政权被推翻,这是中国历史上的一个重大转折,也是世界历史上的一个重大转折。蒋介石“党天下”的覆没,除了军事失利的因素以外,它失去老百姓的民心、失去文化人的民心,是同样重要的因素。而国民党何以失去民心?一曰政治上的独裁高压,二曰经济上的腐化堕落。

1947年2月15日国立浙江大学学生自治会发出《要求停止内战宣言》中着重指明:

空前内战的刺激和恶性通货膨胀的结果,已经加速和促成了全国经济总崩溃的危机。金价一下子涨了几十万,白米缺市,物价正在作等比级数的飞涨，法币的价值一泻千里的跌落，上海各地国货工商业加速倒闭，专科大学的同学纷纷被迫退学，北大一校已经有五百六十八人以上宣布休学，而我们在校的每个人也都焦头烂额，惶惶不安，着急于今后生活问题的无法解决，人民的生存已经为正在开始的经济崩溃和反民主的政治逆流直接威胁，国家民族的前途已经临到混乱毁灭的边缘了！(原载上海《文汇报》1947年2月19日)

曾任蒋介石侍从室组长的唐纵，在《日记·反省录》中，将国共两党的情况作过这样的对比："国内政治，毛泽东经过土地革命之教训，与封建势力斗争的经验，知道国民革命走的路线是正确的，中国革命的主力不是工人，而是小资产阶级和农民(陈注：原文如此)，故在民国三十一年(陈注：即1942年)整风运动以来，竭力争取中间层知识分子。在第七次大会毛泽东的政治报告，主张保持私有财产制度并发展资本主义，这是中共一个很大的转变。这一个转变在中国收得很大的效果，后方许多工商界和国民党内部失意分子，过去对于共产党恐怖的心理，已完全改观。本党(陈注：指国民党)政治的腐化不但引起党外的反感，而且失去了党内的同情，如果没有显著的改革，全国人心将不可收拾。"(引自《在蒋介石身边八年》，转引自《国民党怎样丢掉中国大陆?》第75页。)

《唐纵日记》在1946年5月17日写道：

当前危机。全国公务员、教职员和大多数老百姓都生活不了，天灾人祸，物价高涨，大家都在死亡线上挣扎。此时强者铤而走险，弱者转死于沟壑。……人心不安，精神涣散，工作效能低落，在职者不能生活，失业者彷徨无所依归。政府事事要办而无一事办好，人力分散，财力分散，显得处处薄弱，处处危险。在职的公务员，个个忙乱，精力分散。在下的忙于柴米油盐，在上的忙于妻财子禄，精力另有所托，另有所耗，对公事敷衍塞责，任何问题，不能解决。(同上书，78—79页)

1947年4月章乃器在《如何恢复政府信用》一文中指出：

政府要恢复信用，首先必须做到政策稳定，绝对不可朝令夕改。但是要注意，这是一个制度问题，而并不是人的问题。在民主制度之下，国家的政策要由人民代表来决定，政策自然就稳定。……反之，在独裁制度之下，以一人之喜怒决定国家政策，就既不会符合人民的要求和实际的需要，又不能避免朝令夕改。他的左右，自然还有些谋臣策士。这班人的生活是脱离人民的，他们的意识也只迎合在上者的意思，为自己升官发财，所以也往往不会为人民的利益打算。他们还要互相斗法，各献殷勤，政局便由此多事。在这种制度之下，政府可能有威，但不易有信。目下要恢复政治信用，必先从建立民主制度入手。（原载上海《工商天地》第一卷第一期）

第二次世界大战结束时，国民政府的法币再度通行全国，提供了一个短暂的喘息机会。但是蒋介石为了准备内战，庞大的军费开支继续上升，不受民众监督的一党专政横行霸道、贪污腐败，恶性通货膨胀又来了。从大后方回到沿海城市的市民掀起抢购物资的风潮。从 1946 年 1 月到 1948 年 8 月的两年半里，物价飞涨 67 倍。在这期间，城市中的不断贬值的法币得不到人民的信任，大额通货由金条、银圆和美钞（因金条是黄色的，银圆是白色的，美钞是绿色的，俗称“黄白绿”）代替。

当时电影明星和导演们拍摄影片的片酬是一根或几根金条，租赁房屋的定金要交金条，购买比较值钱的日用品、药品、化妆品要用银圆或美钞。市民领取薪水工资、拿到法币或金圆券以后，往往立即购物或者到黑市兑换成“黄白绿”。

1948 年 8 月 19 日发行金圆券的币制改革成为独裁政府腐败财政制度的垂死挣扎。物价在不到半年中飞涨 8.5 万倍。1949 年初，独裁政权随着金圆券走向彻底崩溃的绝路。

蒋介石党天下专制政权的覆灭，使得先进的觉悟的文化人总结了历史教训：要救国爱民必须发展经济生产，要发展经济生产必须建立和完善民主法制，加强科学管理，并充分保障人民行使自由的权利。无论爱国、救亡、民主、科学、自由，这些不同的方面有一个共同的敌人，就是专制独裁制度；所以它们有一个共同的目标，就是反专制主义。只有彻底的反专制，国家才能得救，革命才能成功，民主才有效能，科学才有力量，自由才有保障。

1927年，鲁迅在上海劳动大学的讲演中提出“真假智识阶级”的划分，他说：

> 真的智识阶级是不顾利害关系的，如想到种种利害，就是假的，冒充的智识阶级；只是假智识阶级的寿命倒比较长一些。

1934年8月鲁迅在《门外文谈》中写道：

> 凡有改革，最初，总是觉悟的智识者的任务。但这些智识者，却必须有研究，能思索，有决断，而且有毅力。他也用权，却不是骗人，他利导，却并非迎合。他不看轻自己，以为是大家的戏子，也不看轻别人，当作自己的喽罗，他只是大众中的一个人，我想，这才可以做大众的事业。

鲁迅所说这种不顾利害关系的真的智识阶级，“觉悟的智识者”，也就是通常所说的进步的知识阶层包括“文化人”在内。

觉悟的知识阶层、文化人面临着新世纪的“文艺复兴”或者“新生”、“复活”(the Renaissance)，因为这“复兴”不限于文艺，甚至不限于文化本身；复兴应该是全面的复兴，这就是五四精神的复兴，自由民主科学的复兴。必须牢记历史的教训：要救国爱民必须发展经济生产，要发展经济生产必须建立和完善民主法制，加强科学管理，并充分保障人民行使自由的权利。

附录一:近代中国的货币

1840年鸦片战争以后,我国逐步成为半封建半殖民地社会,货币也随之发生很大的变化,形成了多元货币制度。

我国在1935年11月国民政府推行"法币政策"以前,一直采用"银本位",通行银两、银圆、铜币和兑换券,而银两与银圆皆作为货币的主体。抗日战争以后,则先后通行法币、联银券、中储券、金圆券和人民币等纸币。

在阅读清王朝末年直到新中国成立前的文艺作品、文献资料时,我们经常遇到"银两、大洋、银圆、银角子、银毫子、铜元、铜钱、铜子儿、钞票、中交券、兑换券、法币"这些现代早已不再使用的货币名称,其中特别是银圆、大洋等。例如:

1918年秋天26岁的毛泽东来到北京,由杨怀中教授介绍,在李大钊为主任的北京大学图书馆担任助理员,任务是打扫卫生和登记每天读报人数。后来毛泽东自已对美国记者斯诺说:当时工资不菲,每月银洋八圆。

1919年在北京的王光祈等提出要举办"工读互助团",后来陈独秀回忆说:"当时我还捐款大洋三十圆呢。"

1920年北京共产主义小组成立时，李大钊从自己的教授月薪(二百多银圆)中拿出八十块银圆作为活动经费。

银圆、大洋、银洋是清朝末年和中华民国前期流通的主要货币(通货)。“圆”是白银铸造的扁圆体，而“钞票”则是兑换银圆的凭证即“兑换券”。以“白银”为基础的货币系统称为“银本位制”。

本书中，对于银大洋、银圆也就是“银本位”的货币单位，一律写为“圆”；而对于铜元以及后来的纸币、一直到现在人民币的货币单位，则一律写为“元”，以示区别。

本书认为这个区别很重要，因为银圆的币值在几十年间一直很稳定，而铜元、兑换券和法币、等纸币的“元”，则因通货膨胀而不断贬值。

(一) 银　币

“银两”的本位货币性能

我国漫长的封建社会，流通的主要货币是银两，日常生活中又使用铜钱。

有的学者认为，我国宋元明清一千多年间通行的是银两与制钱(铜币)，这两种货币形式并存，具有所谓“无限法偿”的性质。就是说银货币系统与铜货币系统各自相对独立，其间的兑换率并不确定，起伏变化经常很大，在法律上并无主币、辅币之分，所以银两还不能算作真正的“本位币”。

但实际上，明清时代巨额交易时不能支付制钱，必须使用银两，实际上是通行银两与银圆双轨的“银本位”币制。

银两制，是比较原始的货币制度。它以金属的重量计值，即所谓“秤货制度”；它还没有转入“法货制度”的阶段。银两的“两”，原来是用以计算重量的，后来用来衡量货币，所以称为“银两”。它和英国的“镑”、意大利的“里拉”略有不同。英镑原来也是以“磅”重量定名的，到后来英镑的“镑”却与重量的“磅”根本脱节，英镑已变成一种纯货币单位。而银两却仍是以重量来计值的。国内长期使用银锭，形式不规范，零碎的银两要在银号、钱庄去称量，或按照变动的比率兑换铜钱。

清政府规定：

(1)征税起点在一两以上者必须收银两。一两以下，听民自便。(2)银两与制钱的比价，法定为制钱一千兑换银一两。(3)规定纹银为标准成色。(4)政府会计都是用银两计算。这都说明了银两的本位货币性能。

实银两——银锭和元宝

为了使用方便，历代对生银均加以铸造，宋代以后称为“银锭”，或名“银饼”。元代于银锭之外总称“元宝”，明清两代均沿用元宝一词。大型的元宝约重五十两，为马蹄形，亦称“马蹄银”，用于巨额支付。中型的元宝约重十两，形式不一，多为衡锤状，又称“锞子”，其作马蹄形者称“小元宝”。小型银锭的又称“小锞银”，状如小馒头，重约三两五两不等。此外有零星的碎银，专为补助银锭之用。

这些元宝银的分类，大体是全国可通用的。但各地实际上所铸元宝银成色、重量并不一致。而各地亦有各地银两的名称，不胜枚举。如天津有化宝银、白宝银、老盐课银，北京有十足银、松江银，苏州有苏元解，镇江有公议足纹银，扬州有所曹平银，上海有二七宝银等等，不一而足。这些都属于“实银两”。

虚银两——记账单位

此外还有一种“虚银两”，是徒有名，并无其物，只作为计算单位。它是中央或地方政府和人民所公认的一种通行的标准银两，以为记账之用。如上海市场的九八规元，武汉市场的洋例银，天津市场的行化银，以及海关银等等。

九八规元又称规元或规银，是上海通行的一种虚银两。九八规元的来源，说法不一，大抵起源于上海豆商。道光年间，现银缺乏，豆商欲得现银，不惜以九八计算(即98%)。开始仅属上海南市豆行中的一种帮规，后来租界设立，商务日繁，九八规元之计算法亦流行于租界。咸丰八年(1858)由上海的外国银行及商界公决，将往来账目一律改用上海通用规银，以后即通行全市。规元的来源，即系以标准银用九八相除得来，九八两标准银等于规元一百两，可见其成色低于上海之标准银2%，上海市实际现货是以九八规元作为通行的银两记账单位。

银两的四大类“平砝”

各地宝银的成色参差不齐，而各地度量衡亦不统一。由于各地使用平砝(砝码)大小不一，其混乱情形比银两的成色更为严重。据调查，民国初年，各地通用平砝有一百多种，总起来说，可分为四大类：

(1) 库平，这是清政府所用的官平，为全国纳税标准，清政府的国家预算及对外赔款均以库平计算。但其大小也因地而异，甚至中央与地方、甲地与乙地都各不相同。而一省之中还有藩库平、道库平、盐库平等等的区别。《马关条约》规定中央政府库平一两为 575.82 英厘，即 37.31 克重。

(2) 关平，起于咸丰八年的《中英天津条约》，在《中英通商章程善后条约》第九条规定："向例英商完纳税饷，每百两另交银一两二钱，称为倾熔费，嗣后裁撤，英商毋庸交倾熔费。"这是关平的初步规定。后偿付外债，规定标准重量，较中央库平略大，每两约重 581.47 英厘，即 37.68 克重。但各关所谓关银，平色各不相同。

(3) 漕平，是由于漕米改折色以后所引起的，后来民间亦通行。实际上同一地方，亦各不相同。如上海漕平一两，大的约合 565.73 英厘，小的为 564.2 英厘。普通计算以 565.7 英厘为标准，合 36.66 克重。

(4) 市平，名目繁多，甚至钱业中人亦难弄得清楚，市平中主要有公砝平、公估平、钱平、广东的司马等。

总之，所谓库平银、关平银、漕平银、市平银等等都是计算砝码的不同，由于银两平色的分歧，不仅限制了银两流通范围，亦增加了它的使用困难，这是银两制度的最大缺点。后来银两纯属一种记账单位，并没有作为货币真正在市场上流通。直到 1933 年，国民党政府财政部正式宣布"废两改圆"。银两作为一种货币本位遂从法律上中止。

国外输入的银圆

明朝末年，随着对外贸易的发展，西方的银圆开始流入中国，流通时间长达二百多年。

17 世纪后，西方商人从我国购买大量的茶叶、丝绸、瓷器、工艺品等，绝大部分用银圆支付。由于银圆质量形式划一，用"枚" 计数，比用秤称白银方便许多，遂流通于全国的都市大邑。我国商人和市民，多愿用十足的白银换取外国传来的银圆使用。

清朝末期外国银圆在我国所占的货币比重为 43%，外国银圆的流入，对清政府的币制改革起了促进作用。流入我国的外国银圆种类多达数十种，常见的有西班牙、威尼斯、沙俄、法国、荷兰、日本和墨西哥银圆等。其中，“本洋”和“鹰洋”流通面最大。

本洋即西班牙银圆，是西班牙帝国政府从1535年到1821年间在它的殖民地墨西哥铸造的，币面铸有西班牙皇帝的肖像。它的版别很多，最常见的币面是查理第三的肖像，背中四格为动物图案，币径为3.9厘米，重为26.86克，银色原定为93.7%，后减至90.2%；币面双柱上各有一卷轴裹着，成$形，故又称“双柱银”或“柱银”，后来人们用$作为金币和银圆的记号。在19世纪中叶以前，本洋曾广泛流通于我国沿海地区及长江流域。

墨西哥银圆又叫做“墨银”或“鹰洋”，后讹为“英洋”。是墨西哥独立为共和国以后于1823—1824年铸造。币面为墨西哥国徽，一只鹰嘴中叼着一条蛇站在仙人掌上。币径、重量均与本洋相同，银色为90.18%。墨西哥银圆于1854年初入中国，先是在广州使用，其后流行各地，代替“本洋”成为主要通货。1905年，墨西哥改用金本位制，鹰洋来源断绝。

清末铸造新式银圆

面对本国白银大量外流，银圆在国内广为流通的现状，清廷朝野纷求对策。初由民间和地方政府仿制银圆。道光年间，福建漳州和台湾，就铸造了“寿星银饼”和“漳州军饷”等早期银圆。

1833年清廷大员林则徐最先提出由中央政府铸造银圆的建议。尽管他为避免所谓违背“祖宗成法”的非议，只说推广铸造，并不讲模仿洋钱，但还是遭到了顽固派的反对而未能实行。此后随着银两制度的混乱，中国人自造银圆的呼声日高。有的提议依照外国银洋的形式，改变其文字，作为中国货币；有的鼓吹购买西洋机器，设立制币厂自行铸造。

1887年(光绪十三年)清政府终于批准两广总督张之洞的建议，在广东首先设局试造银圆；1889年购置外国机器，招聘外国技师，试铸造库平七钱三分的银币。币面有“光绪元宝”的汉、满文字，上端有“KWANG TONG PROVINCE”，下端有“7 MACE AND 3 CANDAREENS”字样；币背铸有龙纹，上端有“广东省造”，下端有“库平七钱三分”字样，配银九成。第二年正式铸造，改为库平七钱二分的“光绪元宝”。

光绪元宝“龙洋”

广东银圆局于光绪十六年(1890)正式铸造的银圆，币面有“光绪元宝”

的汉、满文字，上端有“广东省造”，下端有“库平七钱二分”字样，配银九成，币背铸有龙纹，环边有英文字样。俗称“龙洋”，由清政府下令作为国家法定银币。所有钱粮关税、厘捐等，均得使用此种银币，民间一切交易与鹰洋同样看待，顺利流通。同时还铸有几种辅币，如半圆（三钱六六，银八六成）、五分之一圆或称为“双毫”（一钱四分，银八二成）等。

湖北、江苏、福建、直隶、吉林等省，见有利可图，也相继仿制。清政府为推广银圆的使用，也命令沿海各省督促银圆的铸造。由于当时尚未划定统一标准，各省所铸的式样和成色参差不齐，且都标明本省省名，难以畅行全国。

宣统二年（1910）颁布《币制则例》，正式规定以“圆”为单位，每核算银圆重为七钱二分，成色为90%，含纯银量为六钱四分八厘。停止各省自由制造，铸币权收归中央。从这些银币龙洋的币面字样，可大致分为三种，即：“光绪元宝”，“宣统元宝”，“大清银币”。

大清银币——跨朝代的银圆

清宣统二年颁布了《币制则例》，规定银圆为本位币，每枚重库平七钱二分，含纯银九成。次年（1911年）春，清政府开铸统一的大清银币，称为国币。

大清银币由户部天津造币厂制造，其币面中为“大清银币”字样，上为满文“宣统第三年”，下为汉文“宣统三年”，左右为束花一对。币背面为蟠龙和英文ONE DOLLAR（一圆）；中央为汉文“壹圆”二字。其中蟠龙的图案有：长须龙、短须龙、曲须龙、反龙、大尾龙等七种版式。同时，制有五角、二角、一角辅币，其版式相同。宣统三年五月，南京、湖北两造币厂开始铸新式大清银币，定十月发行。

1911年10月10日武昌起义后，推翻了清皇权，大清银币没能正式发行。适逢辛亥革命爆发，所有铸成的银圆提充革命军做军饷，陆续随市价流通市面，成为通用银圆的一种。但各省仍自行铸造，成色并不相同，大多数低于《币制则例》标准，也有少数高于标准的。

民国银圆——“袁头币”和“孙币”、“船洋”

民国元年（1912）开铸孙中山半身侧面像的银圆，上缘“中华民国”、下缘“开国纪念币”字样，背面铸“壹圆”，环有英文“THE REPUBLIC OF CHINA, ONE DOLLAR”。但是民国成立后，军阀混战，币制未定，大清银币仍流通使用。直到1914年袁世凯头像的一圆银币铸出,全国币制才逐步趋于统一。

民国三年(1914)二月颁布《中华民国国币条例》,收旧币改铸造袁世凯头像的新币,即所谓"袁头币"。以"圆"为单位,成色改为八九。同年十二月,先在天津总厂铸造袁头像银币。民国四年以后,各省先后仿铸。此种银圆形式,币面铸袁世凯的头像及铸造年度(如民国三年),背面为嘉禾的纹饰和"壹圆"的字样,俗称"大头"。

1927年6月北伐胜利,国民政府停铸袁头币,由南京造币厂改铸"中山币",即中山开国纪念币(用的是民国元年的旧模),通称为"孙币",俗称"小头"。从此在抗日战争以前中国境内就通行"袁头"和"孙头"两种银圆,其成色基本相同,全国各地市面上都可以通用。其他成色较次的以及墨银等就逐渐被淘汰了。

1933年国民政府"废两改元",颁布《银本位币铸造条例》,规定每枚银圆重26.7克,含纯银23.5克,并由上海造币厂铸造新银圆,正面为孙中山头像,背面为"帆船放洋"图案,俗称"船洋"。

据估计民国初期的20年中,"一银圆币"约铸造14亿枚。这种"银圆本位"的货币制度,到1935年11月4日国民党政府实行"法币政策",正式宣布停止使用银圆,才基本结束。但是后来十几年间,银圆仍然在世面上时隐时现;一直到"人民币时代",银圆才完全退出市场,成为历史文物。

"小洋"和"双毫"

除了面值壹圆的银圆外,清朝末年及民国时期,都铸造过各种银辅币(小型银币),俗称"小洋"、"角子"或"毫洋"。种类也很多。

1914年北洋政府规定银辅币有1角、2角、5角三种,先从天津试办。天津造币厂铸造"银角子"过多,比价跌落。市价低到1银圆兑换12角至15角,甚至24角。

广东地方所铸银质辅币,成色(含银量)为82%,分为面额5角、2角、1角、5分四种。由于铸造有利可图,数量上又没有限制,以致成色越来越低,又不能平价兑换银圆,常受供求影响,市价贬值。

小银币中最通行的2角银币,俗称"双毫"(相当于两角的毫子),因形制适中,与我国古代五铢钱的重量大小相似,日常交易很方便。在两广一带,竟代替“一圆”银币而成为主要的本位币。大致情况下，“小洋”1 元 2 角或 6 枚“双毫”，折合一块银圆(大洋)，也就是兑换率为 1∶0.8。在上海有一个时期，贬值到 7 枚甚至 10 枚“双毫”方可兑换一块银大洋。

“银本位币”的购买力

从 19 世纪末到 1936 年以前，我国流通的主要货币一直是银圆；国产四大银币为“龙洋”、“袁币”、“孙币”和“船洋”。到 40 年代纸币不断贬值，从经济学的角度，将不同年月的钞票的购买力做比较时，往往折合为“标准银圆”换算。这时银圆仍然在世面上流通，民间有所谓“大头小头，买进卖出”的谚语。所以，在法币、金圆券和人民币时代以前，我国的社会经济生活时代可以称为“银圆时代”。

那么，各时期银圆的购买力如何呢？我们可以参考历史上的物价来计算(见附录二)。

(二) 铜　钱

外圆内方的制钱

中国封建社会通行的货币是银两和铜钱。铜钱是日常民间通用的小币值通货（辅币)，种类很多。“一文”、“一吊”、“当十”、“当廿”，都是跟铜钱相关的计量单位。在一般的小买卖、小生意中，和支付工钱、小账的场合，民间通常使用铜钱，而不便直接使用高值的银两。

“制钱”，专指明清两代，按照本朝定制的由官炉所铸的铜钱，以区别于前朝旧钱和本朝的私炉钱。制钱有一面铸文字，所以称钱一枚为一“文”。这称呼从南北朝时代开始。“分文不取”、“一文不值”是典型的由此而生的词语。

制钱中间有方形的孔，所以戏称为“孔方兄”。可以用绳子把钱串起来，一千文叫做“一吊”。明清时代通常一两银子可以折合一千文，为一贯钱或一吊钱。民国之后，在北京也有所谓“说大话使小钱”，把一百文称为“一吊”的。

“孔方兄”、“方孔兄”、“孔兄”、“方兄”为钱币别名，源于秦代的“方孔圆钱”即“半两钱”。秦统一之前，铜钱的穿孔，以圆形为多，“半两钱”确定用方孔，这是圆钱形制上的一大变化。外圆内方的半两钱，寓有天圆地方之意。古人云：秦始皇把天命、皇权熔铸在半两钱形制上，外圆代表天命，内方象征皇权。

新式铜元的诞生

清朝末年，与新式银圆同时流通的金属货币中有一种形态新颖的机制铜元。机制铜元与传统制钱——铜钱的不同之处，在于它改变了历代用范铸方孔圆钱的传统，改用机器制造，中间没有孔，俗称铜板。新式铜元诞生于清代光绪二十六年(1900)，清末采用机器铸造铜元，这是我国货币发展史上的一大变革。它的出现，使曾经大量行用的“孔方兄”——制钱逐渐退出了货币流通领域，成为历史文物。

清代的货币制度，银两与制钱并用。银两——银锭、元宝或零碎的银块银片，多使用于田赋征收及其他巨额支付；一般货币流通主要使用铜或铁浇铸、内有方孔的制钱。自清嘉庆年间始，因鸦片流入使白银大量外流，银贵铜贱，制钱制度濒临崩溃。咸丰年间，太平军兴，内忧外患，财政危机，遂推行“大钱”(即铸成“当十”和“当二十”的铜钱)以取代制钱。而大钱制度实际上是一种通货膨胀掠夺财富的手段，很快失去了信用。各地铸钱局相继停铸铜钱，市面通货日见短绌，商品流通受阻。虽然光绪年间，沿海闽、粤、浙等省尝试以机器铸造制钱，但终究未能挽回制钱制度没落的命运。制钱即不可恢复，大钱又不可行，于是新式铜元就应运而生了。

早在光绪二十三年(1897)，江西道监察御史陈其璋就曾奏请“鼓铸大小铜圆三品，一品重四钱，中品半之，下品又半之，以补制钱之不足”，但未被采纳。光绪二十六年广东因铸钱不足，市面出现“钱荒”，香港等地的外洋铜辅币流通量渐趋增加。为缓解“钱荒”，抵制外洋铜辅币在粤流通，洋务派督抚奏请清廷，请示仿造香港“铜仙”样式，试铸铜元，获得清廷批准。同年六月，广东正式开铸“光绪元宝”铜元，从此机器铸币正式取代了传统手工钱范铸造货币，这是一大飞跃。

“光绪元宝”铜元

广东最早试铸的铜元，每枚重二钱，以紫铜 95%、白铅 4%、点锡 1% 配合铸成。直径 28 毫米，形式精美。正面中央铸“光绪元宝”四个汉字及满文

“广宝”，外环珠圈，上缘有“广东省造”字样，下缘为纪值文字“每百枚换一圆”，左右文饰小花星；背面中央铸有象征清王朝的蟠龙图案（钱币学上称为“飞龙”），龙图外环珠圈，上缘为英文纪地“KWANG-TUNG”（广东），下缘英文纪值“ONE CENT”（一仙），左右饰以小花星。这是我国最早铸造的铜元。“仙”（CENT）意为百分之一，原是香港铜辅币的计值单位，说明这种铜元是仿造香港铜辅币铸造的。

但“每百枚换一圆”和以“仙”为单位的纪值方法，毕竟与传统方法不相符合，因此光绪三十年奉命将钱文改为“每圆当制钱十文”，背面英文币值也由“ONE CENT”（一仙）改为“TEN CASH”（十文），这就是钱币学界所说的“改版铜元”。这种式样遂成为晚清铜元的标准形制。

“光绪元宝”铜元，面值分一文、二文、五文、当十文、当二十文五种，其中发行最多、流通最广的是“当十铜元”，发行量占铜元发行总数的 90% 以上。

新式铜元铸造精良，远非传统手工铸钱所能比拟，不易伪造、私铸；它式样新颖，中间没有穿孔，大大提高了铸造速度和质量；它成色划 ·，标明与银圆的固定比值，“通行市肆，民间称便”。因此铜元发行初期，其价值甚至超过币面价格，在市场流通时普遍有 5%—15% 的升水。如光绪二十八年（1902），1 元的银圆在苏州只兑铜元 88 枚（升水率 12%），杭州可换 90 枚（升水率 10%）。铸造者大获其利。各省纷纷向外国采购机器，建造厂房，仿广东铜元式样开铸铜元。

光绪三十一年全国已有 17 个省的 22 个钱局铸造铜元，所铸铜元总额由 1900 年的 16.9 亿枚激增至 75 亿枚。铜元供过于求，导致不断地贬值。宣统元年（1909）铜元与银圆兑换比价，已由 110 枚合 1 圆跌至 130－140 枚合 1 圆，在市面行用平均须贴水 10%—40%，与 1905 年以前的市价相比，贬值惊人。

大清铜币

光绪三十一年，清政府下令将天津银钱总厂改称户部造币总厂，统一铸造大清铜币，以期收回铸造权，并使铜元整齐划一。同时颁布整顿环法章程，规定正面中央为“大清铜币”四汉字，外环珠圈，上缘满文“大清铜币”，下缘纪值文字“当制钱×文”，左右分列干支纪年；背面中央为大清蟠龙纹，上缘年号“光绪年造”（1909 年后为“宣统年造”），下缘英文“TAICHING-

TIKUO COPPERCOIN"(大清帝国铜币)。

此后各省纷纷仿铸,对这种铜元的铸造比较一致。各省铸币在正面中央置一阳文或阴文小字,如直(直隶省)、闽(福建省),以示区别。大清铜币分四类:(1)重 4 钱,当制钱二十文;(2)重 2 钱,当制钱十文;(3)重 1 钱,当制钱五文;(4)重 4 分,当制钱二文。清政府采取控制设局、限制铸量等措施,希望挽回铜元信用,但各省因利之所在,阳奉阴违,铜元泛滥之灾愈演愈烈。

各省铜元的出现,迫使清朝末年的方孔圆钱退出历史舞台。最后一种方孔圆钱,是末代皇帝宣统时铸的"宣统元宝"。方孔圆钱的取消,无疑是一种进步。

宣统二年四月十六日,清政府颁布《币制则例》,在确定银本位的同时,规定铜元为辅币,有一厘(百枚换银币一角)、五厘(二十枚换银币一角)、一分(十枚换银币一角)、二分(五枚换银币一角)四种面额,但这套铜元未正式发行。

1910 年发行一套新铜元,正面中央为蟠龙图案,四周为"大清铜币"四字;背面中央为嘉禾图案和币值,上缘"宣统三年",中心为"十文",下缘纪值"百枚换银一圆"。有五文、十文、二十文三种,除十文币曾正式发行外,五文、二十文币仅存样币。

同时还规定新旧铜币暂时并用,三年内逐步收回旧铜元。但这一币制改革方案还没来得及全面实施,清王朝就被推翻了。

民国以后的铜元

中华民国元年,第一次参议院会议决议,以国旗五色旗与九星旗一同作为铸币图案,铸造"开国纪念币"。还铸造过以孙中山头像或黎元洪头像、袁世凯头像为一面图案的"十文"铜币。此后各地军阀割据、各自为政,把发行货币看作筹措军费的捷径,纷纷开设铸币厂,竞相滥造铜元,币制更为混乱。

发行最多的民国开国纪念币为币值十文(下缘英文 TEN CASH)或"当十铜元"币。

1916 年袁世凯称帝,铸造"洪宪元年开国纪念币"当十铜元。

民国六年(1917)二月,天津造币总厂根据《国币条例》的规定,铸行中心有圆孔、币面有嘉禾图案的新式铜元，有五厘、一分两种，其中一分币(合十文)曾一度流通于市，五厘币铸额较少。

北洋政府企图以新式铜元"当十文"、"当二十文"统一货币，但无法抑止各地军阀的铸币竞赛。

北伐战争胜利后，国民党掌握全国政权，地方军阀势力日益衰落，货币发行逐渐转向纸币，铜币铸造已成强弩之末。民国十九年(1930)国民政府宣布推行银本位制，以银圆为主币，发行纸币角、分票和镍质辅币，于是铜元逐渐失去流通价值。

铜元不断贬值

清末民初，铜元和银圆的兑换率有很大变化。简单说就是：在银本位情况下铜元贬值。

1905年起，清政府所铸的"当十"、"当廿"(当二十)铜元，又叫"大钱"，代替了制钱成为通行的辅币。当十又称为一枚，当二十又称为一"大枚"。起初，一百枚当十铜元，或者五十枚当廿铜元可以兑换一银圆。但是几年以后就发生变故，铜元价值急转直落。

1911年辛亥革命后建立民国。北洋军阀执政，滥发当十铜元辅币和兑换券。随着铜价跌落，铜元和兑换券一再贬值。银圆兑换铜元的比例，不断上升。北京逐年每一银圆对当十铜元的兑换率如下：

1905年	100	1921年	152.8
1913年	134.7	1922年	170.7
1914年	132.0	1923年	193.2
1915年	135.4	1924年	232.9
1916年	136.9	1925年	285.5
1917年	123.5	1926年	300
1918年	134.2	1928年	360
1919年	138.0	1930年	400
1920年	141.0	1935年	460

在上海，每一银圆对"单铜元"(即当十)的兑换率又有差别：

1902 年	92	1916 年	127
1905 年	95	1921 年	154
1908 年	123	1927 年	284
1909 年	127	1929 年	296
1911 年	134	1930 年	301
1912 年	123	1935 年	314

当时，全国各地的体力劳动者（无论“大工”还是“小工”）的工资一般按日结算，都以铜元（而不是银圆）支付。由于铜元不断贬值，大为减少了劳动者的实际收入，加重了贫民的生活负担。

30 年代，在北平一块银圆（或一元国币）竟可兑换 40 吊，也就是 400 枚当十铜元、或 200 大枚当廿铜元；甚至可以兑换 50 吊。30 年代以后，当十铜元已不多见，通用者仅有当廿铜元（以及兑换券当廿铜元票）。

根据 1935 年出版的《北平旅行指南》所载，当时流通的铜元只有一种当二十的辅币：“目下行市，每元可换四千六百文至五千文（俗呼五十吊，即当二十铜钱二百五十枚）。”也就是说：沿袭了咸丰年间的兑换率：当十的一枚只值两文制钱。五百个当十铜钱或二百五十个当廿铜钱，兑换一块银圆。票面当十的宝钞值 2 厘银圆，当二十的宝钞值 4 厘银圆。

30 年代北平通用的当二十大铜元 1 枚相当于 4—5 厘银圆，称为“大铜子儿”，或“一大枚”。10 枚小铜子儿才值 2 分多钱，10 大枚铜元（大铜子儿）才值 4—5 分钱。

200 或 250 大枚铜元才合 1 块银大洋。

后来河北发行了“铜圆票”辅币，有二十枚（4 分）、三十枚（6 分）、四十枚（8 分）、五十枚（1 角）、六十枚（1 角 2 分）、百枚（2 角），在华北地区 30 年代仍可使用。例如：北平的有轨电车票，天桥至前门（或东四至东单）一段十枚，相当于 2 分半；又如：中央公园、北海公园、天坛公园的门票，一人次都是铜圆票二十枚，相当于 5 分钱。

铜元的寿终正寝

1930 年，国民政府财政部颁布《中华民国国币条例》，明令禁止旧铜币的流通。然而铜币的使用并未立即停止，尤其是边远地区和穷乡僻壤，民间继续行用铜元找零。到 1945 年 8 月抗战胜利时，铜元基本都停用了。

(三) 纸 币

现代化银行与货币制度

有了现代化的银行，才有现代化的货币。虽然清朝末年我国已经有了许多“钱庄”“银号”和“票号”，但它们还不是资本主义金融机构——银行。从钱庄到银行，从银圆、兑换券、国币到法币，就是中国货币制度逐步现代化的历史进程。

中国的第一家现代化金融机构(银行)是 1896 年盛宣怀向清廷奏准设立的“中国通商银行”，1897 年正式开业。英文原名为 THE IMPERIAL BANK OF CHINA (中华帝国银行)，总行设于上海；名为商办，实为官商合办，银行组织制度模仿英国汇丰银行。1898 年开始发行“银两票”和“银圆票”两种兑换券。这是我国近代银行第一次发行钞票兑换券，“壹两”票背面印有英文 ONE TAEL, SHANGHAI CURRENCY 字样。辛亥革命后，银行英文名改为 THE COMMERCIAL BANK OF CHINA 。

1905 年 8 月，清政府在北京成立完全官方的“大清户部银行”(THE TA-CHING GOVERNMENT BANK)除了经营一般银行业务外，还有铸造货币、发行钞票、经理公款等特权；曾发行“银两票”、“银圆票”和“制钱票”三种兑换券。所发行的壹圆券，背面印有英文“ONE DOLLAR”字样。光绪三十二年(1906)户部改为“度支部”，三十四年正月户部银行改称“大清银行”。

1907 年，邮传部奏准成立“交通银行”(GENERAL BANK OF COMMUNICATIONS)，总行先设在北京，1928 年迁往上海。这个银行经营“路、电、邮、航”四大业务，还有权发行钞票。

辛亥革命后，1912 年北洋政府正式接收前朝大清银行，改为“中国银行”(BANK OF CHINA)。这时全国共有大小银行 17 家。

民国之初，金融恐慌，财政窘迫。孙中山发表《钱币革命》一文，倡导币制改革。孙中山认为造成金融恐慌的原因是“钱币之不足也”，指出“以国家法令所制定纸币为钱币，而悉贬金银为货物”，国家收支，市场交易，悉用纸币，严禁金银。“其现作钱币之金银，只准向纸币发行局兑换纸币，不准在市面流行。”(引自孙中山《总理全集》第一集,1011页)这些主张切中时弊,反映了经济发展的需要。

1912年秋,北洋政府财政部特设币制委员会讨论货币改革问题。

1914年以前,我国还没有统一的货币制度。1914年2月8日,北洋政府(国务会议)颁布《国币条例及施行细则》,规定重量7钱2分的银圆为本位国币,并铸造发行新币(袁大头)兑换各种银圆;由中国银行(股本一千万圆)、交通银行(股本也是一千万圆)代理国库办理国内外汇兑。当时发行全国性兑换券的还有好几家银行(如浙江兴业银行)。中国银行和交通银行,成为北洋军阀政府的两大金融支柱。它们发行的钞票(兑换券)统称“中交票”或“中交券”。

1915年8月,中国银行、交通银行与钱业公会达成协议,将以前所有龙洋行市一律取消,只开“国币”(袁头币)一种。这样,上海银洋行市就剩下国币与鹰洋两种。中国内地各省通用国币和龙洋。墨西哥鹰洋已停止铸造,鹰洋流通每况愈下。

1919年五四运动发生,继学生罢课、工人罢工之后,上海商人实行罢市。在反帝爱国热潮中,上海钱庄业于6月11日决议取消鹰洋行市,只开国币一种,把几十年来控制全国市场的鹰洋势力彻底排除,银圆行市得到统一。然而当时实际收支虽用国币银圆,交易计算却仍用“银两”为标准。

钞票——兑换券

旧中国流通的货币,除了银两、银圆、制钱和铜元之外,还有各地、各家银行发行的钞票,亦称银行“兑换券”或“信用券”。这是一种“信用货币”,它的支付手段,是可以兑换银圆。无论兑换券的发行者是国家银行还是私营银行,是本国银行还是外商银行,都是要兑现的(国民政府实行法币政策后变成不兑现,这在后面还要说到)。而“纸币”一般是不用兑现的,这是两者的最大区别。

钞票的发行,基于客观经济发展的需要,是资本主义经济发展的产物。纸币的发行,基于国家的强制权力,只要在一国的行政权力之内,用命令就可以发行;超出一国的行政范围,它就失去流通作用。一般说来,各银行发行的钞票兑换券或信用券,并不因政治局面的变动而丧失其流通的能力;而政府发行的纸币,则随发行纸币的政权倒台而消失。

当然,这两者的区别也不是绝对的,它们可以相互转化,即"钞票"可以由兑现的"信用券"变成不兑现的"纸币"。例如在1935年以前,中国银行、交通银行等发行的钞票是兑现的,而实行法币政策之后,就转变为不兑现的纸币了。

金融市场上,除我国公私银行发行钞票外,还有外商银行发行的钞票,这是中国半殖民地经济的特征之一。

中国银行、交通银行发行的兑换券

中华民国元年2月,大清银行改组为中国银行,交通银行仍沿用旧名。中国银行和交通银行,在民国初年被指定为国家银行,继续发行兑换券。并规定:凡是完纳地丁、钱粮、厘金、关税,购买中国铁路、轮船、邮政等票,发放薪俸、军饷及一切官款出纳和商民交易,一律通用中国银行兑换券,不得拒收。面额有壹圆、伍圆、拾圆,乃至壹百圆等。

1912年发行的中国银行拾圆兑换券,蓝色,正面上方印有"中国银行兑换券",中央图案中印有竖写的"拾圆"字样,左边印有黄帝像,每种类型的兑换券都印有地名,可按券内地名,由中国银行随时兑换。1914年《国币条例》颁行后,该行为了统一国币,便在票面上印有"凭票即付国币"字样。

交通银行发行的兑换券,现今见到的有1912年的伍圆券,正面上方印有两面五色旗,下方图案为火车和轮船。右边印有"永远通用银圆",左边印有"中华民国元年"字样。两边两块方印内分别印有"不挂失票"和"凭票即付"八个字。1913年的壹圆兑换券、1914年的伍圆兑换券,票面也印有"凭票即付国币"字样,每种票上都印有地区名称,计有济南、哈尔滨、天津、重庆、上海等。

1915年袁世凯称帝,激起了讨袁战争,财政状况日趋恶化。1916年中国银行和交通银行停止兑现,引起了粮食和各种商品的价格急剧上涨,致使商民蒙受很大损失。中国银行和交通银行发行的兑换券(俗称"中交票")一元本来应该兑现银币(大洋)一圆,但在内乱时完全不能兑现,经常只能兑换银币六角或八角,市场上货币混乱不堪。

中央银行的银币券

孙中山为了调节资金、活跃经济,在广州设立中央银行,代理国库,发行货币。宋子文任该行行长。中央银行于1924年8月15日开业，同时发行美国印制的民国十二年(1923)版孙中山像的壹圆、伍圆、拾圆、伍拾圆、壹百圆五种银币券。壹圆票正面为绿色，伍圆为赭色，拾圆为淡褐色，伍拾圆为红色，壹百圆为棕色；背面均为蓝色。中央均印有孙中山于1922年拍摄的肖像，上印“中央银行”，下印“通用货币”字样。今见到的壹圆券面两边均有“湘赣桂通用券”，伍圆币印有“爱国纪念”和“保存货币”字样。

此后，又发行一套新的银币券，文字图案与旧券基本相同。1926年北伐战争开始后，军需浩大，来不及印制大量钞票，中央银行便在原来的钞票上加盖“湘赣桂通用券”等字样，在陆续攻占的各省通用。国民革命军北伐占领汉口后，于1927年1月成立中央银行汉口分行，发行兑换券，印有“汉口”字样。

除国家银行发行的钞票外，一些普通商业银行经政府核准也取得了钞票发行权，如中国通商银行、浙江兴业银行、四明银行、中国实业银行、大中银行、中国丝茶银行、中南银行、殖边银行、农商银行、边业银行、西北银行、中国农工银行等，它们对发展国民经济也都起了一定的作用。

在国家银行发行兑换券的同时，各省地方金融机构也发行了各式各样的钞票。民国成立后，许多省财政极度困难，筹措无着，只好以发行纸币为其财政来源。任意增发，造成纸币价格低落，失去信用。北京政府1915年发布《纸币取缔条例》，几年后又发布《修正纸币取缔条例》，仍然不能禁止各省银钱行号滥发纸币，人民深受其害。

“废两改圆”

北伐战争后，国民政府在南京成立。1928年10月公布《中央银行章程》，11月1日国民政府在上海设立新的“中央银行”，特定为国家银行，具有经理国库、铸造货币、发行全国性兑换券、经营内外债券的特权。后来又利用修改金融条例的办法，把中国银行、交通银行的总行迁移到上海，特许中国银行为国际汇兑银行，交通银行为全国实业银行。

1933年4月国民政府开始在上海首先施行“废两改圆”，规定银圆和纸币“元”完全一致；颁布《银本位币铸造条例》，确定以银本位币的“圆”为单位，银圆同银两的折算率，定为壹圆等于上海规元七钱一分五厘。零碎的银两不再流通，由中央银行收购统一铸造银圆，价值估计约2.6亿圆。规定每枚银圆重 26.7 克，含纯银 23.5 克(含量 88%)。标准银币正面为孙中山头像，背面为双帆船图案的“孙币”，又称“船洋”。这时只有作为小币值辅币的铜钱(铜板、铜子儿)尚可流通，但是逐渐也被纸币角票和辅币代替了。于是各地钱庄(银号)操纵中小型工商业金融市场的实力被大大削弱了，不得不向现代化银行靠拢。此后全国的货币制度逐步得到统一。

所谓“银两”实际上是一种记账单位，并非在市面上真有银两作为货币在流通。我国使用银两有悠久的历史，而银圆是在清中叶以后，才大量自国外输入的(最初有西班牙本洋与墨西哥鹰洋，后来有英国的香港银圆与法国的安南银圆等等)。因其质量形式标准化，使用方便，流通日广，民国以后，早已成为市场上通用的本位货币。无论国家预算、赋税收入、薪工支付，概以银圆计算。只有某些个别单位（如海关）仍以“银两”记账，实际收付，亦折合为银圆。银两的成色不一，计算方法复杂，虽然上海、汉口等地都产生了标准计算单位，如上海的“九八规元”，汉口的“洋例”，北京的“京公砝平”，天津的“行平”等等，但仍无补于全国性银两制度的统一，而且银两与银圆两种币制并存，形成一种复本位制度，对发展经济是有百害而无一利的。所以，“废两改圆”这项改革是有进步意义的。

币制改革——法币

1935 年 11 月 4 日国民政府实行币制改革。考虑到白银外流和国际市场上银价波动较大等因素，决定废止银本位制度，采用纸币流通制。规定以中央、中国、交通三大银行(1936 年 2 月以后又增加中国农民银行)所发行的纸币(原有数额共约 4 亿圆)为“法币”，同时发行法币小面值辅币；禁止其他银行再发行纸币；所有赋税和公私款项收付以及债务结算，一律使用法币；禁止使用白银和其他钞票，并限期到指定的四大银行兑换法币。

法币发行以后，许多场合仍然以银圆结算。如外汇的买卖，鲁迅委托日本友人在东京购买图书，还是用银圆兑换日元。

此后，我国的钞票从可以兑现的信用货币一变而为不兑现的纸币。但还不能算是一种纯纸币制度，而是一种金汇兑本位制度，因它可以自由买卖外汇。

1937 年七七卢沟桥事变抗日战争爆发，八一三淞沪战起，平津和上海、广州等口岸外汇大量外逃。国民党政府为了防止外汇套购，开始实行外汇统制政策，废止无限制买卖外汇办法。从此，法币对内既不能兑换银圆，对外又不能自由购买外汇，它就变成一种纯纸币本位了。

关金券

关金券，是“海关金单位兑换券”的简称，为国民党统治时期中国海关收税的计算单位。原来海关的关税以银两计算，但是 1929 年世界银价大落，影响了中国关税收入，中国政府即于 1930 年 1 月决定征收金币，以纯金 0.601866 克(合美金 0.40 元)为计算标准，称为“海关金单位”。

1931 年 5 月，中央银行发行“关金”兑换券，作为交纳关税之用。

1942 年 4 月，以关金券 1 元折合法币 20 元的比价，跟法币并行流通。实际上表明，这时法币已经贬值到二十分之一以下。

附录二:20世纪上半叶中国各地银圆购买力

从1912年到1936年,中国的物价是基本稳定的,升降平缓,浮动不算大。

蔡元培和鲁迅所活动的时代,主要在这24年之间,中国市场上流通的主要货币是银圆,而不是后来的纸币,所以,我们把这一时期称为"银圆时代"。

从中华民国成立到20年代初,市场上通用的货币以银圆、铜钱为多,而纸币(国币或兑换券)信誉不佳,还并未成为正宗。若要拍摄电视剧的话,必须注意这个细节。本来"块"这个量词专用来计数"有分量"的事物,说的是金属,而非轻薄的纸。

20世纪头30年,以银圆为本币(银本位)的币值是比较坚挺的,没有此后40年代国民党政府发行的法币和金圆券那样的通货膨胀和物价飞涨。所以我们可以对"一块钱"的实际购买力有相对稳定的描写。

我们以抗战前一年或通行法币前夕(1936年)的一银圆折合今人民币30元,作为换算的基准单元。

历史上一块银圆的购买力

20世纪前半期,我国1块银圆(或国币)的实际购买力如何呢?我们可以参考历史上日常生活必需品的物价来计算。但一方面，物价随年月的变迁而变迁，另一方面，物价又随地点的不同而不同，我们只能做一个大概的描述。

以大米、猪肉、白糖、植物油和棉布等衣食用品在上海市场的价格为例：

1872 年上白米为每旧石（音担）2.7 银圆，计算大米的容量单位 1 旧石＝10斗＝160 旧斤＝177.7 市斤（许多人通常误认为 1 石＝100 市斤是搞错了），就是说当时每斤上白米价格为 1.5 分银圆。这时期 1 块银圆大约折合今人民币 100 多元。

1901 年米价为每旧石 4 银圆，也就是每斤 2.2 分钱。这时期的 1 块银圆大约折合今人民币 70 元左右。

1911—1919 年米价恒定为每旧石（178 斤）6 银圆，也就是每斤米 3.4 分钱；1 银圆可以买 30 斤上等大米；猪肉每斤平均 1 角 2 分—1 角 3 分钱，1 银圆可以买 8 斤猪肉；棉布每市尺 1 角钱，1 银圆可以买 10 尺棉布；白糖每斤 6 分钱，植物油每斤 7—9 分钱；食盐每斤 1—2 分钱。……这时期“一块钱”大约折合今人民币 40—50 元。

1920—1925 年上海大米平均为每市石 9.5 银圆，1 市石＝160 市斤，也就是每斤大米 5 分多钱，1 银圆可以买 18 斤大米；猪肉每斤平均 1 角 4 分—1 角 5 分钱，1 银圆可以买 7 斤猪肉；棉布每市尺大约 1 角 2 分—1 角 4 分钱，1 银圆可以买 8 尺棉布；白糖每斤 1 角钱，植物油每斤 1 角 5 分钱，食盐每斤 2—3 分钱。……这时期“一块钱”大约折合今人民币 35—40 元左右。

1926—1936 年上海大米平均为每市石 10.2 银圆，也就是每市斤大米 6 分多钱，或者说，1 银圆可以买 16 斤大米；猪肉每斤大约 2 角—2 角 3 分钱，1 银圆可以买 4—5 斤猪肉；棉布每市尺大约 1 角 5 分—1 角 8 分钱，1 银圆可以买 6 尺棉布；白糖每斤 1 角 5 分钱，植物油每斤 2 角钱，食盐每斤 3—5 分钱。……这时期“一块钱”大约折合今人民币 30—35 元左右。

当时上海的物价比北京（1928 年以后称为北平）高出大约 10%—20 %，一般说来，南方的物价比北方高些，城市的物价更比乡镇要高得多。

30 年代在北平，一块银圆（大洋）可以请一顿“涮羊肉”；在上海，一块银圆（洋钿）可以请两客西菜套餐。要逛公园，一块银圆可以买 20 张门票；要看演出（戏剧或电影）一块银圆可以买 10 张入场券。至于精神食粮，一份报纸零售 3 分，一块银圆可以订阅整月的报纸；一部《呐喊》售价 7 角，一块银圆可以买一本比较厚的书，或者两本比较薄的书。

由此，我们对于清末民初一块银圆（或国币）的价值可以得到一个具体的概念。

[附]历史上猪肉价格的比较资料

2002 年 9 月 8 日，陶世龙先生看到我关于《文化人的经济生活》的研究文章，以及《鲁迅一生挣了多少钱》以后，在互联网上提供了以下补充资料：

> 根据《中国工人阶级历史状况》一书，记录 1912—1924 年北京市的物价。当时北京的猪肉价格，1913 年是每百斤 11 圆 7 角；1916 年有所上升，每百斤 13 圆 3 角。
>
> 那时的 1 斤（老秤）合 596.82 克，现在 1 斤（新秤）合 500 克。所以老秤 1 斤约合新秤 1 斤 2 两。
>
> 北京 1913 年猪肉每百斤（老秤）11 圆 7 角，合每斤（新秤）约 1 角银洋；1916 年猪肉每百斤（老秤）13 圆 3 角，合每斤（新秤）1 角 1 分银洋。
>
> 由此可以计算出——
>
> 鲁迅 1913 年 1 月薪俸 220 银圆，可购买猪肉 1122 千克，即今秤 2244斤；
>
> 1916 年 1 月薪俸 300 银圆，可购买猪肉 1346 千克，即今秤2692斤。

又，陶先生举出当时李四光为答复鲁迅说他在京师图书馆当副馆长一事所作的说明：

> 这副馆长一职的月薪是 500 银圆，但他只支取一半，还有一半捐给图书馆了；其实不捐也是可以的。所以当时教授的实际收入要比每月 2000 多斤猪肉还要多些。难怪鲁迅在北京居住的 15 年间，能花上相当 26000 斤猪肉的钱去购买图书资料，另外还买了住宅。
>
> 现在（2002 年）北京的猪肉每斤价格是 5 元到 7 元之间。当然，货币购买力不应仅仅以猪肉一项的价格来计算，而应以多项生活用品的综合比价来计算。可见，陈明远估算民国初年（1912—1919）的 1 银圆平

均购买力约相当于今人民币 50 元，还是基本上符合实际情况的，甚至是比较保守的数字；因为当时北京市的物价比上海低廉 10%—20 % 左右。

作者在此对陶世龙先生表示感谢。

1900—1926 年北京的最低生活费和物价水平

1918 年清华大学的外国教员狄登麦(C. G. Dittmer)在北京西郊第一区调查居民 195 家，内中 100 家为汉人、95 家为满人。从这个调查结果，狄登麦计算北京市郊平均五口的人家，每年至少须收入 100 银圆，以维持最低生活。

狄登麦文章中说："有了一百圆的生活费，食物虽粗而劣，总可以充饥；房虽不精致，总可以避风雨；此外每年还可以制两身新衣裳，买一点煤免到路上去拣去扒；更可以留余五圆，做零用。拿了这五圆可以在年节，买一点肉吃，常常喝喝茶，若没有病人及医药费，或者可以去近边山上去朝香。"这 100 银圆就是当时每个五口之家一年的最低生活费。(参看哈佛大学出版《经济学季刊》第三十三卷第一期狄登麦的论文)

又根据孟天培、甘布尔关于 1900 年至 1924 年北京物价、工钱及生活程度的调查，1924 年的生活费比 1918 年的生活费(以 1913 年为计算标准)高出 23% 以上，1924 年底到 1926 年更涨价，北京市民每家每年最低生活费达到 125—150 银圆。……

这 25 年之间物价指数的变化如下(以 1912 年为 100)——

年　度	物价指数	银圆比价	合今人民币
1900	81	1 圆 2 角 3 分	61 元 5 角
1901	68	1 圆 4 角 7 分	73 元
1902	76	1 圆 3 角 1 分	65 元
1903	84	1 圆 1 角 9 分	59 元 5 角
1904	78	1 圆 2 角 8 分	64 元
1905	75	1 圆 3 角 3 分	66 元 5 角

(续表)

年　度	物价指数	银圆比价	合今人民币
1906	83	1圆2角1分	60元3角
1907	87	1圆1角5分	57元5角
1908	89	1圆1角2分	56元2角
1909	89	1圆1角2分	56元2角
1910	90	1圆1角1分	55元6角
1911	100	1圆	50元
1912	100	1圆	50元
1913	100	1圆	50元
1914	93	1圆0角8分	53元8角
1915	88	1圆1角4分	56元8角
1916	96	1圆0角4分	52元1角
1917	102	9角8分	49元
1918	97	1圆0角3分	51元5角
1919	88	1圆1角4分	56元8角
1920	114	8角8分	43元9角
1921	117	8角	42元8角
1922	113	8角8分	44元3角
1923	118	8角5分	42元4角
1924	126	7角9分	39元7角
1925年初	144	6角9分	34元7角
1926	133	7角5分	37元6角

可见,1912年至1919年之间,北京的物价还是比较稳定的。然而到了20年代,北京市生活费用不断上升,到1925—1926年,上升了三分之一以上。

这就是说,在1925—1926年间北京市的银圆1圆,平均购买力只能相当于1912年的7角左右;或1901年银圆购买力的5角左右。

1922年戴乐仁教授及麦龙尔受"华洋义赈会"的委托,调查所得结果,中国华北一个五口之家，最低生活费是每年150银圆(相当于今人民币6640元)，即每月12圆5角(相当于今人民币553元)。

1923年清华大学和燕京大学对于北京西郊成府村的抽样调查(共计调查91家)，查出这91家的每年实际用度平均为135银圆，即每月10圆2角。(见陈达《生活费研究法的讨论》，载于《清华学报》第三卷第二期)

1924年李景汉及甘布尔对于北京市的抽样调查，北京贫民五口之家每月用费平均14圆2角5分，每年平均171银圆(相当于今人民币6780元)。(同上，载于《清华学报》第三卷第二期)

又，同在1924年陈达在清华大学对于人力车夫的调查，平均每个车夫自己每月花费5圆7角3分(相当于今人民币227元)，计每年68圆7角6分(相当于今人民币2726元)。而他养家的生活费每月11圆6角2分，每年平均135圆8角4分。(引自《晨报·副刊》1998—2000号，《中国贫穷问题》，1927年7月12—14日。)

华北天津历年的银圆购买力

根据银行学会编印的《民国经济史》、严中平等编的《中国近代经济史统计资料选辑》、王廷谦编的《我国近70年物价史料》和《中国物价史》的数据，以及天津南开大学经济研究所编制的《华北地区批发物价指数表》，又根据《国内主要城市历年来的批发物价指数的比较》，综合计算得到：民国以后华北天津地区历年的银圆购买力(以1912年标准的1银圆为100)涨落幅度如下——

年度	物价指数	银圆比价	合今人民币
1912	100.0	1圆正	50元
1913	100.0	1圆正	50元
1914	99.6	1圆	50元
1915	102.4	9角7分7	48元8角
1916	110.4	9角0分6	45元3角

(续表)

年　度	物价指数	银圆比价	合今人民币
1917	119.0	8角4分	42元
1918	122.4	8角1分7	40元8角
1919	120.7	8角2分9	41元4角
1920	132.4	7角5分5	37元7角
1921	132.3	7角5分6	37元8角
1922	128.6	7角7分8	38元9角
1923	134.5	7角4分3	37元1角
1924	139.3	7角1分8	35元9角
1925	144.8	6角9分1	34元5角
1926	148.9	6角7分2	33元6角
1927	153.3	6角5分2	32元6角
1928	160.7	6角2分2	31元1角
1929	165.3	6角0分4	30元2角
1930	172.4	5角8分	29元
1931	182.4	5角4分8	27元4角
1932	168.0	5角9分5	29元7角
1933	150.3	6角6分5	33元2角
1934	137.4	7角2分8	36元4角
1935	142.2	7角0分3	35元1角
1936	164.7	6角0分	30元

1912—1940年上海物价水平和1930年的基本生活费

中华民国成立以后,在上海使用银圆和国币(国家指定的几大银行发行的纸币)。十几年间,上海银圆币值基本上是坚挺的,日用品物价基本上是稳定的,没有出现后来40年代法币和金圆券的通货膨胀和物价飞涨的恶性循环。

要深入研究知识阶层的经济状况，必须以当时市民日常生活的实际资料作为参照系。当时上海市的生活水平和一般收入要比内地高得多。

根据1928—1930年上海230户下层家庭状况的调查统计资料，当年一个五口人的贫苦劳动者之家平均年收入约国币400银圆。这五口人（夫妇两人加三个子女，或一对老人、儿子媳妇加一个孙儿）组成一个“典型家庭”，是当时上海百万下层贫民的标准情况。

五口人的日用消费，包括大人和小孩，在统计学上折合起来相当于4个大人，称为“等成人”（与4个成年人相等的意思）。这样的典型贫民家庭一般都有两个人做工，每年总收入约国币400银圆，每月平均33银圆。他们生活的日常开支主要有下列几方面：

(1) 基本食物。每年花费在食品上的开支平均为218.5圆（每个等成人每月伙食费仅4圆6角），约占收入的55%，即一半略多。

(2) 基本衣着。每年花费在衣物上的开支为36.7圆，约占收入的9%，其中购买成衣4.3圆、鞋帽9.3圆。

(3) 居住条件。每年房租平均为28圆，占收入的7%，居住一间半房子（或说一大间、一小间）。

(4) 燃料、水电。每年花费24圆左右，占收入的6%，大多家庭使用木柴和煤球烧炉子做饭，也有用煤油炉的。少数家庭（大约十分之一）有电灯，其余十分之九用煤油灯。

(5) 杂项。其他属于文教、嗜好、卫生等支出，为92.8圆，占收入的23.2%，如子女教育费、交通费、烟酒费、娱乐费、医药费，等等。

根据《上海解放前后物价资料汇编》（上海人民出版社1958年版第4页）第一章转引银行学会《民国经济史》、杨蔚《物价论》的数据，以及《上海批发物价指数表》（见该汇编第91—92页），又根据该书第二章《上海解放前历年来的批发物价指数》表（1）以及附表1、2综合计算而得：民国以后上海市历年的银圆购买力（跟1912年标准的1银圆相比）涨落幅度如下——

年　度	物价指数	银圆比价	合今人民币
1912	100.0	1圆正	44元
1913	106.0	9角4分3	41元5角

（续表）

年　　度	物价指数	银圆比价	合今人民币
1914	113.6	8角8分0	38元7角
1915	102.9	9角7分2	42元8角
1916	111.6	8角9分6	39元4角
1917	105.5	9角4分8	41元7角
1918	116.2	8角6分	37元8角
1919	116.1	8角6分1	37元
1920	126.2	7角9分2	34元8角
1921	139.3	7角1分8	31元6角
1922	131.3	7角6分2	33元5角
1923	135.8	7角3分6	32元4角
1924	130.4	7角6分7	33元7角
1925	132.2	7角5分6	33元3角
1926	133.2	7角5分1	33元
1927	145.1	6角8分9	30元3角
1928	135.4	7角3分8	32元5角
1929	139.1	7角1分9	31元6角
1930	152.9	6角5分4	28元8角
1931	168.7	5角9分3	26元
1932	149.7	6角6分8	29元4角
1933	138.2	7角2分4	31元9角
1934	129.3	7角7分3	34元
1935	128.3	7角7分9	34元3角
1936法币	144.5	6角9分2	30元
1937法币	171.9	5角8分2	25元6角
1938法币	204.5	4角8分9	21元6角
1939法币	326.8	3角0分6	13元5角
1940法币	692.5	1角4分4	6元4角

如果以上海1936年生活费指数和实际工资指数为100%，那么1940年，上海生活费指数上升到692.5%，即大约比4年前增加6倍。

又有史料表明：1941年，上海沦陷区生活费指数上升到871.9%，而实际工资收入指数下降为53.6%，大约降到5年前的一半。

华南广州历年的银圆购买力（以1912年购买力为100）

根据银行学会编印的《民国经济史》、严中平等编的《中国近代经济史统计资料选辑》、王廷谦编的《我国近70年物价史料》和《中国物价史》的数据，以及原广东省政府秘书处编《广州批发物价指数表》，又根据《国内主要城市历年来的批发物价指数的比较》，综合计算得到：民国以后广州市历年的银圆购买力（跟1912年标准的1银圆为100相比）涨落幅度如下——

年　度	物价指数	银圆购买力	合今人民币
1911—2	98.0	1圆02分	51元
1912—3	100.0	1圆正	50元
1913—4	103.6	9角6分5	48元2角
1914—5	111.8	8角9分4	44元7角
1915—6	118.7	8角4分2	42元1角
1916—7	123.2	8角1分2	40元6角
1917—8	129.4	7角7分3	38元6角
1919—20	132.4	7角5分5	37元7角
1921—2	140.5	7角1分2	35元6角
1922—3	146.6	6角8分2	34元1角
1923—4	153.1	6角5分3	32元6角
1924—5	162.0	6角1分7	30元8角
1925—6	172.0	5角8分1	29元
1926—7	171.8	5角8分2	29元1角
1927—8	173.2	5角7分8	28元9角
1928—9	167.2	5角9分8	29元9角

(续表)

年　度	物价指数	银圆购买力	合今人民币
1929—30	167.3	5角9分8	29元9角
1930—1	175.5	5角7分0	28元5角
1931—2	193.1	5角1分7	25元8角
1932—3	195.5	5角1分2	25元6角
1933—4	184.8	5角4分1	27元
1934—5	162.0	6角1分7	30元8角
1935—6	165.4	6角0分	30元
1336—7法币	181.1	5角5分2	27元6角
1937—8法币	207.1	4角8分5	24元2角5

结　论

由北京(北平)、华北天津、上海、华南广州等城市1912—1938年的“物价指数”统计表,和“银圆购买力”的数据表,可以得出如下结论:

若以1936年标准银圆购买力为基数,折合今(1998—2002年间)人民币30元,那么,北京、华北天津、上海、华南广州在这一历史时期内,1银圆的购买力大致为——

	北　京	华北天津	上　海	华南广州	平　均
1912年	50元	50元	44元	50元	48元
1920年	44元	38元	35.2元	38元	39元
1926年	38元	34元	33.5元	30元	34元
1930年	——	29元	28元	29元	29元
1936年		30元	30元	30元	30元

这个结果,跟《文化人与钱》一书提出的数据基本符合,即——

以抗战前一年或通行法币前夕的1银圆折合今人民币30元,作为换算的基准单元。

1911—1919年，“一圆”大约折合今人民币40—50元；

1920—1925年，“一圆”大约折合今人民币35—40元；

1926—1936年，“一圆”大约折合今人民币30—35元。

又，当时上海的物价比北京（北平）和内地高出大约15%—20%，一般说来，南方的物价比北方高些。也就是说，20世纪20—30年代，在北京的银圆要比上海、广州更值钱一些。这在上述北京、华北天津、上海、华南广州等城市的“物价指数”统计表和“银圆购买力”的数据表中，也有所反映和验证。

（1999年初稿，2002年7月修订于上海—北京）

后记

20 世纪的行将结束，对我来说具有一种强烈要求“算清旧账”的紧迫感。本来，地球运转到某一点的坐标只是相对的，在时空关系上并无绝对意义；但按照惯例，“年关”则是特殊的“结账、还债”的期限。何况这是“千载一逢”的大年关。

即将过去的这个世纪中，我欠的文债可谓多矣！特别愧对五四以来的先师长辈，他们于我恩重、情深，而我何以为报？

80 年代以来，我探讨现代文化人和知识阶层的发展史，除了撰写访谈记、回忆录，并作惯行的文本分析以外，我还从两个特别的角度切入：

一是从个体心理学和社会心理学的角度，发掘他们各自的个性、人格特征及其心路演化过程；

二是从经济学和社会学的角度，考证他们在各阶段的生活条件和经济背景，也就是统计归纳、比较分析“金钱收支和生活费用”的实际情况。

这两个切入点，特别是后一切入点，在社会实践中人们无不承认它的重要性，而在文化理论中往往被研究者所忽视。

1979 年也就是五四运动 80 周年的时候，先师宗白华、王了一、华罗庚、周培源、王竹溪等，在交谈中都勉励我着手开发这两项工程，并且提供了大量的线索，指导以科学的方法。但此后十年我在中关村的精力主要花费在“语言文字的信息处理”以及“中西方文化交流”的科研和教学任务上，只在业余断断续续对“现代知识阶层发展史”作一些收集整理资料的前期工作。1989 年也就是五四运动 70 周年的时刻，我遇到一场大灾——生了一场大病，有段期间几乎失去了写作和说话的能力；当许多人觉得没有希望的时候，我却能得到几年的静默机会沉思回想，并进行了系统的阅读和准备。塞翁失马，新丰折臂，安知祸福！接着几年的养病康复中，在原有基础上写得一些文稿。但自己还是觉得缺乏把握。

梁启超确诊中国学术界的几个痼疾顽症——

（一）笼统：用语笼统含混，往往产生歧义；思想笼统，最爱说大而无当、不着边际的清谈空论。

（二）武断：没有核实充分的根据，缺乏逻辑严密的理由，举几个例子就下判断，随意发挥就做结论。

（三）虚伪：一方面，隐匿真相、曲解事实、杜撰伪证；另一方面，思想内容本无新意，却偏要故弄玄虚。

（四）因袭：缺乏辩证批评的能力，失去独立思考的精神，遵循权威话语，沿袭他人见解；甚至“代圣人立言”，东拼西凑，人云亦云。

我在写作过程中，非常注意克服这些遗传的痼疾顽症。也希望读者们多加针砭、斧正。

本书是第一部探讨“文化人经济生活状况”的著述，试图从没有路的地方走出一条路来。至于所开辟的是险道还是坦途，是绝境还是生机，那只有让社会实践来检验，让历史发展来评判了。

我在这里谨向周有光先生、牛汉先生、邵燕祥先生、朱正先生致谢，他们阅读了本书的一些主要部分，并且提供了具体的帮助，或提出了中肯的批评，让我能匡正错误、开拓思路、调整结构、增补论据。我还要感激百花出版社高为先生，他主动地向我约定书稿，并促成此书的印行。

最后也是最重要的，必须向我的爱人赵青表达感恩和负疚之情。多年来她的热心鼓舞和全力支持，是我写作灵感的一大源泉。但在她腿伤治疗和休养期间，我因埋头在电脑前打字或整理资料，而有时竟然忽略了对她的照顾。我的这些疏忽，她都能善良地体贴谅解，更使得我怀惭抱愧，于心不安。

所以这本著作是献给她的。

陈明远

1999年12月12日

于北京丝竹园

修订再版附记

正如朋友们所评:这是一本跨世纪的书。

新的世纪展开了新的气象,也带来了新的希望。从本书出版之日起,一直酝酿着修订再版。四年来,广大读者对我鼓励并提出许多具体的意见,指点不足之处以供纠错;朋友们帮助我收集了许多鲜为人知的史料,修正了一些推理和论述;我也不断发现本书的缺陷试图弥补。今天,电脑屏幕上的修订稿打印出最后一页,我终于能喘一口气了。

百年前的变法维新,是我国现代化历史的转折点。这不仅表现在兴办实业、筑路开矿、引进机器,建设电力、银行、邮电、铁道等等物质文明上,而且表现在彻底革新学校教育、编印图书报刊、改良游艺场所,引进民主、自由、科学、人权等等精神文明上,从而诞生了具有新人格、新思想的一批又一批文化人。

经济权是跟精神文明、教育事业紧密相关的。本书将书名恢复为原来的《文化人的经济生活》(在《文汇报》和《社会科学论坛》连载时的专栏标题),这样更确切地表明:对于经济生活、社会经济状况的自觉反思和研究,提出并实践力争经济权的主张,乃属于文化人启蒙使命的一个必不可少的组成部分。

众所周知,清末民初以来,特别是五四运动以来,“启蒙”与“救亡”成为我国新时代两大主旋律。然而启蒙与救亡之间的关系和互动如何？至今没有得出深刻的共识。

过去有学者提出“救亡压倒启蒙”的说法，又有学者补充为“革命压倒启蒙”。我经过多年的探讨，认为这两种说法都不妥帖，难以苟同。

我们应该用史料、用实证来说话，而不能只靠感觉、感想、联想来说话。

事实表明：在救亡尤其是抗日救亡的艰苦奋斗过程中，我国进步的文化人不仅没有中断启蒙，而是以更强的力度推进了启蒙。抗战期间，民主运动在大后方得到空前的发展，反专制独裁的民主联合政府的政治主张得到广泛的支持，作为民主堡垒的西南联大、复旦、光华等高等院校挺然屹立，作为民主斗士的李公朴、闻一多、陶行知等革命先贤前仆后继，作为民主喉舌的《大公报》、《新民报》、《文汇报》、《观察》等持续印行，作为民主理论的许多著作不断发表，作为民主文艺的歌咏、戏剧活动繁荣昌盛……这一系列历史事实，雄辩地证明了救亡不仅没有“压倒启蒙”，正相反地“救亡(不做亡国奴)保护了启蒙”，“启蒙(不做愚民)促进了救亡”。救亡的实质就是反抗并击退帝国主义的奴役，启蒙的实质就是反抗并击退思想文化专制的奴役；救亡落实到行动就是力争民族解放，维护国家主权，启蒙落实到行动就是力争个性解放，维护自由人权。新文化启蒙运动以及救亡运动都是思想解放运动，主张国家独立和人格独立的一致，民族自由和个性自由的一致。启蒙的核心是民主与科学，启蒙之敌是专制、暴政、愚昧、迷信。而真正的救亡更需要民主与科学的支援，并保护民主与科学的园地。所以，启蒙思想就是爱国爱民的思想，就是“人本位”的思想，跟救亡的目标是一致的，没有什么“谁压倒谁”的根本冲突。

历史作证：启蒙与救亡之间的积极互动，唤起民众，深入人心，开拓了大后方的现代产业和文化教育事业，成为抗战时期支撑我国独立国格和独立人格不致沦丧，中华民族免于亡国奴噩运的根本力量。我国五四以来的启蒙(民主与科学)运动是被野蛮的暴力摧残的，是被愚民的独裁摧残的，是被腐败的国民党一党专制摧残的，最终是被“史无前例”的十年浩劫断送的。野蛮的暴力、愚民的独裁、腐败的专制乃是反民主、反科学的刽子手。我们应该还历史的本来面目，决不应该以感想代替实证，决不应该把扼杀启蒙的元凶推到“救亡”身上去。

什么叫启蒙？就是开启民智的思想革命运动。启蒙与革命本来也是一致的、相互促进的。只有所谓“无产阶级文化大革命运动”是愚民政策(反启蒙)到极端的思想统一(反解放)运动，是“整人”特别是整文化人、革文化的命，根本不是革命而是倒退。所以不应说“革命压倒启蒙”，而是法西斯思想专制扼住了启蒙的咽喉乃至生命。

启蒙即“思想文化革命”的原动力在于人，其中数量虽少、能量巨大的一部分乃是进步的文化人。人的经济生活构成了启蒙与思想文化革命的物质基础，像蔡元培、张元济、鲁迅、李大钊、胡适、陈独秀、张柏苓、梅贻奇那样的“中产的知识分子”文化人群体，构成了启蒙与思想文化革命的中坚力量。鲁迅关于“娜拉走后怎样”对于我们祖辈、父辈的讲演，将永远回荡在后人耳畔，铭刻在后人脑中 ——

> 自由固不是钱所能买到的，但能够为钱所卖掉。……为准备不做傀儡起见，在目下的社会里，经济权就见得最要紧了。(引自《鲁迅全集》第1卷161页)

曾任北京大学文科讲师的鲁迅，在70年前离开北大时痛心地感叹：“生命的泥委弃在地面上，不生乔木只生野草，这是我的罪过。”但我们要扪心自问：那究竟是谁的罪过？怎样造成的罪过？又如何赎回，如何立功立德来加以弥补？

从19世纪末年以来，在半封建、半殖民地的中国，艰难萌芽、挣扎成长的我国文化事业，好比一株青春之树，半身是不屈不挠、枝条茂盛、绿叶纷披，另半身却深受人祸天灾，枯败腐朽、凋谢飘零。是新枝绿叶盖过枯败腐朽，还是枯败腐朽压倒新枝绿叶，这将决定我国文化事业的命运，中产阶层文化人的命运。

笔者写这书的过程中，感受着巨大的忧患。十年浩劫的严重创伤和危害，迄今仍是我民族文化的病灶，时常复发；“文革”病毒的后遗症，需要许多年的艰苦努力方能根除；民族文化的建设与发展仍任重而道远。从事研究社会经济生活的社会学、经济学早已中断多年，笔者不揣冒昧，知其难为而勉力为之,力图以本书作为新生代一个启蒙的枝条。

笔者写这书的过程中,隐含着深沉的哀痛。笔者感激先父陈在文、先兄陈明通的养育启蒙之恩。笔者对于社会、经济的知识和资料,很多是父兄所赐;本书的发表只是初步实现了父兄的遗愿。同时感激周有光老师长期以来的亲切指导,许多人只熟知他是著名的语言学家、文字学家,而竟然不知周先生本行是经济学家,原为上海财经学院经济学教授。我的二姐陈明璜是他的门生,而本书的内容原为已故二姐在上海财经学院的研究课题。志未酬,身先死,其痛何如!

笔者写这书的过程中,更怀抱着殷切的希望。本书已经引起社会的重视,本书提出的若干看法已经引起广泛的共鸣,希望它进一步在我国现代化进程中发挥效用。本书的修订再版不是结束,而只是揭开一些新的叶片。希望更多的文化人来栽培灌溉这个枝条,使它不致被污泥浊水泯没,而能迎着曙光开花结果。

2002 年 6 月 3 日于北京中关村第一稿

2003 年 12 月 9 日于上海第二稿

2004 年 11 月上海定稿